高等职业院校财经类专业“十三五”规划教材

经济法

上海财经大学出版社

主　编　镇咸辉　杨树龙
副主编　张　恒　赵德良　董美友

ECONOMIC LAW

图书在版编目(CIP)数据

经济法/镇咸辉、杨树龙主编．—上海：上海财经大学出版社，2016.7
(高等职业院校财经类专业“十三五”规划教材)
ISBN 978-7-5642-2431-8/F·2431

Ⅰ.①经… Ⅱ.①镇…②杨… Ⅲ.①经济法-中国-高等职业教育-教材 Ⅳ.①D922.29

中国版本图书馆 CIP 数据核字(2016)第 100246 号

□ 责任编辑 徐 超
□ 封面设计 钱宇辰

JINGJIFA
经济法

主 编 镇咸辉 杨树龙
副主编 张 恒 赵德良 董美友

上海财经大学出版社出版发行
(上海市武东路 321 号乙 邮编 200434)
网 址：http://www.sufep.com
电子邮箱：webmaster @ sufep.com
全国新华书店经销
江苏省句容市排印厂印刷装订
2016 年 7 月第 1 版 2016 年 7 月第 1 次印刷

787mm×1092mm 1/16 17.25 印张 441 千字
印数：0 001—4 000 定价：37.00 元

高等职业院校财经类专业“十三五”规划教材

编写委员会

前　言

随着我国社会主义市场经济不断深入发展，经济法制建设进一步加快，相关部门加快了经济法律、法规的制定和修改。经济法本身是我国法律体系中一个重要的法律部门，对维护市场经济秩序、促进社会经济发展，彰显出越来越重要的作用。我国高职高专经管类专业培养技术型、技能型人才的目标，要求相应的教材以职业工作需求为指导、职业技能的培养为根本，以适应教学改革的需要。为了满足这一要求，我们编写了这本书，力争做到并充分体现以下亮点：

第一，体例设计体现应用性。在编写体例上突出体现了“启发性”与“应用性”，每章都遵循以下思路：“任务导入”提出问题→“案例解析”灵活应用知识→“任务导出”帮助分析问题、解决问题→“强化训练”立足培养应用能力→“资源拓展”拓宽视野、丰富认知。

第二，内容安排体现新颖性。由于我国经济法律体系正处在一个不断完善的过程中，本书各章内容编写都紧跟我国最新的经济立法，并尽力与会计专业技术资格考试的内容相衔接。

第三，结构层次体现清晰性。全书将经济法法律规范分为四个部分，即：经济法基础原理部分、经济组织法部分、经济活动法部分和经济管理法部分，共四个单元，结构清晰明了。

本书既可以作为高职财经类专业学生的教学用书，也可以作为从事经济类工作的社会人员的参考用书，还可以作为经济师、会计专业技术资格等考试的辅导用书。本书中所涉及的人名、企业公司名纯属虚构。

本书由湖北咸宁职业技术学院镇咸辉、武汉职业技术学院杨树龙任主编，湖北广播电视大学张恒、咸宁职业技术学院赵德良、董美友任副主编，由镇咸辉负责整体结构设计和最终定稿工作。具体的编写分工为：镇咸辉负责编写第一、二、十四章；杨树龙负责编写第八、九、十、十二章；张恒负责编写第四、五、十一章；赵德良负责编写第三、六、十三章；董美友负责编写第七章。

本书是全体作者团结协作的成果，是团队智慧的结晶，同时得到了教学同仁、所在会计学院、行业专家的鼎力支持，在此一并表示衷心的感谢。由于水平有限，成书仓促，不足之处在所难免，恳请读者批评指正。

编　者

2016 年 3 月

目　录

经济组织法

经济管理法

经济法基础原理

第一章

经济法概要

【学习目标】

能力目标:分辨不同经济纠纷解决途径的适用范围,识别无权代理行为。

知识目标:掌握经济法的调整对象,理解经济法律关系的构成要素。

素质目标:树立一定的经济法律意识。

【任务导入】

近年来,我国经济面临的困难和下行压力大,实体经济发展不容乐观,经济发展进入"新常态"。为防止经济进一步下行,2015年以来,国家加大了对税收政策的调整;通过降准降息等金融手段,提高金融效率;并提出"大众创业、万众创新"这一改革的重要举措,鼓励设立企业、公司,大力支持小微企业发展;继续扩大外资投资的领域,限制类条目取消了50%,为了推动外资投资的便利,把核准制基本改为备案制;等等。

任务分析:

(1)我国为稳定经济采取的措施是否属于经济法的调整范围?

(2)这些措施涉及经济法体系中的哪些法律法规?

第一节　经济法的概念和调整对象

一、经济法的产生及演进

18世纪法国著名空想共产主义者摩莱在其1775年出版的《自然法典》一书中,最早提出"经济法"一词。现代意义上的经济法,是在自由资本主义经济过渡到垄断资本主义经济过程中,国家为应对经济发展中出现的垄断、市场失灵和经济危机等问题,而越来越普遍采取干预措施的背景下产生和发展起来的。

自由资本主义时期,资产阶级对经济基本上实行不干预政策。当发展到垄断资本主义后,随着经济危机加深,资产阶级不得不借助国家的力量对经济进行适度的干预。第一次世界大战推动了经济立法迅速发展。德国于1919年制定的《煤炭经济法》是世界上第一部以经济法命名的经济法律，随后又出版了很多以经济法为题的学术著作和教科书。这时经济法概念才有了较为完整的含义。第二次世界大战后，经济法的发展逐渐走向成熟，完成了从形成独立的经济法律部门到形成较完备的法的体系。

“经济法”一词引入我国是在1979年。新中国成立以来，国家陆续制定了大量的经济法规，但经济立法经历了曲折的发展过程。改革开放以来，我国经济立法蓬勃发展，颁布了许多重要和基本的经济法规。随着社会主义市场经济体制的建设和完善，市场经济法律体系正在不断建立健全。

二、经济法的概念和特征

经济法的概念和范围一直存在争议。一般认为，经济法是调整国家在管理与协调经济运行过程中形成的经济关系的法律规范的总称。

经济法具有如下特点：

(1)经济法是国家调节、干预经济的法律。经济法是国家运用法律手段干预经济的一种重要手段。

(2)经济法是调整特定经济关系的法律。经济法调整的是经济关系，但并不是一切经济关系，其所调整的是国家在管理与协调经济运行过程中形成的经济关系。

(3)经济法是相关经济法律规范的总称。即经济法是由单行的法律、法规构成的一种法律体系。

三、经济法的调整对象

经济法的调整对象，是指国家由于管理和协调经济而形成的特定的经济关系，具体包括经济主体组织关系、市场运行调控关系、宏观经济调控关系和社会保障关系。

(1)市场主体组织关系。市场主体组织关系是指国家在对市场主体的活动进行管理以及市场主体在自身运行过程中所发生的经济关系。市场主体从狭义上讲，是指参与市场经营活动的组织和个人，广义上的市场主体还包括为生活目的而进行消费的消费者，如我国《公司法》等属于市场主体法律制度。

(2)市场运行调控关系。市场运行调控关系是指国家为了建立市场经济秩序，维护国家、市场经营者和消费者的合法权益而干预市场所发生的经济关系。目前世界上所有国家的市场秩序主要还是依靠法律来维护的。这就是说，市场秩序的维护，需要法律创立、认可交易规则和规范交易行为，并依靠国家的强制力来保障执行，如我国《反不正当竞争法》等属于市场调控法律制度。

(3)宏观经济调控关系。宏观经济调控关系是指国家从长远发展和社会公共利益出发，对关系国计民生的重大社会经济因素实行全局管理的过程中，与其他社会组织之间所发生的具有隶属性或指导性的经济关系。市场经济能促使资源的优化配置，但市场经济不是万能的，仍然有一定的盲目性，市场经济也有其消极作用的一面。这就要求国家通过制定法律进行宏观调控，以克服市场主体的盲目性。

(4)社会保障关系。社会保障关系是指市场经济在强调效率的同时，必须建立健全的保障体系，以增强社会成员抵御风险的能力，如我国《保险法》等。

经济法是我国法的体系中独立的法律部门，这主要取决于经济法具有独特的调整对象。

其范围是特定的，与其他法的部门的调整对象是有区别的。例如，民法的调整对象是平等主体间的财产关系或人身关系，行政法的调整对象是国家行政管理活动中所形成的各种关系。

第二节　经济法律关系

一、经济法律关系的概念与特征

(一)经济法律关系的概念

法律关系是一种社会关系，是社会关系被法律规范确认之后所形成的权利义务关系。换言之，并非所有的社会关系都能上升为法律关系，只有由法律规范调整和确认的社会关系才能称为法律关系。社会关系是多种多样的，因而调整它的法律规范也是多种多样的，如调整平等主体之间的财产和人身关系而形成的法律关系，称为民事法律关系；调整行政管理关系而形成的法律关系，称为行政法律关系。

经济法律关系是指经济关系被经济法律规范确认和调整之后所形成的权利义务关系，即经济法主体根据经济法律规范产生的、在国家管理与协调经济过程中形成的权利义务关系。

(二)经济法律关系的特征

(1)经济法律关系是由经济法律规范确认和调整所形成的法律关系。法律规范是法律关系产生、变更和终止的前提，权利义务关系是依相应法律规定而形成的。没有经济法律规范的具体规定，经济法律关系就不能产生，其内容也就无法实施。在经济法律体系中，任何主体不享有经济法律规定以外的权利，不承担经济法律规定以外的义务。

(2)经济法律关系是被赋予经济权利和经济义务的法律关系。权利义务关系是法律关系的核心，法律确认某一法律关系的目的也是依靠确认权利义务来实现的。经济法律关系的核心同其他法律关系一样，也是权利义务关系，所不同的是，它是一种经济权利和经济义务关系。

(3)经济法律关系是由国家强制力保障实施的权利义务关系。由国家强制力作保障，实质上就是对经济法主体经济权利的保护，以使其能够切实地付诸现实。

二、经济法律关系的构成要素

经济法律关系的构成要素是指构成经济法律关系的必要条件，由经济法律关系的主体、内容、客体三要素构成，缺一不可。改变其中任何一个要素则会设立一个新的经济法律关系。

(一)经济法律关系的主体

经济法律关系的主体简称经济法主体，是指在经济法律关系中享有一定经济权利、承担一定经济义务的当事人或参加者。享有经济权利的一方称为权利主体，承担经济义务的一方称为义务主体。但是在经济法律关系中，双方当事人在许多情况下既享受经济权利又承担经济义务。

经济法主体必须具备一定的主体资格，即参加经济法律关系，享有一定权利和承担一定义务的资格或能力。经济法主体资格可通过法定取得，即依法律的规定而取得，也可通过授权取得，即依据有授权资格的机关授权，从而取得可以对社会经济生活实施某种干预的资格。

经济法主体可以分为以下几类：

1. 国家机关

国家机关是指行使国家职能的各种机关的通称，包括国家权力机关、国家行政机关、国家司法机关等。其中，国家权力机关主要以经济决策主体的身份出现在经济法律关系中；国家行政机关，特别是具有经济管理职能的行政机关，主要以经济管理主体的身份出现在经济法律关系中。

2. 经济组织

经济组织包括企业法人和非法人经济组织。企业是指依法设立的，以营利为目的从事生产、经营活动的各种经济组织。可以说，在市场经济条件下，企业是最重要、最活跃、最广泛的经济法主体。此外，企业相对于其内部的组织而言，也是经济决策主体和管理主体。经济组织的内部机构，如分公司、分厂、车间等分支机构或生产单位，虽无独立法律资格，但在一定条件下也是经济法律关系的主体。

3. 事业单位

事业单位是指由国家财政预算拨款或其他资金来源设立的，不以营利为目的的从事文化、教育、科研、卫生等事业的单位，如学校、医院、科研院所等。事业单位主要是以经济实施主体的身份参加经济法律关系，但在根据法律授权或行政机关委托实施经济管理职责时，是以经济管理主体的身份参加经济法律关系。

4. 社会团体

社会团体是指由公民或组织依法自愿组成的从事公益事业、党团事务、行业管理和服务等社会活动的社会组织，包括党团组织、工会、妇联，行业性、职业性协会及公益性、学术性团体等。

5. 公民、个体工商户、农村承包经营户

在我国市场经济得到迅速发展的情况下，在经济发展水平迅速提高的今天，公民个人已是重要的经济法律关系参加者，其参加的经济法律关系主要是税收、工商管理等。例如，公民依法向税务机关缴纳个人所得税时，即是税收法律关系的主体。

个体工商户是指公民在法律允许的范围内，依法经核准登记，以营利为目的从事工商业经营的个体经济。个体工商户可以起字号。

农村承包经营户是指农村集体经济组织的成员，在法律允许的范围内，按照承包合同规定从事商品经营的形式。他们以“户”的名义，主要作为经济实施主体参与经济法律关系，一般要承担无限连带责任。

（二）经济法律关系的内容

经济法律关系的内容是指经济法主体之间享有的经济权利和承担的经济义务。它是经济法律关系的核心，是联结经济法主体之间及主体与客体之间的桥梁，直接体现了经济法主体的利益和要求。

1. 经济权利

经济权利是指由经济法所确认和保护的具有经济内容的权利，是经济法主体依法能够作为或不作为一定行为，以及要求他人作为或不作为一定行为的资格。经济权利概括为如下几大类：

(1)经济职权。指国家机关及其工作人员在行使经济管理职能时依法享有的权利。经济职权是国家干预社会经济生活的主要形式。因此，在国家机关及其工作人员依法行使经济职权时，其他经济法主体都应服从，不得违反。经济职权对国家机关及其工作人员来讲，既是权利又是义务或职责，两者高度统一，且不得随意转让或放弃。

(2)财产所有权。财产(包括有形财产和无形资产如商标、专利、著作等)所有权是指财产所有人依法对自己的财产享有的占有、使用、收益和处分的权利。财产所有权具有支配性、排他性、绝对性的特征。财产所有权具有四项权能：占有权、使用权、收益权和处分权，处分权是财产所有权的核心权。所有权四项权能可以在一定条件下与所有人分离，如财产所有人可以授权他人合法占有或使用自己的财产(如出租、出借等)，这种分离是所有人行使其财产权的一种方式。

(3)法人财产权。指具有法人资格的组织对投资者投入的资产，在经营管理中享有占有、使用、收益和处分的权利。

(4)知识产权。即权利人依法享有的商标权、著作权和专利权等。

(5)债权。是指按照合同约定或法律规定，请求特定人为特定行为的权利。

2. 经济义务

经济义务是指经济法主体根据法律规定或为满足权利主体的要求，必须作为或不为一定行为的约束。

在经济法律关系中，一个经济法主体享有一定的权利，必定以其他经济法主体负有一定义务为前提，没有对应的义务主体，权利主体的权利便没有保障，是不可能实现的。同时，经济权利和经济义务具有对等性，没有无权利的义务，也没有无义务的权利。权利和义务是统一的，不允许只享有权利而不承担义务，也不能只承担义务而不享有权利。

(三)经济法律关系的客体

经济法律关系的客体是指经济法主体权利和义务所共同指向的对象。根据我国经济法律法规的有关规定，经济法律关系的客体包括物、行为和非物质财富。

1. 物

物是指能够为人类控制和支配的，具有一定经济价值的，可通过具体物质形态表现存在的物品。物包括自然存在的物(如土地、矿藏、林木等)和人类生产劳动的产品(如机器设备、建筑物等)，以及固定充当一般等价物的货币和有价证券等。物可以划分为多种类型，例如，生产资料与生活资料、流通物与限制流通物、特定物与种类物、动产与不动产，等等。

2. 行为

行为是指经济法律关系的主体为了达到一定经济目的，实现经济权利和经济义务所进行的经济活动，包括经济管理行为、完成一定工作的行为和提供一定劳务的行为等。

经济管理行为是指经济法律关系的主体行使经济管理权或经营管理权所指向的行为，例如，经济决策行为、审查批准行为、监督检查行为等。

完成一定工作的行为是指经济法主体的一方利用自己的资金和技术设备为对方完成一定的劳务或服务，以满足对方的需要而由对方支付一定报酬的行为。

作为经济法律关系客体的行为，仅指具有法律意义，即为实现权利和义务的行为。

3. 非物质财富

非物质财富也可以称为精神财富或精神产品，包括智力成果、道德产品和经济信息等。智力成果是指经济法主体从事智力劳动所创造的成果，其法律表现形式主要表现为商标、发明、实用新型、外观设计、专有技术、文学、艺术和科学作品等。道德产品，是指人们在各种社会活动中取得的非物质化的道德价值，如荣誉称号、嘉奖表彰等，它们是公民、法人荣誉权的客体。经济信息是指反映社会经济活动发生、变化等情况的各种消息、数据、情报和资料等的总称。随着经济和科技的进一步发展和经济全球化步伐的加快，市场主体将面向国内和国际市场，经济信息将越来越被重视。

【应用案例 1—1】 某冰箱生产企业将某项生产任务承包给其内部的某车间来完成，双方为此签订了承包责任书，约定某车间可以使用企业的机器设备及原材料，但必须在规定期限内完成该项生产任务等事宜。试分析：(1)在该冰箱生产企业与该车间之间是否形成了经济法律关系？(2)如果形成了经济法律关系，请指出该经济法律关系的主体、内容和客体。

【案例解析】 该冰箱生产企业与该车间之间已形成经济法律关系。该冰箱生产企业与该车间是该经济法律关系的主体。提供机器设备及原材料是冰箱生产企业的经济义务；必须在规定期限内完成该项生产任务是该车间的经济义务。相对应的，获得该项生产任务的成果是冰箱生产企业的经济权利，使用企业的机器设备及原材料是该车间的权利。这些经济权利和义务共同构成双方经济法律关系的内容。而经济法律关系权利和义务指向对象之一的生产成果，即为该承包经营法律关系的客体。

三、经济法律关系的产生、变更和终止

(一)经济法律关系产生、变更和终止的概念

1. 经济法律关系的产生

经济法律关系的产生，是指经济法律关系主体之间形成一定的经济权利和经济义务关系，如购销合同的订立。

2. 经济法律关系的变更

经济法律关系的变更，是指经济法律关系的主体、客体和内容的变化，如购销合同订立后，要求其标的数量的增或减、价格的升或降等。

3. 经济法律关系的终止

经济法律关系的终止，是指经济法律关系主体之间的经济权利和经济义务关系的消灭，如购销合同订立后，双方依约全面履行了合同义务，即货款两清。

(二)经济法律关系的产生、变更、终止的条件

经济法律规范本身并不能必然在经济法主体之间形成权利与义务关系，只有在一定的经济法律事实出现后，才能使经济法律关系产生、变更和终止。经济法律关系产生、变更和终止应具备以下条件：

1. 经济法律规范

经济法律规范是构成经济法的最基本的组织细胞，是通过一定的经济法律条文表现出来的、具有一定内在逻辑结构的特别行为规范。

经济法律规范是经济法律关系产生、变更和终止的前提和法律依据。没有相应的经济法律规范，就不可能产生相应的经济法律关系。

2. 经济法主体

如前所述，经济法主体是指享有经济权利与承担经济义务的当事人。没有经济法主体，经济法律关系也就不可能产生。

3. 经济法律事实

经济法律事实是指由经济法律规范所规定的，能够引起经济法律关系产生、变更和终止的客观现象。经济法律规范和经济法主体只是经济法律关系产生的一般前提，并不直接引起经济法律关系的变化，经济法律事实才是引起经济法律关系产生、变更和终止的具体条件。这就

是说，只有当经济法律规范所规定的经济法律事实出现时，才会引发或导致经济法律关系的产生、变更和终止。可见，经济法律事实才是经济法律关系产生、变更和终止的直接原因。

依据是否以人们的主观意志为转移，经济法律事实可以划分为两大类：事件和行为。

(1)事件，事件是指不依经济法主体的主观意志为转移的，能引起经济法律关系发生、变更和终止的法定现象或情况。它包括自然现象和社会现象两种。自然现象又称绝对事件或不可抗力，如自然灾害的地震、雪灾、洪水、火灾、台风等；社会现象又称相对事件，如战争、暴动、罢工、重大政策调整等。相对事件虽由人的行为引起，但其一旦出现在特定经济法律关系中，则也是不以当事人的意志为转移的。自然灾害可以引起保险赔偿关系的发生、合同关系的变更或解除等，如我国 2008 年四川汶川大地震等。重大政策或法律的修改可能引起许多方面法律关系的变化，如农村税费改革政策的实施而引起农业税减免等。

【应用案例 1—2】 2015 年某科研单位与某公司之间签订了买卖合同，由该科研单位向某公司转让其专门为该公司研发制造的一台仪器。但由于在合同履行前发生了地震，某科研单位办公楼倒塌导致仪器被毁坏，不能按期履行合同。某公司据此解除了双方的买卖合同。请指出引起双方经济法律关系终止的法律事实。

【案例解析】 在某科研单位与某公司之间的买卖合同法律关系中，地震这一事件导致双方签订的合同无法履行，是引起双方经济法律关系终止的法律事实。

(2)行为。行为是指法律主体为达到一定目的而进行的有意识的活动。按行为的性质不同，可分为合法行为和违法行为。合法行为，是指符合法律法规规定的行为，如经济调控行为、经济仲裁或审判行为等；违法行为，是指行为人所实施的行为违反了法律法规规定，应受惩罚的行为，如商标侵权行为、证券内幕交易行为等。按行为的表现形式不同，可分为积极行为和消极行为。积极行为又称作为，是指以积极、主动作用于客体的形式表现的，具有法律意义的行为；消极行为又称不作为，是指以消极的、抑制的形式表现的，具有法律意义的行为。按法律行为主体实际参与行为的状态不同，分为自主行为和代理行为。

有的经济法律关系的产生、变更和终止，只需一个法律事实出现即可成立；有的经济法律关系的产生、变更和终止，则需要两个以上的法律事实同时出现才能成立；某一法律事实可引起某一法律关系的终止，却可同时引起另一新的法律关系的产生。例如，保险赔偿关系的发生，需要订立保险合同并发生相应的保险事故两个法律事实的出现才能成立；又如，大洪水可以导致鱼塘承包关系的终止，同时可引起保险赔偿关系的产生。

第三节　经济法律行为和代理

一、法律行为的概念和分类

(一)法律行为的概念和特征

法律行为是指民事主体基于意思表示，以设立、变更、终止民事权利和民事义务为目的，依法产生民事法律效力的行为。其具有如下特征：

1. 以意思表示为要素

意思表示是指行为人将进行法律行为，达到某种预期法律后果的内在意思表现于外的行为。如果行为人仅有内在意思而不表现于外，则不构成意思表示，法律行为当然不能成立。行为人表现于外的意思不是其内在意思的真实反映，则表明该意思表示有瑕疵，法律行为原则上亦不能生效。意思表示是法律行为的核心，也是法律行为与非表意行为，如事实行为等相区别的重要标志。

2. 以设立、变更或终止权利义务为目的

这一特征表明法律行为是行为人的自觉自愿行为，而非受胁迫、受欺诈的行为，否则就达不到行为人的目的。这也是衡量法律行为法律效果的基本依据，如侵权行为往往会导致一定的法律后果，但却是与行为人的预期目的相悖的。

3. 是一种合法行为

这表明法律行为只有在内容和形式上符合法律的要求或者不违背法律的规定，才能得到法律的承认和保护，也才能产生行为人预期的法律后果。因此，非法行为不是法律行为。我国法律确认法律行为的合法性的意义在于，通过建立法律行为的行为模式，以指导人们什么可为，什么不可为，什么为法律认同，什么不为法律认同，从而达到维护社会正常秩序的目的。

（二）法律行为的分类

1. 按照法律行为的成立是否需要具备法律规定的形式不同，可分为要式法律行为和非要式法律行为

(1)要式法律行为，是指法律明确规定必须采取一定形式或履行一定程序才能成立的法律行为。如《公司法》规定，如果设立公司就必须制定符合法律、行政法规规定的公司章程等。

(2)非要式行为，是指无须特定形式或程序，当事人可自由选择某种形式即可成立的法律行为。

2. 按照法律行为的成立是否需要几个方面的意思表示不同，可分为单方法律行为和多方法律行为

(1)单方法律行为，是指依一方当事人的意思表示就可成立的法律行为。该法律行为只须当事人一方的意思表示而无须其他人是否同意即可发生法律效力，如捐赠、订立遗嘱、行政命令、债务免除、无权代理的追认等。

(2)多方法律行为，是指依两个或两个以上当事人意思表示一致才能成立的法律行为。该法律行为须有两个或两个以上的当事人，而且这些当事人的意思表示还需一致。例如，合同行为等是典型的双方法律行为；两个以上合伙人订立的合伙协议，即为多方法律行为。

3. 按照法律行为是否需对价给付不同，可分为有偿法律行为和无偿法律行为

(1)有偿法律行为，是指一方当事人在享有权利的同时必须偿付对方相应代价的法律行为。如借款合同：一方依法获取对方款项的同时，到期需还本并付息；又如承揽合同：承揽人为获取对方的报酬，需依约完成一定的工作或提供相应的劳务等。在市场经济中，有偿法律行为是最常见的法律行为，它能有效地推动市场经济的快速发展。

(2)无偿法律行为，是指一方当事人在享有权利的同时无需向对方支付对等代价的法律行为，如捐赠行为、无偿委托、无偿寄托等。无偿法律行为反映了人类的互助友爱，是和谐社会大力倡导的精神，但在法律行为中所占的比重较小。

4. 根据行为主体实际参与行为的状态，可分为自主行为与代理行为

(1)自主行为是指法律主体在没有其他主体参与的情况下，以自己的名义独立从事的法律行为。

(2)代理行为是指法律主体根据法律授权或其他主体的委托而以被代理人的名义所从事

的法律行为。

5. 按照法律行为之间的依存关系不同,可分为主法律行为和从法律行为

(1)主法律行为,是指不需要有其他法律行为的存在就可以独立成立的法律行为。

(2)从法律行为,是指从属于其他法律行为而存在的法律行为。

二、法律行为的效力

(一)法律行为的有效要件

法律行为的有效,是指法律行为因符合法律规定而足以引起权利义务产生、变更、终止的法律效力。法律行为的成立是法律行为有效的前提;法律行为从成立时起具有法律约束力,行为人非依法律规定或取得对方同意,不得擅自变更或终止。已成立的法律行为不一定必然发生法律效力,只有具备一定有效条件的法律行为才能产生预期的法律效果。法律行为的有效要件分为实质有效要件和形式有效要件。

1. 法律行为的形式有效要件

这是指行为人的意思表示方式必须符合法律的规定。根据《民法通则》第 56 条规定:“民事法律行为可以采用书面形式、口头形式或其他形式。法律规定用特定形式的,应当依照法律规定。”如果行为人对法律规定必须采用特定形式而未采用的,其所进行的法律行为则不产生法律效力。

书面形式分为一般书面形式和特殊书面形式。特殊书面形式主要包括公证形式、鉴证形式、审核批准形式、登记形式、公告形式等。一般而言,书面形式优于口头形式,特殊书面形式优于一般书面形式。

2. 法律行为的实质有效要件

(1)行为人应当具有相应的行为能力。民事行为能力,是指法律确认公民、法人或者其他组织能够通过自己的行为实现民事权利、承担民事义务的资格。只有具有相应的民事行为能力的人才能进行民事法律行为。

就自然人而言,无行为能力人是指不满 10 周岁的未成年人和不能辨认自己行为的精神病人,其行为不具有法律效力;限制民事行为能力人是指满 10 周岁以上的未成年人和不能完全辨认自己行为的精神病人,只能进行与其年龄、智力或精神健康状况相适应的民事活动,其他民事活动应由其法定代理人代理,或征得其法定代理人同意;完全民事行为能力人,是指 18 周岁以上的成年人和 16 周岁以上不满 18 周岁但以自己的劳动收入为主要生活来源的公民,可以独立地在其民事权利能力范围内进行民事活动。

就法人而言,民事行为能力随其设立而产生,随其终止而消灭。但法人民事行为能力的行使也要与其民事权利能力范围相适应,才能发生法律效力。法人的民事权利能力的范围一般以核准登记的生产经营和业务范围为准。

一般而言,法人的权利能力与行为能力是统一的,均随法人或其他组织的成立而产生,随其终止而消灭。但对于公民来说,有权利能力,不一定就有行为能力。法律一般以年龄和精神、智力状况作为判断和确定公民行为能力的依据。

(2)行为人意思表示真实。意思表示真实,指行为人的意思表示是自觉自愿作出的,并与其内心所表达的意思相一致。法律行为必须是意思表示真实的行为。如果意思表示不真实,则不能产生法律效力。

(3)不得违反法律或社会公共利益。法律行为要取得法律效力,必须符合法律的规定,否

则只能成为无效的或可撤销的法律行为。这就是说,如果意思表示的内容与法律的强制性或禁止性规定相抵触,或滥用法律的授权性或任意性规定达到规避法律强制规范的目的等,是得不到法律保护的。

(二)无效的民事行为

1. 无效民事行为的概念和情形

法律行为欲为有效,须满足行为人有相应的行为能力、意思表示真实、内容合法等三项条件,如果其中任何一项条件出现瑕疵,就有可能导致法律行为无效。

无效民事行为,是指已经成立,但欠缺法律行为的有效要件,因而行为人设立、变更、终止民事关系的意思表示不发生法律效力的民事行为。无效民事行为可分为全部无效和部分无效。无效部分不影响其他部分的效力的,其他部分仍然有效。

下列民事行为全部无效:

(1)无民事行为能力人实施的行为。

(2)限制民事行为能力人依法不能独立实施的行为。但间歇性精神病人的民事行为,确能证明是其在没有发病期间实施的,并且符合民事法律行为应当具备条件的,应当认定有效。

(3)一方以欺诈、胁迫的手段或者乘人之危,使对方在违背真实意思的情况下所为的行为,损害国家利益的。这里,欺诈是指一方当事人故意告知对方虚假情况,或故意隐瞒真实情况,诱使对方当事人作出错误意思表示的行为;胁迫是指以给公民造成损害为要挟,迫使对方作出违背真实的意思表示的行为;乘人之危是指一方当事人乘对方处于危难之际,为牟取不正当利益,迫使对方作出不真实的意思表示,严重损害对方利益的行为。

(4)恶意串通,损害国家、集体或第三人利益的行为。

(5)违反法律或社会公共利益的行为。

(6)以合法形式掩盖非法目的的行为。

【应用案例 1—3】 某进出口企业从深圳海关走私一批电子器件,并通过签订买卖合同将该批电子器件卖给了甲流通企业。工商部门在检查中发现甲企业零售的电子器件为走私产品,并查封了该批产品。试分析:进出口企业与甲企业签订合同的行为是否为无效行为?

【案例解析】 本案例中进出口企业与甲企业签订合同的行为属于无效行为,所签订合同为无效合同。因为依据相关法律规定,任何单位或个人不得进行走私,不得买卖走私产品。显然,签订合同的行为从内容上违反了我国法律的强制性规定。

2. 无效民事行为的法律后果

无效的民事行为,从行为开始起就没有法律约束力。其在法律上可产生以下法律后果:

(1)返还财产。民事行为被确认无效后,尚未履行的,不再履行;已履行部分或全部履行的,当事人应返还财产或恢复到无效民事行为发生之前的状态。若财产已由善意相对人取得,原则上适用相对人保护的规则,善意相对人不承担返还财产的责任。

(2)赔偿损失。民事行为被确认无效后,有过错的一方应当赔偿对方因此所受的损失。如果双方当事人都有过错的,应当依过错的大小,各自承担相应的责任。

(3)收归国家、集体所有或返还第三人。即指当事人双方恶意串通,实施民事行为损害国家、集体或第三人利益的,应当追缴双方取得或约定取得的财产,收归国家、集体所有或返还第三人。

(三)可撤销的法律行为

1. 可撤销的法律行为的概念和情形

可撤销的民事行为，是因为法律行为欠缺合法性，依照法律的规定，可以因行为人自愿请求人民法院或仲裁机关予以变更或撤销而归于无效的民事行为。可撤销民事行为与无效民事行为相比，具有以下特征：

(1)可撤销的法律行为被撤销前，其效力已经发生，未经有撤销权人的同意，其效力不消灭，但该行为一经撤销，其效力溯及到行为的开始，即自行为开始无效。

(2)撤销权的行使具有选择性，权利人可以撤销其行为，也可通过承认的表示使撤销权归于消灭。

(3)由享有撤销权的当事人行使撤销权，其他当事人不能主张其效力的消灭。

(4)撤销权的行使有时间限制。可撤销的民事行为，享有撤销权的当事人知道或应当知道撤销事由之日起超过 1 年才请求撤销的，人民法院不予保护。

下列法律行为，一方有权请求人民法院或仲裁机关予以变更或者撤销：

(1)行为人对行为内容有重大误解的法律行为。重大误解是指行为人在做出意思表示时，因对涉及法律行为法律后果的重要事项如行为的性质，对方当事人，标的物的品种、质量、规格和数量等存在认识上的显著缺陷，使行为的后果与自己的真实意思相悖，并造成较大损失的情形。

(2)显失公平的法律行为。显失公平是指一方当事人利用优势或利用对方没有经验，致使双方的权利与义务明显违反公平、等价有偿原则的情形。

(3)一方以欺诈、胁迫的手段或者乘人之危，使对方在违背真实意思的情况下所为的行为。

【应用案例 1—4】 甲公司与乙企业签订了一份借款合同。合同主要内容：甲公司向乙企业借款 10 万元，约定还款时间为 2008 年 10 月 6 日。但在打印合同书时，由于打印人员的疏忽，错将还款时间的 2008 年打印成 20008 年，且乙方在签字时也未注意。当 2008 年还款期限届满时，甲公司以还款时间应为 20008 年为由，拒绝还款。乙企业便诉至法院。试分析：人民法院是否应当判决该合同为可撤销或变更的合同？

【案例解析】 法院可依法判决双方当事人签订合同的法律行为是可撤销或变更的法律行为。因为该合同的乙企业对合同中约定的还款期限明显存在重大误解，20008 年的这一还款期限明显与自己的真实意思相悖，并将给其造成巨大损失。

2. 可撤销法律行为的法律后果

对于重大误解或显失公平的民事行为，当事人请求变更的，人民法院或仲裁机关应当予以变更；当事人请求撤销的，人民法院或仲裁机关可以酌情予以变更或撤销。如果人民法院或仲裁机关承认撤销权人的撤销权，则法律行为的效力溯及于其成立时消灭，被撤销的民事行为从行为开始起无效，具有与无效民事行为相同的法律后果。如果享有撤销权的当事人未在法定期间内行使撤销权的，则可撤销民事行为视同有效行为，对当事人具有约束力。

三、代理

(一)代理的概念

代理是指代理人在代理权限内，以被代理人的名义与第三人进行民事法律行为，其行为后果直接由被代理人承担的一种民事法律制度。在代理制度中，代理关系的主体包括代理人、被代理人(或称本人)和第三人(或称相对人)。代理人是替被代理人实施法律行为的人；被代理人是由代理人替自己实施法律行为并承担法律后果的人；第三人是与代理人实施法律行为的人。代理具有以下特征：

(1)代理人应以被代理人的名义实施法律行为。在代理行为中，代理人只能以被代理人的名义实施代理行为。代理人如果在代理活动中以自己名义或以他人名义实施行为，则视为自己的行为或他人的行为，不属于代理行为，代理人要承担相应责任。

(2)代理人应在代理权限内进行代理行为。代理权是产生代理关系的法律前提，是进行代理行为的依据。代理人不能擅自变更或扩大代理的权限，任何超越代理权的行为都不是代理行为，被代理人可不承担由此产生的法律责任。

(3)代理人向第三人进行意思表示。只有第三人加入，才可能形成代理关系。

(4)由被代理人承担法律后果。代理人在代理权限内所为的行为，相当于被代理人自己所为的行为，产生与被代理人自己行为相同的法律后果。

(二)代理的种类

1. 法定代理

法定代理，是指法律根据一定社会关系的存在而设定的代理。法定代理一般适用于被代理人无行为能力人、限制行为能力人的情况。《民法通则》第14条规定："无民事行为能力人、限制民事行为能力人的监护人是其法定代理人。"

2. 指定代理

指定代理，是指按照人民法院或其他有关机关的指定而产生的代理。在没有法定代理人和委托代理人，或法定代理人互相推诿代理责任的情况下，人民法院或有关机关可以依法为不能亲自处理自己事情的人指定代理人。

3. 委托代理

委托代理，是指基于被代理人的授权委托而发生的代理，是最常见、最广泛使用的一种代理形式。委托代理可以用书面形式，也可以用口头形式。法律规定用书面形式的，应当用书面形式。书面委托代理的授权委托书应当载明代理人的姓名或名称、代理事项、权限和期间，并由委托人签名或盖章。委托书授权不明的，被代理人应当向第三人承担民事责任，代理人负连带责任。

(三)代理权的行使

代理人应当在代理权限范围内行使代理权，认真履行职责，并应当符合被代理人的利益。代理人不得滥用代理权。

1. 代理权的滥用

代理权滥用，是指代理人违背诚实信用原则，有损被代理人利益的行为。构成代理权滥用的条件有三：其一，代理人享有代理权；其二，代理人行使代理权时违背了诚实信用原则；其三，给被代理人造成了不利的后果。代理权滥用的类型包括：

(1)与自己进行经济行为。代理人在代理权限内不得以被代理人的名义与自己进行民事活动。代理应包括代理人、被代理人和第三人。自己代理的场合，代理人与第三人合二为一，实际上只存在两方当事人，失去了利益制约机制，就存在代理人从中渔利损害被代理人利益之嫌，故为法律所禁止。

(2)兼双方代理。一个人不得同时就同一事项担任双方代理人而为代理行为，除非事先得到双方当事人的同意或事后得到追认。因为在双方代理的场合，交易完全由一人操作，同样存在代理人从中损害委托人利益之嫌。

(3)懈怠行为或欺诈行为。懈怠行为是指代理人不履行勤勉义务，疏于处理或未处理代理事务，使被代理人设定代理的目的落空。欺诈行为是指代理人与第三人恶意串通，损害被代理人利益的行为。

法律禁止滥用代理权。代理人滥用代理权的，其行为视为无效行为，给被代理人及他人造成损失的，应当承担相应的赔偿责任。代理人和第三人串通，损害被代理人利益的，由代理人和第三人负连带责任。

2. 无权代理

(1)无权代理的概念。无权代理是指行为人没有代理权而以他人名义与第三人进行的代理行为。这种代理行为，可能具备正常代理行为的表面特征，但不具有正常代理行为的实质特征。无权代理可分为狭义的无权代理和表见代理。

①狭义的无权代理，是指代理人既没有代理权，也没有使第三人确信其有代理权的理由，而以他人名义进行的行为。无权代理的类型有：自始不具有代理权的代理、超越代理权的代理、代理权终止后的代理。

②表见代理，是指行为人虽然没有代理权，但有代理权的表象或假象，善意第三人客观上有正当理由相信行为人有代理权而与其进行民事活动，由此造成的后果由法律强制被代理人承担的代理，以保护善意第三人的信赖利益和交易的安全，确保市场信用。表见代理的情形有：被代理人明确对第三人表示已将代理权授予某人，而实际并未授权；被代理人将某种有代理权的证明文件(如盖有公章的空白介绍信、空白合同文本、合同专用章等)交给某人，该某人出示该种文件使第三人相信其有代理权并与之进行法律行为；代理授权不明确、不具体；行为人违反被代理人的意思或者超越代理权，第三人在无过失的情况下，相信其有代理权而与之进行法律行为；代理关系终止后被代理人未采取必要措施而使第三人仍然相信行为人有代理权，并与之进行法律行为。

(2)无权代理的法律后果。在无权代理的情况下，只有经过被代理人的追认，被代理人才承担民事责任。未经追认的行为，由行为人承担民事责任。但是，有以下几种情况的除外：

①被代理人明明知道行为人以自己名义实施民事行为而不作否认表示，也不加以阻止的，视为同意，即应由被代理人承担民事责任。

②委托代理人为了维护被代理人的利益在紧急情况下实施的超越代理权的民事法律行为，可以认定有效，但其采取的行为不当给被代理人造成损失的，可以酌情由委托代理人承担适当的责任。

③表见代理，客观上使善意相对人有理由相信其代理权的，被代理人应当承担代理的法律后果。

④第三人知道行为人无权代理仍然与行为人实施民事行为给他人造成损害的，由第三人和行为人负连带责任。

【应用案例 1－5】 甲某在高铁上遇见了一直与A公司有业务往来的B公司负责人乙某。乙某提出欲采购一批材料，甲某拿出A公司的合同专用章和空白的合同文本，代理A公司与乙签订了材料买卖合同。

而此前甲已被A公司开除，但A公司一直未收回公司的合同专用章和空白的合同文本。开除前甲一直代表A公司签订合同。试分析：甲代理A公司与乙签订的材料买卖合同是否有效？由此带来的法律后果由谁承担？

【案例解析】 该合同有效，由此带来的法律后果应由A公司承担。本案中甲的行为属于表见代理。A公司虽已开除甲，但并未收回合同专用章和空白合同文本。善意第三人乙有正当理由相信甲有代理权。

第四节　经济纠纷的解决途径

经济纠纷是指经济法主体之间因经济权利和经济义务的矛盾而产生的争议。在市场经济条件下，为了保护纠纷当事人各方的合法权益，保障正常的社会经济秩序，必须采取有效的方式对经济纠纷予以及时解决。在我国，解决经济纠纷的途径和方式有协商、调解、仲裁、行政复议和诉讼等。其中，应用最广泛的还是自我协商和解；最主要的途径和方式是仲裁、行政复议和诉讼。

一、仲裁

仲裁又称公断，是指经济纠纷的各方当事人共同选择仲裁机构，仲裁机构以第三者的身份对所发生的纠纷进行审理，并依法定程序作出对纠纷各方均有约束力的裁决的活动。仲裁具有以下要素：

(1)仲裁协议。仲裁以双方当事人自愿达成的仲裁协议为前提。

(2)仲裁机构。由双方当事人自愿共同选择仲裁机构。

(3)仲裁效力。仲裁裁决对双方当事人都具有法律约束力。

我国仲裁的法律是1994年8月31日第八届全国人民代表大会常务委员会第9次会议审议通过，并于1995年9月1日起实行的《仲裁法》。仲裁法是调整在仲裁过程中发生的各种关系的法律规范的总称。

(一)仲裁的基本制度

(1)协议仲裁制度。当事人选择采用仲裁方式解决纠纷应完全建立在自愿的基础上，由双方达成仲裁协议。无仲裁协议或仲裁协议无效，任何一方都不得提请仲裁，仲裁机构不得受理。

(2)或裁或审制度。有效的仲裁协议可以排斥法院的管辖权，只有在没有仲裁协议、仲裁协议无效或双方都同意放弃仲裁协议的情况下，人民法院才予受理，否则人民法院不予受理。

(3)一裁终局制度。在仲裁范围内，仲裁委员会作出的仲裁裁决为终局裁决，当事人就同一纠纷，不能再申请仲裁或向人民法院起诉，但可就不同纠纷向人民法院提起诉讼。

(4)回避制度。仲裁员有下列情形之一的，必须回避，当事人也有权提出回避申请：①是本案当事人或者当事人、代理人的近亲属；②与本案有利害关系；③与本案当事人、代理人有其他关系，可能影响公正裁决的；④私自会见当事人、代理人或者接受当事人、代理人的请客送礼的。

(二)《仲裁法》的适用范围

我国《仲裁法》规定，平等主体的公民、法人和其他组织间发生的合同纠纷和其他财产权益纠纷，可以仲裁。但下列纠纷不适用《仲裁法》：

(1)与人身有关的婚姻、收养、监护、抚养、继承纠纷；

(2)依法律规定应当由行政机构处理的行政争议；

(3)劳动争议；

(4)农业集体经济组织内部的农业承包合同纠纷。

【应用案例 1－6】 某工商局2015年向某百货商场购买了一批办公用品,因办公用品质量问题与该百货商场发生纠纷。同时,该工商局又因该百货商场销售假冒产品而对其进行罚款,与其发生争议。请问:这两项争议是否可以通过仲裁方式解决?

【案例解析】 在前一争议中,由于双方处于平等主体地位,所发生的争议属于平等主体之间发生的财产纠纷,根据《仲裁法》的规定,双方的纠纷可以通过仲裁方式解决。在后一争议中,双方属于行政管理与被管理的关系,所发生的争议属于行政争议,根据《仲裁法》的规定,不属于《仲裁法》的适用范围,双方的纠纷不能通过仲裁方式解决。

(三)仲裁机构

(1)仲裁协会。中国仲裁协会是社会团体法人,其实行会员制。各仲裁委员会是中国仲裁协会的法定会员。中国仲裁协会是仲裁委员会的自律性组织,根据全国会员大会制定的章程对仲裁委员会及其组成人员、仲裁员的违纪行为进行监督;根据《仲裁法》和《民事诉讼法》的有关规定制定仲裁规则和其他规范化仲裁文件。

(2)仲裁委员会。仲裁委员会不按行政区域层层设立,可以在直辖市、省和自治区人民政府所在地设立,也可根据需要在其他设区的市设立。仲裁委员会不隶属于任何国家机关,仲裁委员会之间也不存在隶属关系。仲裁委员会由主任1人、副主任2～4人、委员7～11人组成,其中法律与贸易专家不少于总人数的2/3。

(四)仲裁协议

仲裁协议是指双方当事人自愿把他们之间可能发生或已发生的经济纠纷,提交仲裁机构裁决的书面约定(包括合同中订立的仲裁条款和以其他书面方式在纠纷发生前或纠纷发生后达成的请求仲裁的协议。这里所称的其他书面形式,包括合同书、信件和数据电文,如电报、传真、电传、电子数据交换和电子邮件等形式)。

1. 仲裁协议的内容

(1)请求仲裁的意思表示;

(2)仲裁事项;

(3)选定的仲裁委员会。

仲裁协议对仲裁事项或仲裁委员会没有约定或约定不明的,当事人可以补充协议;达不成补充协议的,仲裁协议无效。

2. 仲裁协议的效力

(1)仲裁协议一经依法成立,就具有法律约束力。仲裁协议中为当事人设定一定的义务,不能任意地更改、终止或撤销。

(2)在仲裁范围内,仲裁协议对双方当事人诉权的行使产生一定的限制。在当事人双方发生协议约定的争议时,双方应将争议提请仲裁,如果向人民法院起诉的,人民法院将不予受理。

(3)仲裁协议独立存在,即使合同的变更、解除、终止或无效,也不影响仲裁协议的效力。

当事人对仲裁协议的效力有异议时,应当在仲裁庭首次开庭前请求仲裁委员会作出决定,或请求人民法院作出裁定。一方请求仲裁委员会作出决定,另一方请求人民法院作出裁定的,由人民法院裁定。

当事人达成仲裁协议,一方向人民法院起诉未声明有仲裁协议,人民法院受理后,另一方在首次开庭前提交仲裁协议的,人民法院应当驳回起诉,但仲裁协议无效的除外;另一方在首次开庭前未对人民法院受理该起诉提出异议的,视为放弃仲裁协议,人民法院应当继续审理。

(五)仲裁程序

(1)仲裁申请。仲裁申请是仲裁机构立案受理的前提。申请仲裁必须符合下列条件:①有仲裁协议;②有具体的仲裁请求和事实、理由;③属于仲裁委员会的受理范围。

(2)受理。仲裁委员会收到仲裁申请书之日起5日内,认为符合受理条件的,应当受理,并通知当事人;认为不符合受理条件的,应当书面通知当事人不予受理,并说明理由。仲裁委员会受理仲裁申请后,应当依法向被申请人送达仲裁申请书副本,并由其提交答辩书。仲裁不实行级别管辖和地域管辖。

(3)组成仲裁庭。仲裁庭是指具体负责审理和裁决提交仲裁争议案件的组织。根据组成人数,仲裁庭可以分为独任制仲裁庭和合议制仲裁庭。独任仲裁庭由1名仲裁员单独负责审理案件;合议庭由3名仲裁员组成,并设首席仲裁员。当事人约定由3人组成仲裁庭的,应当各自选定或各自委托仲裁委员会主任指定1名仲裁员,第三名仲裁员由当事人共同选定或共同委托仲裁委员会主任指定,第三名仲裁员为首席仲裁员。合议庭的裁决由多数票决定,仲裁庭不能形成多数意见时,裁决书应当按首席仲裁员的意见作出。

(4)仲裁裁决。仲裁应当开庭进行。但是当事人协议不开庭的,仲裁庭可以根据仲裁申请书、答辩书以及其他材料作出裁决。仲裁一般不公开进行。仲裁委员会应当在仲裁规则规定的期限内,将开庭日期通知双方当事人。申请人经书面通知,无正当理由不到庭或未经仲裁庭许可中途退庭的,可视为撤回仲裁申请。被申请人无正当理由不到庭或未经仲裁庭许可中途退庭的,则可以缺席裁决。当事人有正当理由的,可在仲裁规则规定的期限内请求延期开庭。

申请仲裁后,当事人可以自行和解。达成和解协议的,可以请求仲裁庭根据和解协议作出裁决书,也可以撤回仲裁申请。达成和解协议,撤回仲裁申请后反悔的,也可以根据仲裁协议申请仲裁。

仲裁庭在作出裁决前,可以先行调解。当事人自愿调解的,仲裁庭应当调解;调解不成的,应当及时作出裁决。调解达成协议的,应当制作调解书或根据协议的结果制作裁决书,调解书经双方当事人签收后,即与裁决书具有同等的法律效力。当事人在调解书签收前后悔的,仲裁庭应当及时作出裁决。

(5)履行仲裁裁决。裁决书自作出之日起发生法律效力,当事人应当履行仲裁裁决。一方当事人不履行的,另一方当事人可向被执行人住所地或被执行的财产所在地的中级人民法院申请执行,受理申请的人民法院应当执行。

二、行政复议

行政复议是指公民、法人和其他组织认为有关行政机关的具体行政行为侵犯了其合法权益,依法向作出行政行为的行政机关的上一级行政机关或法律规定的其他行政机关提出申请,由受理该申请的行政机关对原具体行政行为依法进行审查并作出行政复议决定的一种行政监督活动。行政复议是现代社会国家保护公民、法人和其他组织免受行政机关的具体行政行为不法侵害的一种重要法律制度。

为了防止和纠正行政机关违法的或不当的具体行政行为,有效保护公民、法人和其他组织的合法权益,保障和监督行政机关积极作为和依法行使职权,1999年4月29日全国人大常委会第9次会议通过了《行政复议法》,1999年10月1日起施行。该法是进行行政复议活动的基本法律依据。

(一)行政复议的范围

公民、法人和其他组织认为有关行政机关的具体行政行为侵犯了其合法权益,符合《行政复议法》受理范围的,可以申请行政复议。

1. 行政复议受理的范围

我国《行政复议法》对其适用范围实行列举制,有下列情形之一的,公民、法人或其他组织可以申请行政复议:

(1)对行政机关作出的警告、罚款、没收非法财物、责令停产停业、暂扣或吊销许可证、暂扣或吊销执照、行政拘留等处罚决定不服的;

(2)对行政机关作出的限制人身自由或查封、扣押、冻结财产等行政强制措施决定不服的;

(3)对行政机关作出有关许可证、执照、资质证、资格证等证书变更、中止、撤销的决定不服的;

(4)对行政机关作出的关于确认土地、矿藏、水流、森林、山岭、草原、荒地、滩涂、海域等自然资源的所有权或使用权的决定不服的;

(5)认为行政机关侵犯其合法的经营自主权的;

(6)认为行政机关变更或废止农业承包合同,侵犯其合法权益的;

(7)认为行政机关违法集资、征收财物、摊派费用或违法要求履行其他义务的;

(8)认为符合法定条件,申请行政机关颁发许可证、执照、资质证、资格证等证书,或者申请行政机关审批、登记有关事项,行政机关没有依法办理的;

(9)申请行政机关履行保护人身权利、财产权利、受教育权的法定职责,行政机关没有依法履行的;

(10)申请行政机关依法发放抚恤金、社会保险金或最低生活保障费,行政机关没有依法发放的;

(11)认为行政机关的其他具体行政行为侵犯其合法权益的。

2. 不得行政复议的事项

(1)不服行政机关作出的行政处分或其他有关人事处理决定的,可依照有关法律、行政法规的规定提出申诉。

(2)不服行政机关的抽象行政行为的,可通过监督途径提出处理要求,如不服行政法规、规章等。

(3)不服行政机关对民事纠纷作出的调解或其他处理的,可依法申请仲裁或者向人民法院提起诉讼。

(二)行政复议法定程序

1. 行政复议申请

(1)申请行政复议的形式与时限。当公民、法人或者其他组织认为某行政机关的具体行政行为侵犯了其合法权益时,可以自知道该具体行政行为之日起60日内提出行政复议申请;但是法律规定的申请期限超过60日的除外。因不可抗力或其他正当理由耽误法定期限的,申请期限自障碍消除之日起继续计算。

申请人申请行政复议时,可以书面申请,也可以口头申请。口头申请行政复议的,行政复议机关应当当场记录申请人的基本情况、主要事由等。

(2)行政复议管辖。行政复议由行政复议机关管辖,行政复议机关是指依《行政复议法》履行行政复议职责的行政机关。行政复议机关中负责法制工作的机构具体办理行政复议事项,该机构称为行政复议机构。

①对县级以上地方各级人民政府工作部门的具体行政行为不服的，由申请人选择，可以向该部门的本级人民政府申请行政复议，也可以向该部门的上一级主管部门申请行政复议。

②对海关、金融、国税、外汇管理等实行垂直领导的行政机关和国家安全机关的具体行政行为不服的，应当向其上一级主管部门申请行政复议。

③对地方各级人民政府的具体行政行为不服的，申请人应当向其上一级人民政府申请行政复议。

④对省、自治区人民政府依法设立的派出机关所属的县级地方人民政府的具体行政行为不服的，申请人应当向该派出机关申请行政复议。

⑤对国务院部门或者省、自治区、直辖市人民政府的具体行政行为不服的，申请人应当向做出该具体行政行为的国务院部门或者省、自治区、直辖市人民政府申请行政复议。对行政复议不服的，可以向人民法院提起行政诉讼；也可以向国务院申请裁决，国务院依照《行政复议法》规定作出的裁决为最终裁决。

2. 行政复议受理

行政复议机关收到行政复议申请后，应当在 5 日内进行审查，决定是否受理。

经审查，对不符合法律规定的行政复议申请，决定不予受理，并书面告知申请人；对符合法律规定，但是不属于本机关受理的行政复议申请，应当告知申请人向有关行政复议机关提出。除以上情况外，行政复议申请自行政复议机关负责法制工作机构收到之日起即为受理。

申请人提出行政复议申请，行政复议机关无正当理由不予受理的，上级行政机关应当责令其受理，必要时上级行政复议机关也可以直接受理。

法律法规规定应当先向行政复议机关申请行政复议，对行政复议决定不服的，可向人民法院提出行政诉讼；行政复议机关决定不予受理或受理后超过行政复议期限的，公民、法人或者其他组织可以自收到不予受理决定书之日起或者行政复议期满之日起 15 日内，依法向人民法院提出行政诉讼。

行政复议机关受理行政复议申请，不得向申请人收取任何费用。行政复议活动所需经费，应当列入本机关的行政费用，由本级财政予以保障。

除有特殊情况外，行政复议期间具体行政行为不停止执行。但有下列情况之一的，应当停止执行：①被申请人认为需要停止执行的；②行政复议机关认为需要停止执行的；③申请人申请停止执行，行政复议机关认为其要求合理，决定停止执行的；④法律规定停止执行的。

3. 行政复议决定

行政复议原则上采取书面审查的办法，但是申请人提出要求或行政复议机关负责法制工作的机构认为有必要时，也可以向有关组织和人员进行调查，听取申请人、被申请人和第三人的意见。

行政复议机关负责法制工作的机构应当自行政复议申请受理之日起 7 日内，将复议申请书副本或行政复议申请笔录复印件发送被申请人。被申请人应当自收到申请书副本或申请笔录复印件之日起 10 日内，提出书面答复，并提交当初作出具体行政行为的证据、依据和其他有关材料。在行政复议过程中，被申请人不得自行向申请人或其他有关组织或个人收集证据。

行政复议的举证责任，由被申请人承担。

行政复议机关应当自受理之日起 60 日内作出行政复议决定；但是法律规定行政复议期限少于 60 日的除外。情况复杂，不能在规定期限内作出行政复议决定的，经行政复议机关的负责人批准，可以适当延长，并告知申请人和被申请人，但是延长期限最多不超过 30 日。

行政复议机关作出行政复议决定，应该制作行政复议决定书，并加盖印章。行政复议决定书一经送达即发生法律效力。被申请人应当履行行政复议决定，不履行或无正当理由拖延履行的，行政复议机关或有关上级行政机关应当责令其限期履行。

三、诉讼

（一）诉讼的概念

诉讼，是指人民法院根据纠纷当事人的请求，运用审判权确认争议各方权利义务关系，解决经济纠纷的活动。诉讼是解决经济纠纷的一种重要手段，也是我国目前大多数情况下解决经济纠纷的最终办法。经济纠纷所涉及的诉讼包括民事诉讼和行政诉讼。

民事诉讼是指当事人依法请求人民法院运用审判权处理民商事纠纷，解决平等主体当事人双方权利义务争执的一种方式。

行政诉讼是指人民法院根据当事人的请求依法审查并裁决行使行政管理职权的行政机关所作出的具体行政行为的合法性，以解决经济纠纷的一种方式。如人民法院依法审理税务机关与作为经济法主体的纳税人在税收征纳关系上发生争议的行政案件等。

在我国的司法实践中，由于解决经济纠纷所涉及的诉讼绝大部分是民事诉讼，因此本章主要就民事诉讼予以介绍，民事诉讼适用民事诉讼法的有关规定。

（二）诉讼管辖

诉讼管辖是指人民法院系统内各级人民法院之间以及不同地区的同级人民法院之间，受理第一审经济案件的分工和权限。管辖有诸多种类，如地域管辖、级别管辖、专属管辖、协议管辖等，其中最重要的是地域管辖和级别管辖。

1. 地域管辖

地域管辖是指同级人民法院之间在各自管辖的地域内审理第一审经济案件的分工和权限。它又分为一般地域管辖和特殊地域管辖。

一般地域管辖又称普通地域管辖，是以被告住所地与人民法院辖区的隶属关系为依据来确定案件的管辖。一般地域管辖实行“原告就被告”原则，即原告到被告住所地起诉，以防止原告滥用诉权。对于公民提起的民事诉讼，由被告住所地人民法院管辖；被告住所地与经常居住地不一致的，由经常居住地人民法院管辖。对于法人或其他组织提起的民事诉讼，由被告住所地人民法院管辖；同一诉讼的几个被告住所地、经常居住地在两个以上人民法院管辖区的，各所在地人民法院都有管辖权。

行政案件由最初作出具体行政行为的行政机关所在地人民法院管辖；经复议的案件，复议机关改变原具体行政行为的，也可以由复议机关所在地人民法院管辖。

特殊地域管辖又称特别管辖，是以诉讼标的所在地，或引起法律关系发生、变更、消灭的法律事实所在地为依据确定案件的管辖。适用特殊管辖的情况主要有以下几种：

（1）因合同纠纷引起的诉讼，由被告住所地或合同履行地人民法院管辖；

（2）因保险合同纠纷提起的诉讼，由被告住所地或保险标的所在地人民法院管辖；

（3）因票据纠纷提起的诉讼，由票据支付地或被告住所地人民法院管辖；

（4）因铁路、公路、水上和航空事故请求损害赔偿提起的诉讼，由事故发生地或车辆、船舶最先到达地、航空器最先降落地或被告住所地人民法院管辖；

（5）因侵权行为提起的诉讼，由侵权行为地或者被告住所地人民法院管辖；

(6)因船舶碰撞或其他海事损害事故请求损害赔偿提起的诉讼,由碰撞发生地、碰撞船舶最先到达地、加害船舶被扣留地或被告住所地人民法院管辖;

(7)因海难救助费用提起的诉讼,由救助地或被救助船舶最先到达地人民法院管辖;

(8)因共同海损提起的诉讼,由船舶最先到达地、共同海损理算地或航程终止地的人民法院管辖,等等。

2. 级别管辖

级别管辖是根据案件的性质、案情的繁简、影响的范围等来划分上、下级人民法院受理第一审经济案件的分工和权限。我国人民法院分为四级,即基层人民法院、中级人民法院、高级人民法院和最高人民法院。基层人民法院原则上管辖第一审案件;中级人民法院管辖在本辖区有重大影响的案件、重大涉外案件及由最高人民法院确定由中级人民法院管辖的案件;高级人民法院管辖在辖区有重大影响的第一审案件;最高人民法院管辖在全国有重大影响的案件以及认为应当由其审理的案件。实践中,大多数案件由基层人民法院管辖。

两个以上人民法院都有管辖权(共同管辖)的诉讼,原告可以向其中一个人民法院起诉(选择管辖);原告向两个以上有管辖权的人民法院起诉的,由最先立案的人民法院管辖。

(三)诉讼时效

1. 诉讼时效的概念

诉讼时效是指法律规定权利人通过诉讼程序请求人民法院保护其权利的有效时间。人民法院只在诉讼有效期限内保护权利人的请求权。如果权利人在法定期间内不行使自己的权利,就丧失了请求人民法院保护自己利益的权利,即诉讼时效期间届满,除法律另有规定外,权利人的请求权就不受法律保护。

2. 诉讼时效的种类

诉讼时效期间是法定的,根据法律对诉讼时效的不同规定,诉讼时效期间有以下几种:

(1)普通诉讼时效期间为 2 年。

(2)短期诉讼时效期间为 1 年,仅适用于特定民事法律关系的诉讼时效期间。例如,根据《民法通则》规定,身体受伤害要求赔偿的、出售质量不合格的商品未声明的、延期或拒付租金的、寄存财物被丢失或损毁的,诉讼时效期间为 1 年。

(3)根据《合同法》第 129 条规定,国际货物买卖合同和技术进口合同争议提出诉讼或申请仲裁的期限为 4 年,自当事人知道或应该知道其权利受到侵害之日起计算。

(4)最长时效为 20 年,诉讼时效期间自当事人知道或应该知道其权利受到侵害之日起计算。但从权利被侵害之日起超过 20 年的,人民法院不予保护,有特殊情况的,人民法院可以延长诉讼时效期间。

3. 诉讼时效期间的中止、中断及延长

(1) 诉讼时效的中止,是指在诉讼时效进行中,因发生一定的法定事实而使权利人不能行使请求权,暂时停止计算诉讼时效期间,以前经过的诉讼时效期间仍然有效,待阻碍诉讼时效进行的事实消失后,继续计算诉讼时效期间。

诉讼时效中止的事由是发生阻碍诉讼时效进行的事实,包括不可抗力和其他障碍。其他障碍是指除不可抗力之外使权利人无法行使请求权的客观情况,包括权利被侵害的无民事行为能力人、限制民事行为能力人没有法定代理人,或者法定代理人死亡,或者法定代理人本人丧失行为能力的,可以认定为因其他障碍不能行使请求权。

诉讼时效中止事由的发生时间应在诉讼时效期间的最后 6 个月内,只有符合这一条件才能中止诉讼时效。从中止时效的原因消除之日起，诉讼时效期间继续计算。

(2)诉讼时效的中断。在诉讼时效进行中，由于某种法定事由，导致以前经过的时间不能算数，从中断时起，诉讼时效期间重新计算。其法定事由包括：权利人或义务人提起诉讼；债权人向债务人主张权利；债务人表示愿意履行义务。如果债务人偿还了一部分债务，从偿还之日起诉讼时效中断；若债务人要求延期履行，且债权人同意，也发生诉讼时效中断。

(3)诉讼时效的延长，是指人民法院对已经完成的诉讼时效，根据特殊情况而予以延长。特殊情况是指权利人由于客观的障碍在法定诉讼时效期间不能行使请求权的情形，具体由人民法院判定。这是法律赋予司法机关的一种自由裁量权。

【应用案例 1—7】 2014 年 2 月 1 日，甲向乙出售质量不合格的商品，并未作任何声明。乙于 2014 年 5 月 1 日得知此事，但一直未向甲主张权利。2014 年 10 月 20 日，乙因出差遇不可抗力而无法行使请求权的时间为 20 天。试分析：乙请求人民法院保护其民事权利的诉讼时效期间。

【案例解析】 乙请求人民法院保护其民事权利的诉讼时效期间为 2014 年 5 月 1 日～2015 年 5 月 10 日。分析原因如下：(1)出售质量不合格的商品未申明的，适用 1 年的特别诉讼时效期间(2014 年 5 月 1 日至 2015 年 5 月 1 日)；(2)如果在诉讼时效期间的最后 6 个月前(11 月 1 日前)发生不可抗力，至最后 6 个月时不可抗力仍然继续存在，则应在最后 6 个月时中止诉讼时效的计算。因此，乙于 2014 年 10 月 20 日出差遇不可抗力耽误的 20 天，只有进入 11 月 1 日后的 10 天才引起诉讼时效的中止。所以本题的诉讼时效期间为 2014 年 5 月 1 日～2015 年 5 月 10 日。

(四)诉讼程序

1. 第一审程序

(1)起诉。起诉是公民、法人或其他组织在其民事权益受到损害或发生争议时，向人民法院提出诉讼请求的行为。起诉必须符合下列条件：①原告是与本案有直接利害关系的公民、法人或其他组织；②有明确的被告；③有具体的诉讼请求和事实、理由；④属于人民法院受理民事诉讼的范围和管辖范围，同时还必须办理法定手续。

(2)受理。受理是指人民法院通过对当事人的起诉进行审查，对符合法定条件的决定立案审理的行为。人民法院接到起诉书或口头起诉后，经审查认为符合起诉条件的，应当在 7 日内立案，并通知当事人。

(3)审理前的准备。人民法院应当在立案之日起 5 日内将起诉书副本发送被告。被告在收到之日起 15 日内作出答辩书。答辩是被告对原告提出的诉讼请求及理由进行回答、辩解和反驳，是被告的一项重要的诉讼权利。被告提出答辩书的，人民法院在收到之日起 5 日内将答辩书副本发送原告。被告不提出答辩书的，不影响人民法院审理。

(4)开庭审理，是指在审判人员主持和当事人及其他诉讼参与人的参加下，在法庭上对案件进行审理的诉讼活动，其目的是确认当事人的权利义务关系，以调解或裁判的方式解决纠纷。人民法院应当在开庭审理 3 日前通知当事人和其他诉讼参与人。公开审理，应当公告当事人的姓名、案由和开庭时间、地点。开庭审理一般都公开进行，但涉及国家秘密、个人隐私或法律另有规定的情况及当事人申请不公开审理的，则不公开进行审理。

2. 第二审程序

第二审程序又称上诉程序。案件当事人任何一方不服第一审人民法院的判决和裁定都可以向上一级人民法院提起上诉。因为我国实行两审终审制，所以当事人不服第一审人民法院判决、裁定的，有权向上一级人民法院提起上诉。

上诉必须具备以下条件：只有第一审案件的当事人才可以提出上诉；只能对法律规定的可以上诉的判决、裁定提起上诉。当事人不服地方人民法院第一审判决的，有权在判决书送达之日起 15 日内向上一级人民法院提起诉讼。当事人不服地方人民法院第一审判裁定的，有权在裁定书送达之日起 10 日内向上一级人民法院提起诉讼。上诉应当递交上诉书，上诉应当通过原审人民法院提出，并按照对方当事人或者代理人的人数提交副本。

3. 审判监督程序

审判监督程序，是指有审判监督权的人员和机关，发现已经发生法律效力的判决、裁定确有错误的，依法提出对原案件重新进行审理的一种特别程序。《民事诉讼法》规定，各级人民法院院长对本院已经发生法律效力的判决、裁定，发现确有错误，认为需要再审的，提交审判委员会讨论决定。最高人民法院对地方各级人民法院、上级人民法院对下级人民法院已经发生法律效力的判决、裁定，发现确有错误的，有权提出或指令下级人民法院再审。

当事人对已经发生法律效力的判决、裁定，认为有错误的，可以向原审人民法院或上一级人民法院申请再审，但不停止判决、裁定的执行。当事人对已经发生法律效力的调解书，提出证据证明调解违反自愿原则或调解协议的内容违反法律的，可以申请再审。

4. 执行程序

执行程序，是指人民法院依法对已经发生法律效力的判决、裁定及其他法律文书，强制义务人履行义务的程序。对发生法律效力的判决、裁定调解书和其他应由人民法院执行的法律文书，当事人必须履行。一方拒绝履行的，对方当事人可以向人民法院申请执行。双方或者一方当事人是公民的，申请执行的期限为 1 年；双方是法人或者其他组织的，申请执行的期限为 6 个月。超过上述期限则丧失申请执行的权利。

5. 公示催告程序

公示催告，是指人民法院根据可以背书转让的票据持有人的申请，以公示的方式，催告不明票据利害关系人在指定的期限内向人民法院申报票据权利。

一旦票据被判无效，则申请人就获得票据权利，可持人民法院的判决书申请付款人付款。在规定的期限内，不明票据利害关系人申报票据权利，公示催告程序结束，申请人和申报人可以进行票据诉讼。

第五节 违反经济法的法律责任

一、经济法律责任

法律责任，是指行为人因实施了违法行为、违约行为或由于法律规定而应承担的不利的法律后果。违反经济法的法律责任，又称经济法律责任，是指经济法主体因实施了违反经济法律法规的行为而应承担的不利的经济法律后果。经济法责任是经济法主体的经济权利和经济义务得以实现的保障机制，是经济法目的得以实现的保障。

二、违反经济法法律责任的形式

经济法律责任是一个具有综合性的范畴，它是由不同性质的多种责任形式构成的统一体。根据我国法律的规定，违反经济法法律责任的形式主要有以下三种：

（一）民事责任

民事责任是指经济法主体违反经济法律法规或约定给对方造成损害时，依法应承担的民事法律后果。民事责任主要是财产责任。在法律允许的条件下，民事责任可以由当事人协商解决。经济法主体承担民事责任的主要方式有：停止侵权；排除妨碍；消除危险；返还财产；恢复原状；修理、重作、更换；赔偿损失；支付违约金；消除影响、恢复名誉；赔礼道歉等。

（二）行政责任

行政责任是指经济法主体违反经济法法律法规规定依法应承担的行政法律后果，包括行政处罚、行政处分、行政补偿等。根据《行政处罚法》的规定，行政处罚的种类包括：警告；罚款；没收违反所得、没收非法财物；责令停产、停业；暂扣或吊销许可证、暂扣或吊销营业执照；行政拘留。法律、行政法规规定的行政处分的种类包括：警告；记过；记大过；降级；撤职；开除等。

（三）刑事责任

刑事责任是指经济法主体违反经济法律、法规，造成严重后果，已触犯国家刑事法律，由国家审判机关依法给予行为人以相应的刑事制裁，即刑罚。根据《刑法》规定，刑罚分为主刑和附加刑。主刑的种类包括：管制；拘役；有期徒刑；无期徒刑；死刑。附加刑的种类包括：罚金；剥夺政治权利；没收财产。附加刑也可以独立适用。对犯罪的外国人可以独立适用或附加适用驱除出境。法律规定为单位犯罪的，单位应当负刑事责任，对单位判处罚金，并对直接负责的主管人员和其他直接责任人员判处刑罚。

对当事人而言，以上责任形式可以单独适用，也可以一并适用。

【任务导出】

1. 我国在稳定经济发展领域采取的措施属于经济法的调整范围。经济法是调整国家在管理和协调经济运行过程中所形成的经济关系的法律规范的总称。经济法的调整对象主要为：(1)市场主体组织关系；(2)市场运行调控关系；(3)宏观经济调控关系；(4)社会保障关系。

2. 这些措施涉及经济法体系中的法律法规主要有：《公司法》、《银行法》、《外商投资企业法》和《税法》等。

强化训练

一、单项选择题

1. 2013 年 3 月 1 日，李某去某商场购物时，将自己携带的两件物品存放在存包处。当天取物时却只取到一件。存包员否认李某存了两件物品，双方争议未果，李某拟起诉至法院。根据《民法通则》的规定，李某向法院提起民事诉讼的有效期间是（　　）。

A. 2013 年 9 月 1 日前　　B. 2014 年 3 月 1 日前

C. 2015 年 3 月 1 日前　　D. 2013 年 3 月 1 日前

2. 下列争议中，可以适用《仲裁法》进行仲裁的是（　　）。

A. 某公司与某职工李某因解除劳动合同发生的争议

B. 高某与其弟弟因财产继承发生的争议

C. 某学校因购买电脑的质量问题与某商场发生的争议

D. 王某因不服某公安局对其作出的罚款决定与该公安局发生的争议

3. 甲、乙双方签订一份运输200台电视机的合同，由此形成的经济法律关系客体是（　　）。

A. 乙方承运的该200台电视机　　B. 甲乙双方

C. 乙方承运电视机的运输行为　　D. 甲乙双方承担的权利和义务

4. 下列各项中，不属于经济法律关系的有（　　）。

A. 消费者因商品质量问题与商家发生的赔偿与被赔偿关系

B. 工商局局长与其干部发生的领导与被领导关系

C. 母公司与子公司之间发生的经济关系

D. 税务机关与纳税人之间发生的征纳关系

5. 下列各项中，属于法律事实中的相对事件的是（　　）。

A. 发行公司债券　　B. 承揽加工劳务　　C. 发生战争　　D. 发生地震

二、多项选择题

1. 下列有关行政复议程序的说法，正确的是（　　）。

A. 依法申请行政复议的公民、法人或者其他组织，以及有利害关系的其他公民、法人或者其他组织，全部作为申请人，参加行政复议

B. 作出具体行政行为的行政机关是被申请人

C. 除特别情况外，当事人自知道该具体行政行为之日起60日内提出行政复议申请

D. 行政复议申请，只能采用书面形式

2. 下列各项中，可以成为经济法主体的是（　　）。

A. 某市财政局　　B. 某研究院

C. 某公司的子公司　　D. 公民杨某

3. 下列各项中，属于法律行为的有（　　）。

A. 订立合伙协议　　B. 签订合同

C. 签订和解协议　　D. 签发汇票

4. 下列各项中，可以成为经济法主体的是（　　）。

A. 某市国家税务机关　　B. 承包经营企业

C. 某社会团体　　D. 公司设立的分公司

5. 下列各项中，可以成为经济法律关系客体的是（　　）。

A. 空气　　B. 消费资料

C. 完成一定工作的行为　　D. 嘉奖表彰

三、案例分析题

1. 甲公司与乙公司签订一份承揽合同，并在合同中单独规定了仲裁条款，约定双方发生合同争议时提请某仲裁机构仲裁（假定该仲裁条款合法有效）。事后甲公司发现在订立合同时对有关事项存在重大误解。分析：

（1）甲公司是否可以根据合同中的仲裁条款向某仲裁机构申请撤销合同？

（2）如果甲公司直接向人民法院申请撤销合同，人民法院是否应当受理？

2. 某国家行政机关一名公务员因在工作中存在滥用职权行为，被该行政机关给予开除的行政处分。试问如果该公务员对行政处分不服，是否可以申请行政复议？

3. 某公民与某税务机关因个人所得税征收问题发生了纠纷，认为某税务机关多征收了其个人所得税，拟通过法律途径解决。试问某公民是否可以就某税务机关的征税行为直接向人民法院提起行政诉讼？

资源拓展

经济法与民法的关系

一、经济法与民法的联系

(1)在调整对象上:经济法调整的是特定的经济关系,是当事人之间形成的权利义务关系;民法调整平等主体之间的财产和人身关系。

(2)在独立地位方面:民法是配合市场自发调节的法律现象,它调整市场领域发生的竞争性的平等经济关系,主要表现为财产在市场上的占有、支配、使用、处分和流转关系。经济法是配合政府协调、干预经济的法律现象,它调整政府在协调平衡社会经济的过程中发生的经济关系。但经济法和民法在整个法的体系中,都属于国内法体系,都是独立的法的部门,而不是综合部门,更不是法学学科。

(3)在作用方面:民法是为了实现个人利益的最大化,为了保护当事人的权益,为了保障交易的公平有序。而经济法以社会整体利益为出发点,协调社会整体利益,保证社会和谐的发展,为参与者提供一个公平竞争的环境。可见经济法和民法对于保护当事人的合法权益,维护经济秩序,都发挥着巨大的作用。

二、经济法与民法的区别

(1)利益保护的出发点差异:民法的本质是市民社会的法,是典型的私法,以个人利益为本位,以确认和保护私人利益为其价值追求的目标,对平等主体的商品关系加以保护,从而维护民事主体的权利;但其对个人利益的无尽追求,往往又导致社会经济运行的无序化,给社会利益造成损害。经济法的本质则是社会法,它以社会为本位,把社会经济总体利益作为自己的价值目标,在兼顾各方经济利益的同时,维护社会经济总体利益。

(2)调整对象及目的的差异:民法调整的是平等主体间的财产关系和人身关系,它是市场主体在市场交换领域发生的互利有偿的经济关系,其调整目的在于实现平等主体在经济交往中的正当权益,维护正常的经济秩序。经济法调整的对象是涉及经济正常有序运行而必须进行调整的经济关系。经济法的目的在于保证社会经济协调平衡发展。

(3)调整方式及手段的差异:民法是纯粹以个人为本位的私法,以自由平等为核心,其调整方式相应地采取意思自治原则,即由当事人按自己的意志设定权利和义务,国家并不过多干预,其调整手段主要采取民事手段。然而民法其完备的微观经济行为规则很难解决经济垄断、资源配置不当,以及弱者特别保护等现代经济中的新问题,这就需要经济法采取一系列弹性的综合调整经济的手段,如计划、价格、税收、信贷、利率、工资等,通过引导,控制社会经济的良性运行,使经济法能够适应经济形势的不同需要,成为社会经济关系的良好调节器;因而其发生作用的方式也并不表现为直接设定国家与市场主体之间的权利义务,而是充分发挥经济杠杆的调节作用,从国民经济的整体出发来引导市场主体做出能够促进社会经济协调发展的选择,使市场经济尽量避免盲目性。经济法在对经济进行调节时采取民事手段,但也运用行政手段、刑事手段实行综合调整。

(4)主体构成不同:民法中的主体分自然人与法人两类;经济法主体体系更为广泛,包括法人,也包括不具有法人资格的国家机关、社会团体、其他组织、企业内部组织和有关人员及公民。民法主体只讲平等性;经济法主体体系则承认一定的、必要的层次性。

由此可见,经济法与民法是既相互区别又相互联系的两个部门,经济法是在克服民法的不足的条件下产生的一个独立的法律部门,这就决定了这两个法律部门,在社会发展中应相互配合、协调,共同发挥各自不同的作用。

第二章

劳动合同法

【学习目标】

能力目标：区分劳动合同的必备条款和约定条款。

知识目标：掌握劳动合同的主要内容。

素质目标：树立运用劳动合同法律知识维护自身权益的意识。

【任务导入】

2015 年 5 月 20 日，甲企业因需要与某大学毕业生张某签订劳动合同，合同约定劳动合同期限为 3 年，试用期为 6 个月。2015 年 6 月 7 日，张某在工作时间私自外出，发生事故，并给甲企业造成重大损失。甲企业决定解除与张某的劳动合同关系，张某不服。

任务分析：

甲企业决定解除与张某的劳动合同关系的做法是否合法？张某可以通过哪些途径解决与用人单位的劳动争议？

第一节　劳动合同的订立

一、劳动合同法概述

(一)劳动合同法立法

劳动合同法是调整劳动者与用人单位之间签订劳动合同而产生的法律关系的法律规范的总称。

为了完善劳动合同制度，明确劳动合同双方当事人的权利和义务，保护劳动者的合法权益，构建和发展和谐稳定的劳动关系，第十届全国人民代表大会常务委员会第二十八次会议于 2007 年 6 月 29 日通过，自 2008 年 1 月 1 日起施行《劳动合同法》，第十一届全国人民代表大会常务委员会第三十次会议于 2012 年 12 月 28 日通过了《全国人民代表大会常务委员会关于修改〈中华人民共和国劳动合同法〉的决定》，自 2013 年 7 月 1 日起施行。

(二)劳动合同法的适用范围

(1)中华人民共和国境内的企业、个体经济组织、民办非企业单位等组织(以下称用人单位)与劳动者建立劳动关系,订立、履行、变更、解除或者终止劳动合同,适用本法。

(2)国家机关、事业单位、社会团体和与其建立劳动关系的劳动者,订立、履行、变更、解除或者终止劳动合同,依照本法执行。

(3)事业单位与实行聘用制的工作人员订立、履行、变更、解除或者终止劳动合同,法律、行政法规或者国务院另有规定的,依照其规定;未作规定的,依照本法有关规定执行。

(4)除规范正常劳动合同用工外,劳动合同法还对劳务派遣、非全日制用工作了规定。

(5)适用范围的除外情形:公务员和参照公务员管理的人员、农村劳动者(乡镇企业职工和进城务工、经商的农民除外)、现役军人、家庭直接雇用的保姆以及已享受基本养老保险待遇或领取退休金的人员等不适用劳动合同法。

二、劳动合同

(一)劳动合同的含义与特征

劳动合同是指劳动者与企业、事业单位、个体经济组织、民办非企业单位等用人单位之间确立劳动关系,确认双方当事人权利与义务的书面协议。建立劳动关系应当订立劳动合同。

与普通合同相比,劳动合同具有如下特征:

(1)劳动合同主体特定,即劳动合同的双方当事人只能是劳动者和用人单位;

(2)劳动合同内容特定,即劳动合同以双方当事人劳动权利、劳动义务为内容;

(3)劳动合同客体单一,即劳动合同客体只能指向劳动者的劳动行为;

(4)劳动合同为等价有偿的双务合同。

(二)订立劳动合同的原则

订立和变更劳动合同,应当遵循平等自愿、协商一致的原则;不得违反法律、行政法规的规定。根据这一规定,订立和变更劳动合同必须遵循下列原则:

1. 平等自愿、协商一致的原则

依《劳动合同法》的规定,用人单位自用工之日起即与劳动者建立劳动关系。用人单位招用劳动者时,应当如实告知劳动者工作内容、工作条件、工作地点、职业危害、安全生产状况、劳动报酬,以及劳动者要求了解的其他情况;用人单位有权了解劳动者与劳动合同直接相关的基本情况,劳动者应当如实说明。用人单位招用劳动者,不得扣押劳动者的居民身份证和其他证件,不得要求劳动者提供担保或者以其他名义向劳动者收取财物。

【应用案例 2—1】　2015 年 6 月,大专毕业的张华拟应聘到深圳某公司做会计。由于考虑到会对聘用的会计人员进行岗位培训,并期望所聘人员能安于在本公司工作,在与张华签订劳动合同时,该公司要求扣押其大专毕业证书,或者要求其找到深圳本地相关人员为其提供保证担保。试分析:该公司的要求是否合法?

【案例解析】　该公司要求张华以扣押毕业证书或提供担保为条件签订劳动合同的行为不合法,因为劳动合同的订立应遵循平等自愿、协商一致的原则,用人单位招用劳动者,不得扣押劳动者的居民身份证和其他证件,不得要求劳动者提供担保或者以其他名义向劳动者收取财物。

2. 合法原则

(1)劳动合同的主体合法。劳动合同的当事人必须具备合法资格。一方面劳动者应是年满16周岁，具有劳动权利能力和劳动行为能力且尚未享受基本养老保险待遇或退休金的公民，可以是中国人、外国人、无国籍人；另一方面用人单位应是依法成立或核准登记的企业、个体经济组织、国家机关、事业组织、社会团体，具有用人的权利能力和行为能力。

(2)劳动合同的内容合法。即当事人不得签订内容违法或对社会公共利益有害的劳动合同。

(3)劳动合同订立的程序和形式合法。劳动合同订立的程序必须符合法律规定，未经双方协商一致、强迫订立的劳动合同无效。劳动合同的形式依规定应当采用书面形式订立。

第二节 劳动合同的主要内容

一、劳动合同的必备条款

(1)用人单位的名称、住所和法定代表人或者主要负责人；劳动者的姓名、住址和居民身份证或者其他有效身份证件号码。

(2)工作内容和工作地点。

(3)工作时间和休息休假。

(4)社会保险。劳动者在失业、生育、患病、负伤、因工伤残或者患职业病、退休时依法享受社会保险待遇。

(5)劳动合同期限。劳动合同分为固定期限劳动合同、无固定期限劳动合同和以完成一定工作任务为期限的劳动合同。固定期限劳动合同，是指用人单位与劳动者约定合同终止时间的劳动合同。用人单位与劳动者协商一致，可以订立固定期限劳动合同。无固定期限劳动合同，是指用人单位与劳动者约定无确定终止时间的劳动合同。以完成一定工作任务为期限的劳动合同，是指用人单位与劳动者约定以某项工作的完成为合同期限的劳动合同。用人单位与劳动者协商一致，可以订立以完成一定工作任务为期限的劳动合同。

劳动者与用人单位协商一致，可订立无固定期限劳动合同。有下列情形之一，劳动者提出或者同意续订、订立劳动合同的，除劳动者提出订立固定期限劳动合同外，应当订立无固定期限劳动合同：①劳动者在该用人单位连续工作满10年的；②用人单位初次实行劳动合同制度或者国有企业改制重新订立劳动合同时，劳动者在该用人单位连续工作满10年且距法定退休年龄不足10年的；③连续订立两次固定期限劳动合同，续订劳动合同的。用人单位自用工之日起满1年不与劳动者订立书面劳动合同的，视为用人单位与劳动者已订立无固定期限劳动合同。

国家实行劳动者每日工作时间不超过8小时、平均每周工作时间不超过40小时的工时制度。用人单位应当保证劳动者每周至少休息1日。

用人单位在元旦、春节、清明节、国际劳动节、国庆节等法定节假日应当依法安排劳动者休假。

用人单位由于生产经营需要，经与工会和劳动者协商后可以延长工作时间，一般每日不得超过1小时；因特殊原因需要延长工作时间的，在保障劳动者身体健康的条件下延长工作时间每日不得超过3小时，但是每月不得超过36小时。

(6)劳动报酬。工资分配应当遵循按劳分配原则，实行同工同酬。国家实行最低工资保障制度。工资应当以货币形式按月支付给劳动者本人，不得克扣或者无故拖欠劳动者的工资。

劳动者在法定休假日和婚丧假期间以及依法参加社会活动期间，用人单位应当依法支付工资。同时，《劳动法》还规定：安排劳动者延长工作时间的，支付不低于工资的150%的工资报酬；休息日安排劳动者工作又不能安排补休的，支付不低于工资的200%的工资报酬；法定休假日安排劳动者工作的，支付不低于工资的300%的工资报酬。用人单位应当按照劳动合同约定和国家规定，向劳动者及时足额支付劳动报酬。用人单位拖欠或者未足额支付劳动报酬的，劳动者可以依法向当地人民法院申请支付令，人民法院应当依法发出支付令。

(7)劳动保护、劳动条件和职业危害防护 。《劳动法》对女职工和未成年工有特殊劳动保护的规定。禁止安排女职工从事矿山井下、国家规定的第四级体力劳动强度的劳动和其他禁忌从事的劳动；不得安排女职工在经期从事高处、低温、冷水作业和国家规定的第三级体力劳动强度的劳动；不得安排女职工在怀孕期间从事国家规定的第三级体力劳动强度的劳动和孕期禁忌从事的劳动；对怀孕7个月以上的女职工，不得安排其延长工作时间和夜班劳动；女职工生育享受不少于90天的产假；不得安排女职工在哺乳未满1周岁的婴儿期间从事国家规定的第三级体力劳动强度的劳动和哺乳期禁忌从事的其他劳动，不得安排其延长工作时间和夜班劳动。

未成年工是指年满16周岁未满18周岁的劳动者。不得安排未成年工从事矿山井下、有毒有害、国家规定的第四级体力劳动强度的劳动和其他禁忌从事的劳动。用人单位应当对未成年工定期进行健康检查。

(8)法律、法规规定应当纳入劳动合同的其他事项。

二、劳动合同的可备条款

(一)试用期条款

劳动合同期限3个月以上不满1年的，试用期不得超过1个月；劳动合同期限1年以上不满3年的，试用期不得超过2个月；3年以上固定期限和无固定期限的劳动合同，试用期不得超过6个月。同一用人单位与同一劳动者只能约定一次试用期。以完成一定工作任务为期限的劳动合同或者劳动合同期限不满3个月的，不得约定试用期。试用期包含在劳动合同期限内。劳动合同仅约定试用期的，试用期不成立，该期限为劳动合同期限。劳动者在试用期的工资不得低于本单位相同岗位最低档工资或者劳动合同约定工资的80%，并不得低于用人单位所在地的最低工资标准。在试用期中，除劳动者有法律规定的情形外，用人单位不得解除劳动合同。用人单位在试用期解除劳动合同的，应当向劳动者说明理由。

(二)禁止同业竞争条款

竞业限制的人员限于用人单位的高级管理人员、高级技术人员和其他负有保密义务的人员。竞业限制的范围、地域、期限由用人单位与劳动者约定，竞业限制的约定不得违反法律法规的规定。在解除或者终止劳动合同后，竞业限制的人员到与本单位生产或者经营同类产品、从事同类业务的有竞争关系的其他用人单位，或者自己开业生产或者经营同类产品、从事同类业务的竞业限制期限，不得超过2年。

(三)保守商业秘密和专有技术秘密条款

用人单位与劳动者可以在劳动合同中约定保守用人单位的商业秘密和与知识产权相关的保密事项。对负有保密义务的劳动者，用人单位可以在劳动合同或者保密协议中与劳动者约定竞业限制条款，并约定在解除或者终止劳动合同后，在竞业限制期限内按月给予劳动者经济补偿。劳动者违反竞业限制约定的，应当按照约定向用人单位支付违约金。

此外，劳动合同当事人还可约定其他可备条款，包括第二职业条款、违约金和赔偿金条款以及补充保险、福利条款等。

三、劳动合同的效力

1. 劳动合同的生效

依法订立的劳动合同，从合同订立之日起开始生效。依照法律规定，劳动合同订立后，需要鉴证或公证的，从鉴证或公证之日起开始生效。

2. 劳动合同的无效

劳动合同的无效是指劳动合同因不具备或不完全具备劳动合同的有效要件而不能发生当事人预期法律效力的情形。

下列劳动合同无效或者部分无效：

(1)以欺诈、胁迫的手段或者乘人之危，使对方在违背真实意思的情况下订立或者变更劳动合同的；

(2)用人单位免除自己的法定责任、排除劳动者权利的；

(3)违反法律、行政法规强制性规定的。

对劳动合同的无效或者部分无效有争议的，由劳动争议仲裁机构或者人民法院确认。劳动合同部分无效，不影响其他部分效力的，其他部分仍然有效。劳动合同被确认无效，劳动者已付出劳动的，用人单位应当向劳动者支付劳动报酬。

【应用案例 2—2】 2013 年 3 月，黄某到一家服装厂应聘，签订了为期 2 年的劳动合同。该合同中约定，试用期为 1 年，劳动者每天工作 12 小时(不算加班，无额外报酬)。3 个月后，黄某提出不再加班的请求，但厂方以不加班违反劳动合同、要承担违约赔偿责任为由予以拒绝。试分析：本劳动合同是否有效？黄某是否有权要求服装厂支付加班报酬？

【案例解析】 该劳动合同为无效合同。首先，该劳动合同中关于“试用期为 1 年”、“每天工作 12 小时”、“不算加班、无额外报酬”等约定违反了劳动合同法的强制性规定。因为劳动合同法规定：劳动合同期限 1 年以上不满 3 年的，试用期不得超过 2 个月；国家实行劳动者每日工作时间不超过 8 小时、平均每周工作时间不超过 40 小时的工时制度；用人单位由于生产经营需要，经与工会和劳动者协商后可以延长工作时间，一般每日不得超过 1 小时，因特殊原因需要延长工作时间的，在保障劳动者身体健康的条件下延长工作时间每日不得超过 3 小时，但是每月不得超过 36 小时。其次，厂方不得以“不加班违反劳动合同、要承担违约赔偿责任”为由，拒绝黄某的不再加班的请求。因为劳动合同法规定用人单位不得免除自己的法定责任、排除劳动者的权利。该劳动合同被确认无效后，劳动者加班已付出劳动的，用人单位应当向劳动者支付劳动报酬。

第三节　劳动合同的履行、解除与终止

一、劳动合同的履行与变更

(一)劳动合同的履行

劳动合同依法订立就具有法律效力。用人单位与劳动者应当按照劳动合同的约定，全面履行各自的义务。用人单位变更名称、法定代表人、主要负责人或者投资人等事项，不影响劳

动合同的履行。用人单位发生合并或者分立等情况，原劳动合同继续有效，劳动合同由承继其权利和义务的用人单位继续履行。

（二）劳动合同的变更

用人单位与劳动者协商一致，可以变更劳动合同约定的内容。变更劳动合同，应当采用书面形式。变更后的劳动合同文本由用人单位和劳动者各执一份。

二、劳动合同的解除

劳动合同的解除，是指在劳动合同期满之前终止劳动合同关系的法律行为。劳动合同的解除可分为协商解除和法定解除。

（一）协商解除

用人单位与劳动者协商一致，可以解除劳动合同。

劳动者提前 30 日以书面形式通知用人单位，可以解除劳动合同。劳动者在试用期内提前 3 日通知用人单位，可以解除劳动合同。

（二）法定解除

劳动者有下列情形之一的，用人单位可以解除劳动合同：

(1)在试用期间被证明不符合录用条件的；

(2)严重违反用人单位的规章制度的；

(3)严重失职，营私舞弊，给用人单位造成重大损害的；

(4)劳动者同时与其他用人单位建立劳动关系，对完成本单位的工作任务造成严重影响，或者经用人单位提出，拒不改正的；

(5)因《劳动合同法》第 26 条第 1 款第 1 项规定的情形致使劳动合同无效的；

(6)被依法追究刑事责任的。

用人单位有下列情形之一的，劳动者可以通知用人单位解除劳动合同：

(1)未按照劳动合同约定提供劳动保护或者劳动条件的；

(2)未及时足额支付劳动报酬的；

(3)未依法为劳动者缴纳社会保险费的；

(4)用人单位的规章制度违反法律法规的规定，损害劳动者权益的；

(5)因《劳动合同法》第 26 条第 1 款规定的情形致使劳动合同无效的。

用人单位以暴力、威胁或者非法限制人身自由的手段强迫劳动者劳动的，或者用人单位违章指挥、强令冒险作业危及劳动者人身安全的，劳动者可以立即解除劳动合同，不需事先告知用人单位。

（三）劳动合同的解除限制

劳动者有下列情形之一的，用人单位不得解除劳动合同：

(1)从事接触职业病危害作业的劳动者未进行离岗前职业健康检查，或者疑似职业病病人在诊断或者医学观察期间的；

(2)在本单位患职业病或者因工负伤并被确认丧失或者部分丧失劳动能力的；

(3)患病或者非因工负伤，在规定的医疗期内的；

(4)女职工在孕期、产期、哺乳期的；

(5)在本单位连续工作满 15 年，且距法定退休年龄不足 5 年的；

(6)法律、行政法规规定的其他情形。

用人单位单方解除劳动合同,应当事先将理由通知工会。用人单位违反法律、行政法规规定或者劳动合同约定的,工会有权要求用人单位纠正。用人单位应当研究工会的意见,并将处理结果书面通知工会。

【应用案例 2—3】 2011 年赵某与一公司签订了为期 4 年的劳动合同。2012 年赵某以收入不高为由,口头向公司提出解除劳动合同。公司当时未予答复。2013 年 5 月赵某生育正值哺乳期内,公司以影响工作效率为由,提前 30 日书面通知赵某解除合同,并要求她必须办理好相关手续。赵某 2012 年与公司的劳动合同是否已经解除?2013 年该公司能否单方面解除与赵某的劳动合同?

【案例解析】 2012 年与公司的劳动合同并未解除。根据《劳动合同法》规定,劳动合同当事人提出解除合同,应提前 30 日以书面形式通知对方。本案例中赵某只以口头方式提出解除合同,且公司未予答复,所以也不属于协商解除合同。

2013 年该公司不能单方面解除与赵某的劳动合同。根据《劳动合同法》规定,女职工在哺乳期内的,用人单位不得解除劳动合同,且其解除合同的理由也不属于法定解除事由。

三、劳动合同的终止

依《劳动合同法》的规定,下列情形下,劳动合同可以终止:

(1)劳动合同期满的;

(2)劳动者开始依法享受基本养老保险待遇的;

(3)劳动者死亡,或者被人民法院宣告死亡或者宣告失踪的;

(4)用人单位被依法宣告破产的;

(5)用人单位被吊销营业执照、责令关闭、撤销或者用人单位决定提前解散的;

(6)法律、行政法规规定的其他情形。

第四节　劳动争议的解决

劳动争议又称劳动纠纷,是指劳动关系双方当事人因执行劳动法律、法规或履行劳动合同而发生的纠纷。其主要包括:因执行国家有关工资、保险、福利、培训规定发生的争议;因开除、除名、辞退违纪职工和辞职、自动离职发生的争议;因履行合同发生的争议;因履行集体合同发生的争议;等等。

一、劳动争议的处理机构

(一)劳动争议调解委员会

劳动争议调解委员会(简称调解委员会),是指依法成立的调解劳动争议的群众性组织。用人单位可以设立调解委员会,负责调解本单位发生的劳动争议。调解委员会由职工代表、用人单位代表和工会代表组成。调解委员会主任由工会代表担任。

(二)劳动争议仲裁委员会

劳动争议仲裁委员会(简称仲裁委员会),是指依法成立的行使劳动争议仲裁权的劳动争议处理机构。劳动争议仲裁委员会由劳动行政部门代表、同级工会代表、用人单位方面的代表组成。仲裁委员会主任由劳动行政部门代表担任。

（三）人民法院

人民法院是行使审判权的司法机关。劳动争议案件由人民法院的民事审判庭受理。

二、劳动争议处理程序

我国《劳动法》规定，用人单位与劳动者发生劳动争议，当事人可以依法申请调解、仲裁、提起诉讼，也可以协商解决。按此规定，劳动争议的处理方式有四种：

(1)协商。这是指劳动者与用人单位发生劳动争议后，首先要由双方当事人直接进行协商。但是，协商不是处理劳动争议的必经程序。

(2)调解。这是指劳动者与用人单位发生劳动争议后，向本单位的调解委员会申请调解。调解也不是处理劳动争议的必经程序。

(3)仲裁。双方调解不成，当事人一方要求仲裁的，可以向仲裁委员会申请仲裁。当事人一方也可以直接向仲裁委员会申请仲裁。提出仲裁要求的一方应当自劳动争议发生之日起60日内向仲裁委员会提出书面申请。仲裁裁决一般应在收到仲裁申请的60日内作出。对仲裁裁决无异议的，当事人必须履行。仲裁是处理劳动争议的必经程序。

(4)诉讼。对仲裁裁决不服的，可以向人民法院提起诉讼。劳动争议当事人对仲裁裁决不服的，可以自收到仲裁裁决书之日起15日内向人民法院提起诉讼，即采用"先裁后审"的劳动争议处理程序。一方当事人在法定期限内不起诉又不履行仲裁裁决的，另一方当事人可以申请人民法院强制执行。

【任务导出】

甲企业可以解除与张某的劳动合同。根据劳动法有关规定，劳动者严重违反用人单位的规章制度的；严重失职，营私舞弊，给用人单位造成重大损害的，用人单位可以解除劳动合同。本案中，张某在工作时间私自外出，严重违反劳动纪律和用人单位的规章制度，并给用人单位造成重大损失，甲企业完全有权解除劳动合同。张某可以通过依法协商、申请调解、仲裁、提起诉讼等途径解决与用人单位的劳动争议。根据劳动法有关规定，用人单位与劳动者发生劳动争议，当事人可以依法申请调解、仲裁、提起诉讼，也可以协商解决。

强化训练

一、单项选择题

1. 无效劳动合同是指所订立的劳动合同不符合法定条件，不能发生当事人预期的法律后果的劳动合同。劳动合同的无效由(　　)。

A. 合同双方当事人决定　　B. 只能由人民法院确认

C. 只能由劳动争议仲裁委员会确认　　D. 由人民法院或劳动争议仲裁委员会确认

2. 下列不属于劳动合同的必备条款的是(　　)。

A. 工作内容和工作地点　　B. 社会保险

C. 工作时间和休息休假　　D. 劳动者的学历

二、多项选择题

1. 甲企业经批准向社会公开招聘人员，在与被聘用人刘某所订立的劳动合同的以下条款中，不符合劳动合同法的有(　　)。

A. 劳动合同期限4年,其中试用期1年

B. 刘某在试用期内的工资待试用期满后集中发放

C. 用人单位与劳动者协商一致,可以解除劳动合同

D. 在试用期内刘某不得与用人单位解除劳动合同

2. 某公司所作出的关于延长工作时间的决定中违反了《劳动合同法》的是(　　)。

A. 凡不服从公司延长工作时间决定的职工一律扣发当月奖金

B. 延长工作时间的工资统一按照原工资的120%发放

C. 未成年工、哺乳期内的女职工、怀孕的女职工不延长工作时间

D. 由于生产任务繁重,公司董事会经研究决定6月份的每个工作日延长工作时间2小时

3. 在下列情况下,用人单位不得解除劳动合同的是(　　)。

A. 职工周某在本单位连续工作满15年,且距法定退休年龄不足3年

B. 职工张某在上班途中发生交通事故而丧失劳动能力

C. 职工田某由于失职导致单位财务部门被盗,给单位造成严重经济损失

D. 职工王某结婚后怀孕,经常请病假影响正常工作

三、案例分析题

某企业因生产需要引进工人,与孙某签订书面的劳动用工合同。合同约定:(1)因生产任务紧,上班第一个月,孙某每工作日必须加班2小时,周末加班3小时,加班工时按工资的150%支付报酬;(2)在试用期内,本企业可以随时单方解除与孙某的劳动合同关系;(3)本企业按季度发放工资,一年只发4次工资;(4)如孙某因公负伤并丧失劳动能力,本企业将立即解除双方的劳动合同关系。

试分析:本案中,哪些内容违反了劳动法的规定?并说明理由。

资源拓展

员工患职业病被解雇

2013年7月1日,李某入职某企业,从事高粉尘工作;2015年5月20日,李某经职业病防治中心诊断为一期混合尘肺职业病;2015年7月10日,李某经劳动能力鉴定委员会鉴定为七级伤残。2015年10月28日,企业向李某发出《工作调整通知书》,告知李某因患职业病已不适宜在原岗位工作,并提供3个新的工作岗位供李某选择,让其在两天内书面回复。2015年10月30日,企业以李某未按时回复、不服从工厂工作安排,严重违反工厂规章制度为由将李某解雇。后李某不服,向劳动争议仲裁委员会提起仲裁,请求:(1)撤销企业的开除决定;(2)要求企业为其安排适当的工作。

案例分析:

第一,企业在无证据证明李某已不适宜继续从事原工作,也未与李某协商的情况下,单方要求李某调整工作岗位是不符合法律规定的。

第二,用人单位制定的规章制度必须符合以下条件:是经合法有效的程序产生的;该规章制度明确具体且符合法律规定,并已告知全体员工;严重与否取决于员工行为的性质和对用人单位造成的负面影响程度。本案中,企业向李某送达了《工作调整通知书》,要求其调换岗位并于两日内书面回复,但还未到两日,企业便以李某不服从工作安排、严重违反企业规章制度为由将其解雇,显然,李某的行为不构成《劳动合同法》第39条规定的"严重违反用人单位规章制度"。

第三,李某在企业工作期间患职业病,被鉴定为七级伤残,其行为也不构成严重违反工厂规章制度,所以企业与其解除劳动合同属于非法解除,李某可要求工厂继续履行劳动合同。

经济组织法

第 三 章

公司法

【学习目标】

能力目标:分辨有限责任公司与股份有限公司。

知识目标:掌握有限责任公司、股份有限公司的设立条件和组织机构。

素质目标:运用公司法设立公司。

【任务导入】

甲公司是一家从事服装生产的有限责任公司,公司设立董事会,由 A、B、C、D、E 5 人出任董事,其中,A 为乙企业的法定代表人。2015 年 5 月,乙企业因违法经营被吊销营业执照,B、C、D、E 遂对 A 的董事资格提出了异议,认为 A 不应继续担任甲公司的董事。此外,B 发现 C 未经股东会及董事会同意,在本市注册成立了一家一人有限责任公司,生产与甲公司同种类的服装。于是,B、D、E 又将 C 一同告上了法庭。

任务分析:

(1)A 是否有资格继续担任甲公司的董事?

(2)C 的行为是否违反了《公司法》的规定?

第一节 公司法概要

一、公司概述

(一)公司的概念与特征

1. 公司的概念

公司是指全部资本由股东出资构成,股东以其认缴的出资额或认购的股份为限对公司承担责任,公司以其全部财产对公司债务承担责任的企业法人。

2. 公司的特征

(1)公司须依法设立。设立公司,须依据公司法及相关法律规定的条件和程序。

(2)公司以营利为目的。公司是以营利为目的的企业,公司设立及活动的目的在于通过经营来获取利润,并将所得利润分配给公司股东。

(3)公司具有法人资格。我国的法人分为企业法人、机关法人、事业单位法人和社会团体法人四种。公司必须符合我国法律所规定的企业法人条件。公司的法人性质使其具有独立的人格,可以依法独立地享有权利和承担义务。当然,公司的独立人格并非一成不变,在公司法人人格制度的实践中,出现了股东滥用公司独立人格和股东有限责任的现象,从而使该制度原初的价值目标受到挑战。基于此,有必要对公司人格滥用行为进行规制,在特定情形下否认公司的独立人格。我国公司法即规定,公司股东应当遵守法律、行政法规和公司章程,依法行使股东权利,不得滥用股东权利损害公司或者其他股东的利益;不得滥用公司法人独立地位和股东有限责任损害公司债权人的利益。公司股东滥用股东权利给公司或者其他股东造成损失的,应当依法承担赔偿责任。公司股东滥用公司法人独立地位和股东有限责任,逃避债务,严重损害公司债权人利益的,应当对公司债务承担连带责任。

(4)公司是股权式企业。公司是以股东投资为基础设立的股权式企业,股东以其认缴的出资额或认购的股份为限对公司承担责任。

(二)公司的分类

1. 无限责任公司、有限责任公司、股份有限公司、两合公司、股份两合公司

这是以公司股东责任范围为标准进行划分的。无限责任公司又称无限公司,是指股东对公司债务负无限连带清偿责任的公司。有限责任公司简称有限公司,是指股东仅以其出资额为限对公司债务承担有限责任的公司。股份有限公司简称股份公司,是指公司的全部资本划分为等额股份,股东以其所认购的股份为限对公司债务承担责任的公司。两合公司是指由一个以上的无限责任股东和一个以上的有限责任股东组成的公司。股份两合公司是指无限责任股东对公司债务负无限连带责任,有限责任部分的资本则划分为等额股份,股东仅以其认购的股份为限对公司债务承担责任的公司。我国公司法仅规定了有限责任公司和股份有限公司两种形式。

2. 人合公司、资合公司、人合兼资合公司

这是以公司信用基础为标准进行划分的。人合公司是指公司的信用基础不在于公司资本的多少,而在于股东个人信用的公司。资合公司是指以公司的资本额为公司信用基础的公司。人合兼资合公司是指以公司股东的个人信用和公司的资本信用共同作为公司信用基础的公司。

3. 母公司、子公司

这是以一个公司对另一个公司的控制与支配关系为标准进行划分的。母公司是指因拥有其他公司一定比例的股份或者根据协议可以控制或支配其他公司的公司。子公司是指股份被另一个公司控制,或者依照协议被另一个公司控制的公司。母公司和子公司均具有法人资格。

4. 总公司、分公司

这是按公司的内部管辖系统进行划分的。总公司又称为本公司,是指管辖公司全部组织的总机构。分公司是指被总公司所管辖的公司分支机构。总公司具有法人资格,分公司不具有法人资格。

5. 本国公司、外国公司、跨国公司

这是以公司的国籍为标准进行划分的。本国公司是指具有本国国籍,其行为受本国公司法调整的公司。外国公司是指依照外国法律在中国境外设立的公司。跨国公司是指以一国为基地,通过对外直接投资,在其他国家或地区设立分支机构的公司。

6. 封闭式公司、开放式公司

这是以公司资本筹集方式和出资转让方式的不同进行划分的。封闭式公司是指公司股东数额有最高人数限制，公司的股份全部由该公司设立时的股东所拥有，限制公司股份转让的公司。开放式公司是指公司的股份向社会公开发行，可以自由转让、流通的公司。

二、公司法概述

(一)公司法的概念

公司法是指规定公司的设立、变更、解散、组织活动及其他对内对外关系的法律规范的总称。

我国《公司法》于1993年12月29日第八届全国人民代表大会常务委员会第五次会议通过，自1994年7月1日起施行。1999年12月25日第九届全国人民代表大会常务委员会第十三次会议对《公司法》作了修正。2004年8月28日第十届全国人民代表大会常务委员会第十一次会议对《公司法》作了第二次修正。2005年10月27日第十届全国人民代表大会常务委员会第十八次会议对《公司法》进行了修订，自2006年1月1日起施行。2013年底全国人大常委会对《公司法》进行了修改，新《公司法》自2014年3月1日起施行。《公司法》对于规范公司的组织和行为，保护公司、股东和债权人的合法权益，维护社会经济秩序，促进社会主义市场经济的发展，有着重要的意义。

《公司法》适用于依法在中国境内设立的有限责任公司和股份有限公司，以及外国公司在中国境内设立的分支机构。外商投资的有限责任公司和股份有限公司适用本法；有关外商投资的法律另有规定的，适用其规定。

(二)公司法的基本原则

1. 保护公司、股东、债权人及职工的合法权益原则

(1)规范公司的组织和行为，保护公司的合法权益。公司是企业法人，有独立的法人财产，享有法人财产权。公司的合法权益受法律保护，不受侵犯。

(2)保护公司股东的合法权益。公司股东依法享有资产收益、参与重大决策和选择管理者等权利。

(3)保护公司债权人的合法权益。《公司法》所确立的公司人格否认制度即体现了对债权人合法权益的保护。

(4)保护公司职工的合法权益。《公司法》规定，公司必须保护职工的合法权益，依法与职工签订劳动合同，参加社会保险，加强劳动保护，实现安全生产。公司应当采用多种形式，加强公司职工的职业教育和岗位培训，提高职工素质。公司职工依法组织工会，开展工会活动，维护职工合法权益。公司应当为本公司工会提供必要的活动条件。公司依照宪法和有关法律的规定，通过职工代表大会或者其他形式，实行民主管理。公司研究决定改制以及经营方面的重大问题、制定重要的规章制度时，应当听取公司工会的意见，并通过职工代表大会或者其他形式听取职工的意见和建议。

2. 投资者股权与公司法人财产权相分离原则

公司股东作为出资者，依法享有资产收益、参与重大决策和选择管理者等权利。公司有独立的法人财产，享有法人财产权，公司以其全部财产对公司的债务承担责任。

3. 依法经营原则

公司从事经营活动，必须遵守法律、行政法规，遵守社会公德、商业道德，诚实守信，接受政

府和社会公众的监督，承担社会责任。

第二节　有限责任公司

一、有限责任公司的概念与特征

（一）有限责任公司的概念

有限责任公司又称有限公司，是指依照公司法设立，由一定人数的股东出资组成，股东以其认缴的出资额为限对公司承担有限责任，公司以其全部财产对公司债务承担责任的企业法人。

（二）有限责任公司的特征

（1）股东人数具有一定的限制。《公司法》规定，有限责任公司股东人数为50人以下。

（2）股东承担有限责任。有限责任公司股东以其认缴的出资额为限对公司承担有限责任。

（3）有限责任公司具有法人资格。

（4）公司资本不分为等额股份。有限责任公司的公司资本不分为等额股份，证明股东出资额的权利证书为出资证明书，而非股票。

（5）相对封闭。有限责任公司的股份不公开发行，股份转让受到一定的限制。

（6）机构设置灵活。《公司法》规定，股东人数较少或者规模较小的有限责任公司，可以设1名执行董事，不设董事会；可以设1～2名监事，不设监事会。

二、有限责任公司的设立

（一）有限责任公司设立的条件

1. 股东符合法定人数

有限责任公司由50个以下股东出资设立。《公司法》允许只有一个自然人股东或者一个法人股东的有限责任公司，即一人有限责任公司的存在。国家也可单独出资，由国务院或者地方人民政府授权本级人民政府国有资产监督管理机构履行出资人职责，设立国有独资的有限责任公司。

2. 有符合公司章程规定的全体股东认缴的出资额

法律、行政法规以及国务院决定对有限责任公司注册资本实缴、注册资本最低限额另有规定的，从其规定。

3. 股东共同制定公司章程

设立公司必须依法制定公司章程，公司章程对公司、股东、董事、监事、高级管理人员具有约束力。有限责任公司章程应当载明下列事项：①公司名称和住所；②公司经营范围；③公司注册资本；④股东的姓名或者名称；⑤股东的出资方式、出资额和出资时间；⑥公司的机构及其产生办法、职权、议事规则；⑦公司法定代表人；⑧股东会会议认为需要规定的其他事项。股东应当在公司章程上签名、盖章。

4. 有公司名称，建立符合有限责任公司要求的组织机构

公司名称通常由地名、字号、经营业务、法律性质四部分组成。设立有限责任公司，必须在公司名称中标明“有限责任公司”或者“有限公司”字样。

5. 有公司住所

有限责任公司以其主要办事机构所在地为住所。

(二)有限责任公司股东的出资

1. 出资方式

有限责任公司股东可以用货币出资,也可以用实物、知识产权、土地使用权等可以用货币估价并可以依法转让的非货币财产作价出资,但法律、行政法规规定不得作为出资的财产除外。对作为出资的非货币财产应当评估作价,核实财产,不得高估或者低估作价;法律、行政法规对评估作价有规定的,从其规定。

2. 出资的缴纳

有限责任公司的注册资本为在公司登记机关登记的全体股东认缴的出资额。

股东应当按期足额缴纳公司章程中规定的各自所认缴的出资额。股东以货币出资的,应当将货币出资足额存入有限责任公司在银行开设的账户,以非货币财产出资的,应当依法办理其财产权的转移手续。

3. 法律责任

股东不按规定缴纳出资的,除应当向公司足额缴纳外,还应当向已按期足额缴纳出资的股东承担违约责任。有限责任公司成立后,发现作为设立公司出资的非货币财产的实际价额显著低于公司章程所定价额的,应当由交付该出资的股东补足其差额,公司设立时的其他股东承担连带责任。

(三)有限责任公司的设立登记

1. 申请设立登记

股东认足公司章程规定的出资后,由全体股东指定的代表或者共同委托的代理人向公司登记机关报送公司登记申请书、公司章程等文件,申请设立登记。法律、行政法规规定设立有限责任公司必须报经批准的,应当在公司登记前依法办理批准手续。

2. 登记发照

公司登记机关对设立登记申请进行审查,对符合规定条件的,予以登记,发给公司营业执照;对不符合规定条件的,不予登记。有限责任公司营业执照签发日期为其成立日期。公司营业执照应当载明公司的名称、住所、注册资本、经营范围、法定代表人姓名等事项。

【应用案例 3—1】 甲、乙、丙三人共同出资成立 A 有限责任公司,公司注册资本为 12 万元。其中,甲出资 3 万元;乙用一项专利出资,作价 5 万元;丙以一台机器设备出资,作价 4 万元。试分析:上述货币出资是否符合《公司法》的规定?

【案例解析】 符合《公司法》的规定。

三、有限责任公司的组织机构

(一)股东会

1. 股东会的地位和职权

(1)股东会的地位。有限责任公司的股东会由公司全体股东组成,是公司的权力机构、法定必设机关和非常设机关。

(2)股东会的职权。股东会行使下列职权:决定公司的经营方针和投资计划;选举和更换非由职工代表担任的董事、监事,决定有关董事、监事的报酬事项;审议批准董事会的报告;审议批准监事会或者监事的报告；审议批准公司的年度财务预算方案、决算方案；审议批准公司的利润分配方案和弥补亏损方案；对公司增加或者减少注册资本作出决议；对发行公司债券作出决议；对公司合并、分立、解散、清算或者变更公司形式作出决议；修改公司章程；公司章程规定的其他职权。

2. 股东会会议的召开

股东会会议分为定期会议和临时会议。定期会议应当按照公司章程的规定按时召开。代表1/10以上表决权的股东，1/3以上的董事，监事会或者不设监事会的公司的监事提议召开临时会议的，应当召开临时会议。首次股东会会议由出资最多的股东召集和主持。有限责任公司设立董事会的，股东会会议由董事会召集，董事长主持；董事长不能履行职务或者不履行职务的，由副董事长主持；副董事长不能履行职务或者不履行职务的，由半数以上董事共同推举一名董事主持。有限责任公司不设董事会的，股东会会议由执行董事召集和主持。董事会或者执行董事不能履行或者不履行召集股东会会议职责的，由监事会或者不设监事会的公司的监事召集和主持；监事会或者监事不召集和主持的，代表1/10以上表决权的股东可以自行召集和主持。

3. 股东会的决议

召开股东会会议，应当于会议召开15日前通知全体股东，但公司章程另有规定或者全体股东另有约定的除外。股东会应当对所议事项的决定作成会议记录，出席会议的股东应当在会议记录上签名。股东会会议由股东按照出资比例行使表决权，但公司章程另有规定的除外。股东会的议事方式和表决程序，除《公司法》有规定的外，由公司章程规定。股东会会议作出修改公司章程、增加或者减少注册资本的决议，以及公司合并、分立、解散或者变更公司形式的决议，必须经代表2/3以上表决权的股东通过。

(二)董事会

1. 董事会的地位和职权

(1)董事会的地位。有限责任公司董事会是公司的执行机构、日常决策机构，对股东会负责。

(2)董事会的组成。董事会的成员为3～13人。两个以上的国有企业或者其他两个以上的国有投资主体投资设立的有限责任公司，其董事会成员中应当有公司职工代表，其他有限责任公司董事会成员中也可以有公司职工代表。董事会中的职工代表由公司职工通过职工代表大会、职工大会或者其他形式民主选举产生。董事会设董事长1人，可以设副董事长。董事长、副董事长的产生办法由公司章程规定。董事任期由公司章程规定，但每届任期不得超过3年。董事任期届满，连选可以连任。董事任期届满未及时改选，或者董事在任期内辞职导致董事会成员低于法定人数的，在改选出的董事就任前，原董事仍应当依照法律、行政法规和公司章程的规定，履行董事职务。

(3)董事会的职权。董事会对股东会负责，行使下列职权：召集股东会会议，并向股东会报告工作；执行股东会的决议；决定公司的经营计划和投资方案；制定公司的年度财务预算方案、决算方案；制定公司的利润分配方案和弥补亏损方案；制定公司增加或者减少注册资本以及发行公司债券的方案；制订公司合并、分立、变更公司形式、解散的方案；决定公司内部管理机构的设置；决定聘任或者解聘公司经理及其报酬事项，并根据经理的提名决定聘任或者解聘公司副经理、财务负责人及其报酬事项；制定公司的基本管理制度；公司章程规定的其他职权。

2. 董事会会议制度

董事会会议由董事长召集和主持;董事长不能履行职务或者不履行职务的,由副董事长召集和主持;副董事长不能履行职务或者不履行职务的,由半数以上董事共同推举一名董事召集和主持。董事会应当对所议事项的决定作成会议记录,出席会议的董事应当在会议记录上签名。董事会决议的表决,实行一人一票。

3. 经理

有限责任公司可以设经理,由董事会决定聘任或者解聘。经理对董事会负责,行使下列职权:主持公司的生产经营管理工作,组织实施董事会决议;组织实施公司年度经营计划和投资方案;拟订公司内部管理机构设置方案;拟订公司的基本管理制度;制定公司的具体规章;提请聘任或者解聘公司副经理、财务负责人;决定聘任或者解聘除应由董事会决定聘任或者解聘以外的负责管理人员;董事会授予的其他职权。经理列席董事会会议。

4. 执行董事

股东人数较少或者规模较小的有限责任公司,可以设一名执行董事,不设董事会。执行董事可以兼任公司经理,其职权由公司章程规定。

(三)监事会

1. 监事会的地位和职权

(1)监事会的地位。有限责任公司监事会是公司的监督机构。

(2)监事会的组成。有限责任公司监事会成员不得少于3人,股东人数较少或者规模较小的有限责任公司,可以设1～2名监事,不设立监事会。监事会应当包括股东代表和适当比例的公司职工代表,其中职工代表的比例不得低于1/3,具体比例由公司章程规定。监事会中的职工代表由公司职工通过职工代表大会、职工大会或者其他形式民主选举产生。监事会设主席1人,由全体监事过半数选举产生。监事会主席召集和主持监事会会议;监事会主席不能履行职务或者不履行职务的,由半数以上监事共同推举一名监事召集和主持监事会会议。董事、高级管理人员不得兼任监事。监事的任期每届为3年,任期届满,连选可以连任。

(3)监事会、不设监事会公司监事的职权。监事会、不设监事会的公司的监事行使下列职权:检查公司财务;对董事、高级管理人员执行公司职务的行为进行监督,对违反法律、行政法规、公司章程或者股东会决议的董事、高级管理人员提出罢免的建议;当董事、高级管理人员的行为损害公司的利益时,要求董事、高级管理人员予以纠正;提议召开临时股东会会议,在董事会不履行本法规定的召集和主持股东会会议职责时召集和主持股东会会议;向股东会会议提出提案;依法对董事、高级管理人员提起诉讼;公司章程规定的其他职权。

2. 监事会会议制度

监事会每年度至少召开一次会议,监事可以提议召开临时监事会会议。监事会的议事方式和表决程序,除《公司法》有规定的外,由公司章程规定。监事会决议应当经半数以上监事通过。监事会应当对所议事项的决定作成会议记录,出席会议的监事应当在会议记录上签名。

(四)董事、监事、高级管理人员的资格和义务

1. 董事、监事、高级管理人员的资格

有下列情形之一的,不得担任公司的董事、监事、高级管理人员:①无民事行为能力或者限制民事行为能力;②因贪污、贿赂、侵占财产、挪用财产或者破坏社会主义市场经济秩序,被判处刑罚,执行期满未逾5年,或者因犯罪被剥夺政治权利,执行期满未逾5年;③担任破产清算的公司、企业的董事或者厂长、经理,对该公司、企业的破产负有个人责任的,自该公司、企业破

产清算完结之日起未逾3年;④担任因违法被吊销营业执照、责令关闭的公司、企业的法定代表人,并负有个人责任的,自该公司、企业被吊销营业执照之日起未逾3年;⑤个人所负数额较大的债务到期未清偿。

2. 董事、监事、高级管理人员的义务

董事、监事、高级管理人员应当遵守法律、行政法规和公司章程,对公司负有忠实义务和勤勉义务。董事、监事、高级管理人员不得利用职权收受贿赂或者其他非法收入,不得侵占公司的财产。董事、高级管理人员不得有下列行为:挪用公司资金;将公司资金以其个人名义或者以其他个人名义开立账户存储;违反公司章程的规定,未经股东会、股东大会或者董事会同意,将公司资金借贷给他人或者以公司财产为他人提供担保;违反公司章程的规定或者未经股东会、股东大会同意,与本公司订立合同或者进行交易;未经股东会或者股东大会同意,利用职务便利为自己或者他人谋取属于公司的商业机会,自营或者为他人经营与所任职公司同类的业务;接受他人与公司交易的佣金归为己有;擅自披露公司秘密;违反对公司忠实义务的其他行为。

【应用案例3—2】 甲为A有限责任公司的董事长。2015年6月1日,甲决定召开公司临时股东会会议,对公司章程进行修改。在6月25日的股东会议上,公司的7名股东全部出席,并对章程修改草案进行了表决。其中,代表4/7股权的4名股东投了赞成票,另外代表3/7股权的3名股东则投了反对票。投票结束后,会议主持人甲宣布,根据少数服从多数的原则,公司章程修改决议获得通过。试分析:本案中股东会会议召开及决议程序的违法之处。

【案例解析】 《公司法》规定,代表1/10以上表决权的股东,1/3以上的董事,监事会或者不设监事会的公司的监事可以提议召开股东会临时会议,董事长个人无权单独决定召开临时股东会会议,因此本案中董事长甲决定召开股东会会议违反了《公司法》的规定。《公司法》规定,股东会会议作出修改公司章程、增加或者减少注册资本的决议,以及公司合并、分立、解散或者变更公司形式的决议,必须经代表2/3以上表决权的股东通过。本案中仅根据代表4/7表决权的股东同意即通过公司章程修改案,也违反了《公司法》的规定。

四、特殊形态的有限责任公司

(一)一人有限责任公司

1. 一人有限责任公司的概念及特征

一人有限责任公司,是指只有一个自然人股东或者一个法人股东的有限责任公司。

一人有限责任公司具有如下特征:

(1)股东单一性。一人有限责任公司只有一个自然人股东或者一个法人股东。

(2)责任有限性。一人有限责任公司虽然只有一个自然人股东或者一个法人股东,但股东仍承担有限责任。

(3)转投资的限定性。一个自然人只能投资设立一个一人有限责任公司,该一人有限责任公司不能投资设立新的一人有限责任公司。

2. 一人有限责任公司的设立

一人有限责任公司应当在公司登记中注明自然人独资或者法人独资,并在公司营业执照中载明。一个自然人只能投资设立一个一人有限责任公司,该一人有限责任公司不能投资设立新的一人有限责任公司。

3. 一人有限责任公司的组织机构

一人有限责任公司不设股东会，股东作出相关决定时，应当采用书面形式，并由股东签字后置备于公司。

4. 一人有限责任公司股东的责任限制

一人有限责任公司的股东不能证明公司财产独立于股东自己财产的，应当对公司债务承担连带责任。

（二）国有独资公司

1. 国有独资公司的概念

国有独资公司，是指国家单独出资、由国务院或者地方人民政府授权本级人民政府国有资产监督管理机构履行出资人职责的有限责任公司。

2. 国有独资公司的组织机构

(1)股东会职权的行使。国有独资公司不设股东会，由国有资产监督管理机构行使股东会职权。国有资产监督管理机构可以授权公司董事会行使股东会的部分职权，决定公司的重大事项，但公司的合并、分立、解散、增减注册资本和发行公司债券，必须由国有资产监督管理机构决定。

(2)董事会、经理。国有独资公司设立董事会，依照公司法的规定及国有资产监督管理机构的授权行使职权，董事每届任期不得超过 3 年。董事会成员中应当有公司职工代表。董事会成员由国有资产监督管理机构委派，但董事会成员中的职工代表由公司职工代表大会选举产生。董事会设董事长一人，可以设副董事长。董事长、副董事长由国有资产监督管理机构从董事会成员中指定。国有独资公司设经理，由董事会聘任或者解聘，经国有资产监督管理机构同意，董事会成员可以兼任经理。

(3)监事会。国有独资公司监事会成员不得少于 5 人，其中职工代表的比例不得低于1/3，具体比例由公司章程规定。监事会成员由国有资产监督管理机构委派，但监事会中的职工代表由公司职工代表大会选举产生。监事会主席由国有资产监督管理机构从监事会成员中指定。监事会行使下列职权：检查公司财务；对董事、高级管理人员执行公司职务的行为进行监督，对违反法律、行政法规、公司章程或者股东会决议的董事、高级管理人员提出罢免的建议；当董事、高级管理人员的行为损害公司的利益时，要求董事、高级管理人员予以纠正；国务院规定的其他职权。

五、有限责任公司的股权转让

（一）内部转让

有限责任公司的股东之间可以相互转让其全部或者部分股权。

（二）对外转让

股东向股东以外的人转让股权，应当经其他股东过半数同意。股东应就其股权转让事项书面通知其他股东征求同意，其他股东自接到书面通知之日起满 30 日未答复的，视为同意转让。其他股东半数以上不同意转让的，不同意的股东应当购买该转让的股权，不购买的，视为同意转让。经股东同意转让的股权，在同等条件下，其他股东有优先购买权。两个以上股东主张行使优先购买权的，协商确定各自的购买比例，协商不成的，按照转让时各自的出资比例行使优先购买权。公司章程对股权转让另有规定的，从其规定。

(三)法院强制执行转让

人民法院依照法律规定的强制执行程序转让股东的股权时,应当通知公司及全体股东,其他股东在同等条件下有优先购买权。其他股东自人民法院通知之日起满 20 日不行使优先购买权的,视为放弃优先购买权。

(四)股权回购

有下列情形之一的,对股东会该项决议投反对票的股东可以请求公司按照合理的价格收购其股权:

(1)公司连续 5 年不向股东分配利润,而公司该 5 年连续盈利,并且符合公司法规定的分配利润条件的。

(2)公司合并、分立、转让主要财产的。

(3)公司章程规定的营业期限届满或者章程规定的其他解散事由出现,股东会会议通过决议修改章程使公司存续的。

自股东会会议决议通过之日起 60 日内,股东与公司不能达成股权收购协议的,股东可以自股东会会议决议通过之日起 90 日内向人民法院提起诉讼。

(五)股权继承

自然人股东死亡后,其合法继承人可以继承股东资格,但公司章程另有规定的除外。

第三节 股份有限公司

一、股份有限公司的概念与特征

(一)股份有限公司的概念

股份有限公司也称股份公司,是指全部资本分为等额股份,股东以其认购的股份为限对公司承担责任,公司以其全部资产对公司的债务承担责任的企业法人。

(二)股份有限公司的特征

(1)典型的资合性。股份有限公司的信用基础为公司资本,而非股东个人信用,是典型的资合公司。

(2)股东人数有下限限制。股份有限公司的股东人数为 2 人以上。

(3)公司资本分为等额股份。股份有限公司的全部资本分为等额股份。

(4)股份可自由转让。与有限公司不同,股份公司股份转让的限制较少。

(5)股东承担有限责任。股份有限公司的股东以其认购的股份为限对公司承担责任。

(6)股份有限公司具有法人资格。

二、股份有限公司的设立

(一)股份有限公司的设立条件

1. 发起人符合法定人数

(1)发起人的职责。股份有限公司的发起人承担公司筹办事务,即订立创办公司的协议,提出设立公司的申请,向公司出资,并对公司的设立活动承担相应的责任。

(2)发起人的人数。设立股份有限公司,应当有 2 人以上 200 人以下为发起人,其中须有半数以上的发起人在中国境内有住所。

(3)发起人的责任。当公司不能成立时,对公司设立行为所产生的债务和费用负连带责任。在公司设立过程中,由于发起人的过失致使公司利益受到损害的,应当对公司承担赔偿责任。

2. 有符合公司章程规定的全体发起人认购的股本总额或者募集的实收股本总额

股份有限公司采取发起设立方式设立的,注册资本为在公司登记机关登记的全体发起人认购的股本总额。股份有限公司采取募集方式设立的,注册资本为在公司登记机关登记的实收股本总额。

法律、行政法规以及国务院决定对股份有限公司注册资本实缴、注册资本最低限额另有规定的,从其规定。

3. 股份发行、筹办事项符合法律规定

股份有限公司的股份发行、筹办事项应符合公司法及相关法律法规的规定。

4. 发起人制定公司章程,采用募集方式设立的经创立大会通过

股份有限公司章程应当载明下列事项:公司名称和住所;公司经营范围;公司设立方式;公司股份总数、每股金额和注册资本;发起人的姓名或者名称、认购的股份数、出资方式和出资时间;董事会的组成、职权、任期和议事规则;公司法定代表人;监事会的组成、职权、任期和议事规则;公司利润分配办法;公司的解散事由与清算办法;公司的通知和公告办法;股东大会会议认为需要规定的其他事项。

5. 有公司名称,建立符合股份有限公司要求的组织机构

设立股份有限公司,必须在名称中标明股份有限公司或者股份公司字样,并按法律要求设立相关的组织机构。

6. 有公司住所

股份有限公司以其主要办事机构所在地为住所。

(二)股份有限公司的设立程序

股份有限公司的设立,可以采取发起设立或者募集设立的方式。发起设立,是指由发起人认购公司应发行的全部股份而设立公司;募集设立,是指由发起人认购公司应发行股份的一部分,其余股份向社会公开募集或者向特定对象募集而设立公司。因设立方式的不同,设立程序也有所不同。

1. 发起设立的程序

(1)发起人签订发起人协议。设立股份有限公司,发起人应当签订发起人协议,明确各自在公司设立过程中的权利和义务。

(2)发起人订立公司章程。公司章程是规范公司组织与活动的基本法律文件。

(3)申请公司名称预先核准。设立股份有限公司,应当由全体发起人指定的代表或者共同委托的代理人向公司登记机关申请名称预先核准。

(4)设立审批。设立审批并非公司成立的必经程序。对于法律、行政法规或者国务院决定规定设立公司必须报经批准,或者公司经营范围中属于法律、行政法规或者国务院决定规定在登记前须经批准的项目,应以公司登记机关预先核准的公司名称报送批准。

(5)股份的认缴。以发起设立方式设立股份有限公司的,发起人应当书面认足公司章程规定其认购的股份。注册资本为在公司登记机关登记的全体发起人认购的股本总额。在发起人认购的股份缴足前,不得向他人募集股份。

(6)组建公司机构。发起人认足公司章程规定的出资后,应当选举董事会和监事会。

(7)公司设立登记。公司机构成立后,由董事会向公司登记机关报送公司章程以及法律、行政法规规定的其他文件,申请设立登记。

2. 募集设立的程序

募集设立的程序同发起设立基本相同,其特殊之处在于:

(1)发起人认购股份。在募集设立中,发起人应该一次性足额认缴其股份,发起人认购的股份不得少于公司股份总数的35%,但法律、行政法规另有规定的,从其规定。

(2)认股人认股。发起人向社会公开募集股份,必须公告招股说明书,并制作认股书。发行股份的股款缴足后,必须经依法设立的验资机构验资并出具证明。

(3)召开创立大会。创立大会是在股份有限公司募集设立过程中由发起人、认股人所组成的决议机构。发起人应当自股款缴足之日起30日内主持召开公司创立大会。

(4)申请设立登记。董事会应于创立大会结束后30日内,向公司登记机关报送有关文件,申请设立登记。以募集方式设立股份有限公司公开发行股票的,还应当向公司登记机关报送国务院证券监督管理机构的核准文件。

三、股份有限公司的组织机构

(一)股东大会

1. 股东大会的组成和职权

股份有限公司股东大会由全体股东组成,是公司的权力机构。其职权范围与有限责任公司股东会的职权相同。

2. 股东大会会议的召开

(1)股东大会的召集和主持。股东大会会议由董事会召集,董事长主持;董事长不能履行职务或者不履行职务的,由副董事长主持;副董事长不能履行职务或者不履行职务的,由半数以上董事共同推举一名董事主持。董事会不能履行或者不履行召集股东大会会议职责的,监事会应当及时召集和主持;监事会不召集和主持的,连续90日以上单独或者合计持有公司10%以上股份的股东可以自行召集和主持。

(2)股东大会召开的情形。股东大会会议分为年会和临时会议。股东大会应当每年召开一次年会,有下列情形之一的,应当在两个月内召开临时股东大会:①董事人数不足公司法规定人数或者公司章程所定人数的2/3时;②公司未弥补的亏损达实收股本总额1/3时;③单独或者合计持有公司10%以上股份的股东请求时;④董事会认为必要时;⑤监事会提议召开时;⑥公司章程规定的其他情形。

(3)通知及提案。召开股东大会会议,应当将会议召开的时间、地点和审议的事项于会议召开20日前通知各股东,临时股东大会应当于会议召开15日前通知各股东。发行无记名股票的,应当于会议召开30日前公告会议召开的时间、地点和审议事项。单独或者合计持有公司3%以上股份的股东,可以在股东大会召开10日前提出临时提案并书面提交董事会,董事会应当在收到提案后2日内通知其他股东,并将该临时提案提交股东大会审议。临时提案的内容应当属于股东大会职权范围,并有明确议题和具体决议事项。

(4)无记名股票的交存。无记名股票持有人出席股东大会会议的,应当于会议召开5日前至股东大会闭会时将股票交存于公司。

3. 股东大会的表决

(1)表决原则。股东出席股东大会会议,所持每一股份有一表决权。股东可以委托代理人出席股东大会会议，代理人应当向公司提交股东授权委托书，并在授权范围内行使表决权。但是，公司持有的本公司股份没有表决权。

(2)决议的作出。股东大会作出决议，必须经出席会议的股东所持表决权过半数通过。但是，股东大会作出修改公司章程、增加或者减少注册资本的决议，以及公司合并、分立、解散或者变更公司形式的决议，必须经出席会议的股东所持表决权的2/3以上通过。

(3)累积投票制。股东大会选举董事、监事，可以根据公司章程的规定或者股东大会的决议，实行累积投票制。累积投票制是指股东大会选举董事或者监事时，每一股份拥有与应选董事或者监事人数相同的表决权，股东拥有的表决权可以集中使用。

(二)董事会

1. 董事会的组成和职权

(1)董事会的组成。股份有限公司设董事会，其成员为5～19人。董事会成员中可以有公司职工代表，董事会中的职工代表由公司职工通过职工代表大会、职工大会或者其他形式民主选举产生。董事会设董事长一人，可以设副董事长，董事长和副董事长由董事会以全体董事的过半数选举产生。董事长召集和主持董事会会议，检查董事会决议的实施情况，副董事长协助董事长工作。董事长不能履行职务或者不履行职务的，由副董事长履行职务；副董事长不能履行职务或者不履行职务的，由半数以上董事共同推举一名董事履行职务。

(2)董事会的职权。董事会的职权与有限责任公司的规定相同。

2. 董事会会议

(1)董事会会议的召开。董事会会议分为定期会议和临时会议。董事会每年度至少召开两次会议，每次会议应当于会议召开10日前通知全体董事和监事。代表1/10以上表决权的股东、1/3以上董事或者监事会，可以提议召开董事会临时会议。董事长应当自接到提议后10日内，召集和主持董事会会议。董事会召开临时会议，可以另定召集董事会的通知方式和通知时限。

(2)董事会会议的表决。董事会会议应有过半数的董事出席方可举行，董事会作出决议，必须经全体董事的过半数通过。董事会决议的表决，实行一人一票。董事会会议，应由董事本人出席，董事因故不能出席，可以书面委托其他董事代为出席，委托书中应载明授权范围。

(3)责任的承担。董事会应当对会议所议事项的决定作成会议记录，出席会议的董事应当在会议记录上签名。董事应当对董事会的决议承担责任。董事会的决议违反法律、行政法规或者公司章程、股东大会决议，致使公司遭受严重损失的，参与决议的董事对公司负赔偿责任，但经证明在表决时曾表明异议并记载于会议记录的，该董事可以免除责任。

3. 经理

股份有限公司设经理，由董事会决定聘任或者解聘。《公司法》关于有限责任公司经理职权的规定，适用于股份有限公司经理。公司董事会可以决定由董事会成员兼任经理。

(三)监事会

1. 监事会的组成及职权

股份有限公司设立监事会，其成员不得少于3人，监事的任期及监事会的职权与有限责任公司的规定相同。监事会应当包括股东代表和适当比例的公司职工代表，其中职工代表的比例不得低于1/3，具体比例由公司章程规定。监事会中的职工代表由公司职工通过职工代表大会、职工大会或者其他形式民主选举产生。监事会设主席一人，可以设副主席，监事会主席和副主席由全体监事过半数选举产生。董事、高级管理人员不得兼任监事。

2. 监事会会议

监事会主席召集和主持监事会会议，监事会主席不能履行职务或者不履行职务的，由监事会副主席召集和主持监事会会议；监事会副主席不能履行职务或者不履行职务的，由半数以上监事共同推举一名监事召集和主持监事会会议。监事会每6个月至少召开一次会议，监事可以提议召开临时监事会会议。监事会应当对所议事项的决定作成会议记录，出席会议的监事应当在会议记录上签名。

（四）董事、监事、高级管理人员的资格和义务

股份有限公司董事、监事、高级管理人员的资格和义务与有限责任公司的规定相同。

【应用案例3—3】 A股份有限公司董事会共有董事13名。2015年6月10日，根据公司5名董事的提议，董事长甲主持召开了临时董事会会议，该次会议共有10名董事出席。董事会会议对公司增加注册资本及调整公司内部管理机构设置事项进行了表决，经7名董事同意而获得了通过。试分析：A公司董事会会议的召开、表决程序以及表决事项是否符合《公司法》的规定？

【案例解析】 《公司法》规定，代表1/10以上表决权的股东、1/3以上董事或者监事会，可以提议召开董事会临时会议，董事会会议应有过半数的董事出席方可举行，董事会作出决议，必须经全体董事的过半数通过。因此，A公司董事会会议的召开和表决程序符合《公司法》规定。根据《公司法》的规定，对公司增加注册资本作出决议属于公司股东大会的职权，因此，董事会对该事项进行表决违反了《公司法》的规定。

四、上市公司

（一）上市公司的概念和特征

上市公司，是指其股票在证券交易所上市交易的股份有限公司。

上市公司具有以下特征：

(1)上市公司是股份有限公司的一种；

(2)上市公司是股票在证券交易所获准上市交易的股份有限公司。

（二）上市公司组织机构制度的特别规定

1. 强化股东大会对公司重大资产处置的控制

上市公司在1年内购买、出售重大资产或者担保金额超过公司资产总额30%的，应当由股东大会作出决议，并经出席会议的股东所持表决权的2/3以上通过。

2. 规定董事表决权回避制度

上市公司董事与董事会会议决议事项所涉及的企业有关联关系的，不得对该项决议行使表决权，也不得代理其他董事行使表决权。该董事会会议由过半数的无关联关系董事出席即可举行，董事会会议所作决议须经无关联关系董事过半数通过。出席董事会的无关联关系董事人数不足3人的，应将该事项提交上市公司股东大会审议。

3. 建立董事会秘书制度

上市公司设董事会秘书，负责公司股东大会和董事会会议的筹备、文件保管以及公司股东资料的管理，办理信息披露事务等事宜。董事会秘书属于公司高级管理人员。

4. 建立独立董事制度

(1)独立董事的概念。上市公司独立董事是指不在公司担任除董事外的其他职务，并与其

所受聘的上市公司及其主要股东不存在可能妨碍其进行独立客观判断的关系的董事。

(2)独立董事的任职条件。独立董事应当具备与其行使职权相适应的任职条件,担任独立董事应当符合下列基本条件:①根据法律、行政法规及其他有关规定,具备担任上市公司董事的资格;②具独立性;③具备上市公司运作的基本知识,熟悉相关法律、行政法规、规章及规则;④具有5年以上法律、经济或者其他履行独立董事职责所必需的工作经验;⑤公司章程规定的其他条件。

(3)独立董事任职资格的限制。独立董事必须具有独立性,下列人员不得担任独立董事:①在上市公司或者其附属企业任职的人员及其直系亲属、主要社会关系(直系亲属是指配偶、父母、子女等;主要社会关系是指兄弟姐妹、岳父母、儿媳女婿、兄弟姐妹的配偶、配偶的兄弟姐妹等);②直接或间接持有上市公司已发行股份1%以上或者是上市公司前十名股东中的自然人股东及其直系亲属;③在直接或间接持有上市公司已发行股份5%以上的股东单位或者在上市公司前五名股东单位任职的人员及其直系亲属;④最近一年内曾经具有前三项所列举情形的人员;⑤为上市公司或者其附属企业提供财务、法律、咨询等服务的人员;⑥公司章程规定的其他人员;⑦中国证监会认定的其他人员。

(4)独立董事的任期。独立董事每届任期与该上市公司其他董事任期相同,任期届满,连选可以连任,但是连任时间不得超过6年。

(5)独立董事的特别职权。为了充分发挥独立董事的作用,独立董事除应当具有公司法和其他相关法律、法规赋予董事的职权外,上市公司还应当赋予独立董事以下特别职权:①重大关联交易(指上市公司拟与关联人达成的总额高于300万元或高于上市公司最近经审计净资产值的5%的关联交易)应由独立董事认可后,提交董事会讨论;②向董事会提议聘用或解聘会计师事务所;③向董事会提请召开临时股东大会;④提议召开董事会;⑤独立聘请外部审计机构和咨询机构;⑥可以在股东大会召开前公开向股东征集投票权。

五、股份有限公司的股份发行与转让

(一)股份概述

1. 股份的概念和特征

股份是股份有限公司股东持有的、代表股东权利义务的公司资本的基本构成单位。公司的股份采取股票的形式。股票是公司签发的证明股东所持股份的凭证。

股份具有如下特征:

(1)股份是公司资本构成的最小单位,具有不可分性;

(2)股份是对公司资本的等额划分,具有等额性;

(3)股份是股权的基础,具有权利上的平等性;

(4)股份表现为股票这一有价证券形式,具有可自由转让性。

2. 股份的分类

(1)普通股和特别股。依股东承担的风险和享有的权益大小为标准,可将股份分为普通股和特别股。特别股是有某种特别权利或者义务的股份,包括优先股和后配股两类。

(2)记名股和无记名股。依是否在股票票面和股东名册上记载股东姓名为标准,可将股份分为记名股和无记名股。公司向发起人、法人发行的股票,应当为记名股票。

(3)额面股和无额面股。依股票是否载有一定金额为标准,可将股份分为额面股和无额面股。额面股又称金额股,即在股票票面上表示一定金额的股份。无额面股又称比例股,即股票票面不表示一定金额，而只表示其占公司资本总额的一定比例的股份。

(二)股份的发行

1. 股份的发行原则

股份的发行，实行公平、公正的原则，同种类的每一股份应当具有同等权利。同次发行的同种类股票，每股的发行条件和价格应当相同，任何单位或者个人所认购的股份，每股应当支付相同价额。

2. 股票的发行价格

股票发行价格可以按票面金额，也可以超过票面金额，但不得低于票面金额。股票采用纸面形式或者国务院证券监督管理机构规定的其他形式。股份有限公司成立后，即向股东正式交付股票，公司成立前不得向股东交付股票。

3. 股份的发行方式

股份发行按照发行阶段可以分为设立发行和新股发行。公司发行新股，依照公司章程的规定由股东大会或者董事会对下列事项作出决议：新股种类及数额；新股发行价格；新股发行的起止日期；向原有股东发行新股的种类及数额。公司经国务院证券监督管理机构核准公开发行新股时，必须公告新股招股说明书和财务会计报告，并制作认股书，依法与证券公司签订股票承销协议、与银行签订代收股款协议。公司发行新股，可以根据公司经营情况和财务状况，确定其作价方案，公司发行新股募足股款后，必须向公司登记机关办理变更登记，并公告。

4. 记名股与无记名股

股份发行按照发行对象的不同可以分为记名股与无记名股。公司向发起人、法人发行的股票，应当为记名股票，并应当记载该发起人、法人的名称或者姓名，不得另立户名或者以代表人姓名记名。公司发行记名股票的，应当置备股东名册，记载下列事项：股东的姓名或者名称及住所；各股东所持股份数；各股东所持股票的编号；各股东取得股份的日期。

(三)股份的转让

1. 股份转让的限制

发起人持有的本公司股份，自公司成立之日起一年内不得转让。公司公开发行股份前已发行的股份，自公司股票在证券交易所上市交易之日起一年内不得转让。公司董事、监事、高级管理人员应当向公司申报所持有的本公司的股份及其变动情况，在任职期间每年转让的股份不得超过其所持有本公司股份总数的25%，所持本公司股份自公司股票上市交易之日起一年内不得转让。上述人员离职后半年内，不得转让其所持有的本公司股份。公司章程可以对公司董事、监事、高级管理人员转让其所持有的本公司股份作出其他限制性规定。

2. 股份转让的方式

股东转让其股份，应当在依法设立的证券交易场所进行或者按照国务院规定的其他方式进行。记名股票，由股东以背书方式或者法律、行政法规规定的其他方式转让，转让后由公司将受让人的姓名或者名称及住所记载于股东名册。无记名股票的转让，由股东将该股票交付给受让人后即发生转让的效力。

3. 公司股份的自行收购

公司不得收购本公司股份，但是，有下列情形之一的除外：①减少公司注册资本；②与持有本公司股份的其他公司合并；③将股份奖励给本公司职工；④股东因对股东大会作出的公司合并、分立决议持异议，要求公司收购其股份的。

第四节　公司的股东

一、股东概述

(一)股东的概念

公司股东是指因对公司进行投资或基于其他合法原因而持有公司一定份额的资本并享有股东权利的主体。公司股东不以发起人为限,任何在公司设立阶段和公司成立后认购或受让公司出资或股份的人都可以成为公司的股东。

(二)股东资格的取得与丧失

1. 股东资格的取得方式

(1)原始取得。因直接认购出资或股份而取得股东资格。

(2)继受取得。因转让、继承、合并等方式取得公司出资或股份并成为公司股东。

2. 股东资格的丧失

(1)股权转让。股东因所持有的股权已经合法转让,从而丧失股东资格。

(2)除名。股东因未依公司章程约定履行股东义务,受到除名处置的,从而丧失股东资格。

(3)股权的罚没。股东因违法受到没收财产等处罚而被剥夺股权的,从而丧失股东资格。

(4)法律法规规定的其他事由。

(三)股东的法律地位

股东的法律地位既表现在股东与公司之间的法律关系中,也表现在股东相互之间的法律关系中。

1. 股东享有股权

就股东与公司之间的法律关系而言,股东将自己的财产交由公司进行经营,按其出资份额对公司享有资产收益、参与重大决策和选择管理者等权利,并负有忠实义务和勤勉义务,该种权利义务的总称即股权。

2. 股东之间平等

就股东相互之间的法律关系而言,公司中每个股东的权利和义务应当是平等的,各股东依其出资额享有平等的权利,负有同等的义务。

二、股东的权利和义务

(一)股东的权利

(1)依法享有资产收益、参与重大决策和选择管理者的权利。

(2)请求法院撤销权。股东会或者股东大会、董事会的会议召集程序、表决方式违反法律、行政法规或者公司章程,或者决议内容违反公司章程的,股东可以自决议作出之日起60日内,请求人民法院撤销。

(3)知情权。有限责任公司的股东有权查阅、复制公司章程、股东会会议记录、董事会会议决议、监事会会议决议和财务会计报告。股份有限公司的股东有权查阅公司章程、股东名册、公司债券存根、股东大会会议记录、董事会会议决议、监事会会议决议、财务会计报告,对公司的经营提出建议或者质询。

(4)提议召开临时股东会会议权。有限公司代表 1/10 以上表决权的股东、股份有限公司单独或者合计持有公司 10%以上股份的股东有权提议召开临时股东会会议。

(5)召集和主持股东会会议权。

(6)请求回购权。有限责任公司的股东在特定情形下可以请求公司按照合理的价格收购其股权,股份有限公司的股东因对股东大会作出的公司合并、分立决议持异议的,可以要求公司收购其股份。

(7)选举权和被选举权。股东可依法选举或被选举为公司的董事、监事。

(8)出席或委托代理人出席股东会并行使表决权。

(9)起诉权。股东的诉讼包括代位诉讼和直接诉讼。

(10)请求法院解散公司权。公司经营管理发生严重困难,继续存续会使股东利益受到重大损失,通过其他途径不能解决的,持有公司全部股东表决权 10%以上的股东,可以请求人民法院解散公司。

(11)依法转让出资或股份的权利。

(12)股利分配权及剩余财产的分配权。

(二)股东的义务

(1)按期足额缴纳出资额。有限责任公司的股东应当按期足额缴纳公司章程中规定的各自所认缴的出资额。

(2)出资填补义务。有限责任公司的股东不按规定缴纳出资的,除应当向公司足额缴纳外,还应当向已按期足额缴纳出资的股东承担违约责任。有限责任公司成立后,发现作为设立公司出资的非货币财产的实际价额显著低于公司章程所定价额的,应当由交付该出资的股东补足其差额,公司设立时的其他股东承担连带责任。

(3)以其认缴的出资额为限对公司承担责任。

(4)不得抽逃出资。公司成立后,股东不得抽逃出资。

(5)遵守公司章程的规定。公司章程对股东具有拘束力。

(6)不得滥用股东权利。公司股东不得滥用股东权利损害公司或者其他股东的利益,不得滥用公司法人独立地位和股东有限责任损害公司债权人的利益。

第五节 公司债券与公司财务、会计

一、公司债券

(一)公司债券的概念

公司债券,是指公司依照法定程序发行、约定在一定期限还本付息的有价证券。基于公司债券的发行,在债券的持有人和公司之间即形成了以还本付息为内容的债权债务法律关系。

(二)公司债券与股票的区别

(1)性质不同。股票表示的是股东权,是股权凭证;债券表示的是债权,是债权凭证。

(2)收益不同。股票持有人是从公司利润中分取股息、红利;债券持有人则不论公司是否盈利,都有权依事先约定的利率计取利息。

(3)承担的风险不同。债券持有人承担的风险相对于股票持有人要小。

(4)对公司经营管理享有的权利不同。股票持有人可通过在股东大会上行使表决权参与公司的经营管理,而债券持有人则无权参与公司的经营管理。

(三)公司债券的种类

(1)记名公司债券和无记名公司债券。这是以公司债券上是否载明债券持有人的姓名或名称为标准进行划分的。公司债券,可以为记名债券,也可以为无记名债券。

(2)可转换公司债券和不可转换公司债券。这是以公司债券是否可转换成股票为标准进行划分的。可转换公司债券,是指债券持有人有权依照约定的条件将所持有的公司债券转换为发行公司股份的债券。发行可转换为股票的公司债券的,公司应当按照其转换办法向债券持有人换发股票,但债券持有人对转换股票或者不转换股票有选择权。

(3)可上市公司债券和不可上市公司债券。这是以公司债券能否在证券市场公开交易为标准进行划分的。可上市公司债券,是指发行后可在证券交易所上市交易的公司债券。不可上市公司债券,是指发行后不能在证券交易所上市交易的公司债券。

(四)公司债券的发行与转让

1. 公司债券的发行

公司发行公司债券,应当符合证券法规定的发行条件。发行公司债券的申请经国务院授权的部门核准后,应当公告公司债券募集办法。公司以实物券方式发行公司债券的,必须在债券上载明公司名称、债券票面金额、利率、偿还期限等事项,并由法定代表人签名,公司盖章。公司发行公司债券应当置备公司债券存根簿。

2. 公司债券的转让

公司债券可以转让,转让价格由转让人与受让人约定。公司债券在证券交易所上市交易的,按照证券交易所的交易规则转让。记名公司债券,由债券持有人以背书方式或者法律、行政法规规定的其他方式转让,转让后由公司将受让人的姓名或者名称及住所记载于公司债券存根簿。无记名公司债券的转让,由债券持有人将该债券交付给受让人后即发生转让的效力。

二、公司财务、会计

(一)公司财务、会计制度

1. 依法建立财务、会计制度

公司应当依照法律、行政法规和国务院财政部门的规定建立本公司的财务、会计制度。

2. 编制财务会计报告

公司应当在每一会计年度终了时编制财务会计报告,并依法经会计师事务所审计。财务会计报告应当依照法律、行政法规和国务院财政部门的规定制作。

3. 财务会计报告的查阅

有限责任公司应当按照公司章程规定的期限将财务会计报告送交各股东,股份有限公司的财务会计报告应当在召开股东大会年会的20日前置备于本公司,供股东查阅。公开发行股票的股份有限公司必须公告其财务会计报告。

(二)公司的公积金

1. 公积金的概念

公积金又称储备金、准备金,是公司为弥补亏损、增强财力和扩大生产经营规模的目的,依照法律和公司章程的规定或股东会决议，从公司盈余或资本收益中提取的不作为股利分配，而暂存于公司内部的特殊用途的基金。

2. 公积金的分类

（1）盈余公积金和资本公积金。这是以公积金的来源不同进行划分的。盈余公积金是指公司依照法律或公司章程的规定，从公司的利润中提取的公积金，分为法定盈余公积金和任意盈余公积金。法定盈余公积金，是指公司向股东分配股利前，依法按一定比例从公司利润中提取的公积金。《公司法》规定，公司分配当年税后利润时，应当提取利润的10％列入公司法定公积金，公司法定公积金累计额为公司注册资本的50％以上的，可以不再提取。任意盈余公积金，是指根据公司章程及股东会的决议，从公司盈余中提取的公积金。《公司法》规定，公司从税后利润中提取法定公积金后，经股东会或者股东大会决议，还可以从税后利润中提取任意公积金。资本公积金是指依法直接由公司资本或其他收益所形成的公积金。由于资本公积金都是依法提留的，因而也称为法定资本公积金。《公司法》规定，股份有限公司以超过股票票面金额的发行价格发行股份所得的溢价款以及国务院财政部门规定列入资本公积金的其他收入，应当列为公司资本公积金。

（2）法定公积金和任意公积金。这是以公积金的提取是否为法律所强制规定来进行划分的。法定公积金是指依照法律的强制规定而提取的公积金，对其提取及提取比例，公司章程或股东会决议不得予以取消或变更。任意公积金是指非以法律的强制规定，而是依公司章程的规定或股东会的决议提取的公积金。任意公积金的用途由公司章程或股东会决议而定，法律不予限制。

3. 公积金的用途

公司的公积金用于弥补公司的亏损、扩大公司生产经营或者转为增加公司资本。但是，资本公积金不得用于弥补公司的亏损，法定公积金转为资本时，所留存的该项公积金不得少于转增前公司注册资本的25％。

（三）公司利润分配

公司的利润是指公司在一定时间内生产经营的财务成果。

公司利润的分配，按以下顺序进行：

（1）弥补以前年度亏损，但不得超过税法规定的弥补年限。公司发生年度亏损的，可以用下一年度的所得弥补；下一纳税年度的所得不足以弥补的，可以逐年延续弥补，但延续弥补期最长不得超过5年。

（2）缴纳所得税。根据《企业所得税法》的规定，企业统一适用25％的比例税率。

（3）弥补在税前利润弥补亏损之后仍存在的亏损。

（4）提取法定公积金。公司分配当年税后利润时，应当提取利润的10％列入公司法定公积金，公司法定公积金累计额为公司注册资本的50％以上的，可以不再提取。

（5）提取任意公积金。公司从税后利润中提取法定公积金后，经股东会或者股东大会决议，还可以从税后利润中提取任意公积金。

（6）向股东分配股利。有限责任公司按照股东的出资比例进行分配，股份有限公司按照股东持有的股份比例进行分配。

第六节　公司的变更、解散与清算

一、公司的变更

（一）公司合并、分立

1. 公司的合并

(1)公司的合并，是指两个以上的公司依照法定程序变为一个公司的行为。

(2)公司合并的形式有两种：一是吸收合并，二是新设合并。一个公司吸收其他公司为吸收合并，被吸收的公司解散。两个以上公司合并设立一个新的公司为新设合并，合并各方解散。

(3)债权、债务的承受，即公司合并时，合并各方的债权、债务，应当由合并后存续的公司或者新设的公司承继。

2. 公司的分立

(1)公司的分立，是指一个公司依法分为两个以上的公司。

(2)债权、债务的承受，即公司分立前的债务由分立后的公司承担连带责任，但公司在分立前与债权人就债务清偿达成的书面协议另有约定的除外。

3. 公司合并与分立的程序

(1)公司合并的程序。公司合并，应当由合并各方签订合并协议，并编制资产负债表及财产清单。公司应当自作出合并决议之日起 10 日内通知债权人，并于 30 日内在报纸上公告。债权人自接到通知书之日起 30 日内，未接到通知书的自公告之日起 45 日内，可以要求公司清偿债务或者提供相应的担保。

(2)公司分立的程序。公司分立，其财产作相应的分割。公司分立，应当编制资产负债表及财产清单。公司应当自作出分立决议之日起 10 日内通知债权人，并于 30 日内在报纸上公告。

(3)登记事项的变化。公司合并或者分立，登记事项发生变更的，应当依法向公司登记机关办理变更登记；公司解散的，应当依法办理公司注销登记；设立新公司的，应当依法办理公司设立登记。

（二）公司增资、减资

1. 公司资本的增加

有限责任公司增加注册资本时，股东认缴新增资本的出资，按照公司法关于设立有限责任公司缴纳出资的有关规定执行。股份有限公司为增加注册资本发行新股时，股东认购新股应当按照公司法关于设立股份有限公司缴纳股款的有关规定执行。

2. 公司资本的减少

公司需要减少注册资本时，必须编制资产负债表及财产清单。公司应当自作出减少注册资本决议之日起 10 日内通知债权人，并于 30 日内在报纸上公告。债权人自接到通知书之日起 30 日内，未接到通知书的自公告之日起 45 日内，有权要求公司清偿债务或者提供相应的担保。公司减资后的注册资本不得低于法定的最低限额。

3. 变更登记

公司增加或者减少注册资本，应当依法向公司登记机关办理变更登记。

二、公司解散、清算

（一）公司的解散

1. 公司解散的原因

(1)公司章程规定的营业期限届满或者公司章程规定的其他解散事由出现。

(2)股东会或者股东大会决议解散。

(3)因公司合并或者分立需要解散。

(4)依法被吊销营业执照、责令关闭或者被撤销。

(5)人民法院依持有公司全部股东表决权10%以上股东的请求对公司予以解散。《公司法》第183条规定，公司经营管理发生严重困难，继续存续会使股东利益受到重大损失，通过其他途径不能解决的，持有公司全部股东表决权10%以上的股东，可以请求人民法院解散公司。

2. 公司的存续

在公司章程规定的营业期限届满或者公司章程规定的其他解散事由出现的情况下，公司可以通过修改公司章程而存续。修改公司章程，有限责任公司须经持有2/3以上表决权的股东通过，股份有限公司须经出席股东大会会议的股东所持表决权的2/3以上通过。

（二）公司的清算

1. 清算组的成立

(1)成立时间。公司解散（因合并或者分立需要解散的除外），应当在解散事由出现之日起15日内成立清算组，开始清算。

(2)清算组的组成。有限责任公司的清算组由股东组成，股份有限公司的清算组由董事或者股东大会确定的人员组成。逾期不成立清算组进行清算的，债权人可以申请人民法院指定有关人员组成清算组进行清算，人民法院应当受理该申请，并及时组织清算组进行清算。

2. 清算组在清算期间行使的职权

(1)清理公司财产，分别编制资产负债表和财产清单。

(2)通知、公告债权人。

(3)处理与清算有关的公司未了结的业务。

(4)清缴所欠税款以及清算过程中产生的税款。

(5)清理债权、债务。

(6)处理公司清偿债务后的剩余财产。

(7)代表公司参与民事诉讼活动。

3. 清算组的职责

(1)通知和公告。清算组应当自成立之日起10日内通知债权人，并于60日内在报纸上公告。债权人应当自接到通知书之日起30日内，未接到通知书的自公告之日起45日内，向清算组申报其债权。清算组应当对债权进行登记，在申报债权期间，清算组不得对债权人进行清偿。

(2)制定清算方案。清算组在清理公司财产、编制资产负债表和财产清单后，应当制定清算方案，并报股东会、股东大会或者人民法院确认。

(3)特定情况下申请宣告破产。清算组在清理公司财产、编制资产负债表和财产清单后，发现公司财产不足清偿债务的，应当依法向人民法院申请宣告破产。公司经人民法院裁定宣告破产后，清算组应当将清算事务移交给人民法院。

(4)制作清算报告、申请注销公司登记。公司清算结束后,清算组应当制作清算报告,报股东会、股东大会或者人民法院确认,并报送公司登记机关,申请注销公司登记,公告公司终止。

(5)赔偿责任。清算组成员应当忠于职守,依法履行清算义务。清算组成员不得利用职权收受贿赂或者其他非法收入,不得侵占公司财产。清算组成员因故意或者重大过失给公司或者债权人造成损失的,应当承担赔偿责任。

4. 财产的分配

公司财产在分别支付清算费用、职工的工资、社会保险费用和法定补偿金,缴纳所欠税款,清偿公司债务后的剩余财产,有限责任公司按照股东的出资比例分配,股份有限公司按照股东持有的股份比例分配。清算期间,公司存续,但不得开展与清算无关的经营活动。公司财产在未按前款规定清偿前,不得分配给股东。

【任务导出】

(1)A 无资格继续担任甲公司的董事。《公司法》规定,有下列情形之一的,不得担任公司的董事、监事、高级管理人员:无民事行为能力或者限制民事行为能力;因贪污、贿赂、侵占财产、挪用财产或者破坏社会主义市场经济秩序,被判处刑罚,执行期满未逾 5 年,或者因犯罪被剥夺政治权利,执行期满未逾 5 年;担任破产清算的公司、企业的董事或者厂长、经理,对该公司、企业的破产负有个人责任的,自该公司、企业破产清算完结之日起未逾 3 年;担任因违法被吊销营业执照、责令关闭的公司、企业的法定代表人,并负有个人责任的,自该公司、企业被吊销营业执照之日起未逾 3 年;个人所负数额较大的债务到期未清偿。本案例中,乙企业因违法经营被吊销营业执照,并负有个人责任,所以 A 不能继续担任甲公司的董事。

(2)C 的行为违反了《公司法》的规定。《公司法》规定,董事、监事、高级管理人员应当遵守法律、行政法规和公司章程,对公司负有忠实义务和勤勉义务。董事、高级管理人员不得违反公司章程的规定或者未经股东会、股东大会同意,与本公司订立合同或者进行交易;不得未经股东会或者股东大会同意,利用职务便利为自己或者他人谋取属于公司的商业机会,自营或者为他人经营与所任职公司同类的业务。C 作为甲公司的董事,在未经股东会同意的情况下,自营与甲公司同类的业务,违反了《公司法》关于竞业禁止的规定。

强化训练

一、单项选择题

1. 有限责任公司的股东人数为(　　)。

A. 2 人以上 200 人以下　　B. 2 人以上 50 人以下

C. 50 人以下　　D. 无限制

2. 股份公司发起人持有的本公司股份,自公司成立之日起(　　)内不得转让。

A. 6 个月　　B. 1 年　　C. 3 年　　D. 5 年

3. 股份有限公司董事会做出决议,应由(　　)通过。

A. 出席会议的董事过半数　　B. 出席会议的董事 2/3 以上

C. 全体董事的过半数　　D. 全体董事的 2/3 以上

4. 有限责任公司董事会的成员为(　　)人。

A. 3～13　　B. 5～19　　C. 2～50　　D. 2～200

5. 股份有限公司的最高权力机构是(　　)。

A. 股东大会　　B. 职工代表大会　　C. 董事会　　D. 监事会

二、多项选择题

1. 公司章程对(　　)具有约束力。

A. 公司　　B. 股东　　C. 董事　　D. 债权人

2. 公司法定代表人依照公司章程的规定，由(　　)担任，并依法登记。

A. 董事长　　B. 执行董事　　C. 监事　　D. 经理

3. 有限责任公司的股东可以用(　　)出资。

A. 实物　　B. 知识产权　　C. 土地使用权　　D. 劳务

4. (　　)可以提议召开股东会临时会议。

A. 代表 1/10 以上表决权的股东　　B. 1/3 以上的董事

C. 监事会　　D. 董事长

5. 股东会会议作出(　　)的决议，必须经代表 2/3 以上表决权的股东通过。

A. 修改公司章程　　B. 增加或者减少注册资本

C. 公司合并、分立、解散　　D. 变更公司形式

三、案例分析题

A 有限责任公司于 2015 年 5 月召开临时股东会会议，做出如下决议：

(1)更换股东甲和职工乙出任公司的董事。

(2)经代表 1/2 以上表决权的股东通过，股东会会议作出了修改公司章程的决议。

(3)决定聘请丙为公司的经理。

(4)增选公司的财务负责人丁为监事。

(5)对公司内部的管理机构进行了调整，新设了两个业务部门。

(6)重新修订了公司的管理规章。

(7)经表决，同意公司对股东戊提供担保，戊参与了该项决议。

试分析：股东会的上述决议有哪些地方违反了《公司法》？请说明理由。

资源拓展

新《公司法》"新"在哪儿

2014 年 3 月 1 日起施行的《公司法》修改主要涉及三方面：

第一，将注册资本实缴登记制改为认缴登记制。除法律、行政法规以及国务院决定对公司注册资本实缴另有规定的外，取消了关于公司股东(发起人)应当自公司成立之日起 2 年内缴足出资，投资公司可以在 5 年内缴足出资的规定；取消了一人有限责任公司股东应当一次足额缴纳出资的规定。公司股东(发起人)自主约定认缴出资额、出资方式、出资期限等，并记载于公司章程。

第二，放宽注册资本登记条件。除法律、行政法规以及国务院决定对公司注册资本最低限额另有规定的外，取消了有限责任公司最低注册资本 3 万元、一人有限责任公司最低注册资本 10 万元、股份有限公司最低注册资本 500 万元的限制；不再限制公司设立时股东(发起人)的首次出资比例；不再限制股东(发起人)的货币出资比例。

第三，简化登记事项和登记文件。有限责任公司股东认缴出资额、公司实收资本不再作为公司登记事项。公司登记时，不需要提交验资报告。

第四章

个人独资企业法与合伙企业法

【学习目标】

知识目标：理解个人独资企业与合伙企业的法律地位和责任形式的区别。

能力目标：掌握入伙、退伙、合伙企业类型的转换。

素质目标：设立一家个人独资企业或者合伙企业。

【任务导入】

2015年1月，甲、乙、丙、丁4人决定设立一家普通合伙企业，并签订了书面合伙协议。合伙协议的部分内容如下：(1)甲以货币出资2万元；乙以实物折价出资3万元；丙以劳务出资，经其他三人同意，折价3万元；丁以货币出资4万元。(2)甲、乙、丙、丁按照3∶2∶3∶2的比例分配利润和承担风险。(3)合伙协议约定由甲作为合伙企业的事务执行人，但是对外签订合同的标的额不得超过10万元，超过10万元的合同应当经过其他合伙人的同意。(4)合伙协议中未约定合伙企业的经营期限。

合伙企业存续期间，发生以下事实：

(1)甲因给父亲治病向张某借款10万元，借款已经到期，张某多次向甲索要，但甲每次都说自己除了在合伙企业中的财产份额之外，没有其他财产可供清偿。于是，在甲同意下，张某以自己对甲的债权抵消张某对合伙企业的债务。

(2)2015年5月，甲擅自以合伙企业的名义和飞达公司签订了一份买卖合同，合同的标的额为30万元。飞达公司不知道合伙企业对甲的权限限制。其他合伙人认为该合同不符合合伙企业的利益，决定对此合同的效力不予承认。

(3)2015年6月，乙提出退伙，其退伙并不给合伙企业带来不利影响，2015年7月，乙与其他合伙人结算后，撤资退伙。同时，合伙企业又接纳戊入伙，戊出资5万元。2015年8月，合伙企业的债权人A银行就合伙人乙退伙前发生的债务20万元要求合伙企业的合伙人甲、丙、丁、戊和退伙人乙承担连带赔偿责任；乙以自己已经退伙为由，拒绝承担清偿责任，戊以自己是新入伙人为由，拒绝承担清偿责任。

任务分析：

(1)合伙人的出资是否合法？为什么？

(2)合伙人约定的利润分配比例和出资比例不一致,是否合法?

(3)张某是否可以以自己对甲的债权抵消张某对合伙企业的债务?为什么?

(4)甲与飞达公司签订的买卖合同效力如何?

(5)乙是否应当对A银行的债务负清偿责任?为什么?

(6)戊的主张是否成立?为什么?

(7)假设合伙人丙因车祸死亡,其继承人是否能成为合伙人?为什么?

第一节　个人独资企业法

一、个人独资企业概述

(一)个人独资企业的概念

个人独资企业,是指依照我国《个人独资企业法》在中国境内设立,由一个自然人投资,财产为投资人个人所有,投资人以其个人财产对企业债务承担无限责任的经营实体。个人独资企业投资人在申请企业设立登记时明确以其家庭共有财产为个人出资的,应当依法以家庭共有财产对企业债务承担无限责任。

(二)个人独资企业的特征

与其他企业形式比较,个人独资企业除了企业的一般属性之外,还具有以下特征:

1. 投资主体的单一性

个人独资企业的一个显著特征就是其投资主体的单一性,即仅有一个投资者,并且该投资者只能是自然人,而不可能是法人、其他组织或者国家。而合伙企业和公司却可有多元投资主体。

2. 企业资格与业主人格的重合性

个人独资企业是以投资者个人为本位的自然人企业,个人独资企业不具有独立于业主之外的主体资格,企业与企业主在法律人格上是同一的、重合的,各自并不具有独立性,个人独资企业只是自然人从事商事经营活动的一种组织形式。

3. 业主对企业承担责任的无限性

个人独资企业是由一个自然人投资的企业,企业财产与投资者的个人财产并无明显的界限,对个人独资企业的财产和投资者的个人财产无法实行完全区分。对个人独资企业获得的利润,法律没有规定要提取公积金、公益金,也不征收企业所得税。当债权人提出债权主张时,个人独资企业的投资者就应当以其所有的财产承担企业债务,企业的财产不足以清偿时,应当以投资人个人财产予以清偿。

(三)个人独资企业与个体工商户的区别

(1)个人独资企业必须要有合法的企业名称,而个体工商户可以不起字号名称。

(2)个体工商户的投资者与经营者是同一人,都必须是投资设立个体工商户的自然人。而个人独资企业的投资者与经营者可以是不同的人,投资人可以委托或聘用他人管理个人独资企业事务。

(3)个人独资企业可以设立分支机构,不但可以在登记管理机关辖区内设立分支机构,也可以在异地设立分支机构,也可以委派他人作为个人独资企业分支机构负责人。个体工商户不能设立分支机构。由此可见，个人独资企业的总体规模一般大于个体工商户。

(4)个人独资企业与个体工商户的法律地位不尽相同。在民事、行政、经济法律制度中个人独资企业是其他组织的一种形式，能以企业自身的名义进行法律活动。个体工商户不是法律意义上的企业，作为市场主体参与市场经济活动的能力与个人独资企业不同。例如，个人独资企业可以成为公司的股东，从而以企业名义享有公司股东的权利和义务；而个体工商户只能以个人投资者(自然人)身份成为公司股东。

(5)个人独资企业与个体工商户在财务制度和税收政策上的要求也不尽相同。根据《个人独资企业法》的规定，个人独资企业必须建立财务制度，进行会计核算。而个体工商户的财会制度在会计法中只作了原则性规定。在税收政策方面，由于我国的税收法律制度是一个相对独立的体系，它与市场主体法律制度之间没有统一的联系。目前税务部门认定增值税一般纳税人和小规模纳税人的标准并不是以企业的市场主体地位不同而划分的。但是，由于规模大小不同，个体工商户一般较难认定为一般纳税人，个人独资企业如符合条件则可以认定为一般纳税人。

【应用案例 4—1】 某甲是一名从事服装销售的个体工商户，随着业务的扩大，他想到邻县设立一家分支机构。他到邻县工商行政管理部门登记注册，却被告知个体工商户不能开设分支机构，要么新设一家个体工商户，要么成立一家企业。某甲觉得自己规模还没那么大，担心成立企业会多交税。问：某甲应该怎么办才好?

【案例解析】 首先，个体工商户不能设立分支机构，而个人独资企业能设立分支机构；其次，个人既可以设立个体工商户，也可以设立个人独资企业，两者在税负上没有什么差别。因此某甲可以设立个人独资企业来自己解决扩大经营的需要。

二、个人独资企业法的概念与特征

个人独资企业法，是指确认个人独资企业的法律地位，调整个人独资企业经济关系的法律规范的总称。在我国，是以1999年8月30日第九届全国人民代表大会常务委员会第十一次会议通过的《个人独资企业法》为中心的法律规范的总称。它具有以下特征：

(一)内容多参照引用

由于个人独资企业范围内的很多活动都已有相应的法律加以规范，对于这些活动，《个人独资企业法》均以参照立法形式加以处理。例如，第4条第2款规定："个人独资企业应当依法履行纳税义务。"因此，个人独资企业纳税事务应当依照税法办理。第7条规定"在个人独资企业中的中国共产党党员依照中国共产党章程进行活动"则是对党内法规的引用。诸如此类的规定还有第6条、21条、22条、23条等。

(二)重点突出

《个人独资企业法》的内容有三个重点。第一，在内部关系上，由于出资结构单一，个人独资企业内部管理活动具有极大自治性，除了投资人与受托人或者聘用人员关系是个例外；第二，由于投资主体对外承担无限责任，其外部关系也极为简单，重点主要表现在解散与清算期间的一系列不得损害债权人利益的禁止上；第三，在国家监管领域，重点就是登记和法律责任。

三、个人独资企业的设立、解散及清算

(一)个人独资企业的设立

设立个人独资企业应当具备以下条件：

(1)投资人为一个自然人;但法律、行政法规禁止从事营利性活动的人,不得作为投资个人申请设立个人独资企业。

根据我国法律的有关规定,下列人员不得作为个人独资企业:不具有完全民事行为能力的人,公务员和法官、检察官,党政机关领导干部,商业银行工作人员。

(2)有合法的企业名称,个人独资企业的名称应当与其责任形式及从事的行业相符合。

(3)有投资人申报的出资,包括投资的出资额和出资方式。

(4)有固定的生产经营场所,个人投资企业的主要办事机构所在地为其住所和个人独资企业必要的生产经营条件。

(5)有必要的从业人员。对于从业人员人数没有任何规定,由投资者自主决定。

申请设立个人独资企业,应当由投资人或者其委托的代理人向个人独资企业所在地的登记机关提交设立申请书、投资人身份证明、生产经营场所使用证明等文件。委托代理人申请设立登记时,应当出具投资人的委托书和代理人的合法证明。

登记机关应当在收到申请文件之日起15日内,对符合设立条件的,予以登记,发给营业执照;对不符合登记条件的,不予登记,并应当给予书面答复,说明理由。

个人独资企业的营业执照的签发日期,为个人独资企业的成立日期。在领取个人独资企业营业执照前,投资人不得以个人独资企业名义从事经营活动。

个人独资企业设立分支机构,应当由投资人或其委托的代理人向分支机构所在地的登记机关申请登记,领取营业执照。分支机构经核准登记后,应将登记情况报该分支机构隶属的个人独资企业的登记机关备案。分支机构的民事责任由设立该分支机构的个人独资企业承担。

个人独资企业存续期间登记事项发生变更的,应当在作出变更决定之日起的15日内依法向登记机关申请办理变更登记。

(二)个人独资企业的解散和清算

个人独资企业有以下情况之一者,应当解散:

(1)投资人决定解散;

(2)投资人死亡或者被宣告死亡,无继承人或者继承人决定放弃继承;

(3)被依法吊销营业执照;

(4)法律、行政法规规定的其他情形。

个人独资企业解散,由投资人自行清算或者由债权人申请人民法院指定清算人进行清算。投资人自行清算的,应当在清算前15日内书面通知债权人,无法通知的,应当予以公告。债权人应当在接到通知之日起30日内,未接到通知的应当在公告之日起60日内,向投资人申报其债权。

清算期间,个人独资企业不得开展与清算目的无关的经营活动。在按清偿顺序规定清偿债务前,投资人不得转移、隐匿财产。个人独资企业解散时,财产应按下列顺序清偿:(1)所欠职工工资和社会保险费用;(2)所欠税款;(3)其他债权。

个人独资企业财产不足以清偿债务的,投资人应当以其个人的其他财产予以清偿。个人独资企业清算结束后,投资人或者人民法院指定的清算人应当编制清算报告,并于15日内到登记机关办理注销登记。

个人独资企业解散后,原投资人对个人独资企业存续期间的债务仍应承担偿还责任,但债权人在5年内未向债务人提出清偿请求的,该责任消灭。

四、个人独资企业的投资人及事务管理

(一)个人独资企业的事务管理

个人独资企业投资人可以自行管理企业事务,也可以委托或者聘用其他具有民事行为能力的人负责企业的事务管理。个人独资企业的投资人委托或者聘用他人管理个人独资企业的事务,应当与受托人或者被聘用的人签订书面合同,明确委托的具体内容和授予的权利范围。投资人对委托人或者被聘用的人员职权的限制,不得对抗善意第三人。

投资人委托或者聘用的管理个人独资企业事务的人员不得有下列行为:

(1)利用职务上的便利,索取或者收受贿赂;

(2)利用职务或者工作上的便利侵占企业财产;

(3)挪用企业的资金归个人使用或者借贷给他人;

(4)擅自将企业资金以个人名义或者他人名义开立账户储存;

(5)擅自以企业财产担保;

(6)未经投资人同意,从事与本企业相竞争的业务;

(7)未经投资人同意,同本企业订立合同或者进行交易;

(8)未经投资人同意,擅自将企业商标或者其他知识产权转让给他人使用;

(9)泄露本企业的商业秘密;

(10)法律、行政法规禁止的其他行为。

(二)个人独资企业投资人和个人独资企业的权利与义务

(1)个人独资企业投资人对本企业的财产依法享有所有权,其有关权利可以依法进行转让或继承。

(2)个人独资企业的财产和其他合法权益,国家依法予以保护。个人独资企业享有的基本权利有:名称专用权、自主经营权、申请贷款权、取得土地使用权、订立合同权、制定价格、人事劳动权、工业产权、拒绝摊派权、参加协会权,等等。

(3)个人独资企业在生产经营活动中必须履行的义务有:遵守国家法律、法规和政策的义务;依法缴纳税金和费用的义务;依法设置会计账簿,进行会计核算的义务;依法与职工签订劳动合同,保障职工的劳动安全,按时、足额发放职工工资的义务;按照国家规定参加社会保险,为职工缴纳社会保险费的义务;服从有关机关监督管理的义务;等等。

五、法律责任

(一)行政法律责任

《个人独资企业法》规定,在下列情形中,责任人应当承担行政法律责任:

(1)提交虚假文件或采取其他欺骗手段,取得企业登记的,责令改正,处以 5 000 元以下的罚款;情节严重的,并处吊销营业执照。

(2)个人独资企业使用的名称与其在登记机关登记的名称不相符合的,责令限期改正,处以 2 000 元以下的罚款。

(3)涂改、出租、转让营业执照的,责令改正,没收违法所得,处以3 000元以下的罚款;情节严重的,吊销营业执照。伪造营业执照的,责令停业,没收违法所得,处以 5 000 元以下的罚款。

(4)个人独资企业成立后无正当理由超过 6 个月未开业的,或者开业后自行停业连续 6 个

月以上的,吊销营业执照。

(5)未领取营业执照,以个人独资企业名义从事经营活动的,责令停止经营活动,处以3 000元以下的罚款。个人独资企业登记事项发生变更时,未按本法规定办理有关变更登记的,责令限期办理变更登记;逾期不办理的,处以2 000元以下的罚款。

(二)其他法律责任

投资人、投资人委托或聘用的管理人员的行为造成他人损失的,应当承担民事法律责任。如果构成犯罪的,依法追究刑事责任。

如果投资人违反个人独资企业法规定,应当同时承担民事赔偿责任和缴纳罚款、罚金,其财产不足以支付的,或者被判处没收财产的刑罚的,应当先承担民事赔偿责任。

第二节 合伙企业法

一、合伙企业的概念和特征

(一)合伙企业的概念

根据我国《合伙企业法》第2条、第55条、第57条的规定,合伙企业是指自然人、法人和其他组织依法在中国境内设立的普通合伙企业(含特殊普通合伙企业)和有限合伙企业。

普通合伙企业是由普通合伙人组成、合伙人对合伙企业债务承担无限连带责任的合伙企业。

特殊普通合伙企业是指以专业知识和专门技能为客户提供有偿服务而设立的合伙企业。当合伙人在执业活动中因故意或者重大过失造成合伙企业债务的,该合伙人承担无限责任或者无限连带责任,其他合伙人以其在合伙企业中的财产份额为限承担责任。

有限合伙企业是由普通合伙人和有限合伙人组成,普通合伙人对合伙企业债务承担无限连带责任,有限合伙人以其认缴的出资额为限对合伙企业债务承担责任的合伙企业。

(二)合伙企业的法律特征

与个人独资企业和公司相比,作为一种企业组织形式,合伙企业具有以下法律特征:

1. 以合伙协议为合伙企业成立的法律基础

合伙企业是各合伙人以自愿、平等、公平和诚实信用为原则,在订立合伙协议的基础上成立的企业。合伙协议由全体合伙人在协商一致的基础上,以书面形式订立,经全体合伙人签名、盖章后即产生法律效力。各合伙人依照合伙协议享受权利、承担义务。合伙协议不仅是合伙企业成立的必备法律文件,也是合伙企业处理内、外部事务的基本准则。

2. 对于合伙企业所欠的债务,先以企业全部财产进行清偿,再由普通合伙人对合伙企业债务承担无限连带责任

合伙企业具有相对独立的人格,对于合伙企业所欠的债务,应当先以合伙企业的全部财产进行清偿。但是,合伙企业人格的独立性是相对的,合伙企业是典型的人合企业,合伙企业的信用最终取决于合伙人的信用,合伙企业的债务归根到底是合伙人的债务。因此,当合伙企业财产不足以清偿到期债务时,应由普通合伙人对合伙企业债务承担无限连带责任。债权人有权向普通合伙人中的数个或者任何一个要求清偿全部债务。被请求的合伙人有义务清偿全部债务。这是其既区别于个人独资企业,又区别于公司的不同之处。

特殊普通合伙企业的主要资产是合伙人的专门知识和技能，具有“轻实物资产、重人力资本”的特点，这导致其实物资产与合伙人经手业务的标的额以及可能发生的债务风险严重不成比例。如果因为个别合伙人的故意或重大过失而引起的合伙企业债务要由全体合伙人来承担无限连带责任，这显然既有失公平又不利于专业服务机构的发展。我国《合伙企业法》第 57 条规定：“特殊的普通合伙企业，一个合伙人或者数个合伙人在执业活动中因故意或者重大过失造成合伙企业债务的，应当承担无限责任或者无限连带责任，其他合伙人以其在合伙企业中财产份额为限承担责任。合伙人在执业活动中非因故意或者重大过失造成的合伙企业债务以及合伙企业的其他债务，由全体合伙人承担无限连带责任。”

至于作为制度创新的有限合伙企业，其中的有限合伙人的责任承担形式，则完全与传统的普通合伙责任承担形式不同，是以认缴的出资额为限。

3. 合伙人利害相关、休戚与共

在合伙协议的基础上，对于合伙企业，各合伙人共同出资、合伙经营、共享收益、共担风险，形成了各合伙人之间利害相关、休戚与共的内部合伙关系。

二、合伙企业的法律地位及法定类型

（一）合伙企业的法律地位

合伙企业法律地位，主要指合伙企业是否是一种独立的法律主体。从罗马法起，传统民法都不承认合伙组织为主体，其主体资格只能是合伙人个人。但是，随着理论与立法的演进，在现代西方国家的立法中，合伙企业的法律地位已经有了非常大的变化，主要有“法人”和“非法人团体”之分，并倾向于将合伙企业看成一个独立于合伙人的法律实体。这主要体现在：

第一，合伙企业有相对独立的人格（法律主体资格），合伙企业一经依法成立，便取得了独立从事生产经营活动的资格，并能以自己的名义在法院起诉和应诉。

第二，合伙企业有相对独立的财产。合伙企业存续期间，合伙人的出资和所有以合伙企业名义取得的收益和依法取得的其他财产均为合伙企业的财产。合伙企业进行清算前，合伙人不得请求分割合伙企业的财产。合伙企业能以自己的财产享有权利、承担义务。

（二）合伙企业的法定类型

关于合伙企业的法定类型，大陆法系国家有的立法把合伙企业分为民事合伙与商事合伙。前者是指非营利性合伙，后者是指营利性合伙。而普通法系的英国和美国的立法则把合伙企业分为普通合伙企业和有限合伙企业两类。前者是指全体合伙人对合伙企业债务承担无限连带责任的合伙企业，后者是指由至少一名普通合伙人和至少一名有限合伙人共同组成的合伙企业。此外，在西方国家的立法中，还有一种隐名合伙企业。例如，法国立法规定，若由至少一名出名营业人和至少一位隐名合伙人共同组成的合伙企业即为隐名合伙企业。

根据我国《合伙企业法》的有关规定，我国的合伙企业包括普通合伙企业（含特殊普通合伙企业）和有限合伙企业。

三、合伙企业的设立、变更、解散和清算

（一）合伙企业的设立

设立合伙企业，应当具备下列条件：

（1）有两个以上合伙人，有限合伙企业由 2 个以上 50 个以下的合伙人设立。

合伙人可以是自然人、法人和其他组织，合伙人是自然人的，应当具有完全民事行为能力；

法律、法规禁止从事营利性活动的人，如国家机关工作人员、法官、检察官等，不得成为合伙企业的合伙人。国有独资公司、国有企业、上市公司以及公益性的事业单位、社会团体不得成为普通合伙人。

(2)有书面合伙协议。

(3)有各合伙人认缴或者实际缴付的出资。

(4)有合伙企业的名称。这是合伙企业相对独立人格的体现，合伙企业名称中应当标明“普通合伙”、“特殊普通合伙”或者“有限合伙”字样。

(5)有经营场所和从事合伙经营的必要条件。

申请设立登记，应向企业登记机关提交有关文件。其中包括：全体合伙人签署的设立登记申请书；全体合伙人的身份证明；全体合伙人指定的代表或者共同委托的代理人的委托书；合伙协议；出资权属证明；经营场所证明；国务院工商行政管理部门规定提交的其他文件；等等。

合伙企业的经营范围中有属于法律、行政法规规定在登记前须经批准的项目的，该项经营业务应当依法经过批准，并在登记时提交批准文件。

合伙协议约定或者全体合伙人决定委托一名或者数名合伙人执行合伙企业事务的，还应当提交全体合伙人的委托书。

企业登记机关应自收到申请人依法规定提交的全部文件之日起 20 日内，作出核准登记或不予登记的规定，而且，能够当场登记的，应当当场登记。合伙企业的营业执照签发之日，为合伙企业的成立日。

(二)合伙企业的变更

合伙企业登记事项发生变更的，执行合伙事务的合伙人应当自作出变更决定或者发生变更事由之日起 15 日内，向企业登记机关申请办理变更登记。

合伙企业的变更登记中，要特别注意入伙与退伙中的普通合伙企业与有限合伙企业的转换问题。

根据《合伙企业法》规定，当合伙人被依法认定为无民事行为能力人或者限制民事行为能力人，以及合伙人的继承人被认定为无民事行为能力人或者限制民事行为能力人，经全体合伙人一致同意，该合伙人或者该合伙人的继承人可以依法转为或者成为有限合伙人，该普通合伙企业依法转为有限合伙企业。

根据《合伙企业法》第 75 条的规定，有限合伙企业仅剩有限合伙人的，应当解散；有限合伙企业仅剩普通合伙人的，转为普通合伙企业。

(三)合伙企业解散、清算

1. 合伙企业解散的条件

合伙企业有以下情况之一的，应当解散：(1)合伙期限届满，合伙人决定不再经营；(2)合伙协议约定的解散事由出现；(3)全体合伙人决定解散；(4)合伙人已不具备法定人数满 30 日；(5)合伙协议约定的合伙目的已经实现或者无法实现；(6)依法被吊销营业执照、责令关闭或者被撤销；(7)法律、行政法规规定的其他原因。

2. 合伙企业的清算

合伙企业解散应进行清算，清算人由全体合伙人担任。经全体合伙人过半数同意，可以自合伙企业解散事由出现后 15 日内指定一名或者数名合伙人，或者委托第三人担任清算人；如果 15 日内未确定清算人的，合伙人或者其他利害关系人可以申请人民法院指定清算人。

清算人在清算期间执行下列事务：(1)清理合伙企业财产，分别编制资产负债表和财产清单;(2)处理与清算有关的合伙企业未了结的事务;(3)清缴所欠税款;(4)清理债权、债务;(5)处理合伙企业清偿债务后的剩余财产;(6)代表合伙企业参加诉讼或者仲裁活动。

合伙企业财产在支付清算费用后,按下列顺序清偿:(1)合伙企业所欠职工工资、社会保险费用、法定补偿金;(2)缴纳所欠税款;(3)清偿债务;(4)返还合伙人的出资。

符合法定条件解散的合伙企业,应自清算结束之日起15日内,向原企业登记机关办理注销登记,并提交下列文件:(1)全体合伙人签署的注销登记申请书;(2)全体合伙人签署的清算报告;(3)国务院工商行政管理部门规定提交的其他文件。

合伙企业办理注销登记时,应当交回营业执照,经登记机关注销后合伙企业即行终止。

根据《合伙企业法》的规定,合伙企业注销后,原普通合伙人对合伙企业存续期间的债务仍应承担无限连带责任。合伙企业依法被宣告破产的,普通合伙人对合伙企业债务仍应承担无限连带责任。

四、合伙协议

1. 合伙协议的一般内容

合伙协议应当遵循自愿、平等、公平、诚实信用原则,书面订立,并应载明下列事项:(1)合伙企业的名称和主要经营场所的地点;(2)合伙目的和合伙经营范围;(3)合伙人的姓名或者名称、住所;(4)合伙人的出资方式、数额和缴付期限;(5)利润分配、亏损分担方式;(6)合伙事务的执行;(7)入伙与退伙;(8)争议解决办法;(9)合伙企业的解散与清算;(10)违约责任。

2. 有限合伙协议的特别内容

有限合伙协议还应当载明以下事项:(1)普通合伙人和有限合伙人的姓名或者名称、住所;(2)执行事务合伙人应具备的条件和选择程序;(3)执行事务合伙人权限与违约处理办法;(4)执行事务合伙人的除名条件和更换程序;(5)有限合伙人入伙、退伙的条件、程序以及相关责任;(6)有限合伙人和普通合伙人相互转变程序。合伙协议经全体合伙人签名、盖章后生效。合伙人按协议享受权利、承担义务。

五、入伙、退伙

(一)入伙

新的合伙人人伙时,除合伙协议另有约定外,应当经全体合伙人一致同意,并依法订立书面入伙协议。订立入伙协议时,原合伙人应当告知新合伙人原企业的经营状况和财务状况。

入伙具有以下法律效力:(1)除入伙协议另有约定外,入伙的新合伙人与原合伙人享有同等权利,承担同等责任。(2)入伙的新合伙人对入伙前合伙企业的债务应当承担无限连带责任。但是,具体到有限合伙企业,则有特别规定:新入伙的有限合伙人对入伙前有限合伙企业的债务,以其认缴的出资额为限承担责任。

(二)退伙

凡符合法定条件,合伙人可以退伙。由于合伙企业属于人合企业,退伙不但影响企业经营的稳定,甚至会导致企业解散,《合伙企业法》对退伙的条件作了严格规定,分为以下几种情况:

1. 自愿退伙

当具备以下几个条件时,合伙人可以自愿退伙:

(1)合伙协议约定的退伙事由出现;

(2)经全体合伙人一致同意;

(3)发生合伙人难以继续参加合伙的事由;

(4)其他合伙人严重违反合伙协议约定的义务。

根据《合伙企业法》第 46 条的规定,合伙协议未约定合伙期限,合伙人在不给合伙企业事务执行造成不利影响的情况下,可以退伙,但应当提前 30 日通知其他合伙人。

2. 当然退伙

当然退伙又称法定退伙,当合伙人有下列情形之一的,则属于当然退伙:

(1)作为合伙人的自然人死亡或者被依法宣告死亡;

(2)个人丧失偿债能力;

(3)作为合伙人的法人或者其他组织依法被吊销营业执照、责令关闭、撤销,或者被宣告破产;

(4)法律规定或者合伙协议约定合伙人必须具有相关资格而丧失该资格;

(5)合伙人在合伙企业中的全部财产份额被人民法院强制执行。

其中,有限合伙人仅在出现上述第(1)、(3)项情形时才当然退伙。作为有限合伙人的自然人在有限合伙企业存续期间丧失民事行为能力的,其他合伙人不得因此要求其退伙。作为有限合伙人的自然人死亡、被依法宣告死亡或者作为有限合伙人的法人及其他组织终止时,其继承人或者权利承受人可以依法取得该有限合伙人在有限合伙企业中的资格。

3. 除名退伙

合伙人有下列情形之一的,经其他合伙人一致同意,可以决议将其除名:

(1)未履行出资义务;

(2)因故意或重大过失给合伙企业造成损失;

(3)执行合伙企业事务时有不正当行为;

(4)合伙协议约定的其他事由。

对合伙人的除名决议应书面通知被除名人。

(三)退伙的法律效力

退伙的法律效力主要有以下两个方面:

1. 退伙结算

合伙人退伙的,其他合伙人应当与该退伙人按照退伙时的合伙企业的财产状况进行结算,退回退伙人的财产份额。如果退伙时有未了结的合伙企业事务的,可以等了结后再进行结算。至于退还财产份额的办法,可由合伙协议约定或者由全体合伙人决定。

2. 承担连带责任,分担亏损

根据《合伙企业法》规定,普通合伙人退伙时,应当对其退伙前已经发生的合伙企业的债务,与其他普通合伙人承担无限连带责任。如果普通合伙人退伙时,合伙企业财产少于合伙企业债务的,则退伙人应当按照合伙协议约定的比例分担亏损。合伙协议未约定或者约定不明确的,由普通合伙人协商决定;协商不成的,按照实缴出资比例分担亏损。

有限合伙人退伙后,对基于其退伙前的原因发生的有限合伙企业债务,以其退伙时从有限合伙企业中取回的财产承担责任。

六、合伙企业的财产

合伙企业的财产包括合伙人出资和合伙企业存续期间所有以合伙企业名义取得的收益和其他依法取得的财产。合伙企业进行清算前,合伙人不得请求分割合伙企业的财产。合伙人在合伙企业清算前私自转移或者处分合伙企业财产的，合伙企业不得以此对抗不知情的善意第三人。但是，《合伙企业法》也规定，在合伙人退伙或者人民法院依法强制执行合伙人在合伙企业的财产份额的情况下，可以分割合伙企业的财产。

（一）合伙人的出资

合伙人可以用货币、实物、土地使用权、知识产权或者其他财产权利出资。显然，上述出资应当是合伙人的合法财产及财产权利。对货币以外的出资需要评估作价的，可以由全体合伙人协商确定，也可以由全体合伙人委托法定评估机构进行评估。经过全体合伙人协商一致，合伙人也可以用劳务出资，其评估办法由全体合伙人协商确定。有限合伙人不得以劳务出资。

合伙人必须按合伙的规定缴纳出资，未按规定的条件或确定的期限出资，应承担违约责任。合伙企业存续期间，合伙人依照合伙协议的约定或者经全体合伙人决定，可以增加对合伙企业的出资。

（二）合伙人以其财产份额出质

普通合伙人以其在合伙企业中财产份额出质的，须经其他合伙人一致同意，未经一致同意的，其行为无效，由此给善意第三人造成损失的，由行为人依法承担赔偿责任。有限合伙人一般可以其财产份额出质，除非合伙协议另有约定。

（三）合伙企业的盈亏分配和分担

合伙企业的利润和亏损，由合伙人依照合伙协议约定的比例分配和分担；合伙协议未约定利润分配和亏损分担比例的，由各合伙人平均分配和分担。普通合伙企业不得约定全部利润分配给部分合伙人或者由部分合伙人承担全部亏损。有限合伙企业不得将全部利润分配给部分合伙人；但是，合伙协议另有约定的除外。

七、合伙企业的事务执行

（一）普通合伙企业的事务执行人

根据《合伙企业法》的规定，各合伙人对执行合伙企业事务享有同等的权利，可以由全体合伙人共同执行合伙企业事务，也可以由合伙协议约定或者全体合伙人决定，委托一名或者数名合伙人执行合伙企业事务。凡执行合伙企业事务的合伙人，对外代表合伙企业。不参加执行事务的合伙人有权监督执行事务的合伙人，检查其执行合伙事务的情况。

（二）有限合伙企业的事务执行

有限合伙人不执行合伙事务，不得对外代表有限合伙企业。有限合伙人的下列行为，不视为执行合伙事务：(1)参与决定普通合伙人入伙、退伙；(2)对企业的经营管理提出建议；(3)参与选择承办有限合伙企业审计业务的会计师事务所；(4)获取经审计的有限合伙企业财务会计报告；(5)对涉及自身利益的情况，查阅有限合伙企业财务会计账簿等财务资料；(6)在有限合伙企业中的利益受到侵害时，向有责任的合伙人主张权利或者提起诉讼；(7)执行事务合伙人怠于行使权利时，督促其行使权利或者为了本企业的利益以自己的名义提起诉讼；(8)依法为本企业提供担保。

（三）对少数合伙人执行事务的规定

由一名或者数名合伙人执行合伙企业事务的，应当依照约定向其他不参加执行事务的合伙人报告事务执行情况以及合伙企业的经营状况和财产状况，其执行合伙企业事务所产生的收益归全体合伙人，所产生的亏损或民事责任，由全体合伙人承担。

合伙协议约定或经全体合伙人决定，合伙人分别执行合伙企业事务时，合伙人可以对其他合伙人执行的事务提出异议。提出异议时,应暂停该项事务的执行。如果发生争议,按照合伙协议约定的表决方式解决争议,合伙协议未约定或者约定不明确的,实行合伙人一人一票并经全体合伙人过半数通过的表决办法。

被委托执行合伙企业事务的合伙人不按照合伙协议或者全体合伙人的决定执行事务的,其他合伙人可以决定撤销该委托。

(四)必须一致同意的执行事务

除合伙协议另有约定外,合伙企业的下列事项应当经全体合伙人一致同意:(1)改变合伙企业的名称;(2)改变合伙企业的经营范围、主要经营场所的地点;(3)处分合伙企业的不动产;(4)转让或者处分合伙企业的知识产权和其他财产权利;(5)以合伙企业名义为他人提供担保;(6)聘任合伙人以外的人担任合伙企业的经营管理人员。

(五)合伙人不得从事的几项行为

(1)合伙人不得自营或者同他人合作经营与本合伙企业相竞争的业务;(2)合伙人不得同本合伙企业进行交易,但经合伙协议另有约定或者经全体合伙人同意的除外;(3)合伙人不得从事损害本合伙企业利益的活动。但是,上述第(1)(2)项的规定对于有限合伙人不适用,除非合伙协议另有约定。

八、合伙企业的外部关系

(一)合伙企业与第三人关系

合伙企业对合伙人执行合伙企业事务以及对外代表合伙企业的权利的限制,不得对抗不知情的善意第三人。

合伙企业对其债务,应先以其全部财产进行清偿,合伙企业财产不足清偿到期债务的,各普通合伙人应当承担无限连带责任。

在特殊普通合伙企业的情形下,一个合伙人或者数个合伙人在执业活动中因故意或者重大过失造成合伙企业债务的,应当承担无限责任或者无限连带责任,其他合伙人以其在合伙企业中的财产份额为限承担责任。合伙人在执业活动中非因故意或者重大过失造成的合伙企业债务以及合伙企业的其他债务,由全体合伙人承担无限连带责任。

(二)合伙人与第三人关系

【应用案例4—1】 2014年,甲、乙、丙三人共同创办了合伙企业某汽车修理厂,甲自己还另外从事水果经销的生意。2015年,甲的水果生意损失惨重,拖欠了水果批发商丁货款达50万元无力偿还。由于汽车修理厂生意红火,甲、丁遂达成协议,甲将其在汽修厂的份额转让给丁,所欠货款一笔勾销。乙、丙在得知此事后,反对丁入伙加入汽修厂,丁遂诉至法院。问:

(1)丁是否有权代位行使甲在汽修厂中的权利?

(2)丁有什么办法能够实现自己的债权?

【案例解析】 (1)丁不能直接代位行使甲的权利。根据《合伙企业法》的规定,合伙企业中某一合伙人的债权人不得直接代位行使该合伙人在合伙企业中的权利。并且,合伙人要向合伙人以外的人转让其在合伙企业中的全部或者部分财产份额时,须经其他合伙人一致同意,否则不得私自转让。

(2)丁可以要求甲用其在汽修厂分取的收益用于清偿,也可以依法请求人民法院强制执行该合伙人在合伙企业中的财产份额用于清偿,对甲的财产份额,其他合伙人有优先受让的权利。

合伙人发生与合伙企业无关的债务，相关债权人不得以该债权抵消其对合伙企业的债务，也不得代位行使该合伙人在合伙企业中的权利。

合伙人个人财产不足清偿其与合伙企业无关的债务的，该合伙人可以以其从合伙企业中分取的收益用于清偿；债权人也可以依法请求人民法院强制执行该合伙人在合伙企业中的财产份额用于清偿。对该合伙人的财产份额强制执行的，其他合伙人有优先购买的权利。

九、法律责任

(一)行政法律责任

1. 违反合伙企业设立登记的法律责任

这包括下列几种情况：(1)提交虚假文件或者采取其他欺骗手段，取得合伙企业登记的，由企业登记机关责令改正，处以 5 000 元以上 5 万元以下的罚款；情节严重的，撤销企业登记，并处以 5 万元以上 20 万元以下的罚款。(2)合伙企业未在其名称中标明“普通合伙”、“特殊普通合伙”或者“有限合伙”字样的，由企业登记机关责令限期改正，处以 2 000 元以上 1 万元以下的罚款。(3)未领取营业执照，而以合伙企业或者合伙企业分支机构名义从事合伙业务的，由企业登记机关责令停止，处以 5 000 元以上 5 万元以下的罚款。(4)合伙企业登记事项发生变更时，未依照合伙企业法的规定办理变更登记的，由企业登记机关责令限期登记；逾期不登记的，处以 2 000 元以上 2 万元以下的罚款。

2. 违反合伙企业变更所应承担的法律责任

合伙企业登记事项发生变更时，未依照本法规定办理变更登记的，由企业登记机关责令限期登记；逾期不登记的，处以 2 000 元以上 2 万元以下的罚款。

3. 对于违反清算规定应承担的法律责任

清算人未依照本法规定向企业登记机关报送清算报告，或者报送清算报告隐瞒重要事实，或者有重大遗漏的，由企业登记机关责令改正。由此产生的费用和损失，由清算人承担和赔偿。

(二)其他法律责任

违反合伙企业法的相关规定，构成犯罪的，依法追究刑事责任。另外，给其他合伙人、合伙企业、债权人或者其他善意第三人造成损失的，还应当承担退还或者赔偿等民事责任。责任人应当承担民事赔偿责任和缴纳罚款、罚金，其财产不足以同时支付的，先承担民事赔偿责任。

【任务导出】

(1)符合规定。出资人可以以实物出资，需要评估的可以与其他合伙人商议或交由有评估资质的评估机构评估作价，以劳务出资的可以与其他合伙人商议作价。

(2)不违法。利润的分配和债务的承担按合伙协议履行，根据规定，协议不得约定把全部利润分配给部分合伙人或让部分合伙人承担全部债务。

(3)不能。根据规定，该行为无效。

(4)有效合同。根据规定，企业内部的约定不得对抗善意第三人。

(5)应当承担。根据规定，无限合伙人对退伙以前产生的债务负无限责任。

(6)不成立。根据规定，新加入的无限合伙人对以前的企业的债务承担无限责任。

(7)通过合伙人的一致同意可以成为合伙人；如果不同意，其继承人只能拿回自己的继承份额。

强化训练

一、单项选择题

1. 合伙人未履行义务,或者有重大过失的,经(　　)合伙人同意,可以将其除名。

A. 1/2 以上　　B. 2/3 以上　　C. 3/4 以上　　D. 全体

2. 合伙企业存续期间,合伙企业的财产属于(　　)。

A. 共同共有　　B. 按份共有

C. 按照出资形式归各合伙人私人所有　　D. 合伙企业的法人财产

二、多项选择题

1. 以下关于合伙企业特征的说法中,正确的是(　　)。

A. 合伙企业至少有两个以上的合伙人

B. 合伙企业的合伙人按照出资份额承担额度内的责任

C. 合伙企业属于人合企业

D. 合伙企业没有资本金的限制

E. 合伙企业不具备法人资格,不能独立起诉、应诉

2. 在组建合伙企业时,合伙人的出资形式包括(　　)。

A. 货币　　B. 实物　　C. 土地使用权　　D. 知识产权

E. 劳务

三、案例分析题

2013 年,A 投资 200 万元兴办一家服装厂,雇用 30 余人,主营服装出口的来料加工业务。由于亏损严重,服装厂于 2014 年关闭。B 是服装厂的债权人,2014 年服装厂清算时 B 在国外,没有接到清算通知,也没有看到清算通告。等到 2015 年 B 回国时该厂已经倒闭,B 要求 A 清偿债务。A 以企业已经解散为由拒绝清偿,B 遂诉至法院。

1. 试分析:A 是否有义务偿还服装厂所欠 B 的债务?

2. 试分析个人独资企业的债务承担形式。

资源拓展

真功夫的创业历程:从家族合伙到反目成仇

说起真功夫快餐很多人都吃过,其前身是由蔡达标与潘宇海共同创立的 168 蒸品店发展而来的。从当初国道旁的路边小店到全国突破 500 家直营店的知名快餐品牌,真功夫的历史写满了创始人的艰辛与不断的创新历程,当然,其中随着创始人的婚变带来的内斗也让人看尽了人生百态、品尝了财富带给人的苦辣心酸。

1991 年 1 月 27 日,21 岁的蔡达标和 20 岁的潘敏峰结婚。这一对新婚燕尔对未来生活充满憧憬。先是在东莞长安镇开五金店,但五金店生意却没成就蔡达标夫妇。五金店倒闭后,两口子在 1994 年出资 4 万元加入潘的弟弟潘宇海 1990 年就开始经营的 168 甜品屋。潘宇海让出 50%股权给姐夫和姐姐,并将店名改为 168 蒸品餐厅,主营快餐。1995 年,168 蒸品店经过一年的发展已经开了 3 家店。但是立志将自己的快餐做成中式麦当劳的蔡达标和潘宇海不满足于不断地开店、赚钱的过程,他们想要把蒸品店做大做强,甚至将店开到麦当劳的老家美国去,让美国人尝尝中国人自己的快餐食品。通过与华南理工大学的合作,创业团队依靠高校研究团队,研发出“电脑程控蒸汽柜”解决了菜品的标准化问题,再接着两人相继结识了一批既拥有快餐业先进管理经验,又对中式快餐事业抱有热忱的志同道合者。

2002 年公司创始人与高层领导自驾车考察了 38 个国内城市,形成了打入全国市场的想法,并于年底去

上海找到了从事品牌营销策划的叶茂中团队为其打入全国市场进行策划。

经过了一系列的接触后，叶茂中团队正式接下了双种子品牌策划的重任，为其打入全国市场出谋划策。当时的营销团队决定以“营养还是蒸的好”的品牌口号进入市场，蔡、潘两人经过思索后便进行了大刀阔斧的改革。从砍掉原有的油炸食品新推绿豆沙、红豆糕等美味甜品可见当时创业团队的果断与决心，而此后的成功也验证了当时做出的取舍与改变是无比正确的。

为了迎合全国市场，叶茂中策划团队在经过调查后认为双种子给人的乡土气息较重，不符合已经完成了“标准化”转变并且准备进入全国市场的公司形象，改名为真功夫。随着公司越做越大，几位创始人的财富也迅速增长，但随之而来的家庭纷争和内斗，使得蔡达标等部分高管人员涉嫌经济犯罪被警方带走协助调查。随后，蔡达标辞去公司董事、董事长、总经理职务，委派蔡春红女士担任公司董事、董事长，提名冼顺祥先生担任公司总经理。

如今蔡达标等人已经被羁押了几年还迟迟没有判决，而经历了内斗的真功夫也在各方利益的纠缠与社会各界的质疑声中继续前行。真功夫究竟能走多远，我们不得而知，但从当初创业时的各方同甘共苦到后来的反目成仇对簿公堂，内斗无疑给真功夫的口碑和发展造成了诸多的负面影响。

真功夫的内斗爆发后，人们开始反思真功夫内部家族企业以及等股份双创始人模式对于公司管理方面带来的诸多问题。对于诸多合伙人制企业的公司如何管理才能不让中国合伙人变为中国散伙人，这是每一位创业的人都需要考虑的问题。

第五章

外商投资企业法

【学习目标】

知识目标：了解我国外商投资企业法的立法概况和企业设立的审批主义。

能力目标：掌握中外合资企业、外资企业的三种不同管理方式。

素质目标：学会在政府网站上查找《外商投资产业指导目录(2015 年修订)》。

【任务导入】

2012 年 8 月 22 日，中方投资者某加工厂甲与日本某株式会社乙及香港某贸易公司丙签订关于设立合营公司丁的合营合同。合同约定：公司注册资本 3 000 万元人民币。其中：甲以厂房出资 1 200 万元人民币，占注册资本的 40%；乙以成套设备出资 1 200 万元人民币，占注册资本的 40%；丙以折合 600 万元人民币的港币现汇入资，占注册资本的 20%。各方投资的数额均得到三方认可(但没有聘请第三人进行评定)。2013 年乙与丙签订了一份“股权转让协议”，由甲确认。协议约定：乙将其 40%的股权全部转让给丙，由其支付港币 760 万元。

任务分析：

(1)本案中三方签订的合营合同是否合法?

(2)乙与丙签订的“股权转让协议”是否受法律保护？为什么？

第一节　外商投资企业法概要

一、外商投资企业概述

(一)外商投资企业的概念和种类

外商投资企业是指外国(包括我国香港、澳门和台湾地区)投资者依照中华人民共和国有关法律的规定，在中国大陆境内与中国投资者共同投资或由外国投资者单独投资设立的企业。一般来说，外商投资企业具有以下特点：

1. 外商投资企业是外国私人直接投资举办的企业

直接投资是指投资者直接将资金投入企业，直接参与企业的决策经营，并直接通过盈利分配的形式获得利润的投资方法。参与外商投资企业经营的外国投资者不是通过借贷资本等间接投资形式来实现参与的。

2. 外商投资企业是中国企业

外商投资企业虽然有来自于中国境外的投资，但它们都是设立在我国境内的，必须经我国政府的批准，授受中国政府管辖，是中国企业。

（二）外商投资企业的法律地位

根据外商投资企业法的规定，外商投资企业符合中国法人条件的，可以具有中国法人资格。其中，中外合资经营企业是有限责任公司，必须具有法人资格才能成立；中外合作经营企和外资企业可以具有法人资格，也可以不具有法人资格。

二、外商投资企业法概述

（一）外商投资企业法的概念及调整对象

外商投资企业法，是指调整有关外商投资经营企业发生的管理关系和经济关系的法律规范的总称。根据我国外商投资企业法的规定，外商投资经营企业法主要调整以下法律关系：

(1)外商投资企业中投资者之间的关系。中外投资者在举办外商投资企业的全部过程中产生的各种权利义务关系，如出资的种类、金额、期限，利润的分配、风险的承担，企业的决策和经营，内部的管理和协调，争议的解决等，需要外商投资企业法调整。

(2)外国投资者与中国政府之间的关系。如允许哪些外国投资者进入中国直接投资，哪些产业项目中国政府鼓励、限制、禁止外商进入，以及如何申办外商投资企业等，需要外商投资企业法予以规定。

(3)外商投资企业与中国政府之间的关系。如确定外商投资经营企业的法律地位、管辖以及对外商投资经营企业优惠、保护等，也需要外商投资企业法规范。

(4)外商投资企业的中外投资者之间的关系。

（二）我国外商投资企业法的立法概况

目前，我国关于外商投资企业法法律法规主要有：

(1)《中外合资经营企业法》及其实施条例；

(2)《中外合作经营企业法》及其实施细则；

(3)《外资企业法》及其实施细则。

另外，《公司法》实施后，其一般性规定也适用于取得法人资格的外商投资企业，但是根据"特别法优于普通法"的原则，如果外商投资企业法对于具有法人资格的外商投资企业有特别规定的，适用外商投资企业法的规定。

第二节 中外合资经营企业法

一、中外合资经营企业法概述

（一）中外合资经营企业的立法概况

1979年7月1日第五届全国人大第二次会议通过了《中外合资经营企业法》(简称《合营

企业法》)。1983年9月,国务院公布了《中外合资经营企业法实施条例》(简称《实施条例》)。《合营企业法》和《实施条例》是中外合资经营企业法的基本文件。1990年4月4日,第七届全国人大第三次会议对《合营企业法》作了修订。最近一次修订在2014年2月19日。

(二)中外合资经营企业的特征

在国际上,作为合营企业一般具有三个特征:

(1)有来自两个或更多不同国家或地区的合营者,组成一个独立的公司实体,取得被投资国的法人地位。

(2)投资者提供资本资产,并按照股份额分享利润,分担责任。

(3)双方参加经营管理,建立企业统一的决策管理机构。

我国的合营企业具备了以上三个基本特征。根据我国《合营企业法》的规定,总结我国合营企业的基本特点,中外合资经营企业是指中国合营者与外国合营者依照中华人民共和国法律的规定,在中国境内共同投资、共同经营,并按投资比例分享利润、分担风险及亏损的企业。

二、中外合资经营企业的设立与登记

(一)合营企业的设立要求和限制

1. 合营企业的设立要求

在中国境内设立的合营企业,应当能够促进中国经济的发展和科学技术水平的提高,有利于社会主义现代化建设。国家鼓励、允许、限制或者禁止设立合营企业的行业,按照国家指导外商投资方向的规定及外商投资产业指导目录执行。

2. 合营企业设立的限制条件

申请合营企业有下列情况之一的,不予批准:(1)有损中国主权的;(2)违反中国法律的;(3)不符合中国国民经济发展要求的;(4)造成环境污染的;(5)签订的协议、合同、章程明显属不公平,损害合营一方权益的。

(二)合营企业的设立程序

根据《合营企业法》的有关规定,合营企业的设立一般要经过申请、审批和登记三个阶段。

1. 设立合营企业的申请

申请设立合营企业,由中外合营者共同向审批机构报送下列文件:设立合营企业的申请书;合营各方共同编制的可行性研究报告;由合营各方授权代表签署的合营企业协议、合同和章程;由合营各方委派的合营企业董事长、副董事长、董事的人选名单;审批机构规定的其他文件。

2. 设立合营企业的审批

在中国境内设立合营企业,必须经我国对外经济贸易合作部(现为商务部)审查批准。批准后,发给批准证书。因此,商务部是目前国家审查批准设立合营企业的主管机构。为了简化手续,提高审批效率,《实施条例》还作了委托审批的规定。

设立合营企业必须具备一定的条件,《实施条例》第3条规定:"在中国境内设立的合营企业,应当能够促进中国经济的发展和科学技术水平的提高,有利于社会主义现代化建设。国家鼓励、允许、限制或者禁止设立合营企业的行业,按照国家指导外商投资方向的规定及外商投资产业指导目录执行。"

凡是具备下列条件的,商务部得委托有关的省、自治区、直辖市人民政府或国务院有关部门(简称受托机构)审批:(1)投资总额在国务院规定的投资审批权限范围以内,中国合营者的资金来源已经落实的;(2)不需要国家增拨原材料、动力、交通运输、外贸出口配额等方面的全国平衡的。

商务部和国务院授权的省、自治区、直辖市人民政府或者国务院部统称为审批机构。审批机构自接到按照规定报送的全部审批文件之日起3个月内决定批准或者不批准。审批机构发现报送的文件有不当之处的,应当要求限期改正。

3. 设立合营企业的工商登记

我国企业的登记管理机构是工商行政管理机关。合营企业的申请者应当自收到批准书之日起1个月内,按照国家有关规定向登记管理机构办理登记手续。登记机构应当在受理申请后1个月内,做出核准登记或者不予核准登记的决定。

合营企业申请企业法人开业登记,应当提交下列文件、证件:①组建负责人签署的登记申请书;②主管部门或者审批机关的批准文件;③组织章程;④资金信用证明、验资证明或者资金担保;⑤企业主要负责人的身份证明;⑥住所和经营场所使用证明;⑦其他有关文件、证件。合营企业经登记管理机构核准登记注册,领取企业法人营业执照后,合营企业即告成立。合营企业的营业执照签发日期,即为该合营企业成立的日期。

三、合营企业的资本构成

合营企业的投资总额(含企业借款)是指按照合营企业合同、章程规定的生产规模需要投入的基本建设资金和生产流动资金的总和,它由注册资本和借入资本两部分构成。

合营企业的注册资本与投资总额是两个不同的概念。合营企业的投资总额(含企业借款)是指按照企业合同、章程规定的生产规模需要投入的基本建设资金和生产流动资金的总和。投资总额即我国国内企业通称的"经营资本",投资总额包括注册资本和企业借款,这部分资本是随着企业生产经营规模的变化而不断变化的。

1. 注册资本的含义

这是指为设立合营企业在登记管理机构登记的资本总额,应为合营各方认缴的出资额之和。

2. 出资方式

《实施条例》第22条明确规定:"合营者可以用货币出资,也可以用建筑物、厂房、机器设备或者其他物料、工业产权、专有技术、场地使用权等作价出资。"外国合营者以机器设备或其他物料、工业产权或者专有技术出资的,应当报审批机构批准。

(1)货币出资。货币出资又称现金投入,是投资的普遍形式,它是注册资本的重要组成部分。合营企业为购买原材料、支付工人工资以及经营管理费用等,均需要一定的货币资金。因此,合营各方的出资中,应有一定比例的现金。至于合营各方具体投入的现金额应是多少,我国法律目前尚无规定。

(2)实物出资。合营各方可以用实物作价出资,一般包括建筑物、厂房、机器设备和其他物料。实践中,外方投资者一般是以机器设备和其他物料出资,中方合营者通常以现有厂房、建筑物、辅助设备出资。

实物的作价关系到合营期间的利润分配,因此要慎重。其作价由合营各方按照公平合理的原则协商确定,或者聘请合营各方同意的第三者评定。

(3)工业产权和专有技术出资。法律规定外国合营者以工业产权或者专有技术出资,必须符合下列条件之一:能显著改进现有产品的性能、质量,提高生产效率的;能显著节约原材料、燃料、动力的。

3. 投资比例

《合营企业法》第4条规定:“在合营企业的注册资本中,外国合营者的投资比例一般不低于25%。”这里只作了外国投资最低限的规定,而对最高限不作规定。允许外国投资者占多数股权。不作最高限的规定,目的在于更多、更灵活、更有效地引进外资。规定最低限额是为了合营企业共同经营、共负盈亏,外国投资者股权不低于25%,可以提高他们对合营企业的关心,加强他们的责任感。

4. 出资期限和出资证明

合营企业各方应当在合营企业合同中订明出资期限,并按照合营合同规定的出资期限缴清各自的出资额。逾期未缴或未缴清的,应当按合同规定支付延迟利息或赔偿损失。

合营各方缴付出资额后,应由中国注册的会计师验证,出具验资报告后,由合营企业据以发给出资证明书。合营企业任何一方不得用以合营企业名义取得的贷款、租赁的设备或者其他财产以及合营者以外的他人财产作为自己的出资,也不得以合营企业的财产和权益或者合营他方的财产和权益为其出资担保。合营各方必须按合同规定的出资期限缴清各自的出资。合同中规定一次缴清出资的,合营各方应当从营业执照签发之日起6个月内缴清。分期缴付出资的,合营各方第一期出资,不得低于各自认缴出资额的15%,并且应当在营业执照签发之日起3个月内缴清。如合营各方未能在规定期限内缴付出资,视同合营企业自动解散,合营批准证书自动失效。

5. 注册资本的变更与转让

合营企业在合营期内不得减少其注册资本。因投资总额和生产经营规模等发生变化,确需减少的,须经审批机构批准。

合营企业注册资本的增加、减少,应当由董事会会议通过,并报审批机构批准,向登记管理机构办理变更登记手续。

合营企业的一方如向第三者转让其全部或部分出资额,须经合营他方同意,并经审批机构批准。我国法律还遵循国际惯例规定,在转让出资额时体现“优先购买权”原则,即合营一方转让其全部或部分出资额时,合营他方有优先购买权。并且,合营一方向第三者转让出资额的条件,不得比向合营他方转让的条件优惠。违反上述规定的,其转让无效。

四、合营企业的组织机构

合营企业的组织机构与公司法设定的机构不同,不设股东会,其最高权力机构是董事会,下设经营管理机构,又称董事会领导下的总经理负责制。

(一)合营企业的决策机构

根据《合营企业法》的规定,董事会是合营企业的最高权力决策机构,决定合营企业的一切重大事项。

1. 董事会

(1)董事会的职权。按合营企业章程规定,董事会讨论决定合营企业的一切重大问题:企业发展规划、生产经营活动方案、收支预算、利润分配、劳动工资计划、停业,以及总经理、副总经理、总工程师、总会计师、审计师的任命或聘请及其职权和待遇。

(2)董事会的组成和召集。合营企业董事会的人数组成由合营各方协商,在合同、章程中确定,并由合营各方委派和撤换。合营企业的董事会成员不得少于3人。董事名额的分配由合营各方参照出资比例协商确定。董事任期4年,经合营各方继续委派可以连任。

董事会会议每年至少召开一次,由董事长负责召集并主持。董事长不能召集时,由董事长委托副董事长或者其他董事负责召集并主持董事会会议。经1/3以上的董事提议,可以由董事长召开董事会临时会议。

董事会会议应当有2/3以上的董事出席方能举行。董事不能出席的，可以委托他人代表其出席和表决。董事会会议一般应当在合营企业的法定地址所在地举行。

(3)董事会的决议。董事会根据平等互利的原则，决定合营企业的重大问题。下列事项由出席董事会会议的董事一致通过方可做出决议：合营企业章程的修改；合营企业的中止、解散；合营企业注册资本的增加、减少；合营企业的合并、分立。

其他事项，可根据合营企业章程载明的决议规则做出决议。

(4)董事长。董事长是合营企业的法定代表人。董事长不能履行职责时，应当授权副董事长或者其他董事代表合营企业。

董事长和副董事长由合营各方协商确定或由董事会选举产生。中外合营者的一方担任董事长的，由他方担任副董事长。

(二)合营企业的经营管理机构

在董事会领导下，合营企业实行总经理负责制。合营企业设立经营管理机构，负责日常的经营管理工作。经营管理机构设总经理人、副总经理若干人。

经营管理机构下设各职能部门，负责生产管理、供销、科研、财会、劳动人事等事项。设置哪些具体经营管理机构由董事会议定。

总经理是合营企业的最高行政领导，副总经理协助总经理开展工作。总经理、副总经理由合营企业董事会聘请，可以由中国公民担任，也可以由外国公民担任。总经理或副总经理不得兼任其他经济组织的总经理或副总经理，不得参与其他经济组织对本行业的商业竞争。总经理执行董事会会议的各项决议，组织领导合营企业的日常经营管理工作。在董事会授权范围内，总经理对外代表合营企业，对内任免下属人员，行使董事会授予的其他职权。

五、合营企业的利润分配

《合营企业法》规定合营企业缴纳所得税后的利润分配原则如下：

(1)提取储备基金、职工奖励及福利基金、企业发展基金，提取比例由董事会确定；

(2)储备基金除用于垫补合营企业亏损外，经审批机构批准也可用于本企业增加资本、扩大生产；

(3)"三项基金"后的可分配利润，董事会确定分配的，应当按合营各方的出资比例进行分配；

(4)以前年度的亏损未弥补前不得分配利润，以前年度未分配的利润可以并入本年度利润分配。

《合营企业法》还规定，外国合营者将分得的净利润用于中国再投资时，可申请退还已缴纳的部分所得税。

六、合营企业的合营期限、解散和清算

(一)合营企业的合营期限

合营企业的合营期限，按不同行业、不同情况做不同的约定，具体按照《中外合资经营企业合营期限暂行规定》执行。有的行业的合营企业，应当约定合营期限；有的行业的合营企业，可以约定合营期限，也可以不约定合营期限。《中外合资经营企业合营期限暂行规定》规定，属下列行业或者情况的合营企业，合营各方应依照有关法律、法规的规定，在合营合同中约定合营期限：一是服务性行业的，如饭店、公寓、写字楼、娱乐、饮食、出租汽车、彩扩洗相、维修、咨询

等；二是从事土地开发及经营房地产的；三是从事资源勘查开发的；四是国家规定限制投资项目的；五是法律法规规定其他需要约定合营期限的。

预定合营期限的合营企业，合营各方同意延长合营期限的，应在距合营期满6个月前向审批机关提出申请。审批机关应自接到申请之日起1个月内决定批准或不批准。

（二）合营企业的解散

1. 合营企业解散的条件

合营企业在下列情形下解散：

(1)合营期限届满；

(2)合营企业发生严重亏损，无力继续经营；

(3)合营一方不履行合营企业协议、合同、章程规定的义务，致使企业无法继续经营；

(4)因自然灾害、战争等不可抗力遭受严重损失，无法继续经营；

(5)合营企业未达到其经营目的，同时又无发展前途；

(6)合营企业合同、章程所规定的其他解散原因已经出现。

2. 合营企业解散的批准

发生上述第(2)、(4)、(5)、(6)项情况的，由董事会提出解散申请书，报审批机构批准；发生第(3)项情况的，由履行合同的一方提出申请，报审批机构批准。合营一方违约的，应当对合营企业由此造成的损失负赔偿责任。

（三）合营企业的清算

合营企业宣告解散时，应当进行清算。合营企业应当依法成立清算委员会，由清算委员会负责清算事宜。

清算委员会的成员一般在董事中选任。董事不能担任或者不适宜担任清算委员会成员时，合营企业可聘请中国的注册会计师、律师担任。审批机构认为有必要时，可以派人进行监督。清算委员会的任务是对合营企业的财产、债权、债务进行全面清查，编制资产负债表和财产目录，提出财产作价和计算依据，制定清算方案，提请董事会会议通过后执行。

清算期间，清算委员会代表该合营企业起诉和应诉。

清算工作结束后，由清算委员会提出清算结束报告，提请董事会会议通过后，报告审批机构，并向登记管理机构办理注销登记手续，缴销营业执照。

合营企业以其全部财产对其债务承担责任。合营企业清偿债务后的剩余财产，按照合营各方的出资比例进行分配，但合营企业协议、合同、章程另有规定的除外。

合营企业解散时，其资产净额或剩余财产超过注册资本的增值部分视同利润，应依法缴纳所得税。外国合营者分得的资产净额或剩余财产超过其出资额的部分在汇往国外时，应依法缴纳所得税。

第三节 中外合作经营企业法

一、中外合作经营企业概述

（一）中外合作经营企业的概念

1988年4月13日由第七届全国人民代表大会第一次会议通过并施行的《中外合作经营

企业法》(简称《合作企业法》)是我国合作企业的基本法。该法于 2000 年 10 月 31 日由第九届全国人民代表大会常务委员会第十八次会议修正。《合作企业法》第 1 条规定:“为了扩大对外经济合作和技术交流,促进外国的企业和其他经济组织或者个人(以下简称外国合作者)按照平等互利的原则,同中华人民共和国的企业或者其他经济组织(以下简称中国合作者)在中国境内共同举办中外合作经营企业,特制定本法。”依照这条规定以及中外合作企业的实践,我们可以概括中外合作企业和中外合作企业法的概念:中外合作经营企业是由外国企业和其他经济组织或者个人,同中国的企业或者其他经济组织,按照平等互利的原则,依照合作企业法,用书面合同规定权利和义务,在中国境内共同举办的经济组织;中外合作经营企业法是指调整中外合作经营企业经济管理关系与经济合作关系的法律规范的总称。

(二)与合营企业的比较特征

与合营企业相比较,合作企业具有自己的特点。

1. 合营方式不同

合营企业是股权式的合营,合营者的权利义务必须围绕股权来确定。合作企业是契约式的合营,有关合作经营的重大问题,如出资、分配、风险承担、经营管理的方式、合作企业终止时的财产归属等均可依法在合同中约定,合作各方基于合同的约定享受权利、承担义务。相比之下,合作经营的方式显得更为灵活。

2. 组织形式不同

合营企业是有限责任公司,必须具有法人资格。而合作企业可以是法人,也可以不是法人。法律规定取得法人资格的是有限责任公司,合作各方以其投资或者提供的合作条件为限对企业承担责任;不具有法人资格的,则由合作各方对企业的债务承担连带责任。

3. 出资计价不同

在合营企业中,合营各方的出资必须作价,必须以货币的方式计算出他们在注册资本中所占的比例。合作企业中合营各方可以用现金、实物、土地使用权、工业产权、非专利技术和其他财产权利等出资,但他们可约定投资,也可以约定提供合作条件,投资也可不必折算成比例份额。

4. 分配方式不同

合营企业是有限责任公司,其分配方式是法定的,合营各方必须严格按照各自的出资比例分配利润、分担风险。而合作企业的分配、风险和亏损的承担是约定的。合营者可以是分配利润、分配产品或者合作各方共同商定的其他分配方式。相对而言,合作企业的分配方式更为灵活。

5. 经营管理方式不同

合营企业实行董事会制,即董事会领导下的总经理负责制。合作企业则根据不同情况可采用董事会制、联合管理制或委托管理制。

6. 财产的归属不同

合营企业期满后,企业的剩余资产按出资比例分配给合营者各方。合作企业合同可约定合作企业财产的归属。合作企业合同中如果约定外方合营者在合作期内可以先行回收投资的,则可以约定合作期满时合作企业的全部固定资产归中方所有。

二、中外合作经营企业的设立与变更

(一)合作企业的设立

设立中外合作经营企业应履行以下程序:

(1)将中外合作者签订的协议、合同、章程等文件报国务院对外经济贸易主管部门或者国务院授权的部门和地方政府(简称审查批准机关)审查批准。审查批准机关应当自接到申请之日起45天内决定批准或者不批准。

(2)设立合作企业的申请经批准后,应当自接到批准证书之日起30天内向工商行政管理机关申请登记,领取营业执照。合作企业营业执照的签发日期,为该企业的成立日期。

合作企业应当自成立之日起30天内向税务机关办理税务登记。合作企业经中外合作各方在合作经营合同中约定并经审查机关批准,如符合中国法律关于法人条件的规定的,依法取得中国法人资格。

(二)合作企业的合同变更

合作企业双方协商达成的协议,即合作合同报审查批准机关审查批准后,产生法律效力,具有法律约束力,要求合作各方严格按照合同规定,正确行使权利和履行义务。但是,法律规定在一定条件下,可以变更合作合同。

中外合作者在合作期限内协商同意对合作企业合同重大变更的,应当报审查批准机关批准;变更内容涉及法定工商登记项目、税务登记项目的,应当向工商行政管理机关、税务机关办理变更登记手续。

三、中外合作经营企业的组织形式与出资方式

(一)合作企业的组织形式

合作企业的性质属于契约式合营企业,合作合同不仅规定合作各方的权利和义务,而且连合作企业的组织形式也由合作者各方协商选定。合作企业的组织形式可基于合作各方的意思组成法人,也可以不组成法人。

在实践中,合作企业所采取的组织形式有以下两种:

1. 法人型合作企业

合作企业符合中国法律关于法人条件的规定的,应组成有独立财产,有一定组织形式,可以自己的名义起诉或应诉的经济实体,依法取得法人资格。法人型合作企业是独立的经济法主体,它可以自己的名义进行经济往来,以合作企业法人的名义享有权利和履行义务,并以该企业法人的全部财产承担债务责任。

2. 合伙型合作企业

合伙型合作企业不具有法人资格。其合作各方应根据其认缴的出资额或提供的合作条件,在合作合同中约定各自承担债务责任的比例,但不得影响合作各方连带责任的履行。偿还合作企业债务超过自己应当承担数额的合作一方,有权向其他合作者追偿。不具有法人资格的合作企业的合作各方的关系是一种合伙关系。

(二)合作企业的出资方式

合作企业不是股权式的经济组织,合作各方的出资不必折算为货币形式计算比例,这样可以避免对实物如厂房、设备如何作价的诸多争议。在合营企业出资中,工业产权、技术诀窍的作价,其标准常常是双方讨价还价、争论不休的难题,而在合作企业的出资过程中就比较灵活简便。《合作企业法》第8条规定,中外合作者的投资或者提供的合作条件可以是现金、实物、土地使用权、工业产权、非专利技术和其他财产权利。双方不必精确计算各方的出资额,只须确定各方的合作条件。

合作各方都应严格按照合同的约定,如期履行缴足投资和提供合作条件的义务。逾期不

履行的，由工商行政管理机关限期履行；限期届满仍未履行的，由审查批准机关和工商行政管理机关依照国家有关规定处理。

中外合作者的投资或提供的合作条件，由中国注册会计师或者有关机构验证并出具证明。

四、中外合作经营企业的组织机构和经营管理

（一）合作企业的组织机构

合作企业的组织管理形式主要有三种：董事会管理制、联合管理制、委托管理制。

1. 董事会管理制

具有法人资格的合作企业，遵照国际惯例，都实行董事会领导下的总经理负责制这种组织管理制度。合作企业的董事会是最高权力机构，决定合作企业的重大问题。董事会可以决定任命或聘请总经理负责合作企业的日常经营管理工作。总经理对董事会负责。

2. 联合管理制

没有组成法人形式的合作企业，有的采取联合管理的组织管理体制。这种管理体制由中外合作各方选派代表，组成一个统一的联合管理机构。这一联合管理机构是合作企业的最高领导和决策机构。它有权决定企业的重大问题，选派或任命总经理对项目进行管理。合作各方都把其参加合作项目的财产交联合管理机构管理和使用。但合作各方对这些财产仍然拥有所有权。联合管理机构的名额协商约定，人选由各方自行指派。联合管理机构的主任可以由中方选派，也可以由外方担任。联合管理机构决定企业重大问题，一般采取一致同意才有效的原则，体现了平等互利的原则。

3. 委托管理制

委托管理制本身又可以分两种情况：一是合作企业委托合作一方全权进行管理；二是合作企业委托中外合作者以外的他人经营管理。合作企业成立后改为委托合作各方以外的他人经营管理，属于合作企业事项的重大变更。因此《合作企业法》规定，这种委托管理制必须经董事会或者联合管理机构一致同意，报审查批准机关批准，并向工商行政管理机关办理变更登记手续。

（二）合作企业的经营管理

《合作企业法》第17、19、20条规定，合作企业依照经批准的合作企业合同、章程进行经营管理活动，合作企业的经营管理自主权不受干涉；合作企业可以向中国境内的金融机构借款，也可以向中国境外借款；合作企业可以在经批准的经营范围内，进口本企业需要的物资，出口本企业生产的产品；享受减税、免税的优惠待遇。但是，合作企业的权利也受到一定限制，如：合作企业必须在中国境内设置会计账簿，依照规定报送会计报表，并接受财政税务机关的监督；合作企业应当凭营业执照在国家外汇管理机关允许经营外汇业务的银行或者其他金融机构开立外汇账户；合作企业的各项保险应当向中国境内的保险机构投保。

（三）合作企业的利润分配

合作企业在利润分配上具有明显的特点，有较大的灵活性。合营企业在利润分配上采用的是“合营各方按注册资本比例分享利润和分担风险及亏损”，合作企业与之不同。《合作企业法》第21条规定了合作企业利润分配的基本原则，中外合作者依照合作企业合同的约定，分配收益或者产品，承担风险和亏损。这种规定体现了合作企业的契约式合营的本质特点。除此之外，合作企业与合营企业不同的是，合营企业“在合营期内不得减少其注册资本”，而合作企业允许在一定条件下，外国合作者可以先行回收投资。“中外合作者在合作企业合同中约定合

作期满时合作企业的全部固定资产归中国合作者所有的,可以在合作企业合同中约定外国合作者在合作期限内先行回收投资的办法。”目前合作企业外方先行回收资金主要有两种办法:(1)从合作企业净利润(税后利润)中回收资金;(2)从企业固定资产折旧费(税前)中回收资金。

在合作期满时企业的全部固定资产归中方所有的前提下,允许外方先行回收资金。这种办法实质上是合作企业通过灵活的利润分配办法,实现资本的内部转移。在这样灵活的利润分配过程中,中方放弃本应分得的部分利润,购买外方的资本,虽然外方提前收回了资本,但是合作企业的注册资本并未减少,并不影响企业对外承担的债务责任。

《合作企业法》第 21 条第 3 款还规定:“依照前款规定外国合作者在合作期限内先行回收投资的,中外合作者应当依照有关法律的规定和合作企业合同的约定对合作企业的债务承担责任。”

《合作企业法》确认了合作各方可以在合同中约定各种分配利润的方法,但同时又明确规定,凡合作企业合同约定外国合作者在缴纳所得税前回收投资的,必须向财政税务机关提出申请,由财政税务机关依照国家有关税收的规定审查批准。

五、中外合作经营企业的终止

合作企业的合作期限由中外合作者协商并在合作企业合同中订明。合作企业的经营合作期限可由合作各方自行商定,具有很大的灵活性。

中外合作者同意延长合作期限的,应当在距合作期满 180 天前向审查批准机关提出申请。审查批准机关应当自接到申请之日起 30 天内决定批准或者不批准。

合作企业期满或提前终止时,应当依照法定程序对资产的债权、债务进行清算。中外合作者应当依照合作企业合同的约定确定合作企业财产的归属。

第四节 外资企业法

一、外资企业法概述

(一)外资企业的概念和特征

外资企业是指依照中国有关法律在中国境内设立的全部资本由外国投资者投资的企业,不包括外国的企业和其他经济组织在中国境内的分支机构。

外资企业具有以下几个特征:

1. 外资企业是依照中国有关法律设立的

我国的外资企业必须依照中国的法律设立。我国《外资企业法》明确规定:“外资企业必须遵守中国的法律法规。”这使它与依照外国法律成立的外国企业区别开来。

2. 外资企业是在中国境内设立的企业

我国的外资企业是由外国投资者投资,在中国境内设立的企业。法律规定,外资企业的办事机构即住所必须设在中国境内。我国外资企业不包括外国企业和其他经济组织在中国境内的分支机构,如分公司、办事处、分店等。

3. 外资企业的资本全部由外国投资者投资

这是外资企业的一个重要特征。它包括两方面的含义:一是投资主体(当事人)是外国的投资者,包括具有法人资格的外国企业、各种经济组织、外国个人;二是企业的全部注册资本都是外国投资者投资的,不能由中国企业提供部分注册资本。这是外资企业同中外合资经营企业、中外合作经营企业的一个重要区别。

(二)外资企业法的渊源

在我国,外资企业法的渊源主要包括:

(1)《外资企业法》,1986 年 4 月 12 日第六届全国人大第四次会议通过,2000 年 10 月 31 日修订。

(2)《中华人民共和国外资企业法实施细则》(简称《实施细则》),于 1990 年 10 月 28 日由国务院批准,同年由当时的对外经济贸易部发布;2001 年 4 月 12 日第一次修订,2014 年 2 月 19 日第二次修订。

二、外资企业的设立

(一)设立外资企业的条件

《外资企业法》第 3 条规定:"设立外资企业,必须有利于中国国民经济的发展。国家鼓励举办产品出口或者技术先进的外资企业。国家禁止或者限制设立外资企业的行业由国务院规定。"《实施细则》第 3 条规定:"设立外资企业,必须有利于中国国民经济的发展,能够取得显著的经济效益。国家鼓励外资企业采用先进技术和设备,从事新产品开发、实现产品升级换代、节约能源和原材料,并鼓励举办产品出口的外资企业。"

申请设立外资企业有下列情况之一的,不予批准:

(1)有损于中国主权或者社会公共利益的;

(2)危及中国国家安全的;

(3)违反中国法律、法规的;

(4)不符合中国国民经济发展要求的;

(5)可能造成环境污染的。

毫无疑问,外资企业的投资范围也应符合《指导外商投资方向规定》《外商投资产业指导目录》《中西部地区外商投资优势产业目录》等的要求。

(二)设立外资企业的申请程序

1. 提交报告

外国投资者在提出设立外资企业申请前,应当就设立外资企业的宗旨、经营范围、产品的内外销售比例、能源条件等内容向设立企业所在地县级或者县级以上人民政府提交报告。收到申请报告的人民政府应当在收到外国投资者报告之日起 30 天内以书面形式答复外国投资者。

2. 提出申请

外国投资者设立外资企业,应当通过拟设立外资企业所在地的县级或者县级以上人民政府向审批机关提出申请,并报送下列文件:(1)设立外资企业的申请书;(2)可行性研究报告;(3)外资企业章程;(4)外资企业法定代表人(或者董事会人选)名单;(5)外国投资者的法律证明文件或资信证明文件;(6)拟设立外资企业所在地的县级或县级以上人民政府的书面答复;(7)需要进口的物资条件;(8)其他需要报送的文件。

两个或两个以上外国投资者共同申请设立外资企业,应当将其签订的合同副本报送审批机关备案。

（三）主管机关的审批

设立外资企业的申请由国家商务主管部门审查批准后，发给批准证书。

设立外资企业的申请符合国务院规定的有关条件的，由国务院授权省、自治区、直辖市和计划单列市、经济特区人民政府（简称受托机关）审查批准后，发给批准证书。

申请在国家规定限制设立外资企业的行业中设立外资企业，除法律、法规另有规定外，须经国家商务主管部门批准。申请设立的外资企业，其产品涉及出口许可证、出口配额、进出口许可证或者属于国家限制进口的，应当依照有关管理权限事先征得国家商务主管部门的同意。

审批机关应当在收到申请设立外资企业的全部文件之日起 90 天内决定批准或不批准。审批机关如果发现上述文件不齐备或者有不当之处，可以要求限期补报或者修改。

（四）办理外资企业登记

设立外资企业的申请经批准后，外国投资者应当在接到批准证书之日起 30 天内，向国家工商行政管理局或者国家工商行政管理局授权的地方工商行政管理局申请开业登记。登记管理机构应当在受理申请后 30 天内，作出核准登记或者不予核准登记的决定。申请开业登记的外国投资者，经登记管理机构核准登记注册领取营业执照后，企业即告成立。

外资企业营业执照的签发日期为该企业成立日期。外资企业应当在企业成立之日起 30 天内在税务机关办理税务登记。

外资企业符合中国法律关于法人条件的规定的，依法取得中国法人资格。

三、外资企业的组织形式与注册资本

（一）外资企业的组织形式

《实施细则》第 8 条规定，外资企业的组织形式为有限责任公司；经批准也可以为其他责任形式。

外资企业的组织形式为有限责任公司的，外国投资者对企业的责任以其认缴的出资额为限。外资企业以其全部资产对其债务承担责任。

外资企业为其他责任形式的，外国投资者对企业的责任适用中国法律、法规的规定。

外资企业的法定代表人是依照其章程规定，代表外资企业行使职权的负责人。法定代表人无法履行其职权时，应当以书面形式委托代理人，代其行使职权。

（二）外资企业的注册资本

外资企业的注册资本是指为设立外资企业在工商行政管理机关登记的资本总额，即外国投资者认缴的全部出资额。外资企业的注册资本要与其经营规模相适应，注册资本与投资总额的比例应当符合中国的有关规定。

外资企业在经营期间不得减少其注册资本。但是，因投资总额和生产经营规模等发生变化，确需减少的，须经审批机关批准。外资企业注册资本的增加、转让，也须经审批机关批准，并向工商行政管理机关办理变更登记手续。

外资企业将其财产或者权益对外抵押、转让，须经审批机关批准并向工商行政管理机关备案。

四、外资企业的出资方式和出资期限

（一）外资企业的出资方式

外国投资者可以用可自由兑换的外币出资，也可以用机器设备、工业产权、专有技术等作价出资。经审批机关批准，外国投资者也可以用其从中国境内举办的其他外商投资企业获得的人民币利润出资。

外国投资者以机器设备作价出资的，该机器设备必须符合下列要求：外资企业生产所必需的；该机器设备的作价不得高于同类机器设备当时国际市场的正常价格。对于作价出资的机器设备应当列出详细的作价出资清单，包括名称、种类、数量、作价等，作为设立外资企业申请书的附件一并报送审批机关。

外国投资者以工业产权、专有技术作价出资时，该工业产权、专有技术必须符合下列要求：外国投资者自己所有的；该工业产权、专有技术的作价应当与国际上通常的作价原则相一致，其作价金额不得超过外资企业注册资本的20%。对于作价出资的工业产权、专有技术应当备有详细资料，包括所有权证书的复制件、有效状况及其技术性能、实用价值、作价的计算根据和标准等，作为设立外资企业申请书的附件一并报送审批机关。

作价出资的机器设备运抵中国口岸时，外资企业应当报请中国商检机构进行检验，由该商检机构出具检验报告。作价出资的机器设备的品种、质量和数量与外国投资者报送审批机关的作价出资清单所列出的机器设备的品种、质量、数量不符的，审批机关有权要求外国投资者限期改正。

作价出资的工业产权、专有技术实施后，审批机关有权进行检查。该工业产权、专有技术与外国投资者原提供的资料不符的，审批机关有权要求外国投资者限期改正。

（二）外资企业的出资期限

外国投资者缴付出资的期限应当在设立外资企业申请书和外资企业章程中载明。外国投资者可以分期缴付出资，但最后一期出资应当在营业执照签发之日起3年内缴清。其中第一期出资不得少于外国投资者认缴出资额的25%，并应当在外资企业营业执照签发之日起90天内缴清。

外国投资者未能在前述规定的期限内缴付第一期出资的，外资企业批准证书即自动失效。外资企业应当向工商行政管理机关办理注销登记手续，缴销营业执照；不办理注销登记手续和缴销营业执照的，由工商行政管理机关吊销其营业执照，并予以公告。

第一期出资后的其他各期的出资，外国投资者应当如期缴付。无正当理由逾期30天不出资的，依照《实施细则》第30条第2款的规定处理。外国投资者有正当理由要求延期出资的，应当经审批机关同意，并报工商行政管理机关备案。

外国投资者缴付每期出资后，外资企业应当聘请中国的注册会计师验证，并出具验资报告，报审批机关和工商行政管理机关备案。

五、外资企业的权利和义务

（一）外资企业的权利

1. 财产所有权

外资企业的财产所有权是指外国投资者依法对自己的财产享有占有、使用、收益和处分的权利。从外资企业依法在中国设立并实施其投资行为开始，到外资企业终止的全部期间，外国投资者都享有财产所有权。这里所指的财产包括有形财产和无形财产。

2. 经营管理权

外资企业的经营管理权包括制定生产经营计划权、物资采购和产品销售权、劳动人事权和土地租用权等。

制定生产经营计划权，是指外资企业有权按照经批准的经营范围和生产规模，自行制定本企业的生产经营计划，但是应当报其主管部门备案。报主管部门备案，有助于主管部门帮助外资企业解决经营中遇到的困难和问题。

物资采购和产品销售权，是指外资企业有权在批准的经营范围内从国际或国内市场采购企业生产经营所需的各种物资；有权自行组织其产品出口或按照规定委托代理出口；经有关主管机关批准后有权在中国市场销售产品。

劳动人事权，是指外资企业有权根据生产经营需要雇用外籍职工和中国职工。但是外资企业雇用中国职工应当依法签订合同，并在合同中订明雇用、解雇、报酬、福利、劳动保护、劳动保险等事项。外资企业有权按照合同和有关规定辞退职工。对违反规章制度、造成一定后果的职工，外资企业可以根据情节轻重，给予不同处分，直至开除。

土地租用权，是指外资企业在履行有关法律手续后，可享有租用土地的权利，外资企业根据场地使用合同缴纳场地使用费。外资企业对土地只有租用使用权，而不享有所有权。

3. 解决争议请求权

解决争议请求权是指外资企业与我国企业、其他经济组织或个人之间发生争议时，有权请求调解、申请仲裁或提起诉讼。

(二)外资企业的义务

根据法律规定，外资企业应尽的义务主要有：

1. 登记义务

外资企业在获取审批机关批准后必须到登记管理机构履行注册登记义务，同时办理税务登记手续。在分立、合并或其他重要变更事项的决策获得批准后要履行变更登记的义务。在企业终止时，还要履行注销登记义务等。

2. 纳税义务

外资企业在我国进行各项经营管理活动时，必须向中国的税务机关履行缴纳税款的义务。

3. 接受监督、检查的义务

外资企业对国家有关机构依法进行的监督和检查有义务据实报告，并提供有关资料，不得拒绝和隐瞒。工商行政管理机关有权对外资企业的投资情况进行监督检查；税务机关有权对外资企业的财务、会计、纳税情况进行检查。税务人员进行检查时，应当出示证件，并负责保密。

【任务导出】

1.《合营企业法》第5条规定，合营企业各方可以用现金、实物、工业产权出资；《合营企业法实施条例》第22条规定："合营者可以用现金出资，也可以用建筑物、厂房、机器设备作价出资。""其作价由合营各方按照公平合理原则协商确定，或者聘请各方同意的第三者评定。"在本案中，合营者的出资形式是法律所允许的。

对于合营各方投资额在注册资本中的比例要求，《合营企业法》第4条规定："在合营企业的注册资本中，外国投资者的投资比例一般不低于50%。"

在本案中，外方比例为60%，符合法律的要求。

2. 根据《合营企业法》第4条和《合营企业法实施条例》第20条的规定："合营一方向第三者转让其全部或者部分股权的，须经合营他方同意，并报审批机构批准，向登记管理机构办理变更登记手续。""合营一方转让其全部或者部分股权时，合营他方有优先购买权。""违反上述规定的，其转让无效。"

本案是合营一方把投资股份转让给合营他方，而且合营企业中作为非转让协议当事人的投资者也予以确认，可以认为合营各方同意股份转让。但是按照法律的规定，该转让协议还必须经过审批机关的批准，否则转让被认为是无效的，也就不能受到法律的保护。

强化训练

一、单项选择题

1. 在中国境内设立合营企业，必须经中华人民共和国(　　)审查批准，由其发给批准证书。

A. 商务部　　B. 国务院

C. 工商行政管理部门　　D. 国务院发展计划委员会

2. 在特殊情况下，根据社会公共利益的需要，国家对中外合资经营企业、外资企业可以依照法律程序实行(　　)，并给予相应的补偿。

A. 没收　　B. 国有化　　C. 征收　　D. 注销

3. 合营企业中以工业产权、非专利技术出资的金额不得超过合营企业注册资本的(　　)。

A. 20%　　B. 25%　　C. 30%　　D. 35%

4. 合作企业的性质属于(　　)合营企业。

A. 股份制　　B. 协调型　　C. 契约式　　D. 股权式

5. 外国投资者可以分期缴付出资，但是最后一期出资应当在营业执照签发之日起(　　)缴清。

A. 1 年内　　B. 3 年内　　C. 5 年内　　D. 企业清算之前

二、多项选择题

1. 下列选项中关于合营企业的总经理和副总经理的叙述，正确的是(　　)。

A. 由合营企业的董事会聘请

B. 由合营企业的审批机构任命

C. 不得兼任其他经济组织的总经理和副总经理

D. 必须由中国公民担任

E. 可以由中国公民担任，也可以由外国公民担任

2. 根据法律规定，下列行业或者情况的合营企业，应当在合营合同中约定合营期限：(　　)。

A. 服务性行业　　B. 从事土地开发及经营房地产

C. 从事资源勘探开发　　D. 属于国家规定限制投资项目

E. 商品零售行业

3. 申请设立外资企业有下列情况之一的，不予批准：(　　)。

A. 危及中国国家安全　　B. 有损于中国主权或者社会公共利益

C. 违反中国法律、法规　　D. 不符合中国国民经济发展要求

E. 可能造成环境污染的

三、案例分析题

1. 中国某厂与美国一商人建立一家中外合资经营企业，双方签订了一份企业合同。其部分条款如下：

(1)合营企业注册资本为 900 万美元，其中中方出资 680 万美元，美方出资 220 万美元；

(2)合营企业的董事长只能由中方担任，副董事长由美方担任；

(3)合营企业注册资本在合资期间内既可增加也可减少；

(4)经董事会聘请，企业的总经理可以由中方担任；

(5)中方合资企业应向美方支付技术转让费，美方应向中方交纳场地使用费；

(6)合同履行过程中发生争议时，应提交外国的仲裁院裁决，并适用所在国的法律。

请分析以上六条是否合法。

2. 中、德双方企业共同建立一家中外合资经营企业，双方约定：合资企业的组织形式为股份有限公司；德方在出资比例中所占比重为20%；全部注册资本为200万美元；企业投资总额为600万美元；双方按注册资本分享利润和分担风险和损失；合营企业股东大会为最高权力机构，以企业总经理为法定代表人。

问：该合营企业在设立中有哪些不符合《中外合资经营企业法》的地方？该合同应如何订立？

资源拓展

350亿元买10%股权？ 大众增持一汽—大众获政府批准

2015年6月7日，大众汽车表示，增持一汽—大众股权已经获得中国政府批准。分析机构估算称，大众可能斥资50亿欧元(人民币347亿元)换取10%一汽—大众股权；但也有消息称，中方将以9%股权换取多款SUV生产权。

一、政府亮绿灯

2015年6月4日，一名大众汽车女发言人向媒体表示："中国政府已经从原则上批准(大众)潜在可能的(对一汽—大众)股权增持。"该发言人还透露，大众和一汽组建了内部工作组，对股比变更进行评估，并外聘顾问估算股权价值。

当前，一汽—大众的股比结构为一汽60%、大众30%、奥迪10%，中方占据明显优势。大众最近几年来一直明确表示有意增持一汽—大众股权，希望将其股权结构变更为大众—奥迪总计持股50%，类似上海大众由双方等比持股。

关于50∶50比例，可见于2013年9月大众汽车集团CEO马丁·文德恩的言论。其指出："大众和一汽希望拓展双方的合作伙伴关系。我们当前正在考虑多种可能性——该怎样扩大我们之间的合作。其中一种可能性将是提升我们在合资公司一汽大众的股比，从40%提高到50%。我们正在协商这一事宜。"

但在2014年底，有消息指出中国政府希望提升本土企业的力量，使其参与全球化竞争，因而对海外企业的监管愈加严格，导致大众增持计划暂时搁浅。消息来源之一指出"(增持股权的)大门眼下似乎已经关上"，不过大众仍将寻求提高股比。

一直到最近，媒体爆料称大众增持一汽—大众已经尘埃落定，中方向大众出让9%股权，合资公司获得数款(一说三款)SUV生产权。该说法同之前的信息在股比结构目标、中方获利条件上存在一定差异。

关于增持的推进，前述女发言人表示："这是全球范围内标准的股权变更流程，谈判还需要持续一段时间。"

二、10%股权价值50亿欧元？

一汽—大众的股权值多少钱？虽然大众官方对此三缄其口，不过分析机构已经给出猜测的数字。

Evercore ISI公司分析师表示："我们认为该合资公司总价值大约为500亿欧元(约合570亿美元)，因此从40%增持到50%将耗费大众50亿欧元。"这意味着股权比例变更后，中方将有接近350亿元人民币入账。

大众首席财务官潘师则表示，大众目前在增持一汽—大众股权之外，没有合并或收购的规划。2013年起，有传闻指出大众考虑收购菲亚特或后者旗下阿尔法·罗密欧品牌。

目前中国业务成为大众极其重要的利润来源，一汽—大众2014年销售表现又极为突出，速腾、迈腾等跻身同级别最畅销车行列。因此增持一汽—大众将进一步扩大大众在华"利润池"，这也是即便股权价格不菲，但大众仍急于推进的原因。

第六章

企业破产法

【学习目标】

能力目标:明晰破产界限,界定破产财产和破产债权。

知识目标:掌握我国和解、整顿制度的特点,破产清算的执行。

素质目标:对公司依法申请破产。

【任务导入】

某市机械厂为国有企业,截至2014年末,企业累计负债已高达8 000万元,而企业资产只有3 000万元,无法清偿到期债务且呈连续状态。经上级主管部门同意,该企业向法院提出破产申请。法院受理破产案件,要求债权人进行债权申报,并召集、主持了第一次债权人会议。

2015年3月企业被宣告破产,管理人负责破产财产的保管、清算和分配。第二次债权人会议讨论并通过破产财产的分配方案。可供分配的破产财产为1 000万元,第一分配顺序清偿职工工资及劳动保护费用为700万元,第二分配顺序清偿欠缴税款300万元,尚有20万元税款未能清偿。破产财产分配完毕,破产程序终结。

任务分析:

(1)债务人企业能否提出破产申请?

(2)企业破产界限的含义是什么?法院应否受理该破产案件?

(3)债权人会议的实质是什么?法院可否召集第一次债权人会议?

(4)破产财产的分配是否合法?为什么?

第一节　企业破产法概要

一、破产的概念

破产是指当债务人的全部资产不能清偿其到期债务时,由法院主持执行其全部资产,依照法定的程序,以公平清偿全体债权人,从而免除债务人不能清偿的债务的一种法律制度。破产是市场竞争的必然结果，具有下列法律特征：

(1)破产是一种法定特殊偿债手段。当债务人不能清偿到期债务时，如何分配债务人的财产，如何满足多个债权人的清偿要求，非有法律之特别规定，一般的民事诉讼程序或者执行程序难以解决这样的问题。所以，法律特别规定专门的程序，破产程序即为其一。

(2)破产以债务人不能清偿到期债务且资产不足抵偿债务为原因。债务人不能清偿到期债务，资产不足抵偿债务，是破产的原因。破产只不过是对债务人不能清偿到期债务的事实予以法律确认，即通过法院的司法裁决承认债务人事实上的破产状态。

(3)破产以公平清偿债权为宗旨。债务人不能清偿到期债务时，利用破产程序可以合理地协调多数债权人之间就债务人的有限财产如何受偿的利益冲突，使债权人共同分担损失和共同享受利益，即同一顺序的债权人地位平等和受偿机会均等。“公平清偿”是指按照破产法确定的全部财产，按一定比例分配给债权人，防止债务人对个别债务的清偿，使债权人得到公平的补偿，以保护债权人的合法权益。

(4)破产是一种特殊的执行程序。首先，作为一种执行程序，破产程序处于法院的严格控制下。其次，破产程序优先于个别民事执行程序，在破产程序开始后，必须中止对债务人财产的民事执行程序，所有的无财产担保的债权人均须通过破产程序行使权利。再次，破产程序是对债务人全部财产与经济关系进行的彻底清算。

二、破产法及其特征

破产法是规定当债务人不能清偿到期债务，且资产不足以清偿全部债务或明显缺乏偿债能力时，人民法院强制执行其全部财产，公平清偿债权人；或通过重整、和解程序，以避免债务人破产的法律规范的总称。现代意义上的破产法不仅包括对债务人破产清算的法律规范，而且还包括以避免企业法人破产为主要目的的有关和解与重整的法律规范。

1994 年 3 月，第八届全国人大财经委员会根据第八届全国人大常委会立法规划开始组织新破产法的起草工作。第九届、第十届全国人大常委会均将企业破产法列入立法规划。2004 年 6 月 21 日，在第十届全国人大常委会第十次会议上，新破产法草案首次提请审议。2006 年 8 月 27 日，第十届全国人大常委会第二十三次会议通过了《企业破产法》(简称《破产法》)，自 2007 年 6 月 1 日起施行，旧破产法同时废止。新破产法历时 10 年完成草案起草工作，又经过全国人大常委会两年三次审议、修改后，方才破茧而出。新《破产法》的诞生具有重要的经济和社会意义：它是中国第一部市场经济的破产法，一部现代意义的破产法，并将对我国市场机制的完善产生深远的影响。

《破产法》具有以下特征：

(1)综合性。要解决债务人无力偿债问题，就要涉及多方的利益，涉及社会经济发展和安定，因此《破产法》要运用多种法律机制综合调整。

(2)特殊性。与民法、商法、民诉法相比，《破产法》要在基本概念、原理上与普通法尽量一致，但是又必须有自己的特殊规则。

(3)强制性与灵活性。例如，破产活动中有些程序是必需的，但是也允许当事人协商，因此，《破产法》具有强制性和灵活性。

三、破产法内容概要

我国《破产法》的内容包括破产程序规范、破产实体规范和法律责任三部分。其中破产程序规范主要包括和解、重整和破产清算三种程序。一旦债务人不能清偿到期债务，符合法定的破产条件，则债权人或债务人都可以依法提出破产申请。在提出破产申请以后，法院经审查认为符合法律规定的，就应当受理。在破产案件受理后，可以根据不同情形分别适用以下三种程序：

（一）破产清算程序

破产清算程序具体又包括三个步骤：

一是破产债权的申报。在法院决定受理破产案件后，符合清算条件的，法院应当裁定进入清算程序。此时，法院首先要采取必要的保全措施，发出通知或公告，要求债权人在法定期限内申报债权。

二是确定破产财产的范围。所谓破产财产，是指能够依据破产程序分配给债权人的、属于债务人的所有财产，包括债务人在破产宣告时所有的或者经营管理的全部财产，债务人在破产宣告后至破产程序终结前取得的财产，以及应当由债务人行使的其他财产权利。如果在破产企业中有属于他人的财产的，所有人享有取回权，这些财产不属于破产财产的范围。

三是法院认为债务人达到破产条件的，应当作出破产宣告，进行破产清算。破产财产的分配方案由管理人提出，提交债权人会议讨论通过，并最终由法院裁定许可。

（二）重整程序

重视重整制度是国际上破产法发展的重要趋势，各国破产法都十分详细地规定了重整制度。重整是在企业无力偿债但有复苏希望的情况下，经债权人同意，实现债务调整和企业重组，使企业摆脱困境的一项制度。

（三）和解程序

所谓和解程序，是指破产程序开始后，债务人和债权人在法院的主持下，就债务人延期清偿债务、减少债务数额等事项达成协议，从而中止破产程序的制度。适用和解程序有利于使债务人获得复苏的机会，同时，也使债权人有可能获得比破产清算更多的债务清偿。从和解的积极作用角度考虑，应当鼓励当事人在破产开始前或破产进行中实行和解，这样，就需要放宽对和解条件所设定的限制。在破产程序开始以后，甚至在破产宣告以后，无论是债权人还是债务人，只要认为和解对其是有利的，都可以提出和解。一旦达成和解协议，破产清算程序即告中止，债务人应当按照和解协议的规定清偿债务，债权人也应当按照和解协议接受履行。

第二节　破产申请及受理

一、企业破产界限

破产界限是适用破产程序所依据的特定法律事实，它是法院据以宣告债务人破产的法律标准，通常又称为破产原因。

根据法律对破产原因规定的不同，破产可以分为事实上的破产和法律上的破产。从《破产法》的角度讲，有两种测算标准和方法可以用来判断一个债务人是否构成无偿付能力。第一种方法为资产负债表测试法。这种方法是通过资产负债的比例来判断一个债务人是否具有偿付能力。如果一个企业资产是500万元，负债是400万元，那么它的资产负债率是80%；如果它的资产是600万元，负债是900万元，那么它的资产负债率是150%，负债超过了资产，资不抵债，我们就说它是无偿付能力，这是事实上的破产。第二种方法为现金流测试法。这是法律上的破产。一个债务人可能出现这样一种情况，即资产是500万元，负债是400万元，现在是资大于债的；但它的负债是现金负债，资产则包括厂房、设备、仓库存货，也确实达到了500万元，而现金一分没有或只有200万元，这时即使这个企业是资大于债，我们也可以说它是无偿付能力的。

企业《破产法》规定："企业法人不能清偿到期债务，且资产不足以清偿全部债务或明显缺乏清偿能力的，依照本法规定清偿债务。"这一法律规定有以下含义：一是不能清偿的是"到期债务"；二是债务人明显缺乏清偿债务的能力，即不能以财产、信用或能力等任何方式清偿债务；三是债务人对全部或主要债务连续不能偿还。

债务人停止清偿到期债务并呈连续状态，如无相反证据，可推定为不能清偿到期债务。

破产界限是宣告债务人破产的法定原因，但并非达到破产界限并进入破产程序的企业都要被宣告破产，其可依法进行重整。

二、破产申请

当债务人达到破产界限时债务人和债权人都有权提出破产申请。企业法人在清算期间，且资产不足以清偿到期债务的，清算人应向法院提出破产申请。

破产申请应向有管辖权的法院提出，并应采用书面形式。我国破产案件的受理法院实行属地原则，即由债务人住所地法院管辖。债务人住所地指债务人主要办事机构所在地。办事机构所在地不明确的，由其注册地人民法院管辖。

破产申请人应向人民法院提交破产申请书及相关证据。破产申请书的主要载明事项有：(1)申请人、被申请人的基本情况；(2)申请目的；(3)申请的事实和理由，含债务的由来、债权的性质和数额、债务人不能清偿的事实等。债务人提出破产申请的，还应当向人民法院提交以下材料：财产状况说明、债权清册、债务清册、财务会计报告、职工安置预案以及职工工资的支付和社会保险费用的缴纳情况等。

三、破产案件的受理

(一)受理程序

人民法院收到破产申请后，应当依法对申请人提交的材料进行审查，并在法定时间内决定是否立案。对决定受理的破产案件，应当制作案件受理通知书，并送达申请人和债务人。对不予受理的破产案件，应做出驳回申请的裁定。人民法院应当自裁定受理破产申请之日起25日内通知已知债权人，并予以公告。

通知和公告应当载明下列事项：(1)申请人、被申请人的名称或者姓名；(2)人民法院受理破产申请的时间；(3)申报债权的期限、地点和注意事项；(4)管理人的名称或者姓名及其处理事务的地址；(5)债务人的债务人或者财产持有人应当向管理人清偿债务或者交付财产的要求；(6)第一次债权人会议召开的时间和地点；(7)人民法院认为应当通知和公告的其他事项。

(二)受理的法律效力

法院受理破产申请，意味着破产程序的开始。破产程序开始后，债务人的财产进入保全状态，债权人的权利行使也受到约束。具体而言，发生以下法律效力：

1. 对债务人的约束

自破产案件受理之日起，债务人及其法定代表人承担以下义务：(1)财产保全义务、说明义务和提交义务。这是债务人在破产法上的重要义务。(2)不对个别债权人清偿的义务。人民法院受理破产申请后，债务人不得对个别债权人清偿债务，也不得以其财产设立新的担保。

2. 对债权人的约束

破产程序的一个重要任务，就是维护债权人集体受偿的秩序。因此，破产程序开始的一个重要效果，就是自动冻结债权人的个别追索行为。具体为：(1)破产案件受理后，债权人只能通过破产程序行使权利。债权人不得个别追索债务，也不能向法院提起新的民事诉讼。(2)有财产担保的债权人，在破产案件受理后至破产宣告前的期间，未经人民法院准许，不得行使优先权。

3. 对其他民事程序的影响

破产程序开始后，为了实现公平清偿，原则上有关债务人财产的所有请求和争议都必须在同一程序中审理。为此，我国《破产法》有如下规定：

(1)民事诉讼程序的中止或终结。破产案件受理后，如果向债务人请求给付的经济纠纷案件尚未审结而无连带责任人的，应当终结诉讼；尚未审结而另有连带责任人的，应当中止诉讼。如果债务人向他人请求给付的经济纠纷案件，受诉法院不能在3个月内结案的，应当移送受理破产案件的人民法院。

(2)民事执行程序的中止。破产案件受理后，对债务人财产的其他民事执行程序必须中止。这里所说的"其他民事执行程序"，是指对非依破产程序所生的法律文书的个别执行程序。

(3)财产保全的中止。破产案件受理后，一切依个别债权人请求而实施的对债务人的财产保全应当中止。对于已经查封、扣押、冻结或者以其他方式予以保全的债务人财产，应当解除保全措施，纳入破产财产的管理。

【应用案例6—1】 2012年10月20日，A市甲公司与乙企业签订一份货物购销合同。合同约定由乙企业在未来3个月内分批向甲公司提供生产用材料，材料价款为30万元。甲公司最迟应在2013年2月15日前一次性支付全部货款。乙企业按合同约定全面履行了自己的义务，但至2013年3月10日，甲公司仍未支付货款。经多次催告无效后，乙企业对甲公司提起上诉，A市法院判决甲公司支付货款30万元。判决生效后，在规定的期限内，甲公司仍未履行义务。2013年4月乙企业向A市法院申请对甲公司价值30万元的轿车强制执行。A市法院扣押了该轿车并准备拍卖。正在此时，B市人民法院受理了甲公司的破产申请。试分析：A市人民法院应该采取什么行为？乙企业在这种情况下应否向B市人民法院申报破产债权？

【案例解析】 A市法院应当解除保全措施，中止对甲公司小轿车的强制执行，甲公司小轿车应依法纳入破产财产，公平清偿全体债权人。依据《破产法》规定，破产案件受理后，一切依个别债权人请求而实施的对债务人的财产保全应当中止。对于已经查封、扣押、冻结或者以其他方式予以保全的债务人财产，应当解除保全措施，纳入破产财产的管理。乙企业在这种情况下应向B市人民法院申报破产债权。

四、债权申报

债权申报是债权人在破产案件受理后依法定程序主张并证明其债权，以便参加破产程序的法律行为。人民法院受理破产申请后，应当确定债权人申报债权的期限。

(一)申报期限

债权申报期限自人民法院发布受理破产申请公告之日起计算，最短不得少于30日，最长不得超过3个月。债权人应当在法定期限内申报其债权。具体期限为：收到法院通知的债权人，应在收到通知后30日内申报债权；未收到通知的债权人，应当自公告之日起3个月内。债权人逾期未申报债权的，视为自动放弃债权。其后果是，不再是债权人，无权出席债权人会议，无表决权，不能参加破产财产分配。逾期未申报的债权人失去通过破产程序获得清偿的资格。

（二）申报范围

破产案件受理前成立的对债务人的债权，均为可申报的债权。未到期的债权，在破产案件受理时视为到期。有财产担保的债权和无财产担保的债权，均可申报。债务人的保证人，在履行担保义务向债权人清偿后，可以在清偿的范围内申报债权。连带债务的债权人，在连带债务人之一破产时，享有在破产程序中申报债权的权利。债务人所欠职工的工资和医疗、伤残补助、抚恤费用，所欠的应当划入职工个人账户的基本养老保险、基本医疗保险费用，以及法律、行政法规规定应当支付给职工的补偿金，不必申报，由管理人调查后列出清单并予以公示。

（三）申报材料

债权人申报债权时，应当向人民法院提交下列材料：(1)债权发生的事实与证据；(2)债权性质、数额、有无担保，并附证据。人民法院对于申报的债权，应当指派专人，进行登记造册，编制债权表。登记造册时，应当对有财产担保的债权和无财产担保的债权，予以分别登记。申报的债权，须经债权人会议审查确认。因此，我国《破产法》规定，审查债权的唯一主体是债权人会议，这是债权人自治原则的体现，人民法院不负责审查债权。

第三节　破产管理人及债务人财产

一、破产管理人

破产管理人，是指破产宣告后，在法院的指挥和监督之下全面接管破产财产并负责对其进行保管、清理、估价、处理和分配的专门机构，是人民法院指定的总管破产事务的人。

（一）破产管理人的产生及地位

破产管理人由人民法院指定，管理人没有正当理由不得辞去职务。管理人辞去职务应当经人民法院许可。

管理人是独立于人民法院、债权人会议、债务人之外的组织，管理人的破产管理为有偿服务，其报酬由人民法院确定。破产管理人是破产程序中最重要的一个组织，它具体管理破产中的各项事务，破产程序进行中的其他机关或组织仅起监督或辅助作用。破产程序能否在公正、公平和高效率的基础上顺利进行和终结，与破产管理人的活动密切相关。

（二）破产管理人的组成

破产管理人可以由有关部门、机构的人员组成的清算组或者依法设立的律师事务所、会计师事务所、破产清算事务所等社会中介机构担任。

破产管理人也可以由自然人担任。人民法院根据债务人的实际情况，可以在征询有关社会中介机构的意见后，指定该机构具备相关专业知识并取得执业资格的人员担任管理人。

有下列情形之一的，不得担任管理人：因故意犯罪受过刑事处罚；曾被吊销相关专业执业证书；与该破产案件有利害关系；人民法院认为不宜担任管理人的其他情形。

（三）破产管理人的职责

管理人向人民法院报告工作，并接受债权人会议和债权人委员会的监督，履行以下职责：(1)接管债务人的财产、印章和账簿、文书等资料；(2)调查债务人财产状况，制作财产状况报告；(3)决定债务人的内部管理事务；(4)决定债务人的日常开支和其他必要开支；(5)在第一次债权人会议召开之前，决定继续或者停止债务人的营业；(6)管理和处分债务人的财产；(7)代表债务人参加诉讼、仲裁或者其他法律程序；(8)提议召开债权人会议；(9)人民法院认为管理人应当履行的其他职责。

二、债务人财产

（一）债务人财产的概念及范围

破产财产是指在破产申请受理时属于债务人的全部财产，以及在破产申请受理后至破产程序终结前，债务人取得的财产，为债务人财产。

根据我国《破产法》第30条规定，债务人财产由下列财产构成：

(1)破产案件受理时属于破产企业经营管理的全部财产。这些财产大体包括四类：有形财产，如厂房、机器设备、运输工具、原材料等；无形财产，如土地使用权、专利权、商标权、著作权、特许权等；货币和有价证券；投资权益，如破产企业在其他公司中享有的股权。

(2)破产企业在破产申请受理后至破产程序终结前取得的财产。主要包括：因破产企业的债务人清偿和财产持有人的交还而取得的财产；因未履行合同的继续履行而取得的财产；由破产企业享有的投资权益所产生的收益；破产财产所生的孳息，如房租、银行利息；清算期间继续营业的收益。应注意的是，破产宣告后，破产企业在有利于破产债权人利益的前提下，可以进行必要的营业，由此增加的营业所得应归入破产财产；基于其他合法原因而取得的财产，如因他人侵犯破产企业的专利权而获得的赔偿，属于破产财产。另外，已作为担保物的财产不属于破产财产。担保物的价款超过其所担保的债务数额的，超过部分属于破产财产。

（二）撤销权、抵消权、取回权

1. 撤销权

撤销权是指因债务人实施的减少其财产的行为危及债权人的债权时，管理人请求人民法院撤销该行为的权利。

人民法院受理破产申请前一年内，涉及债务人财产的下列行为，管理人有权请求人民法院予以撤销：(1)无偿转让财产的；(2)以明显不合理的价格进行交易的；(3)对没有财产担保的债务提供财产担保的；(4)对未到期的债务提前清偿的；(5)放弃债权的。

人民法院受理破产申请前6个月内，债务人不能清偿到期债务，且资产不足以清偿全部债务或明显缺乏清偿能力的，债务人仍对个别债权人进行清偿的，管理人有权请求人民法院予以撤销。但是，个别清偿使债务人财产受益的除外。

【应用案例6—2】 2012年9月10日，人民法院受理了远东公司的破产申请。破产管理人发现公司此前发生以下行为：2011年3月公司将一套设备赠送给A企业；2011年12月放弃了对B企业的债权20万元；2012年4月清偿了还有2个月到期的C企业债务30万元；2012年6月将本公司价值15万元的货车一辆，用于为此前未设置财产担保的对D公司的债务。试分析：管理人可以对以上哪些行为请求行使撤销权。

【案例解析】 依据《破产法》规定，人民法院受理破产申请前一年内，涉及债务人财产的下列行为，管理人有权请求人民法院予以撤销：(1)无偿转让财产的；(2)以明显不合理的价格进行交易的;(3)对没有财产担保的债务提供财产担保的;(4)对未到期的债务提前清偿的;(5)放弃债权的。所以本案例中,债务人远东公司放弃债权20万元的行为、提前2个月清偿债务30万元的行为、对没有财产担保的债务用价值15万元货车提供担保的行为,管理人可以请求行使撤销权。

2. 抵消权

抵消权是指债权人在破产申请受理前对债务人负有债务的,有权向管理人主张抵消。但前提是债权人对债务人所负的应是产生于破产申请受理前的债务,而且抵消权只能由债权人向管理人提出并行使。

有下列情形之一的,不得抵消:

(1)债务人的债务人在破产申请受理后取得他人对债务人的债权的。

(2)债权人已知债务人有不能清偿到期债务或者破产申请的事实,对债务人负担债务的;但是,债权人因为法律规定或者有破产申请一年前所发生的原因而负担债务的除外。

(3)债务人的债务人已知债务人有不能清偿到期债务或者破产申请的事实,对债务人取得债权的;但是,债务人的债务人因为法律规定或者有破产申请一年前所发生的原因而取得债权的除外。

3. 取回权

人民法院受理破产申请后,债务人占有的不属于债务人的财产,该财产的权利人可以通过管理人取回。但是,本法另有规定的除外。

第四节　债权人会议

一、债权人会议的性质

债权人会议是在人民法院受理破产案件后,为保障债权人的合法权益,表达债权人的意志和统一债权人的行动而由全体申报债权的债权人组成的临时性的议事机构。

债权人会议是全体债权人参加破产程序并集体行使权利的决议机构。从性质上讲,债权人会议是债权人团体在破产程序中的意思发表机关。也就是说,债权人会议的职能是要使全体债权人能够作为一个整体,就他们的权利行使和权利处分作出共同的意思表示,并为维护他们的共同利益而采取必要的行动。所以,债权人会议本质上是一个组织体。

公平清偿是《破产法》的基本目标。在债务人无力偿债的情况下,债务人的财产无法满足所有债权人的清偿请求。此时,必然存在着不同债权人在清偿利益上的冲突。这种利益冲突难免表现为债权人相互间的意志冲突和行为冲突。如果没有一定的程序制度,使债权人作为一个整体来表达意志和实施行为,则破产事件势必陷入无序状态,从而导致种种不公平现象以及时间和财产的浪费。

债权人自治,是指全体债权人通过债权人会议,对破产程序进行中涉及债权人利益的各重大事项作出决定,并监督破产财产管理和分配的一系列权利,以及保障这些权利实现的有关程序制度。实行债权人自治,是《破产法》的一项重要原则。有关债权人权利行使和权利处分的一切事项,均应由债权人会议独立地作出决议。债权人在债权人会议上应享有充分的自由表达和自主表决的权利。债权人会议作出的关于债权确认、与债务人和解、破产财产变价和分配等重大事项的决议，是程序进行的重要根据。债权人会议还应享有监督破产财产管理和处分的权利。

二、债权人会议的组成与召集

由所有申报债权的债权人组成，包括无财产担保的债权人、有财产担保的债权人和代替债务人清偿债务的保证人等。债权人会议成员分为有表决权的债权人和无表决权的债权人两种。有表决权的债权人是指有权出席债权人会议和发表意见，并有权对债权人会议决议事项投票表达个人意志的债权人。无表决权的债权人是指有权出席债权人会议和发表意见，但无权对债权人会议议决事项投票表达个人意志的债权人。

债权人既可以亲自出席，也可以委托代理人出席债权人会议。债权人会议设会议主席，即负责主持和召集债权人会议的人，由人民法院在第一次债权人会议召开时，从有表决权的债权人中指定。

第一次债权人会议由人民法院召集，以后的债权人会议由会议主席召集。第一次债权人会议，按规定，它应当在债权申报期限届满后 15 日内召开；以后的债权人会议在人民法院或者会议主席认为必要时召开，也可以在管理人或者占无财产担保债权总额的 1/4 以上的债权人要求时召开。债务人的上级主管部门可以派员列席债权人会议，债务人的法人代表必须列席并有义务回答债权人的询问，拒绝列席的，人民法院可依法拘传。

三、债权人会议的职权

(1)核查债权。审查和确认债权是债权人会议的首要职权。①审查债权。在债权人会议上，人民法院应当提供债权表和所有证明材料，并方便他们随时查阅。债权人对个别债权有疑问或异议的，可以向申报人提出询问，或者提出异议。②确认债权。债权人申报的债权，经审查无异议的，通过债权人会议决议加以确认。对于有异议的债权，债权人会议认为不应予以确认的，以决议加以否认。

(2)申请人民法院更换管理人，审查管理人的费用和报酬。

(3)监督管理人。

(4)选任和更换债权人委员会成员。

(5)决定继续或者停止债务人的营业。

(6)通过重整计划。

(7)通过和解协议。债权人会议对债务人提交的和解协议草案，有权进行讨论和作出是否予以接受的决议。和解通常是在债权人作出让步的基础上达成的。债权人让步(如免除利息、免除部分本金、延长偿还期限、将债权转换为股权等)属于权利处分行为，必须由权利人自主决定。由于破产程序是集体清偿程序，故债权人的权利处分也必须通过集体行为来实施。所以，和解协议只有经债权人会议议决方能生效。

(8)通过债务人财产的管理方案。

(9)通过破产财产的变价方案。

(10)通过破产财产的分配方案。

(11)人民法院认为应当由债权人会议行使的其他职权。

四、债权人会议的决议

债权人会议的决议，对全体债权人都有约束力。一般采用表决人数与所占债权比例均过半数的方式通过决议。我国《破产法》对债权人会议决议的通过，采用人数和债权数额双重标准，并根据议决事项的不同，分为普通决议和特别决议。

普通决议，由出席会议的有表决权的债权人过半数通过，并且其所代表的债权额占无财产担保债权总额的 1/2 以上。

特别决议，主要有：和解协议草案的决议，由出席会议的有表决权的债权人过半数通过，并且其所代表的债权额必须占无担保债权总额的 2/3 以上；重整计划草案的决议，按债权类型分组表决，由出席会议同一表决组的债权人过半数通过，并且其所代表的债权额必须占无担保债权总额的 2/3 以上。

由此可见，债权人会议决议的通过，应当同时具备两个条件：第一，按人数计算，出席会议的有表决权的债权人过半数赞成；第二，按金额计算，一般情况下，赞成票所代表的债权额占无财产担保债权总额的半数以上，但是，在通过和解协议的情况下，应当占这一总额的 2/3 以上。这里所说的“过半数”不包括本数，“半数以上”和“2/3 以上”均包括本数。

债权人会议的决议是债权人团体的共同意思表示。一旦决议依法定程序获得通过，各债权人不论是否出席了会议，不论是否参加表决，也不论是否投票赞成，都当然地受决议的约束。对决议的异议，债权人认为债权人会议决议违反法律规定的，可以在债权人会议作出决议后 7 日内提请法院裁定。

第五节　重整及和解

一、和解制度

各国的和解立法大致可分为两类：一是和解前置主义（英国），即破产案件提出后，双方必须首先进行和解，只有在和解不成立的情况下，才适用破产清算程序；另一种是和解分立主义，即和解并非破产清算的必经程序，当事人可自行选择和解或直接进行破产清算。债务人可以直接向人民法院申请和解；也可以在人民法院受理破产申请后、宣告债务人破产前，向人民法院申请和解。

债务人申请和解，应当提出和解协议草案。《破产法》第 96 条规定，人民法院经审查认为和解申请符合本法规定的，应当裁定和解，予以公告，并召集债权人会议讨论和解协议草案。债权人会议通过和解协议的，由人民法院裁定认可，中止破产程序，并予以公告。管理人应当向债务人移交财产和营业事务，并向人民法院提交执行职务的报告。和解协议草案经债权人会议表决未获得通过，或者已经债权人会议通过的和解协议未获得人民法院认可的，人民法院应当裁定终止和解程序，并宣告债务人破产。

《破产法》第 100 条规定，经人民法院裁定认可的和解协议，对债务人和全体和解债权人均有约束力。和解协议自公告之日起具有法律效力，债务人必须以和解协议进行生产、经营；在有清偿能力时，应按和解协议规定的方式和程序清偿债务。债务人不按和解协议规定的内容清偿全部债务的，相关债权人可以申请人民法院强制执行。债务人不履行或者不能履行和解协议的，经债权人申请，人民法院应当裁定恢复破产程序。和解的目的在于预防和避免破产，并使债权人有可能从债务人处获得比通过破产程序更多的清偿。

二、重整制度

重整是指在企业无力偿债的情况下，依照法律规定的程序，保护企业继续营业，实现债务调整和企业整理，使之摆脱困境，走向复兴的再建型债务清理制度。

(一)重整原因

由于重整程序与破产清算程序的目标不同，《破产法》对适用重整程序的破产原因需要作扩大的规定。这就是，企业因为经营或者财务发生困难将导致不能清偿到期债务的，也可以适用该法规定的重整程序。换句话说，企业法人无论是基于已经发生的无力偿债的事实状态，还是将要发生的无力偿债的事实状态，都可以申请企业重整。所以，重整原因的范围比一般的破产原因大。这一概念体现了对企业困境“早发现，早治疗”的思想，符合重整程序拯救企业的制度目标。

我国《破产法》规定，重整程序仅适用于具有该法第 2 条规定的情形但有挽救希望的企业法人。这些情形包括：(1)债务人具备破产原因，即不能清偿到期债务；(2)债务人将要出现破产原因，即因为经营或者财务发生困难将导致不能清偿到期债务。

(二)重整程序的发动

按照大多数国家的通行做法，重整程序的开始由申请和受理构成。因此，程序的开始必须由有申请资格的当事人提出申请。当然，有申请资格的当事人的范围在不同国家是不一样的。我国《破产法》规定，债务人、债权人或者持有债务人注册资本 1/10 以上的出资人可以在案件开始时或者在案件受理后和破产宣告前向人民法院申请重整。

(三)重整保护期间的营业

我国《破产法》规定，自人民法院裁定许可债务人进行重整时起，至人民法院裁定批准重整计划或者终止重整程序时止，为重整保护期间。在此期间，对重整企业营业保护的主要措施有：

1. 自动停止

自动停止是重整保护期间对债务人营运价值的保护措施，其宗旨是制止债权人的一切个别追讨行动。这些保护措施主要体现在以下几个方面：(1)法律程序停止。(2)担保权暂停行使。在人民法院受理破产案件后，破产宣告前，对债务人的财产或者权利享有的抵押权暂停行使。(3)对抵消的限定，在重整保护期间，不适用破产抵消的特殊规定，只允许以同种类的到期债务按照合同法的规定进行抵消。

2. 继续营业的限制

继续营业通常伴随着重整企业财产减少和债务增加，这可能损及债权人的清偿利益。因此，债权人可能对企业财产的转让或者以企业财产设置担保的借贷提出异议。为此，《破产法》对保护有担保债权人的利益作出了一些规定。为了尽可能地减少无担保债权人因过分增加程序开始后的债务而可能蒙受的损失，《破产法》对重整中的借款规定了一些限制性措施。

(四)重整计划

重整计划是重整程序中最重要的法定文件。它是债务人、债权人和其他利害关系人在协商基础上就债务清偿和企业拯救作出的安排。围绕重整计划的制定、通过、批准、执行、变更和终止的一系列规定，形成了一个由法律规制和有法院参与的多边协商机制。

一般规定，重整计划应当包括以下内容：(1)重整企业的经营方案；(2)债权调整方案；(3)债权的清偿方案；(4)重整执行人；(5)重整计划的执行期限；(6)有利于企业重整的其他方案。

关于重整计划的通过和批准，《破产法》设立了一系列程序规则，如债权人会议应当依照规定的债权分类分成不同的表决组，对重整计划进行分组表决；如果重整计划未获通过，还有一些补救措施可以应用。

重整计划通过以后，管理人应当向法院提出批准重整计划的申请。法院认为申请符合《破产法》规定的，即裁定批准重整计划。如果法院经审查认为重整计划不符合《破产法》的规定，则应裁定驳回请求批准重整计划的申请。关于重整计划的效力和执行，法律规定，经法院裁定批准的重整计划对破产案件受理以前成立的所有债权均有约束力。此时尚未申报的债权，在重整计划执行期间不得行使；在重整计划执行完毕以后，可以按照重整计划中同类债权的清偿条件行使权利。

重整执行人负责重整计划的执行。重整企业的权力机关作出的一切决定，违反重整计划的，重整执行人有权予以否决。在重整计划执行完毕时，重整执行人应当终止执行职务，并及时向法院提交执行报告。法院在审查确认后应裁定终结破产案件。如果重整企业不能执行或者不执行重整计划，法院可以应利害关系人的请求，裁定终止重整计划的执行。

(五)重整程序的终止

各国重整立法都承认，企业拯救并不是《破产法》的唯一目标。在某些情况下，破产清算不失为更为明智的选择。在重整程序开始以后，如果企业拯救已无成功的可能，或者因拯救成本过高或存在其他障碍而难以继续进行，则应当终止重整程序并转入破产清算程序。

我国《破产法》规定，首先，具备规定事由的，经利害关系人请求，法院可以裁定终止重整程序。这些事由如：债务人的经营状况和财产状况继续恶化，缺乏复兴的可能性；债务人有诈欺、恶意减少企业财产、无理拖延或者其他显著不利于债权人的行为；由于债务人的法人机关及工作人员的行为，致使管理人无法执行职务。其次，在通过和批准重整计划的过程中，债权人会议没有通过重整计划草案，而该草案在协商后仍未获得有关债权人的通过，或者法院不予批准的，应终止重整程序。再次，在重整计划执行阶段，重整企业无理或者拒绝遵循重整计划的，法院可以依利害关系人的申请，裁定终止重整计划的执行。此时，如果债务人具备破产原因，应宣告其破产。

第六节 破产清算

一、破产宣告

破产宣告是指法院依据当事人的申请或法定职权裁定宣布债务人破产以清偿债务的行为。破产宣告，就是法院对债务人具备破产原因的事实作出有法律效力的认定。

人民法院宣告企业破产的裁定自宣告之日起发生法律效力。破产宣告对于破产案件的效果，就是破产案件转入破产清算程序。在破产案件受理后、破产宣告前，债务人还可以通过和解或者其他方式(如取得担保、在短期内清偿债务)而避免破产清算。而一旦破产宣告，则破产案件不可逆转地进入清算程序。

1. 破产宣告对债务人的效力

自宣告之日起，破产宣告对债务人产生身份上、财产上的一系列法律后果：(1)债务人成为破产企业，破产企业仅在清算意义上存续，债务人成为破产人。在我国，被申请破产的企业，在破产宣告前称为债务人，在破产宣告后称为破产企业。所谓破产人，就是民事权利受到破产程序拘束的人。(2)债务人财产成为破产财产。破产宣告后，债务人的财产成为破产财产，即成为归管理人占有、支配并用于破产分配的财产。债务人丧失对财产和事务的管理权。

2. 破产宣告对债权人的效力

对债权人来说，破产宣告使他们获得了行使权利的特别许可。在破产清算前，所有的债权请求都处于冻结状态。破产宣告后，因破产宣告以前的原因而发生的请求权，得依照破产程序的规定接受清偿。

(1)未到期的债权视为到期。破产宣告时未到期的债权，视为已到期债权，但是应当减去未到期的利息。

(2)有财产担保的债权人可以由担保物获得清偿。破产宣告后、破产分配前，有财产担保的债权人可以随时请求由担保物获得优先清偿，受偿不足的部分按一般破产债权处理。

(3)对破产企业负有债务的债权人享有破产抵消权。我国《破产法》规定，债权人对破产企业负有债务的，可以在破产清算前抵消。

(4)无担保债权人依破产分配方案获得清偿。无财产担保的债权人不享有由特定财产优先受偿的权利，而只能依照法律规定的清偿顺序，通过法定程序集体确定分配方案，由破产财产获得清偿。

二、破产债权

(一)破产债权的概念

破产债权是基于破产宣告前的原因而发生的，能够通过破产分配由破产财产公平受偿的财产请求权。我国《破产法》第107条规定，债务人被宣告破产后，债务人称为破产人，债务人财产称为破产财产，人民法院受理破产申请时对债务人享有的债权称为破产债权。人民法院受理破产申请前成立的无财产担保的债权和放弃优先受偿权利的有财产担保的债权为破产债权。

(二)破产债权的法律特征

(1)破产债权必须是依法申报并获得确认的债权。破产企业的债权人逾期未申报的，一般视为弃权。债权人申报债权后，还需经债权人会议依法确认。

(2)破产债权仅限于财产上的请求权。财产请求权是指直接以金钱为给付内容，或虽然不直接表现为金钱，但是可以以金钱计算的请求权。其本质仍然是债权，是一种财产请求权。

(3)破产债权原则上仅限于破产宣告前成立的无财产担保的债权。但在破产宣告后，管理人决定解除破产宣告时尚未了结的双务合同，相对人的损害赔偿请求权也可以作为破产债权。

(三)破产债权的范围

破产宣告前成立的以下请求权，应成为破产债权。

(1)无财产担保的债权。凡是在破产宣告前成立、以财产给付为内容、以破产财产为义务主体的无财产担保的请求权，在破产宣告时尚未终止的，均得成为破产债权。成为破产债权的请求权，可以是合同之债，也可以是非合同之债(侵权行为之债、不当得利之债或者无因管理之债)。

(2)放弃优先受偿权的债权。所谓放弃优先受偿权,在我国《破产法》中,专指自愿不由担保物优先受偿,而愿意参加破产清算程序,与其他破产债权人一起依照破产分配方案接受清偿的行为。例如,因抵押物灭失而被迫放弃优先受偿权的,仍得成为破产债权。

(3)有财产担保的债权,经由担保物清偿后的未足清偿部分。担保债权的数额大于担保物在清偿时实现的价值,其超过部分即为未由担保物受清偿的部分债权。这部分债权因为没有特定的财产担保,即成为破产债权。

(4)破产人的连带债务人,因代替破产人清偿债务而取得的求偿权。破产人的保证人和其他连带债务人,在代替破产人向债权人清偿债务后,取得对破产财产的追偿权。

(5)应计算利息的债权,至破产宣告之日止的利息。应计算利息的债权,是指依照合同或者法律的规定,应当在破产宣告前的一定期间内计付利息的债权(通常为金钱债权)。常见的情况有:①有息贷款;②迟延支付货款或其他合同付款,依法应支付迟延期间的利息的;③因不当得利,依法应于返还本金的同时支付利息的;④因迟延执行生效的给付判决,依法应支付利息的。

(6)待履行合同之相对人的赔偿请求权。破产宣告后,管理人决定解除破产案件受理前成立但尚未履行的合同(待履行合同),致合同相对人受到损害的,该相对人得以其赔偿请求权,主张破产债权。该赔偿请求权的数额有争议的,可经法院裁决。

(7)其他合法请求权。其他有合法根据的财产请求权,也得成为破产债权。例如,破产企业为其他企业的出资人,但没有履行出资义务。因后者不能履行债务,其债权人依法请求该破产企业在欠缴出资的范围内承担债务清偿责任的,此种请求权得成为破产债权,参加破产分配。

三、破产费用和共益债务

破产费用是指法院在受理破产案件时收取的案件受理费及管理人为破产债权人的共同利益而在破产程序中所支出的各项费用的总和。由于这些费用是为破产债权人的共同利益而支出的,按照民事诉讼法关于民事执行费用由债务人承担的规定和民法关于共益费用优先受偿的规定,这些费用应当从破产财产中优先拨付。“共益债务”,是指破产程序中,为全体债权人的利益而管理、变价、分配破产财产所负担的债务。

(一)破产费用

我国《破产法》第 41 条规定,人民法院受理破产申请后发生的下列费用,为破产费用:(1)破产案件的诉讼费用;(2)管理、变价和分配债务人财产的费用;(3)管理人执行职务的费用、报酬和聘用工作人员的费用。

(二)共益债务

我国《破产法》第 42 条规定,人民法院受理破产申请后发生的下列债务,为共益债务:(1)因管理人或者债务人请求对方当事人履行双方均未履行完毕的合同所产生的债务;(2)债务人财产受无因管理所产生的债务;(3)因债务人不当得利所产生的债务;(4)为债务人继续营业而应支付的劳动报酬和社会保险费用以及由此产生的其他债务;(5)管理人或者相关人员执行职务致人损害所产生的债务;(6)债务人财产致人损害所产生的债务。

(三)清偿原则

我国《破产法》第 43 条规定,破产费用和共益债务由债务人财产随时清偿。债务人财产不足以清偿所有破产费用和共益债务的,先行清偿破产费用。债务人财产不足以清偿所有破产费用或者共益债务的，按照比例清偿。债务人财产不足以清偿破产费用的，管理人应当提请人民法院终结破产程序。人民法院应当自收到请求之日起15日内裁定终结破产程序，并予以公告。

四、破产财产的变价和分配

（一）破产财产的变价

管理人应当及时拟订破产财产变价方案，提交债权人会议讨论。管理人应当按照债权人会议通过的或者人民法院依法裁定的破产财产变价方案，适时变价出售破产财产。变价出售破产财产应当通过拍卖进行。但是，债权人会议另有决议的除外。破产企业可以全部或者部分变价出售。企业变价出售时，可以将其中的无形资产和其他财产单独变价出售。按照国家规定不能拍卖或者限制转让的财产，应当按照国家规定的方式处理。

（二）破产财产的分配

破产财产的分配指管理人将所制定的破产分配方案交债权人会议讨论通过，并经人民法院认可后，根据分配方案，将可分配的破产财产按照法定的清偿顺序，公平分配给破产债权人。破产分配是破产清算的最后阶段，分配结束，破产程序终结。所以，破产分配标志着破产清算的完成。

（三）破产分配的顺序

根据《破产法》规定，破产财产在优先清偿破产费用和共益债务后，依照下列顺序清偿：

（1）破产人所欠职工的工资和医疗、伤残补助、抚恤费用，所欠的应当划入职工个人账户的基本养老保险、基本医疗保险费用，以及法律、行政法规规定应当支付给职工的补偿金；

（2）破产人欠缴的除前项规定以外的社会保险费用和破产人所欠税款；

（3）普通破产债权。

破产财产不足以清偿同一顺序的清偿要求的，按照比例分配。破产企业的董事、监事和高级管理人员的工资按照该企业职工的平均工资计算。

【应用案例6－3】 某房地产公司2013年4月向所在地法院提出破产申请，法院于5月8日受理了破产案件，并指定管理人接管了该公司。该公司财产情况如下：

（1）全部财产的变现价值为3 000万元。其中包括：价值200万元的机器作为等值担保物向工商银行贷款；价值600万元的商品房作为所欠建设银行400万元的抵押担保。（2）全部债务为5 800万元，其中包括：所欠职工工资160万元；所欠职工社会保险费240万元；所欠国家税款85万元；管理人接管该公司后，解除了该公司与某建筑企业的一份合同，因此给建筑公司造成130万元的经济损失；破产案件的诉讼费为15万元，评估费35万元，为继续营业而支付的职工工资等8万元。

试分析：本案中破产费用是多少？共益债务为多少？建筑公司可获得的清偿数额为多少？

【案例解析】 本案的破产费用为50万元，由15万元诉讼费、35万元评估费组成。共益债务为8万元，即为继续营业而支付的职工工资。

破产财产的清偿顺序为：先将已设置担保的财产用于清偿所欠工商银行、建设银行贷款，即600万元（200＋400），优先支付破产费用和共益债务58万元（15＋35＋8），然后支付所欠职工工资、社会保险费400万元（160＋240），支付所欠国家税款85万元，余下部分用于清偿其他债权。剩余破产财产为1 857万元，剩余破产债权为4 657万元。建筑公司可获清偿数额为51.84万元（130×1 857÷4 657）。

(四)追加分配

追加分配是在破产分配完成,破产程序终结以后,对于新发现的属于破产人而可用于破产分配的财产,由法院按照破产程序的有关规则对尚未获得满足的破产请求权进行清偿的补充性程序。

五、破产程序的终结

破产程序的终结,是指当债权人的债权通过破产程序的实施得到全部或部分清偿,或者由于某种原因的发生使破产程序的继续已无意义,由人民法院作出裁定,最终结束破产程序。破产程序终结,应由人民法院作出裁定,并将裁定书副本送达有关单位。裁定书的内容应予公告。

(一)破产程序终结的原因

破产程序终结的原因,是指引起破产程序终结的法律事实。

1. 和解整顿程序的终结

我国《破产法》规定,和解整顿程序的进行可能产生如下后果:(1)和解整顿期限届满,债权人能够按照和解协议的规定清偿到期债务的,宣告和解整顿程序终结,同时宣告已经开始的破产程序相应终结;(2)和解整顿程序进行期间,债务人的财务状况继续恶化,债权人会议申请终结整顿的,宣告和解整顿程序终结,转而启动中止的破产清算分配程序;(3)和解整顿程序进行过程中,债务人不执行和解协议或者实施《破产法》规定的严重损害债权人利益的行为的,宣告和解整顿程序终结,启动中止的破产清算分配程序。归纳起来,因和解整顿程序的开始而引发的破产程序的终结不外乎有两种情况:一是和解整顿成功而终结破产程序,此时,企业生命得以继续延续;二是因和解整顿程序失败而致企业进入破产清算分配程序。待分配程序完成后,破产程序随之终结。

2. 破产财产不足以支付破产费用

破产程序因破产财产的不足而终结,是各国破产立法的通例。根据我国《破产法》的规定,破产财产不足以支付破产费用时,人民法院应当宣告破产程序终结。破产费用应当在破产分配实施之前从破产财产中优先拨付。如果破产财产的数额不足以支付破产费用,破产债权人的债权就根本不可能再从破产财产中得到任何分配。此时,破产程序继续进行既不可能,也无实益。

3. 破产财产分配完毕

我国《破产法》规定:“破产财产分配完毕,由清算组提请人民法院终结破产程序。”破产程序在进行过程中,如果没有成立和解,也没有其他特殊情形,通常以破产财产被分配完毕而结束,这是破产程序终结中最常见、最基本的方式。在破产财产最后分配完结后,清算组应当申请人民法院裁定终结破产程序,破产程序随人民法院的裁定而终结。

(二)破产终结程序

1. 破产案件终结的程序

破产财产分配完毕后,破产清算组应当提请人民法院终结破产程序,人民法院应当在7日内裁定终结破产程序。破产程序终结后,清算组应当向破产企业原登记机关办理破产企业注销登记,并将办理情况告知人民法院。破产清算组办理注销登记时,应当提交由破产清算组签署的申请注销登记的报告、人民法院终结破产程序的裁定书、破产企业的营业执照及其副本、营业用章等。企业被登记注销后，没有得到分配的债权即行消灭。破产企业注销登记后，人民法院应宣布清算组撤销。

按照规定，破产程序终结后发现的破产企业的财产请求权，由破产企业的上级主管部门行使。追回的财产，由人民法院依照《破产法》的规定进行追加分配。如财产较少，人民法院认为没有再行分配的必要，可归破产企业的上级主管部门所有。

2. 破产终结的效力

(1)对于破产人的效力。由于我国现行的破产法律仅适用于企业法人，因此，破产程序因分配完毕和破产财产不足支付破产费用而终结后，法人的主体资格归于消灭，其所负剩余债务当然免除。

(2)对于破产债权人的效力。由于破产程序终结后破产企业的主体资格归于消灭，债权人未得到分配的债权，于破产终结裁定作出后视为消灭。破产债权人不能于程序结束后向债务人另行主张权利。和解协议实现后，和解债权人于达成和解协议时所免除的部分债权，在整顿成功后也不得向债务企业再行索要。

(3)对破产机构的效力。破产程序终结后，破产清算组、债权人会议等破产机构宣布解散，但破产清算组如有关于破产财产的未完结的诉讼、债权确认诉讼或者对债权分配表等异议之诉等遗留事务时，仍需对破产财产进行管理和处分。

(三)破产程序终结的法律后果

因企业整顿成功而终结破产程序的，企业恢复活力，继续进行正常的生产经营活动；因破产财产不足以支付破产费用或破产财产分配完毕而终结破产程序的，企业的法人资格消灭，由破产清算组织向破产企业原登记机关办理注销登记，债权人未得到清偿的债权不再清偿。

【任务导出】

(1)债务人企业能够提出破产申请。《破产法》规定：当债务人达到破产界限时，债务人和债权人都有权提出破产申请。企业法人在清算期间，且资产不足以清偿到期债务的，清算人应向法院提出破产申请。

债务人提出破产申请的，还应当向人民法院提交以下材料：财产状况说明、债权清册、债务清册、财务会计报告、职工安置预案以及职工工资的支付和社会保险费用的缴纳情况等。

(2)法院应该受理该破产案件。《破产法》规定："企业法人不能清偿到期债务，且资产不足以清偿全部债务或明显缺乏清偿能力的，依照本法规定清偿债务。"这一法律规定有以下含义：一是不能清偿的是"到期债务"；二是债务人明显缺乏清偿债务的能力，即不能以财产、信用或能力等任何方式清偿债务；三是债务人对全部或主要债务连续不能偿还。

(3)债权人会议的实质是：由全体申报债权的债权人组成的临时性的议事机构，是全体债权人参加破产程序并集体行使权利的决议机构。债权人会议是债权人团体在破产程序中的意思发表机关，并实行债权人自治。其本质上是一个组织体。

法院可以召集第一次债权人会议。《破产法》规定：第一次债权人会议由人民法院召集，以后的债权人会议由会议主席召集，在人民法院或者会议主席认为必要时召开。

(4)破产财产的分配符合法律规定。根据《破产法》规定，破产财产在优先清偿破产费用和共益债务后，依照下列顺序清偿：①破产人所欠职工的工资和医疗、伤残补助、抚恤费用，所欠的应当划入职工个人账户的基本养老保险、基本医疗保险费用，以及法律、行政法规规定应当支付给职工的补偿金；②破产人欠缴的除前项规定以外的社会保险费用和破产人所欠税款；

③普通破产债权。破产财产不足以清偿同一顺序的清偿要求的,按照比例分配。

强化训练

一、单项选择题

1. 根据《破产法》的规定,下列各项中,不属于破产管理人的职责的是( )。

A. 接管债务人的账簿等资料

B. 决定债务人的日常开支

C. 代表债务人参加诉讼

D. 在第一次债权人会议召开后,决定继续债务人的营业

2. 破产财产应优先支付的是( )。

A. 破产企业所欠职工工资　　B. 破产企业所欠税款

C. 破产企业所欠银行贷款　　D. 破产费用和共益费用

3. 人民法院裁定受理破产申请,下列做法中错误的是( )。

A. 人民法院裁定受理破产申请的,应当同时指定管理人

B. 人民法院受理破产申请后,有关债务人财产的保全措施不应解除

C. 人民法院应当自裁定受理破产申请之日起 25 日内通知已知债权人,并予以公告

D. 人民法院受理破产申请后,债务人对个别债权人的债务清偿无效

4. 下列有关破产管理人产生方式和组成的说法中,正确的是( )。

A. 管理人由债权人会议依法指定

B. 管理人可以由依法设立的律师事务所担任

C. 因故意犯罪受过刑事处罚但已经刑满释放的人可以担任管理人

D. 破产企业的法定代表人可以担任管理人

5. 根据《破产法》的有关规定,人民法院受理破产案件后,对债务人财产的其他民事执行程序所带来的法律后果是( )。

A. 中止执行　　B. 继续执行

C. 终结执行　　D. 与破产程序合并执行

6. 假设人民法院于 2013 年 9 月 10 日受理某企业法人破产案件,12 月 10 日作出破产宣告裁定。在破产企业清算时,下列选项中,管理人可依法行使撤销权的有( )。

A. 该企业于 2012 年 3 月 1 日对应于同年 10 月 1 日到期的债务提前予以清偿

B. 该企业上级主管部门于 2012 年 4 月 1 日从该企业无偿调出价值 10 万元的机器设备一套

C. 该企业于 2013 年 5 月 8 日与其债务人签订协议,放弃其 15 万元债权

D. 该企业于 2012 年 9 月 1 日将价值 25 万元的车辆作价 8 万元转让他人

7. 甲公司租赁乙公司的注塑设备 1 台,在租赁期间人民法院受理了甲公司的破产申请,进入破产程序。乙公司出租的该台设备,应由乙公司( )。

A. 向人民法院申报债权　　B. 向甲公司申请收回

C. 向人民法院申请收回　　D. 向管理人申请收回

二、多项选择题

1. 下列各项中,能够申报成为破产债权的是( )。

A. 诉讼未决的债权　　B. 未到期的债权

C. 附期限的债权　　D. 债务人所欠职工的工资

2. 根据企业破产法律制度的规定,在人民法院受理破产申请后,下列有关破产申请受理的效力的表述中,正确的有( )。

A. 债务人不得对个别债权人的债务进行清偿

B. 债务人的债务人应当向破产管理人清偿债务

C. 有关债务人财产的执行措施应当终止

D. 有关债务人的民事诉讼只能向受理破产申请的法院提起

3. 根据《破产法》的规定，下列机构或人员中，可以担任破产管理人的有(　　)。

A. 依法设立的律师事务所　　B. 依法设立的会计师事务所

C. 因贪污罪而受过刑事处罚的人　　D. 破产企业的债权人

4. 下列各项中，可以召开债权人会议的有(　　)。

A. 债权人会议主席提议时

B. 占债权总额 1/4 以上的债权人要求时

C. 人民法院认为必要时

D. 占无财产担保债权总额 1/4 以上的债权人要求时

5. 根据《破产法》的规定，人民法院受理破产申请前 1 年内，下列涉及债务人财产的行为中，属于破产管理人有权请求人民法院予以撤销的有(　　)。

A. 债务人无偿转让财产的行为

B. 债务人以明显不合理的价格进行交易的行为

C. 债务人对未到期的债务提前清偿的行为

D. 债务人为逃避债务隐匿财产的行为

6. 下列有关重整制度的表述中，符合《破产法》规定的有(　　)。

A. 债务人尚未进入破产程序时，债权人可以直接向人民法院申请对债务人进行重整

B. 债权人申请对债务人进行破产清算的，在人民法院受理破产申请后、宣告债务人破产前，出资额占债务人注册资本 20%的出资人可以向人民法院申请重整

C. 破产管理人负责管理财产和营业事务的，重整计划草案可以由破产管理人制定

D. 按照重整计划减免的债务，自重整计划执行完毕时起，债务人不再承担清偿责任

三、案例分析题

1. 东南建筑公司实有资产 4 000 万元，到期债务为 3 500 万元。但是该公司以“实有资产 2 800 万元，负债 3 500 万元”为由向当地人民法院提交了破产申请书，同时将 1 000 万元财产转移并隐蔽起来。该法院接到申请书后立即作出以下裁定：宣告该公司破产还债，并公告该公司所有债权人自公告之日起两个月内申报债权，逾期者一律视为放弃债权。公司所在地建设银行看到公告后立即申请债权，并说明自己的债权是有财产担保的，因为该公司 3 个月前向该银行借贷时以厂房作为抵押。但法院认为破产还债，所有债权人都是一样的，应该平等对待，裁定 2 800 万元财产由全体债权人按比例平均分配。

试分析：运用我国现行《破产法》，分析本案例中有哪些不符合法律之处，并说明理由。

2. 2014 年 9 月 20 日，债权人因某机械制造厂不能支付到期债务向人民法院提出对其破产申请。人民法院于 2014 年 10 月 10 日裁定受理该债权人对机械制造厂提出的破产申请，同时指定某律师事务所为破产管理人。管理人接管机械制造厂后，清理资产、负债情况为：

(1)人民法院受理破产申请时，机械制造厂全部财产的变现值为 8 400 万元。其中，全部厂房变现价值 780 万元，办公楼变现价值 975 万元，全部机器设备变现价值 720 万元。

(2)此外，人民法院还发现，2013 年 12 月该机械制造厂将一台价值 100 万元的机械设备无偿赠送给了某企业。

(3)人民法院受理破产申请时，该机械制造厂负债总额为 16 500 万元。其中包括以下负债：

①应付职工工资 270 万元，未交税金 330 万元；2014 年 4 月 6 日，以甲公司全部厂房作抵押，向中国建设银行贷款 650 万元；2014 年 7 月 3 日，以机器设备作抵押，向中国农业银行贷款 600 万元。

②应付 A 公司到期货款 570 万元。A 公司催要后提起诉讼。2014 年 7 月 20 日，法院终审判决甲公司支

付A公司欠款及违约金和赔偿金等共计620万元。A公司申请强制执行，人民法院对机械制造厂办公楼予以查封。人民法院受理甲公司破产申请时，此判决尚未执行。

③应付B公司2012年5月18日到期货款270万元。2013年2月16日应B公司的要求，机械制造厂与B公司签订了一份担保合同。合同约定：以机械制造厂机器设备作抵押，若2014年7月17日前仍不能支付B公司270万元的货款，则以机械制造厂机器设备变卖受偿。

④应付C公司未到期货款300万元。

(4)人民法院的诉讼费用45万元，管理人报酬30万元，为继续营业而支付的职工工资及社会保险费用225万元。

根据以上案例，试分析：

(1)人民法院查封的机械制造厂的办公楼可否用于偿还所欠A公司的货款？并说明原因。

(2)对机械制造厂无偿赠与价值100万元设备的行为，管理人可以申请行使何种权利？并说明理由。

(3)哪些属于破产费用？哪些属于共益债务？

(4)C公司尚未到期的债权是否属于破产债权？并说明理由。

(5)对于机械制造厂向B公司设定的抵押担保，管理人能否向人民法院申请撤销？并说明理由。

(6)机械制造厂的破产财产额是多少？如何分配？

(7)C公司可获破产清偿的金额为多少？

资源拓展

三鹿破产案

2008年9月，三鹿生产的婴儿奶粉被发现导致多位食用婴儿出现肾结石症状，“三聚氰胺”事件爆发。据卫生部通报，截至2008年12月底，全国累计报告因食用三鹿牌奶粉和其他个别问题奶粉导致泌尿系统出现异常的患儿共29.6万人。

奶粉事件发生后，国务院高度重视，决定在全国全面检查奶制品，整顿奶制品行业。三鹿等22家责任企业向奶粉事件患儿主动赔偿，对近30万名确诊患儿给予一次性现金赔偿，并出资2亿元建立医疗赔偿基金，用于支付患儿医疗费，直至年满18周岁。2008年12月19日，三鹿集团借款9.02亿元用于治疗和赔偿患儿费用。

三鹿牌婴幼儿配方奶粉重大食品安全事故发生后，三鹿集团于2008年9月12日全面停产。截至10月31日财务审计和资产评估，三鹿集团资产总额为15.61亿元，总负债17.62亿元，净资产－2.01亿元；12月19日三鹿集团又借款9.02亿元付给全国奶协，用于支付患病婴幼儿的治疗和赔偿费用。目前，三鹿集团净资产为－11.03亿元(不包括10月31日后企业新发生的各种费用)，已经严重资不抵债。

依据《破产法》的有关规定，申请人(债权人)石家庄商业银行和平西路支行向石家庄市中级人民法院提出了对被申请人（债务人)石家庄三鹿集团股份有限公司进行破产清算的申请。石家庄市中级人民法院已经受理。受理该申请的裁定书已于2008年12月23日送达石家庄三鹿集团股份有限公司。

进入破产程序的三鹿集团于2009年2月13日召开了第一次债权人会议。上午9时左右，由274名三鹿债权人参加的债权人会议在石家庄市中级法院大审判厅召开。法院合议庭当场宣读了三鹿集团破产的有关法律文书，发出三鹿集团破产民事裁定书，正式宣告三鹿破产。

2009年3月，包括原董事长在内的一批集团高管和相关责任人，分别一审被判处死刑(死缓)、无期徒刑……

“三鹿”的破产，或许告诉我们这样一个道理：一个道德缺失的企业领导者，缔造不出一个百年企业；一个道德缺失的行业群体，创造不出一个健康的行业发展环境。诚信和责任是市场经济的基本准则，失去它也就失去了市场。

经济活动法

第七章

合同法

【学习目标】

能力目标:掌握合同的订立。

知识目标:了解合同的形式及其订立程序,掌握合同的基本条款、合同的效力与担保。

素质目标:依法处理合同有关事务。

【任务导入】

A 企业为了控制合同风险,明确规定其法定代表人张某对外签订合同的最高限额为 200 万元。2014 年 4 月 1 日,张某在一次商品交易会上,为了抓住稍纵即逝的商机,代表 A 企业与 B 企业签订了一份 250 万元的买卖合同,B 企业并不知道张某违反了 A 企业的内部约定。按照买卖合同的约定,由 A 企业在 2014 年 6 月 5 日前向 B 企业提供货物,B 企业收到货物后的 10 天内支付货款 250 万元。

2014 年 6 月 1 日,A 企业按照合同约定完成全部货物的生产。6 月 2 日,A 企业有确切证据得知 B 企业经营状况严重恶化,可能无力支付 250 万元的货款。6 月 5 日,B 企业要求 A 企业提交货物,遭到 A 企业的拒绝,A 企业要求 B 企业提供担保。B 企业以自己的厂房作为抵押,担保的价值为 100 万元,同时 B 企业请求 C 企业为保证人,C 企业担保的价值为 150 万元。6 月 20 日,A、B 签订了抵押合同,双方在抵押合同中约定,如 B 企业不能支付到期货款,该厂房的所有权直接归 A 企业所有。6 月 22 日,A、B 企业办理了抵押物的登记手续。6 月 30 日,A 企业与 C 企业签订了保证合同,双方在保证合同中约定,C 企业的保证方式为连带保证,但双方未约定保证期间。

7 月 1 日,A 企业按照合同约定向 B 企业提交了全部货物。B 企业接到货物后,对标的物的数量和质量未提出异议,但由于经营状况不佳,7 月 10 日(支付货款的最后期限)无力支付货款。7 月 12 日,A 企业向 B 企业要求行使抵押权,发现该厂房已经被政府有关部门征用,B 企业由此获得补偿金 80 万元。在 A 企业的要求下,B 企业将 80 万元的补偿金全额支付给 A 企业。2013 年 6 月 1 日,A 企业要求 C 企业承担保证责任,支付其担保的 150 万元,C 企业表示拒绝。A 企业于是请求人民法院判定 C 企业履行保证责任。

任务分析：

(1)A、B两企业签订的买卖合同是否有效？

(2)A企业在2012年6月5日是否可以中止履行合同？为什么？

(3)A、B两企业签订的抵押合同是否有效？为什么？

(4)在A、C企业的保证合同中，C企业的保证期间是多少？

(5)C企业拒绝履行保证责任的理由是否成立？为什么？

第一节　合同概要

一、合同的概念与特征

(一)合同的概念

合同又称契约，是当事人之间设立、变更、终止某种权利义务关系的协议。我国的合同法中所指的合同，是平等主体的自然人、法人、其他组织之间设立、变更、终止民事权利义务关系的协议。

(二)合同的特征

(1)合同是平等主体之间的民事法律行为。合同主体间的法律地位完全平等。作为合同主体的自然人、法人和其他组织，虽然他们在力量上有强弱之分，但他们在法律地位上是完全平等的。

(2)合同是两个或者两个以上当事人的民事法律行为。合同的主体必须有两个或两个以上，合同的成立是各方当事人意思表示一致的结果。

(3)合同是以设立、变更和终止民事权利义务关系为目的的民事法律行为。合同在当事人之间设立、变更、终止特定的民事权利义务关系，以实现当事人特定的经济目的。

(4)合同是具有相应法律效力的协议。合同依法成立，发生法律效力之后，当事人各方都必须全面正确履行合同中规定的义务，不得擅自变更或者解除。当事人不履行合同中规定的义务，要依法承担违约责任。

二、合同法的概念与特征

(一)合同法的概念

合同法是调整平等主体之间商品交换关系的法律规范的总称，它调整合同的订立、效力、履行、担保、变更和转让、权利义务终止及违约责任关系。

(二)合同法的特征

(1)合同法强调主体平等、自愿协商、等价有偿的原则。这些原则是商品交换的基本原则，在合同法中得到充分的体现。

(2)合同法贯彻契约自由的原则。在合同法中，主要通过任意性法律规范而不是强制性法律规范调整合同。

我国曾制定过三部不同的合同法，即《经济合同法》、《涉外经济合同法》、《技术合同法》。这三部合同法曾在我国的法制建设方面发挥了重要的作用，促进了商品交换和市场经济体制的建立，保护了当事人的合法权益。

但随着改革开放的深入和经济贸易的发展，这三部合同法已不能适应新形势的要求。因此在 1999 年 3 月 15 日，第九届全国人民代表大会第二次会议通过了《合同法》，自 1999 年 10 月 1 日起施行。为保障《合同法》的顺利实施，最高人民法院于 1999 年 12 月 1 日通过了《关于适用〈中华人民共和国合同法〉若干问题的解释（一）》（简称《合同法解释》），该解释自 1999 年 12 月 29 日起施行。

三、合同法的基本原则

（一）平等原则

合同当事人法律地位一律平等，一方不得将自己的意志强加给另一方，各方应在权利义务对等的基础上订立合同。

（二）自愿原则

当事人依法享有自愿订立合同的权利，任何单位和个人不得非法干预。

（三）公平原则

当事人应当遵循公平原则确定各方的权利和义务。任何当事人不得滥用权利，不得在合同中规定显失公平的内容。

（四）诚实信用原则

当事人应当诚实守信，善意地行使权利、履行义务，不得有欺诈等恶意行为。

（五）守法、不损害社会公共利益原则

当事人订立、履行合同，应当遵守法律、行政法规，尊重社会公德，不得扰乱社会经济秩序，损害社会公共利益。

四、合同的分类

（一）有名合同与无名合同

根据法律是否对合同规定有确定的名称与调整规则，合同分为有名合同与无名合同。有名合同又称典型合同，是立法上规定有确定名称与规则的合同。如《合同法》在分则中规定的买卖合同、赠与合同、借款合同、租赁合同等各类合同。无名合同又称非典型合同，是立法上尚未规定有确定名称与规则的合同。

（二）单务合同与双务合同

根据合同当事人是否互相享有权利、负有义务，可将合同分为单务合同与双务合同。单务合同是指仅有一方当事人承担义务的合同，如典型的赠与合同。双务合同是指双方当事人相互享受权利、承担义务的合同，如买卖合同、承揽合同、租赁合同等。

（三）有偿合同与无偿合同

根据合同当事人是否为从合同中得到的利益支付对价，可将合同分为有偿合同与无偿合同。有偿合同是指当事人为从合同中得到利益要支付相应代价的合同。无偿合同是指当事人不需为从合同中得到的利益支付相应代价的合同，如典型的赠与合同。

（四）诺成合同与实践合同

根据合同是自当事人意思表示一致时成立，还是在当事人意思表示一致后，仍须有实际交付标的物的行为才能成立，可将合同分为诺成合同与实践合同。诺成合同是在当事人意思表示一致时即告成立的合同。实践合同是在当事人意思表示一致后，仍须有实际交付标的物的行为才能成立的合同。

(五)要式合同与不要式合同

根据法律是否要求合同必须符合一定的形式才能成立,可将合同分为要式合同与不要式合同。要式合同是必须按照法律规定的特定形式订立方可成立的合同。不要式合同是法律对合同订立未规定特定的形式的合同。

(六)主合同与从合同

根据某一合同是否须以其他合同的存在为前提而存在,可将合同分为主合同与从合同。主合同是无须以其他合同存在为前提即可独立存在的合同。从合同是必须以其他合同的存在为前提才可存在的合同。

第二节　合同的订立

一、合同的内容和形式

(一)合同的内容

1. 合同的内容概念

合同的内容,是合同当事人订立合同的意思表示,具体体现为合同的各项条款。根据《合同法》规定,在不违反法律强制性规定的情况下,合同的内容由当事人约定,一般包括以下条款:(1)当事人的名称或者姓名和住所;(2)标的;(3)数量;(4)质量;(5)价款;(6)履行期限、地点和方式;(7)违约责任;(8)解决争议的方法。

2. 格式条款

格式条款又称定型化条款,是指一方当事人为了与不特定多数人订立合同重复使用而单方预先拟定,并在订立合同时不允许对方协商变更的条款。《合同法》规定,采用格式条款订立合同的,提供格式条款的一方应当遵循公平原则确定当事人之间的权利和义务,并采取合理的方式提请对方注意免除或者限制其责任的条款,按照对方的要求,对该条款予以说明。如果格式条款具有《合同法》规定的合同无效和免责条款无效的情形,或者提供格式条款一方免除其责任、加重对方责任、排除对方主要权利,该条款无效。此外,《合同法》还规定,对格式条款的理解发生争议的,应当按照通常理解予以理解。对格式条款有两种以上解释的,应当作出不利于提供格式条款一方的解释。格式条款和非格式条款不一致的,应当采用非格式条款。

(二)合同的形式

合同的形式,是指合同当事人意思表示一致的外在表现形式。当事人订立合同,可以采取书面形式、口头形式和其他形式。对法律、行政法规规定或者当事人约定采用书面形式的合同,当事人应当采用书面形式。

二、合同订立的程序

合同订立的程序包括要约和承诺。

(一)要约

1. 要约的概念和要件

要约是指希望和他人订立合同的意思表示。要约的要件包括:(1)内容具体确定,即表达出订立合同的意思;(2)表明经受要约人承诺,要约人即受该意思表示约束。

2. 要约与要约邀请的区别

要约邀请是希望他人向自己发出要约的意思表示,不属于订立合同的行为。寄送的价目表、拍卖公告、招标公告、招股说明书、商业广告等,性质为要约邀请。但若商业广告的内容符合要约的规定,如悬赏广告,则视为要约。

【应用案例7—1】 2015年3月1日,某商场想要购进一批毛巾,于是向几家毛巾厂发出电报,称:本超市欲购进毛巾,如果有全棉新款,请附图样与说明,我商场将派人前往洽谈购买事宜。于是有几家毛巾厂回电话,称自己能够满足该超市的要求并且附上了图样与说明。其中甲厂寄送了图样和说明后,又送了100条毛巾到该商场,商场看货后不满意,于是决定不购买甲厂的毛巾。甲厂认为商场发出的是要约,其送毛巾的行为是承诺,合同因为承诺而生效。商场拒绝购买是违约行为,应该承担违约责任,而商场认为发出电报的行为是一种要约邀请而不是要约,商场不受该行为约束。试分析:商场拒绝甲厂是否违约行为?

【案例解析】 这个电报是商场发出的,是特定的人发出的。但是,根据这份电报的内容,并不具备一个合同应该具备的主要条款,没有标的的数量、价款,也没有履行的期限。因此,该电报不是一份要约,而是一项要约邀请,商场不受该行为的约束,商场和甲厂之间没有法律上的关系,甲厂受到的损失应该自己承担。

3. 要约的生效

要约可以向特定人发出,也可以向非特定人发出。要约到达受要约人时生效。采用数据电文形式订立合同,收件人指定特定系统接收数据电文的,该数据电文进入该特定系统的时间,视为到达时间;未指定特定系统的,该数据电文进入收件人的任何系统的首次时间,视为到达时间。

4. 要约的撤回、撤销及失效

要约可以撤回。撤回要约的通知应当在要约到达受要约人之前或者与要约同时到达受要约人。

要约可以撤销。撤销要约的通知应当在受要约人发出承诺通知之前到达受要约人。但有下列情形之一的,要约不得撤销:(1)要约人确定了承诺期限或者以其他形式明示要约不可撤销;(2)受要约人有理由认为要约是不可撤销的,并已经为履行合同做了准备工作。

要约失效的情形:(1)拒绝要约的通知到达要约人;(2)要约人依法撤销要约;(3)承诺期限届满,受要约人未作出承诺;(4)受要约人对要约的内容作出实质性变更。

(二)承诺

1. 承诺的概念和要件

承诺是受要约人同意要约的意思表示。承诺的要件包括:(1)承诺必须由受要约人向要约人作出;(2)承诺的内容须与要约的内容相一致;(3)承诺应当在承诺期间到达。

2. 承诺的方式

承诺应当由受要约人向要约人以通知的方式作出,通知的方式依要约要求可以是口头或书面形式,但根据交易习惯或者要约表明可以通过行为作出承诺的除外。通知的方式采取口头、书面或者要约规定的其他方式的,也称承诺的明示方式。行为的方式是指受要约人没有通过书面或口头方式明确表达其意思,但是通过实施一定的行为作出承诺,也称为承诺的默示方式。这种方式只有在根据交易习惯或者当事人有特别约定的情况下才能使用。

3. 承诺的生效

(1)承诺的生效时间。承诺应当在要约确定的期限内到达要约人。要约以信件或者电报作出的,承诺期限自信件载明的日期或者电报交发之日开始计算。要约以电话、传真等快速通信方式作出的,承诺期限自要约到达受要约人时开始计算。承诺不需要通知的,自根据交易习惯或者要约的要求作出承诺的行为时生效。采用数据电文形式订立合同,收件人指定特定系统接收数据电文的,该数据电文进入该特定系统的时间,视为承诺到达时间。

(2)承诺的撤回。承诺可以撤回,条件是撤回承诺的通知应当在承诺通知到达要约人之前或者与承诺通知同时到达要约人,即在承诺生效前到达要约人。

4. 承诺的法律效力

承诺的法律效力表现为,承诺生效时合同成立。承诺自通知到达要约人时生效。

5. 承诺对要约的变更

承诺的内容对要约的内容作出实质性变更的,为新要约。有关合同标的、数量、质量、价款或者报酬、履行期限、履行地点和方式、违约责任和解决争议方法等内容的变更,是对要约内容的实质性变更。承诺对要约的内容作出非实质性变更的,除要约人及时表示反对或者要约表明承诺不得对要约的内容作出任何变更的以外,该承诺有效,合同的内容以承诺的内容为准。

(三)合同成立的时间与地点

1. 合同成立的时间

合同成立的方式不同,成立时间的标准也不同。在一般情况下,承诺生效时合同成立。当事人约定采用合同书形式订立合同的,自双方当事人签字或者盖章时合同成立。如双方当事人未同时在合同书上签字或盖章,则以当事人中最后一方签字或盖章的时间为合同的成立时间。当事人采用信件、数据电文等形式订立合同的,可以要求在合同成立之前签订确认书。合同在签订确认书时成立,而不是承诺生效时成立。

2. 合同成立的地点

承诺生效的地点为合同成立的地点。采用数据电文形式订立合同的,收件人的主营业地为合同成立的地点;没有主营业地的,其经常居住地为合同成立的地点。当事人另有约定的,按照其约定。当事人采用合同书形式订立合同的,双方当事人签字或者盖章的地点为合同成立的地点。双方当事人未在同一地点签字或盖章,则以当事人中最后一方签字或盖章的地点为合同成立的地点。

三、缔约过失责任

缔约过失责任,是指合同当事人在订立合同过程中,因违反法律规定、违背诚实信用原则,致使合同未能成立,并给对方造成损失,而应承担的损害赔偿责任。

《合同法》规定当事人在订立合同过程中有下列情形之一,给对方造成损失的,应当承担损害赔偿责任:(1)假借订立合同,恶意进行磋商;(2)故意隐瞒与订立合同有关的重要事实或者提供虚假情况;(3)有其他违背诚实信用原则的行为。《合同法》第 43 条规定:当事人在订立合同过程中知悉的商业秘密,无论合同是否成立,不得泄露或者不正当地使用。泄露或者不正当地使用该商业秘密给对方造成损失的,应当承担损害赔偿责任。

第三节 合同的效力

一、合同的生效

（一）合同生效的概念

合同的生效，是指已依法成立的合同，发生相应的法律效力。合同的成立，是指当事人经过要约和承诺，意思表示一致而达成协议。合同生效的前提是合同成立，合同成立并不一定合同生效。

（二）合同生效的时间

(1)依法成立的合同，自成立时生效。

(2)法律、行政法规规定应当办理批准、登记等手续生效的，在依照其规定办理批准、登记等手续后生效。如《担保法》规定，房屋抵押合同自办理登记手续之日起生效。

(3)当事人对合同的效力可以约定附条件。附生效条件的合同，自条件成就时生效。附解除条件的合同，自条件成就时失效。

(4)当事人对合同的效力可以约定附期限。附生效期限的合同，自期限届至时生效。附终止期限的合同，自期限届满时失效。

二、代理

当事人依法可以委托代理人订立合同。《合同法》规定：

(1)限制民事行为能力人订立的合同，经法定代理人追认后，该合同有效。但纯获利益的合同或者与其年龄、智力、精神健康状况相适应而订立的合同，不必经法定代理人追认。

(2)行为人没有代理权、超越代理权或者代理权终止后以被代理人名义订立的合同，未经被代理人追认，对被代理人不发生效力，由行为人承担责任。相对人可以催告被代理人在一个月内予以追认。被代理人未作表示的，视为拒绝追认。合同被追认之前，善意相对人有撤销的权利。撤销应当以通知的方式作出。

(3)行为人没有代理权、超越代理权或者代理权终止后以被代理人名义订立合同，相对人有理由相信行为人有代理权的，该代理行为有效。这是关于表见代理的规定。所谓表见代理，是指客观上存在使相对人相信无权代理人的行为有代理权的情况和理由，且相对人主观上为善意时，代理行为有效。

(4)法人或者其他组织的法定代表人、负责人超越权限订立的合同，除相对人知道或者应当知道其超越权限的以外，该代表行为有效，合同成立有效。

(5)无处分权的人处分他人财产，经权利人追认或者无处分权的人订立合同后取得处分权的，该合同有效。

三、无效合同、可撤销合同及其法律后果

（一）无效合同

1. 无效合同的概念

无效合同是指已经订立，但因违反法律、行政法规规定的成立与生效条件而不发生法律效

力，不具有法律约束力的合同。合同的无效，分为合同的全部无效与合同的部分无效两种情况。

2. 无效合同的情形

《合同法》第52条规定，有下列情形之一的，合同无效：(1)一方以欺诈、胁迫的手段订立合同，损害国家利益；(2)恶意串通，损害国家、集体或第三人利益；(3)以合法形式掩盖非法目的；(4)损害社会公共利益；(5)违反法律、行政法规的强制性规定。

3. 免责条款

免责条款是指合同当事人在合同中规定的免除或限制一方或双方当事人违约法律责任的条款。通常，对当事人自愿订立的免责条款，法律是不加干涉的。但如免责条款约定属于下列情况的，免责的条款无效：(1)造成对方人身伤害的；(2)因故意或者重大过失造成对方财产损失的。

(二)可撤销合同

1. 可撤销合同的概念和情形

可撤销合同是指因存在法定事由，合同一方当事人可请求人民法院或者仲裁机构撤销或者变更的合同。《合同法》规定，下列合同当事人一方有权请求人民法院或者仲裁机构撤销或者变更：

(1)因重大误解订立的。所谓重大误解，是指当事人对合同的性质、对方当事人、标的物的种类、质量、数量等涉及合同后果的重要事项存在错误认识，违背其真实意思表示订立合同，并因此受到较大损失的行为。

(2)在订立合同时显失公平的。显失公平是指一方当事人利用优势或者对方没有经验，在订立合同时致使双方的权利与义务明显违反公平、等价有偿原则的行为。

(3)一方以欺诈、胁迫的手段或者乘人之危，使对方在违背真实意思的情况下订立的合同，受损害方有权请求人民法院或者仲裁机构变更或者撤销。

2. 无效合同与可撤销的合同的区别

无效合同因违法而自始没有法律约束力。可撤销的合同主要是订立合同时意思表示不真实的合同，在合同订立后，当事人的意思表示还可能改变，不一定非得撤销或变更，所以，在被撤销之前仍是有效合同。对可撤销的合同是否撤销，或是采取撤销还是变更措施，完全由当事人决定。当事人请求变更的，人民法院或者仲裁机构不得撤销。

【应用案例7—2】 A、B公司于2015年3月10日签订买卖合同。3月15日甲公司发现自己对合同标的存有重大误解，遂于3月20日向法院请求撤销该合同。4月10日法院依法撤销该合同。试问：该合同什么时候归于无效？

【案例解析】 根据《合同法》规定，可撤销合同被依法撤销后，自始没有效力。所以该合同自3月10日起归于无效。

第四节 合同的履行

一、合同的履行原则

(一)合同履行原则的概念

合同的履行，是指合同的双方当事人正确、适当、全面地完成合同中规定的各项义务的行为。当事人应当按照合同约定全面履行自己的义务。在合同的履行中当事人应当遵循诚实信用原则，根据合同的性质、目的和交易习惯履行通知、协助、保密等义务。

(二)合同履行原则的内容

合同生效后，当事人就质量、价款或者报酬、履行地点等内容没有约定或者约定不明确的，可以协议补充；不能达成补充协议的，按照合同有关条款或者交易习惯确定。依照上述履行原则仍不能确定的，适用《合同法》的下列规定：

(1)质量要求不明确的，按照国家标准、行业标准履行；没有国家标准、行业标准的，按照通常标准或者符合合同目的的特定标准履行。

(2)价款或者报酬不明确的，按照订立合同时履行地的市场价格履行；依法应当执行政府定价或者政府指导价的，按照规定履行。

(3)履行地点不明确，给付货币的，在接受货币一方所在地履行；交付不动产的，在不动产所在地履行；其他标的，在履行义务一方所在地履行。

(4)履行期限不明确的，债务人可以随时履行，债权人也可以随时要求履行，但应当给对方必要的准备时间。

(5)履行方式不明确的，按照有利于实现合同目的的方式履行。

(6)履行费用的负担不明确的，由履行义务一方负担。

合同生效后，当事人不得因姓名、名称的变更或者法定代表人、负责人、承办人的变动而不履行合同义务。

二、合同履行的抗辩权

根据《合同法》规定，在合同的履行中，当事人可享有同时履行抗辩权、后履行抗辩权和不安抗辩权。这些履行抗辩权利的设置，使当事人在法定情况下可以对抗对方的请求权，使当事人的拒绝履行行为不构成违约，可以更好地维护当事人的合法权益。

(一)同时履行抗辩权

同时履行抗辩权，是指双务合同的当事人应同时履行义务的，一方在对方未履行前，有拒绝对方请求自己履行合同的权利。《合同法》规定，当事人互负债务，没有先后履行顺序的，应当同时履行。一方在对方履行之前有权拒绝其履行要求。一方在对方履行债务不符合约定时，有权拒绝其相应的履行要求。

(二)后履行抗辩权

后履行抗辩权，是指双务合同中应先履行义务的一方当事人未履行时，对方当事人有拒绝对方请求履行的权利。《合同法》规定，当事人互负债务，有先后履行顺序，先履行一方未履行的，后履行一方有权拒绝其履行要求。先履行一方履行债务不符合约定的，后履行一方有权拒绝其相应的履行要求。

【应用案例7—3】 C公司与D公司订立的买卖合同约定：C公司向D公司购买西服，价款总值为9万元；C公司于8月1日前向D公司预先支付货款6万元，余款于10月15日在D公司交付西服后2日内一次付清。C公司以资金周转困难为由，未按合同约定预先支付货款6万元。10月15日，C公司要求D公司交付西服，D公司拒绝交付。试问：D公司可否拒绝C公司的请求？

【案例解析】 根据《合同法》规定，当事人互负债务，有先后履行顺序，先履行一方未履行的，后履行一方有权拒绝其履行要求；先履行一方履行债务不符合约定的，后履行一方有权拒绝其相应的履行要求。所以D公司可以拒绝C公司的请求。

(三)不安抗辩权

不安抗辩权,是指双务合同中应先履行义务的一方当事人,有证据证明对方当事人不能或可能不能履行合同义务时,在对方当事人未履行合同或就合同履行提供担保之前,有暂时中止履行合同的权利。《合同法》规定,应当先履行债务的当事人,有确切证据证明对方有下列情形之一的,可以中止履行:(1)经营状况严重恶化;(2)转移财产、抽逃资金,以逃避债务;(3)丧失商业信誉;(4)有丧失或者可能丧失履行债务能力的其他情形。

当事人没有确切证据中止履行的,应当承担违约责任。当事人行使不安抗辩权中止履行的,应当及时通知对方。对方提供适当担保时,应当恢复履行。中止履行后,对方在合理期限内未恢复履行能力并且未提供适当担保的,中止履行的一方可以解除合同。

三、代位权与撤销权

(一)代位权

1. 代位权的概念

代位权,是指当债务人怠于行使其权利而危及债权人利益时,债权人为保全债权,可以自己的名义代位行使债务人权利的权利。《合同法》第 73 条规定,因债务人怠于行使其到期债权,对债权人造成损害的,债权人可以向人民法院请求以自己的名义代位行使债务人的债权,但该债权专属于债务人自身的除外。代位权的行使范围以债权人的债权为限。债权人行使代位权的必要费用,由债务人负担。

2. 代位权行使的条件

债权人提起代位权诉讼,应当符合下列条件:(1)债权人对债务人的债权合法;(2)债务人怠于行使其到期债权,对债权人造成损害;(3)债务人的债权已到期;(4)债务人的债权不是专属于债务人自身的债权。

(二)撤销权

撤销权,是指债权人对债务人实施的危及债权人利益的减少财产行为,可以请求人民法院予以撤销的权利。撤销权行使的结果是恢复债务人相应的财产与权利,债权人就撤销权行使的结果并无优先受偿权利。

《合同法》规定,因债务人放弃其到期债权或者无偿转让财产,对债权人造成损害的,债权人可以请求人民法院撤销债务人的行为。债务人以明显不合理的低价转让财产,对债权人造成损害,并且受让人知道该情形的,债权人也可以请求人民法院撤销债务人的行为。撤销权的行使范围以债权人的债权为限。债权人行使撤销权的必要费用,由债务人负担。

撤销权自债权人知道或应当知道撤销事由之日起一年内行使。如果债权人无法知道撤销事由,债权人应自债务人行为发生之日起 5 年内行使撤销权,否则,其撤销权消灭。

第五节 合同的担保

一、合同担保概述

(一)担保的概念与特征

担保是指法律规定或者当事人约定的保证合同履行、保障债权人利益实现的法律措施。

担保方式包括保证、抵押、质押、留置和定金。

担保具有以下法律特征：

(1)从属性。担保合同是从属于主合同的从合同，除担保合同另有约定者外，主合同无效，担保合同无效。

(2)补充性。担保对债权人权利的实现仅具有补充作用，一般只有在所担保的债务得不到履行时，才行使担保权利。据此，一般保证的保证人对债权人享有先诉抗辩权。

(3)相对独立性。担保可相对独立于所担保的债权发生或存在。

(二)担保合同的效力与担保责任概述

1. 无效的担保合同

担保合同必须合法方才有效。根据有关法律和司法解释规定，下列担保合同无效：

(1)国家机关和以公益为目的的事业单位、社会团体违法提供担保的，担保合同无效。

(2)董事、经理违反《公司法》规定，以公司资产为本公司的股东或者其他个人债务提供担保的，担保合同无效。除债权人知道或者应当知道的外，债务人、担保人应当对债权人的损失承担连带赔偿责任。

(3)以法律、法规禁止流通的财产或者不可转让的财产设定担保的，担保合同无效。

2. 无效担保合同的责任

担保合同被确认无效时，债务人、担保人、债权人有过错的，应当根据其过错各自承担相应的民事责任，即承担缔约过失责任。

(1)主合同有效而担保合同无效，债权人无过错的，担保人与债务人对主合同债权人的经济损失，承担连带赔偿责任；债权人、担保人有过错的，担保人承担民事责任的部分，不应超过债务人不能清偿部分的1/2。

(2)主合同无效而导致担保合同无效，担保人无过错则不承担民事责任；担保人有过错的，应承担的民事责任不超过债务人不能清偿部分的1/3。

(3)担保人因无效担保合同向债权人承担赔偿责任后，可以向债务人追偿。

二、保证

(一)保证的概念

保证，是指保证人和债权人约定，当债务人不履行债务时，保证人按照约定履行债务或者承担责任的行为。保证的方式有两种，即一般责任保证和连带责任保证。

(二)保证人的范围

保证人可以是具有代为清偿债务能力的法人、其他组织或者公民。但不具有完全代偿能力的法人、其他组织或者自然人，以保证人身份订立保证合同后，不能以自己没有代偿能力要求免除保证责任。

保证人范围的除外情形包括：

(1)除经国务院批准为使用外国政府或者国际经济组织贷款进行转贷担保者外，国家机关不得为保证人。

(2)学校、幼儿园、医院等以公益为目的的事业单位、社会团体不得为保证人，但从事经营活动的事业单位、社会团体可以为保证人。

(3)企业法人的分支机构、职能部门不得为保证人。企业法人的分支机构有法人书面授权的，可以在授权范围内提供保证，该分支机构经营管理的财产不足以承担保证责任的，由企业法人承担民事责任。如果法人的书面授权范围不明，法人的分支机构应当对保证合同约定的全部债务承担保证责任。

保证人可为两人以上。同一债务有两个以上保证人的，保证人应当按照保证合同约定的保证份额承担保证责任。各保证人与债权人没有约定保证份额的，应当认定为连带共同保证。连带共同保证的保证人不能以其相互之间约定各自承担的份额对抗债权人。连带共同保证的保证人一人或者数人承担保证责任后，有权向债务人追偿。各连带保证人应按其内部约定的比例分担保证责任，没有约定的，平均分担。

（三）保证合同

保证合同应当以书面形式订立。保证人与债权人可以就单个主合同订立保证合同，也可以协议在最高债权额限度内就一定期间连续发生的借款合同或者某项交易合同订立一个保证合同。最高额保证合同的不特定债权确定后，保证人应当对在最高债权额限度内一定期间连续发生的债权余额承担保证责任。

保证合同应当包括以下内容：(1)被保证的主债权种类、数额；(2)债务人履行债务的期限；(3)保证的方式；(4)保证担保的范围；(5)保证的期间；(6)双方认为需要约定的其他事项。

（四）保证方式

保证方式是保证人对债权人承担保证责任的形式。根据《担保法》的规定，保证人的保证责任方式有一般保证和连带责任保证两种。

1. 一般保证

当事人在保证合同中约定，债务人不能履行债务时，才由保证人承担保证责任的，为一般保证。一般保证的保证人对债权人享有先诉抗辩权，即在主合同纠纷未经审判或仲裁，并就债务人财产依法强制执行仍不能清偿债务前，对债权人可拒绝承担保证责任。但有下列情形之一的，保证人不得行使先诉抗辩权：(1)债务人住所变更，致使债权人要求其履行债务发生重大困难的；(2)人民法院受理债务人破产案件，中止执行程序的；(3)保证人以书面形式放弃先诉抗辩权的。一般保证的保证人在主债权履行期间届满后，向债权人提供了债务人可供执行财产的真实情况的，债权人放弃或怠于行使权利致使该财产不能被执行，保证人可以请求法院在其提供可供执行财产的实际价值范围内免除保证责任。

2. 连带责任保证

当事人在保证合同中约定保证人与债务人对债务承担连带责任的，为连带责任保证。只要债务人在主合同规定的债务履行期届满时没有履行债务，债权人可直接要求保证人在其保证范围内承担保证责任。当事人对保证方式没有约定或者约定不明确的，按照连带责任保证承担保证责任。

（五）保证责任

1. 保证责任的范围

根据我国《担保法》第 21 条的规定，保证责任的范围包括主债权及利息，违约金，损害赔偿金和实现债权的费用。保证合同对保证责任的范围有约定的，从其约定；对保证责任的范围没有约定或者约定不明确的，保证人应当就上述范围的全部承担保证责任。

2. 保证责任的变动

(1)债权转让与保证责任。《担保法》第 22 条规定："保证期间，债权人依法将主债权转让给第三人的，保证人在原保证担保的范围内继续承担保证责任。保证合同另有约定的，按照约定。"《担保法解释》第 28 条规定："保证人与债权人事先约定仅对特定的债权人承担保证责任或者禁止债权转让的，保证人不再承担保证责任。”

(2)债务转让与保证责任。《担保法》第23条规定：“保证期间，债权人许可债务人转让债务的，应当取得保证人书面同意，保证人对未经其同意转让的债务，不再承担保证责任。”《担保法解释》第29条规定：“保证期间，债权人许可债务人转让部分债务未经保证人书面同意的，保证人对未经其同意转让部分的债务，不再承担保证责任。”根据上述规定，债务的转移将因是否取得保证人的书面同意而产生两种不同的法律后果，即：经保证人书面同意的，保证人继续承担保证责任；未经保证人书面同意的，保证人对未经其同意而转让的债务，不再承担保证责任。

【应用案例7—4】 甲公司向银行贷款100万元，由乙公司为其100万元的债务提供担保。在保证期间内，银行许可甲公司转让100万元的债务给某信托公司，但该转让行为未经乙公司的同意。试问：乙公司是否继续承担保证责任？

【案例解析】《担保法》规定：保证期间，债权人许可债务人转让债务的，应当取得保证人书面同意，保证人对未经其同意转让的债务，不再承担保证责任。所以，乙公司的担保因债务的转移而消灭。

(3)主合同内容变更与保证责任。《担保法》第24条规定：“债权人与债务人协议变更主合同的，应当取得保证人书面同意，未经保证人书面同意的，保证人不再承担保证责任。保证合同另有约定的，按照约定。”但如果是减轻债务人的债务的，保证人仍应当对变更后的合同承担保证责任；如果加重债务人的债务的，保证人对加重的部分不承担保证责任。债权人与债务人对主合同履行期限作了变动，未经保证人书面同意的，保证期间为原合同约定的或者法律规定的期间。债权人与债务人协议变动主合同内容，但并未实际履行的，保证人仍应当承担保证责任。

3. 保证期间与保证的诉讼时效

保证期间，是指当事人约定的或法律规定的保证人承担保证责任的时间期限。保证人与债权人约定保证期间的，按照约定执行。未约定保证期间的，法律规定的保证期间为主债务履行期届满之日起6个月。保证合同约定保证人承担保证责任直至主债务本息还清时为止等类似内容的，视为约定不明，保证期间为主债务履行期届满之日起2年。主合同对主债务履行期限没有约定或者约定不明的，保证期间自债权人要求债务人履行义务的宽限期届满之日起计算。

在合同约定或法律规定的保证期间，债权人未对一般保证的债务人提起诉讼或者申请仲裁的，保证人免除保证责任；债权人已提起诉讼或者申请仲裁的，保证的诉讼时效中断，从判决或者仲裁裁决生效之日起，开始计算保证合同的诉讼时效。在保证期间，债权人未要求连带责任保证的保证人承担保证责任的，保证人免除保证责任；要求保证人承担保证责任的，从债权人要求保证人承担保证责任之日起，开始计算保证合同的诉讼时效。

4. 保证责任的免除条款

有下列情形之一的，保证人不承担民事责任：(1)主合同当事人双方串通，骗取保证人提供保证的；(2)主合同债权人采取欺诈、胁迫等手段，使保证人在违背真实意思的情况下提供保证的。如果出现上述情况之一的，则保证人既不承担保证责任，也不承担保证责任以外的其他民事责任。

三、抵押

(一)抵押的概念

抵押，是指债务人或者第三人不转移对财产的占有，将该财产作为债权的担保。债务人不履行债务时，债权人有权依法以该财产折价或者以拍卖、变卖该财产的价款优先受偿。提供财产担保的债务人或者第三人为抵押人，债权人为抵押权人，提供担保的财产为抵押物。

(二)抵押合同与抵押物登记

1. 抵押合同的内容

抵押合同应当以书面形式订立，应当包括以下内容：(1)被担保的主债权种类、数额；(2)债务人履行债务的期限；(3)抵押物的名称、数量、质量、状况、所在地、所有权权属或者使用权权属；(4)抵押担保的范围；(5)当事人认为需要约定的其他事项。

2. 抵押物登记

《担保法》第41条、第42条规定，以下财产作抵押物时应进行登记，抵押合同自登记之日起生效：(1)以无地上定着物的土地使用权抵押的；(2)以城市房地产或乡(镇)、村企业的厂房等建筑物抵押的；(3)以林木抵押的；(4)以航空器、船舶、车辆抵押的；(5)以企业的设备和其他动产抵押的。

《担保法》第43条规定，当事人以上述五种财产以外的其他财产抵押的，可以自愿办理抵押物登记，抵押合同自签订之日起生效。未办理抵押登记的，不得对抗第三人。

【应用案例7－5】 2015年1月12日，王某向张某借款50 000元，双方签订了抵押借款协议。协议中约定王某将自己的一辆“大众”轿车作为抵押物，还约定了其他有关事项，其中约定2016年1月12日，李某连本带息一次还清借款。由于两人是老朋友，为了简化手续，未办理登记手续。借款期满后，张某多次向王某催还借款，但王某始终以各种理由推脱不还。2016年4月15日，王某未经张某同意将车出售给了第三人。张某得知后，诉至法院，请求宣布王某与第三人的买卖行为无效，并依法将车判归张某。试分析：张某的请求能否得到法院的支持？

【案例解析】 根据《担保法》的规定，以航空器、船舶、车辆抵押的应进行登记，抵押合同自登记之日起生效。王某和张某签订的抵押合同应登记而未登记，因此该抵押合同没有效力。王某与第三人的买卖行为是有效的。根据《担保法》的规定，抵押期间抵押人转让已办理登记的抵押物，应当通知抵押权人并告知受让人，未通知抵押权人或者未告知受让人的，转让无效，但未登记的不受限制。所以法院不能支持张某的请求。

(三)抵押权的效力

1. 抵押担保的债权范围

《担保法》第46条规定：“抵押担保的范围包括主债权及利息、违约金、损害赔偿金和实现抵押权的费用。抵押合同另有约定的，按照约定。”

2. 抵押权及于抵押物的效力范围

抵押权及于抵押物的效力范围包括抵押物及其附合物、混合物、加工物、天然孳息、法定孳息、代位物、从物。

(1)抵押物。主债权未受全部清偿的，抵押权人可以就抵押物的全部行使其抵押权。抵押物被分割或者部分转让的，抵押权人可以就分割或者转让后的抵押物行使抵押权。抵押期间抵押人转让已办理登记的抵押物，应当通知抵押权人并告知受让人，未通知抵押权人或者未告知受让人的，转让无效。

(2)附合物、混合物、加工物。《担保法解释》第62条规定：“抵押物因附合、混合或者加工使抵押物的所有权为第三人所有的，抵押权的效力及于补偿金；抵押物所有人为附合物、混合物或者加工物的所有人的，抵押权的效力及于附合物、混合物或者加工物；第三人与抵押物所有人为附合物、混合物或者加工物的共有人的,抵押权的效力及于抵押人对共有物享有的份额。”

(3)孳息。抵押权的孳息是指由抵押物所产生的收益,在债务履行期届满前,抵押物的孳息由抵押人收取。《担保法》第47条规定:“债务履行期届满,债务人不履行债务致使抵押物被人民法院依法扣押的,自扣押之日起抵押权人有权收取由抵押物分离的天然孳息以及抵押人就抵押物可以收取的法定孳息。抵押权人未将扣押抵押物的事实通知应当清偿法定孳息的义务人的,抵押权的效力不及于该孳息。”自扣押之日起,抵押权人收取的由抵押物分离的天然孳息和法定孳息,按照下列顺序清偿:①收取孳息的费用;②主债权的利息;③主债权。

(4)代位物。代位物是指因抵押物发生毁损或者其他原因致抵押物的价值发生变化而使抵押人获得的代替抵押物价值形态的其他物。《担保法》第58条规定:“抵押权因抵押物灭失而消灭。因灭失所得的赔偿金,应当作为抵押财产。”《担保法解释》第80条第1款规定:“在抵押物灭失、毁损或者被征用的情况下,抵押权人可以就该抵押物的保险金、赔偿金或者补偿金优先受偿。”这里的保险金、赔偿金或者补偿金就是抵押物的代位物。

(5)从物。在抵押时,须遵循从物应当追随主物一起成为抵押物。《担保法解释》第63条规定:“抵押权设定前为抵押物的从物的,抵押权的效力及于抵押物的从物。但是,抵押物与其从物为两个以上的人分别所有时,抵押权的效力不及于抵押物的从物。”依此规定,并非两物之间有主从关系,抵押权的效力就必然及于从物,且必须主物与从物同属一人所有。所以,具有主从关系的两物所有权归属于不同人时,以主物设定抵押权,其效力不及于从物;或者两物原同属于抵押人所有,但在以主物设定抵押前,第三人取得从物的所有权的,抵押权的效力不及于从物。

(四)抵押权的实现

1. 抵押权的实现的概念

抵押权的实现,是指债务人届期不履行债务时,抵押权人有权以法定方式处分抵押物并就处分所得优先受偿的行为。《民法通则》第89条第2款、《担保法》第53条规定,抵押人在其抵押担保的债权到期,但债务人不能清偿债务时,则抵押权人就可以实现其抵押权。

2. 抵押权实现的方式

抵押权的实现方式包括折价、拍卖、变卖三种方式。具体采用哪种方式,可由抵押权人与抵押人协议确定。协议不成,抵押权人可以向人民法院起诉。

(1)折价。抵押物折价是指债务人在履行期限届满未履行其债务时,经抵押权人与抵押人协议,或者协议不成时经由人民法院判决,按照抵押物自身的品质、参考市场价格,由抵押权人取得抵押物的所有权,从而实现抵押权的一种方式。协议折价时一定要注意时间要求,即协议折价必须在债权清偿期届满时订立,抵押权人和抵押人在合同中不得约定在债务履行期届满抵押权人未受清偿时,抵押物的所有权转移为债权人所有。

(2)拍卖。抵押物拍卖,是指以公开竞价的方式,在特定时间由特定的拍卖机构将抵押物出售给最高应价者的抵押权实现方式。拍卖可以分为任意拍卖和强制拍卖两类。抵押权人与抵押人就抵押权发生争执而诉至法院,人民法院经审理后判决拍卖抵押物的,则属于强制拍卖。由于拍卖以市场竞争机制为基础,拍卖的成交价格能够最大限度地体现拍卖物的价值,这既有利于维护抵押人的利益,也能够充分发挥抵押物对债权的担保效能,因此拍卖方式适用最为广泛。

(3)变卖。抵押物变卖与拍卖不同,它不采用竞价出卖,而只是将抵押物参照市场价格出售给第三者，抵押权人就卖得的价金优先受偿。当事人可以协商将抵押物变卖，协商不成的，抵押权人可以向法院起诉，在获得胜诉判决后通过法院的强制执行程序将抵押物变卖。

4. 抵押权实现的受偿顺序

当抵押物的折价、拍卖或者变卖是由当事人通过协商进行的，则抵押权人和抵押人之间可以就该抵押物折价、拍卖或者变卖后所得价款的清偿顺序作出约定。如果当事人没有约定，则按以下清偿顺序：实现抵押权的费用；主债权的利息；主债权。

同一抵押物上设立两个以上的债权担保，在拍卖、变卖抵押物后，所得的价款清偿债务时的顺序为：

(1)抵押合同以登记生效的，按照抵押物登记的先后顺序清偿；如果顺序相同，则按照债权比例受偿。当事人同一天在不同的法定登记部门办理抵押物登记的，视为顺序相同。因登记部门的原因致使抵押物进行连续登记的，抵押物第一次登记的日期，视为抵押登记的日期，并依此确定抵押权的顺序。

(2)抵押合同自签订之日起生效的，该抵押物已登记的，按照登记的先后顺序清偿，顺序相同的，按照债权比例清偿；该抵押物未登记的，不论合同成立生效的时间先后，按照债权比例清偿。

(3)抵押合同自签订之日起生效，在设立两个以上抵押权时，有抵押物已登记和未登记两种情况时，抵押物已登记的先于未登记的受偿。

(4)同一财产向两个以上债权人抵押的，顺序在后的抵押权所担保的债权先到期的，抵押权人只能就抵押物价值超出顺序在先的抵押担保债权的部分受偿。顺序在先的抵押权所担保的债权先到期的，抵押权实现后的剩余价款应予以提存，留待清偿顺序在后的抵押担保债权。

(五)抵押权的消灭

抵押权因以下原因而消灭：

(1)主债权消灭，抵押权随之消灭。主债权消灭的原因主要有清偿、抵消、混同、提存和免除。

(2)抵押权因实现而消灭。当债务人不履行合同债务时，债权人可以依法将抵押物折价或者以拍卖、变卖抵押物的价款优先受偿，从而使抵押权消灭。

(3)抵押权可因抵押物灭失而消灭。《担保法》第58条规定："抵押权因抵押物灭失而消灭。因灭失所得的赔偿金，应当作为抵押财产。"

(六)最高额抵押

最高额抵押，是指抵押人与抵押权人协议，在最高债权额限度内以抵押物对一定期间内连续发生的债权作担保。借款合同可以附最高额抵押合同。债权人与债务人就某项商品在一定期间内连续发生交易而签订的合同，也可以附最高额抵押合同。最高额抵押的主合同债权不得转让。

根据《担保法解释》规定，最高额抵押权所担保的债权范围，不包括抵押物因财产保全或者执行程序被查封后或债务人、抵押人破产后发生的债权。当事人对最高额抵押合同的最高限额、最高额抵押期间进行变更，不得以其变更对抗顺序在后的抵押权人。

最高额抵押权所担保的不特定债权在特定后，债权已届清偿期的，最高额抵押权人可以根据普通抵押权的规定行使其抵押权。抵押权人实现最高额抵押权时，如果实际发生的债权余额高于最高限额的，以最高限额为限，超过部分不具有优先受偿的效力；如果实际发生的债权余额低于最高限额的，以实际发生的债权余额为限对抵押物优先受偿。

四、质押

(一)质押的概念

质押为一种物的担保形式，是为了担保债权的履行，债务人或者第三人将其动产或权利移交债权人占有，当债务人不履行债务时，债权人有就其占有的财产优先受偿的权利。债务人或第三人为出质人，又称质押人；债权人为质权人；移交的动产或权利凭证为质物。质押分为动产质押和权利质押。

(二)质押与抵押的区别

质押与抵押都是物的担保的重要形式，是性质不同的两种担保方式。其主要区别表现为：

(1)质权的标的物与抵押权的标的物的范围不同。质权的标的物为动产和财产权利，动产质押形成的质权为典型质权。我国法律未规定不动产质权。抵押权的标的物可以是动产和不动产，以不动产最为常见。

(2)标的物的占有权是否发生转移不同。抵押权的设立不转移抵押标的物的占有，而质权的设立必须转移质押标的物的占有。这是质押与抵押最重要的区别。

(3)对标的物的保管义务不同。抵押权的设立不交付抵押物的占有，因而抵押权人没有保管标的物的义务，而在质押的场合，质权人对质物负有善良管理人的注意义务。

(4)受偿顺序不同。在质权设立的情况下，一物只能设立一个质押权，因而没有受偿的顺序问题。而一物可设数个抵押权，当数个抵押权并存时，有受偿的先后顺序之分。

(5)能否重复设置担保不同。在抵押担保中，抵押物价值大于所担保债权的余额部分，可以再次抵押，即抵押人可以同时或者先后就同一项财产向两个以上的债权人进行抵押。而在质押担保中，由于质押合同是从质物移交给质权人占有之日起生效，因此不可能存在同一质物上重复设置质权的现象。

(6)对标的物孳息的收取权不同。在抵押期间，不论抵押物所生的是天然孳息还是法定孳息，均由抵押人收取，抵押权人无权收取。只有在债务履行期间届满，债务人不履行债务致使抵押物被法院依法扣押的情况下，自扣押之日起，抵押权人才有权收取孳息。在质押期间，质权人依法有权收取质物所生的天然孳息和法定孳息。

(三)动产质押

1. 动产质押的概念

动产质押，是指债务人或者第三人将其动产移交给债权人占有，将该动产作为债权的担保。债务人不履行债务时，债权人有权依照法律的规定以该动产折价或者拍卖、变卖该动产的价款优先受偿。动产质押是质押的一种形式，是由债务人或者第三人与债权人设定的以动产作为担保的一种担保物权。

2. 动产质押的设定

动产质押的设定，是指出质人与债权人协议，以出质人享有所有权、处分权的动产作为债权的担保，并将动产移交债权人从而创设质权的行为。

(1)动产质押设定有两方当事人，即出质人和质权人。质权人是质权所担保债权的债权人。出质人是提供动产财产设定质权的人，既可以是债务人也可以是债务人以外的第三人，若出质人为第三人时，其为债务人履行债务的物上保证人。

(2)动产质押合同的内容。质押合同应当包括以下内容：①被担保的主债权类、数额；②债务人履行债务的期限；③质物的名称、数量、质量、状况；④质押担保的范围；⑤质物移交的时间;⑥当事人认为需要约定的其他事项。

(3)动产质押合同的客体。动产质押合同的客体,是指质押合同当事人权利义务指向的对象,即质押合同的标的。动产质押的标的物,除人身及不动产、法律禁止流通的动产外,其他一切动产均可以作为质押权的标的物。

(四)权利质押

1. 权利质押的概念

权利质押,是指以所有权、用益物权之外的可让与的财产权作为标的的质权。权利质权的标的是权利,但不是说任何权利都可以作为权利质权的标的。能够作为权利质权标的的权利,在性质上必须具有以下特点:(1)必然是财产权;(2)必须是可让与的财产权;(3)必须是不违背质权性质的财产权。

2. 可以设定质权的权利

权利质押的标的只能是财产权利,是所有权之外的具有可让与性的财产权利。具体来说,以下权利可以质押:(1)汇票、支票、本票、债券、存款单、仓单、提单;(2)依法可以转让的股份、股票;(3)依法可以转让的商标专用权及专利权、著作权中的财产权;(4)依法可以质押的其他权利。

3. 权利质押合同的生效

权利质押合同因权利的不同,生效时间也不相同。具体如下:

(1)交付生效。以汇票、支票、本票、债券、存款单、仓单、提单出质的,出质人应当在合同约定的期限内将权利凭证交付质权人。质押合同自权利凭证交付之日起生效。以汇票、支票、本票、公司债券出质,出质人与质权人没有背书记载"质押"字样的,票据、债券的出质不得对抗善意第三人。上述票据、单据中载明的兑现或者提货日期先于债务履行期的,质权人可以在债务履行期届满前兑现或者提货,并与出质人协议将兑现的价款或者提取的货物用于提前清偿所担保的债权或者向与出质人约定的第三人提存。上述票据、单据兑现或者提货日期后于债务履行期的,质权人只能在兑现或者提货日期届满时兑现款项或者提取货物。

(2)登记生效。以依法可以转让的股票出质的,出质人与质权人应当订立书面合同,并向证券登记机构办理出质登记。质押合同自登记之日起生效。以依法可以转让的商标专用权、专利权、著作权中的财产权出质的,出质人与债权人应当订立书面合同,并向其管理部门办理出质登记。质押合同自登记之日起生效。

(3)记载生效。以有限责任公司的股份出质的,适用公司法股份转让的有关规定。质押合同自股份出质记载于股东名册之日起生效。

4. 质权的消灭

(1)因质物灭失而消灭。《担保法》第 73 条规定:"质权因质物灭失而消灭。因灭失所得的赔偿金,应当作为出质财产。"质物全部灭失的,质权因无所依存而全部消灭。质物部分灭失的,剩余部分仍为质物,质权仍然存在于剩余部分之上。

(2)因债权消灭而消灭。《担保法》第 74 条规定:"质权与其担保的债权同时存在,债权消灭的,质权也消灭。"债权消灭的原因,除因实现质权而消灭外,还有清偿、抵消、混同、提存、解除等原因。

五、留置

(一)留置与留置权

留置是担保法规定的一种债的担保方式,属于物的担保范畴。留置是债权人按照合同约定占有债务人的动产，债务人不按照合同约定的期限履行债务时，债务人有权留置该项财产，以留置的财产折价或者以拍卖、变卖该财产的价款优先受偿的担保方式。

留置权，是指债权人依合同的约定占有债务人的动产，在债务人不按照合同约定的期限履行债务时，债权人有留置该财产并依法以该财产折价或者以拍卖、变卖该动产的价款优先受偿的权利。

（二）留置权与类似权利的区别

1. 留置权与抵押权的区别

留置权与抵押权的区别包括：(1)成立依据不同。留置由法律直接规定而产生，即留置权是法定担保物权；抵押原则上是依当事人的合意而产生的，因此抵押权为约定担保物权。(2)成立要件不同。留置权不仅以占有动产为要件，而且标的物与所担保的债权之间必须存在牵连关系。抵押权的成立不需占有抵押物。(3)担保物的范围不同。留置物只能是动产，抵押物可以是动产，也可以是不动产。(4)担保人不同。留置担保人是债务人自己；抵押担保人则可以是债务人自己，也可以是第三人。

2. 留置权与质押权的区别

留置权与质权的区别包括：(1)成立的依据不同。留置权为法定担保物权，依照法律的直接规定而产生；质权基于当事人的合意而产生，为约定担保物权。(2)成立条件不同。留置权所占有的动产须与所担保的债权之间有牵连关系；质权所占有质物不需要与所担保的债权有牵连关系。(3)担保物的范围不同。留置仅限于动产；质权的标的既可以是动产，也可以是权利。(4)实现条件不同。质权的实现以债务人届期不履行债务为条件，质权人仅负通知的义务；留置权的实现不仅需要债务人届期不履行债务，而且需要经过 2 个月以上的催告期。(5)消灭的原因不同。留置权人丧失占有，留置权即消灭；质权人只有在丧失占有而且不能请求返还时才消灭。此外，留置权可因债务人提供其他相应的担保而消灭，质权则不会因此项原因而消灭。

（三）留置权的成立

1. 留置权成立的要件

留置权的成立是指债权人对其占有的债务人的财产，因法定事由的具备而发生留置该财产并对抗债务人的给付请求权之效力。其成立的要件包括：(1)须债权人占有债务人的动产；(2)须债权已届满清偿期；(3)须债权的发生与该动产有牵连关系。

2. 留置权的排除

留置权排除的情形包括：(1)因侵权行为占有标的物。留置权的取得以对债务人动产的占有为前提，但其占有必须是合法占有。如果是因侵权行为占有他人的动产，不发生留置权。(2)违反社会公共利益和国家利益。如果留置债务人的动产导致产生违反社会公共利益和国家利益的结果，则债权人不产生留置权。即使债务人同意留置该财产，仍不产生留置的效力。(3)动产的留置与债权人所承担的义务相抵触的。债权人留置债务人的动产如果与其所承担的义务相抵触时，是不能行使留置权的。(4)双方当事人约定不得留置的，也不发生留置权。

（四）留置权的效力

1. 留置担保的范围

《担保法》第 83 条规定："留置担保的范围包括主债权及利息、违约金、损害赔偿金、留置物保管费用和实现留置权的费用。"

2. 留置权人的权利

留置权人的权利包括：(1)对留置权的占有权；(2)对留置物孳息的收取权；(3)就留置物的

价值优先受偿的权利。

3. 留置权人的义务

留置权人的义务包括:(1)妥善保管留置物的义务;(2)返还留置物的义务。

(五)留置权的消灭

1. 因债权消灭而消灭

留置权的目的在于担保债权的受偿,如果债权因为清偿、提存、混同、抵消、免除等原因全部灭失时,留置权也随之消灭。如果债务部分消灭,因留置权行使的不可分性,留置权并不消灭。

2. 因丧失占有而消灭

债权人对留置物的占有,是留置权成立和存续的前提条件。留置权人丧失对留置物的占有,留置权即归于消灭。如果留置权人非因归责于自己的原因而丧失留置物的占有时,可向不法侵害人请求返还留置物。留置物回复占有的,留置权不消灭;留置权不能回复的,视为留置权消灭。

3. 因留置权人弃权而消灭

留置权是一种民事权利,债权人可以依法享有此项权利,也可以放弃此项权利。留置人的弃权就表现为返还留置物。留置权人弃权,也就丧失了对留置物的占有,留置权即归于消灭。

4. 因债务人与债权人协商另行提供担保替代留置担保而消灭

留置期间,债务人可与债权人协商,另行提供保证、抵押、质押等担保,以替代留置担保,留置权即归于消灭。

六、定金

(一)定金的概念

定金,是指合同当事人为了确保合同的履行,依据法律规定或者当事人双方的约定,由当事人一方在合同订立时,或者订立后、履行前,按合同标的额的一定比例,预先给付对方当事人的金钱或其他代替物。

定金属于金钱担保。定金罚则的适用以违反有效合同为前提,其基本内容是:给付定金的一方违约,就丧失了定金的所有权,无权要求返还;接受定金的一方违约,根据对等原则,应当双倍返还定金。

(二)定金与相关制度的区别

1. 定金与预付款的区别

定金与预付款都是合同一方当事人在合同订立时或者履行前向对方当事人交付的货币,但两者在性质上截然不同。

(1)定金合同属于主合同的从合同,是相对独立的法律关系。交付定金是为了担保债权。预付款为主合同给付的一部分,属于履行债务行为。

(2)定金虽有预付款的作用,但定金的交付不是清偿,而是担保合同的履行。预付款为价款的一部分的先行给付,在性质上仍属于清偿。

(3)定金的效力在于,交付定金的一方当事人不履行合同,无权要求返还定金;收受定金一方当事人不履行合同,应当双倍返还定金。而预付款却无此效力,无论哪一方当事人不履行合同致使合同解除时,预付款都应当返还。

2. 定金与违约金的区别

定金是当事人预先交付的违约金,因此,定金属于特殊担保而不是一般担保。违约金是约定或者法律规定的、由违约人向被违约人交付的货币。违约金在确定违约责任后交付,而不是预先交付。定金与违约金虽然性质不同，但是合并适用会产生不公平的后果，因此合同法规定，当事人既约定违约金，又约定定金的，一方违约时，对方可以选择适用违约金或者定金条款。

（三）定金的成立与生效

我国《担保法》规定，定金合同应当采用书面形式。定金合同从实际交付定金之日起生效。

定金合同是主合同的从合同，因而其成立和有效以主合同的成立和有效为前提。主合同无效或者被撤销时，定金合同不发生效力，主合同因解除或其他原因消灭时，定金合同也消灭。

定金的数额是当事人约定，但不得超过主合同标的额的20%，超过部分人民法院不予保护。实际交付的定金数额多于或者少于约定数额，视为变更定金合同。收受定金的一方提出异议并拒绝接受定金的，定金合同不生效。

（四）定金的消灭

定金因下列原因发生而消灭：

(1)因定金的担保目的实现而消灭。合同当事人均已履行了定金担保的合同义务，定金的担保目的实现，定金归于消灭。

(2)因所担保债权的消灭而消灭。定金担保的债权因为当事人的清偿、抵消、提存、免除、法律规定等原因的发生而终止效力时，定金的效力也随之消灭。

(3)因当事人的放弃消灭。定金担保为债权性担保，当事人可以放弃或者抛弃依照定金合同所享有的权利。合同当事人单方抛弃定金担保权利，定金的效力对抛弃定金担保权利的当事人终止；当事人合意终止定金担保合同的，定金的效力对双方当事人终止。

第六节　合同的变更、转让

依法成立的合同受法律保护，对当事人具有法律约束力。当事人应当按照合同约定履行自己的义务，不得擅自变更或者解除合同。但合同订立之后，也可能发生一些当事人订立合同时未及预料的情况，影响当事人订立合同目的的实现，需要依法进行调整，由此便出现了合同的变更和转让。

一、合同的变更

（一）合同变更的概念

合同的变更，是指在合同依法成立后，但尚未履行或尚未完全履行前，基于当事人的意思表示或者法律的规定而发生，经双方当事人合意或依照法定的程序，部分地变更合同的条款，而其他部分保持不变。

（二）合同变更的效力

合同的变更原则上仅对将来发生效力，因此在合同变更之前已经履行的部分一方无权因合同的变更而要求对方对此予以恢复原状，除非经对方当事人同意。合同的变更仅对于合同中已经变更部分发生效力，未变更部分的权利义务仍将继续有效。

二、合同的转让

（一）合同转让的概念

合同的转让即合同主体的变更，指当事人将合同的权利和义务全部或者部分转让给第三人。合同的转让分为债权的转让和债务的转让，当事人一方经对方同意，也可以将自己在合同中的权利和义务一并转让给第三人。合同的转让根据转让对象的不同，可以分为债权转让、合同义务移转和权利义务概括承受三种情形。

（二）债权转让

1. 债权转让的概念

债权转让，是债权人将其合同权利转让给第三人的行为。其中，将债权转让给第三人的债权人为出让人，接受债权转让的第三人为受让人。债权转让包括合同权利的全部转让和合同权利的部分转让。

2. 债权转让的条件

《合同法》第79条规定："债权人可以将合同的权利全部或者部分转让给第三人，但有下列情形之一的除外：(1)根据合同性质不得转让。主要是指基于当事人特定身份而订立的合同。(2)按照当事人约定不得转让。(3)依照法律规定不得转让。"

根据《合同法》第80条规定，债权人转让权利的，应当通知债务人。未经通知，该转让不发生法律效力。

3. 债权转让的效力

(1)从权利的转移。《合同法》第81条规定："债权人转让权利的，受让人取得与债权有关的从权利，但该从权利专属于债权人自身的除外。"

(2)抗辩权的转移。《合同法》第82条规定："债务人接到债权转让通知后，债务人对让与人的抗辩，可以向受让人主张。"

(3)抵消权的转移。《合同法》第83条规定："债务人接到债权转让通知时，债务人对让与人享有债权，并且债务人的债权先于转让的债权到期或者同时到期的，债务人可以向受让人主张抵消。"

（三）合同义务转移

1. 合同义务转移的概念

合同义务转移，是指债务人将合同义务转让给第三人的行为。它包括合同义务的全部移转和合同义务的部分移转。转移合同义务，应取得债权人的同意。

2. 合同义务转移的效力

(1)在合同义务全部移转情况下，义务的承担人取代了原义务人的位置而成为新的债务人，原债务人对此债务不再承担责任。

(2)从权利转移。《合同法》第86条规定："债务人转移义务的，新债务人应当承担与主债务有关的从债务。"

(3)抗辩权转移。《合同法》第85条规定："债务人转移义务的，新债务人可以主张原债务人对债权人的抗辩。"

（四）合同权利义务的概括承受

1. 合同权利义务的概括承受的概念

合同权利义务的概括承受，是指合同当事人一方将其权利和义务一并转让给第三人。它主要因两种情况而发生：当事人合意；由法律所规定的必须进行的权利义务之概括承受。它只能发生在双务合同中。

2. 合同权利义务概括承受的法律效力

(1)从权利和从义务的转移，但"该从权利专属于债权人自身的除外"和"该从义务专属于原债务人自身的除外”。

(2)抗辩权的转移。当合同权利义务一并转移时，抗辩权也一并转移。

(3)抵消权的转移。一方当事人转让其合同权利和义务的，受让人可以依照《合同法》关于抵消权行使的规定，向另一方当事人主张抵消。

第七节　合同的权利义务终止

一、合同的权利义务终止的原因

合同的权利义务终止，是指因发生法律规定或当事人约定的情况，使当事人之间的权利义务关系消灭，而使合同终止法律效力。

《合同法》第 91 条规定，合同的权利义务终止的情形：(1)债务已经按照约定履行；(2)合同解除；(3)债务相互抵消；(4)债务人依法将标的物提存；(5)债权人免除债务；(6)债权债务同归于一人；(7)法律规定或者当事人约定终止的其他情形。

二、合同的解除

合同的解除，是指已成立生效的合同因发生法律规定或当事人约定的情况，或经当事人协商一致而使合同关系终止。合同的解除，分为合意解除与法定解除两种情况。

(一)合意解除

合意解除，是指根据当事人事先约定的情况或经当事人协商一致而解除合同。在订立合同时，当事人可以约定一方解除合同的条件。解除合同的条件成就时，解除权人可以解除合同。法律规定或者当事人约定解除权行使期限，期限届满当事人不行使的，该权利消灭。法律没有规定或者当事人没有约定解除权行使期限，经对方催告后在合理期限内不行使的，该权利消灭。合同订立后，经当事人协商一致，也可以解除合同。

(二)法定解除

法定解除，在是指根据法律规定而解除合同。《合同法》第 94 条规定了当事人可以解除合同的情形：(1)因不可抗力致使不能实现合同目的；(2)在履行期限届满之前，当事人一方明确表示或者以自己的行为表明不履行主要债务；(3)当事人一方迟延履行主要债务，经催告后在合理期限内仍未履行；(4)当事人一方迟延履行债务或者有其他违约行为致使不能实现合同目的；(5)法律规定的其他情形。当事人一方行使解除权，或依照《合同法》第 94 条的规定解除合同的，应当通知对方。合同自通知到达对方时解除。对方有异议的，可以请求人民法院或者仲裁机构确认解除合同的效力。

当事人解除合同，法律、行政法规规定应当办理批准、登记等手续的，应依照其规定办理。

对合同解除的法律效力是否溯及既往，对已经履行的部分是否恢复原状，各国立法规定不一，我国则作了较为灵活的处理。《合同法》第 97 条规定，合同解除后，尚未履行的，终止履行；已经履行的，根据履行情况和合同性质，当事人可以要求恢复原状、采取其他补救措施，并有权要求赔偿损失。也就是说，解除效力是否溯及既往，要根据履行情况和合同性质确定。对已经履行的部分，当事人原则上可以要求采取恢复原状等措施，但如履行情况不影响当事人的利益，或合同性质决定其无法恢复原状，则不适用溯及既往的原则。此外，合同的权利义务终止，不影响合同中结算和清理条款的效力。

三、债务抵消

当事人互为债权人和债务人时，对债务可行使抵消的权利。抵消产生使合同终止的效力。抵消分为法定抵消与约定抵消。法定抵消是指依法律规定的抵消条件抵消，约定抵消是指由当事人自行达成协议抵消。

对法定抵消，《合同法》第 99 条规定，当事人互负到期债务，该债务的标的物种类、品质相同的，任何一方可以将自己的债务与对方的债务抵消，但依照法律规定或者按照合同性质不得抵消的除外。当事人主张抵消的，应当通知对方。通知自到达对方时生效。抵消不得附条件或者附期限。

对约定抵消，《合同法》第 100 条规定，当事人互负债务，标的物种类、品质不相同的，经双方协商一致，也可以抵消。

四、提存

在合同履行中，有时会出现因债权人等方面的原因使债务人难以履行债务的情况，这时债务人可以采取提存的方法履行债务。提存之后，合同终止。《合同法》规定，有下列情形之一，难以履行债务的，债务人可以将标的物提存：(1)债权人无正当理由拒绝受领；(2)债权人下落不明；(3)债权人死亡未确定继承人或者丧失民事行为能力未确定监护人；(4)法律规定的其他情形。标的物不适于提存或者提存费用过高的，债务人依法可以拍卖或者变卖标的物，提存所得的价款。

债权人可以随时领取提存物，但债权人对债务人负有到期债务的，在债权人未履行债务或者提供担保之前，提存部门根据债务人的要求应当拒绝其领取提存物。债权人领取提存物的权利，自提存之日起 5 年内不行使则消灭，提存物扣除提存费用后归国家所有。此处规定的 5 年时效为不变期间，不适用诉讼时效中止、中断或者延长的规定。

五、债的免除与混同

债权人免除债务人部分或者全部债务的，合同的权利义务部分或者全部终止。债权和债务同归于一人，即债权债务混同时，合同的权利义务终止，但涉及第三人利益的除外。

第八节　合同的违约责任

一、违约责任概述

(一)违约责任的概念

违约责任，是指当事人违反合同义务所应承担的民事责任。主要表现为财产责任，可由当事人在法律规定的范围内事先约定，约定对违约产生的损失赔偿额的计算方法，约定免除责任的条款等。

符合约定的，应当承担继续履行、采取补救措施或者赔偿损失等违约责任。当事人双方都违反合同的，应当各自承担相应的责任。当事人一方因第三人的原因造成违约的，应当向对方承担违约责任。

(二)违约责任的归责原则

违约责任的归责原则主要有两项,即过错责任原则和严格责任原则。过错责任原则以过错的存在作为追究违约责任的要件。对过错的存在采取两种方式确认:一是适用“谁主张,谁举证”的原则,由债权人举证证明债务人存在过错;二是在特定情况下适用“举证责任倒置”的原则,债务人须举证证明自己不存在过错。严格责任原则追究违约责任不以过错的存在作为要件,适用于法律明文规定的情况。《合同法》规定的违约责任归责原则为严格责任原则。

二、承担违约责任的方式

《合同法》规定的承担违约责任的方式主要有以下几种:继续履行、补救措施、赔偿损失、支付违约金等。

(一)继续履行

继续履行又称实际履行,是指债权人在债务人不履行合同义务时,可请求人民法院或者仲裁机构强制债务人实际履行合同义务。《合同法》规定,当事人一方未支付价款或者报酬的,对方可以要求其支付价款或者报酬。当事人一方不履行非金钱债务或者履行非金钱债务不符合约定的,对方可以要求履行,但有下列情形之一的除外:(1)法律上或者事实上不能履行;(2)债务的标的不适于强制履行或者履行费用过高;(3)债权人在合理期限内未要求履行。

(二)补救措施

补救措施,是指债务人履行合同义务不符合约定,债权人在请求人民法院或者仲裁机构强制债务人实际履行合同义务的同时,可根据合同履行情况要求债务人采取的补救履行措施。《合同法》第111条规定,当事人履行合同义务,质量不符合约定的,应当按照当事人的约定承担违约责任。对违约责任没有约定或者约定不明确,受损害方根据标的的性质以及损失的大小,可以合理选择求对方承担修理、更换、重作、退货、减少价款或者报酬等违约责任。

(三)赔偿损失

当事人一方不履行合同义务或者履行合同义务不符合约定的,在履行义务或者采取补救措施后,对方还有其他损失的,应当赔偿损失。损失赔偿额应当相当于因违约所造成的损失,包括合同履行后可以获得的利益,但不得超过违反合同一方订立合同时预见到或者应当预见到的因违反合同可能造成的损失。当事人可以在合同中约定因违约产生的损失赔偿额的计算方法。

当事人一方违约后,对方应当采取适当措施防止损失的扩大,没有采取适当措施致使损失扩大的,不得就扩大的损失要求赔偿。当事人因防止损失扩大而支出的合理费用由违约方承担。

(四)支付违约金

违约金,是按照当事人约定或者法律规定,一方当事人违约时应当根据违约情况向对方支付的一定数额的货币。

约定的违约金低于造成的损失的,当事人可以请求人民法院或者仲裁机构予以增加;约定的违约金过分高于造成的损失的,当事人可以请求人民法院或者仲裁机构予以适当减少。

(五)免责事由

免责事由,是指当事人约定或者法律规定的债务人不履行合同时,可以免除承担违约责任的条件与事项。《合同法》规定的一般免责事由为不可抗力,其他法律对特定合同免责事由有规定的，适用于特定合同。当事人可以在合同中自愿约定合理的免责条款。

不可抗力，是指不能预见、不能避免并不能克服的客观情况。因不可抗力不能履行合同的，根据不可抗力的影响，部分或者全部免除责任，但法律另有规定的除外。当事人迟延履行后发生不可抗力的，不能免除责任。当事人一方因不可抗力不能履行合同的，应当及时通知对方，以减轻可能给对方造成的损失，并应当在合理期限内提供证明。

【任务导出】

(1)A、B两企业签订的买卖合同有效。根据《合同法》的有关规定，法人的法人代表人超越权限订立的合同，除相对人知道或者应当知道其超越权限的以外，该代表行为有效，合同成立有效。在本案中，B企业并不知道A企业的法定代表人张某超越了内部权限，因此张某的代表行为有效，买卖合同成立有效。

(2)A企业有权在6月5日行使不安抗辩权，中止履行合同。根据《合同法》的有关规定，应当先履行债务的当事人，有确切证据证明对方经营状况严重恶化的，可以中止履行，要求对方提供担保。

(3)A、B两企业签订的抵押合同有效。

(4)根据《担保法》的有关规定，保证人C与债权人A未约定保证期间的，保证期间为主债务履行届满之日期6个月。在本案中，主债务的履行期届满之日为7月10日，所以保证人C的保证期间为2012年7月10日～2013年1月10日。

(5)C企业拒绝履行保证责任的理由成立。根据《担保法》的有关规定，在合同约定的保证期间或者法律规定的保证期间，债权人未要求保证人承担保证责任的(适用于连带责任保证)，保证人免除保证责任。在本案中，C企业的保证期间为2012年7月10日～2013年1月10日。债权人A直到2013年6月1日才要求保证人C承担保证责任，已超出了保证期间，所以C的保证责任免除。

强化训练

一、单项选择题

1. 下列各项合同中，属于《合同法》调整的是(　　)。

A. 监护合同　　B. 劳动合同　　C. 收养合同　　D. 借款合同

2. 根据《合同法》的规定，下列合同中，属于实践合同的有(　　)。

A. 抵押合同　　B. 买卖合同　　C. 定金合同　　D. 赠与合同

3. 要约与要约邀请的区别是(　　)。

A. 要约不可以撤销，而要约邀请可以撤销

B. 要约邀请是由要约人发出的，而要约是由受要约人发出的

C. 要约邀请可以不遵守，而要约必须遵守

D. 要约是订立合同的准备行为，而要约邀请是订立合同的行为

4. A公司以欺诈手段故意制造假象使B公司造成错误认识而与之签订合同，但未损害国家利益，那么应认定为(　　)。

A. 无效合同　　B. 有效合同　　C. 可撤销合同　　D. 效力待定合同

5. 保证期间，主合同债权依法转让的，保证债权(　　)。

A. 同时转让　　B. 不得转让

C. 经债务人同意后转让　　D. 经保证人同意后转让

6. 对于可撤销的合同，享有撤销权的当事人（　　）。

A. 应当在合同订立后一年内行使撤销权

B. 可以在合同订立后一年内放弃撤销权

C. 应当在知道撤销事由后立即起诉

D. 应当在知道撤销事由后一年内行使撤销权

7. A公司与B服装厂签订一份服装的买卖合同，约定货到后3天内付款。后B服装厂在交货前有确切的证据证明A公司经营状况严重恶化，面临破产。根据规定，B服装厂可以采取的措施是（　　）。

A. 行使同时履行抗辩权　　B. 行使后履行抗辩权

C. 行使不安抗辩权　　D. 解除合同

8. 债务人转移债务的，应当（　　）。

A. 取得保证人的同意　　B. 通知债权人

C. 通知保证人　　D. 取得债权人的同意

9. 下列各项中，可以为合同债务人的债务履行作保证人的是（　　）。

A. 医院　　B. 学校　　C. 公司　　D. 慈善基金会

10. 下列合同中，无效的是（　　）。

A. 有违约责任的合同　　B. 12岁儿童订立的合同

C. 合法形式掩盖非法目的的合同　　D. 有免责条款的合同

二、多项选择题

1. 甲公司向乙公司提出以每吨2 500元的价格购买12吨钢材，乙公司答复因为钢材紧缺，只能向甲公司供应6吨钢材。乙公司的答复将（　　）。

A. 导致甲公司的要约失效　　B. 构成新要约

C. 不构成新要约　　D. 构成承诺

2. 以下行为属于要约邀请的是（　　）。

A. 价目表　　B. 拍卖公告　　C. 招股说明书　　D. 商业广告

3. 下列财产中，可以作为抵押物的有（　　）。

A. 土地所有权　　B. 国有土地使用权

C. 房屋　　D. 汽车

4. 在（　　）上可以设定权利质押。

A. 股票　　B. 自行车

C. 著作权中的署名权　　D. 专利权

5.（　　）可以造成合同的终止。

A. 清偿　　B. 抵消　　C. 解除　　D. 免除

三、案例分析题

1. 2015年6月，甲公司向乙、丙、丁肉类加工厂发出函电（函件一）称："我公司每月需鲜牛肉30吨，如能满足供应，速来函，我方愿派人前往购买。"三家加工厂都向原告复电（函件二），告知价格。其中丁厂在发出函电的同时，派车送货30吨，但甲公司拒绝接受。甲公司最终接受了乙厂的报价，但在给乙厂回函（函件三）中表示，希望乙厂能送货上门。乙厂表示同意，双方订立了为期一年的合同，约定在每月15日交货，货款每半年结算一次。在合同履行过程中，出现下列情况：9月，制冷设备发生故障，导致乙厂库存的牛肉变质，乙厂不能按照约定的数量交货。12月，下了一场暴雪，从乙厂通向甲公司的道路停止使用，乙方不能按照约定时间交货。2016年起，甲公司的经营状况恶化，至2016年3月，甲公司已经累计亏损500万元。2016年4月1日，乙厂向甲公司发出函件，除非甲公司能证明其有能力支付货款，乙厂将暂时停止向甲公司供货。

根据《合同法》的有关规定，试分析：

(1)丁厂在发出函电的同时，派车送货30吨，甲公司拒绝接受，是否应当赔偿丁厂的损失？

(2)函件(一)(二)(三)具有什么性质？

(3)乙厂两次不能按时交货所承担的责任相同吗？为什么？

(4)乙厂后来停止向甲公司供货的做法合法吗？为什么？

(5)如果甲公司没有理睬乙厂的要求，乙厂可以采取什么措施？

2.2015年3月10日，甲公司与某啤酒厂签订了买卖啤酒的合同，合同总金额为50万元。合同约定：甲公司在4月30日前支付5万元定金；某啤酒厂在7月10日交货。

4月5日，某啤酒厂发生火灾，设备、原料大部分被烧毁，严重影响了履行债务的能力。甲公司闻讯后，认为某啤酒厂极有可能丧失履行合同的能力，于是通知某啤酒厂中止履行合同，不再支付定金。后经某啤酒厂交涉，甲公司同意由乙公司为某啤酒厂作一般保证，甲公司按期向某啤酒厂支付定金，合同仍继续履行。

7月10日，某啤酒厂未交货。甲公司要求某啤酒厂返还定金，赔偿甲公司经济损失。某啤酒厂拒绝了甲公司的要求。随后，甲公司要求乙公司承担保证责任，但乙公司也拒绝了甲公司的要求。

8月25日，在多次协商未果的情况下，甲公司向法院起诉，要求某啤酒厂和乙公司承担违约责任，赔偿损失。经法院查明，由于某啤酒厂违约，甲公司除5万元定金没有收回外，还发生经济损失3万元。法院同时查明，甲公司尚欠某啤酒厂设备款13万元，但该笔债务尚未到期。最终在法院的调解下，双方同意将债务抵消。

根据上述事实，请分别回答下列问题：

(1)甲公司单方面通知某啤酒厂中止履行合同是否违反法律规定？说明理由。

(2)乙公司拒绝甲公司要求其为某啤酒厂承担保证责任的要求是否符合法律规定？说明理由。

(3)甲公司与某啤酒厂的债务能否相互抵消？说明理由。

资源拓展

房地产买卖定金纠纷

“80后”晓林经中介商介绍看中了一套二手房，便签署了《房地产买卖定金协议书》，支付1万元定金。谁知，该房屋因贷款在银行设有抵押，晓林提出毁约，终止房屋继续买卖。遭拒绝后，晓林把中介商上海德佑房地产经纪有限公司和卖家周女士告上法院，要求解除定金协议书，讨回定金1万元。上海市某区人民法院对晓林该诉请判决不予支持。

经德佑公司介绍，晓林看中周女士名下坐落在武定路某号房屋。2011年12月27日，晓林签署《房地产买卖定金协议书》，约定晓林以155万元购买建筑面积57.1平方米该房屋，支付了定金1万元。次日，周女士也在该协议书上签字认可，收取了由中介商转交的定金1万元。在协议书中，双方还约定了违约责任等项条款。

2月下旬，晓林起诉到法院称，与周女士签署了《房地产买卖定金协议书》后，支付了定金1万元。事后，他从区房地产交易中心查阅信息，发现该房屋已经抵押给了民生银行上海分行，请求法院判令解除定金协议书，归还定金1万元。

德佑公司辩称在签订定金协议书前，就向晓林讲明了该房屋设有抵押情况，所收取的定金1万元转交给了周女士。认为晓林起诉是房屋买卖，中介商不属于买卖一方。周女士也称房屋贷款抵押，从没有隐瞒过晓林，签署定金协议书后，晓林还询问如何归还贷款事宜。双方约定在2012年1月4日签订正式的买卖合同，但晓林毁约，所付1万元定金应当予以没收。

审理中，德佑公司向法院提供了《房屋状况及产权人信息》《房地产他项状况信息》各一份，打印日期时间均为：2011年12月27日10点06分04秒，以证明将该房屋贷款情况告知晓林。而晓林声称，德佑公司在向自己介绍该房屋买卖时，隐瞒了有抵押贷款的情况，自己是事后才了解到的，遂提出不再购买的方案。

法院认为，房屋买卖是一项重大的民事交易行为，晓林对准备购买的房屋相关信息应当进行了解。该房屋存在抵押贷款，是一项公开的信息，从德佑公司提供的《房地产他项状况信息》《房屋状况及产权人信息》打印时间看，是同时查询获知。周女士出售该设抵押贷款房屋，双方可以在签署正式买卖合同过程中，就该笔贷款如何清偿进行协商，不影响双方的房屋买卖交易，现因晓林的反悔，导致房屋买卖合同无法履行，遂法院判决晓林败诉。

第八章

消费者权益保护法

【学习目标】

能力目标：明晰消费者的含义、界定消费者的权利与经营者的义务。

知识目标：掌握消费者的九项基本权利。

素质目标：正确理解并在实践中运用消费争议的解决途径。

【任务导入】

“双十一”购物节时，王小姐在某大型购物网站上看到一双高跟鞋，款式新颖，价格也很便宜，便毫不犹豫点击了购买，并支付了货款。收到货后，王小姐觉得这双高跟鞋虽然款式新颖，但颜色跟网页上的出入很大，于是联系网店店主，要求退货，并愿意承担来往的运费，但遭到店主拒绝。

任务分析：

王小姐是否有权要求退货？

第一节　消费者权益保护法概要

一、消费者与消费者权益保护法

（一）消费者

我国《消费者权益保护法》第 2 条规定：“消费者为生活消费需要购买、使用商品或者接受服务，其权益受本法保护；本法未作规定的，受其他有关法律、法规保护。”

（二）消费者权益保护法

消费者权益保护法是调整国家机关、经营者、消费者相互之间因保护消费者利益而产生的社会关系的法律法规的总称。我国现行的《消费者权益保护法》是 1993 年 10 月 31 日第八届全国人民代表大会常务委员会第四次会议通过，自 1994 年 1 月 1 日起实施。2013 年 10 月 25 日第十二届全国人民代表大会常务委员会第五次会议《关于修改〈中华人民共和国消费者权益保护法〉的决定》进行了第二次修正，并于2014年3月15日正式实施。

二、消费者权益保护法的基本原则

（一）自愿、平等、公平、诚实信用原则

自愿，是指经营者与消费者的交易必须建立在双方的真实意思的基础上，一方不得强迫另一方进行交易，也不允许第三者非法干预。平等，是指经营者与消费者在交易活动中的法律地位平等，不因财产多少、地位高低而有所差异。公平，是要求经营者与消费者应当以诚相待、信守承诺，不得弄虚作假、恶意欺诈。

（二）对消费者予以特别保护原则

在消费关系中，消费者客观上处于弱势地位。第一，消费者是分散的无组织的个人，而经营者大多是有组织的法人，有的消费合同是由经营者确定的合同条件的标准合同，对此消费者别无选择；第二，具体的消费者受到专业知识、消费经验和时间、精力、财力、场合等限制，较难主张和实现自己的消费权利，较容易受到经营者不法行为的侵害。

（三）国家保护与社会监督相结合的原则

强有力的行政监督是保护消费者利益的重要环节，因此，国家行政机关要加强对经营者的监督管理。同时，保护消费者权益不仅是国家机关的责任，也是企事业单位、社会性团体以及消费者自身的责任。

（四）国家援助消费者原则

这是国家对市场经济运行进行干预的体现，也是消费者权利实现的切实保障。国家采取措施，保障消费者依法行使权利，其目的在于维护消费者的合法权益。因此，国家要根据经济、文化发展的水平，不断完善消费者的权利并促其实现。

（五）补偿性与惩罚性相结合原则

为加强经营者的自觉性，严格其责任，在经营者以不法行为侵害消费者权益时，国家以补偿性和惩罚性相结合的方式进行制裁。

第二节　消费者权利及经营者义务

一、消费者的权利

消费者权利作为一种基本人权，是生存权的重要组成部分。因此，法律予以保障，以使消费者的基本人权从自然的权利化为法定的权利。

（一）安全保障权

《消费者权益保护法》第7条规定，消费者在购买、使用商品和接受服务时享有人身、财产安全不受损害的权利。安全保障权包括人身安全权、财产安全权两个方面的内容。安全保障权是消费者最重要的权利，也是我国《宪法》和《民法通则》赋予公民的人身权、财产权在消费领域的具体体现。消费者在有偿取得商品时，有权要求其符合国家的安全、卫生标准，不致因此而受伤害；在有偿取得服务时有权要求其设施、用料等安全、卫生，并有相应的保护措施，不危及人身、财产安全。

【应用案例8－1】　江苏盐城大丰市的陈某在某超市购物结束后，在走出店门一米处时脚踩香蕉皮滑倒，自行起身后未能行走；3分钟后，陈某试图离开，再次在原处滑倒，后被送至医院住院诊疗14天。出院后陈某与超市就赔偿问题协商未果，遂诉至人民法院。

案件审理时，原、被告双方关于原告受伤地点是否属于被告安全保障义务控制的范围以及被告安全保障义务的合理限度各执一词。被告超市认为原告摔倒的位置已在超市经营场所外，不属于经营管理范畴，且超市已尽到合理范围内的安全保障义务，故不同意承担赔偿责任。

在案件的办理过程中，承办法官主动与消费者协会进行了沟通，邀请消协的工作人员参与调解，并到现场进行了调查和取证，经多次调解，均因双方要求差距太大，无法达成协议。

后法院通过调取派出所的接出警记录、陈某在超市门口滑倒受伤的录像资料等，证实原告受伤的地点系消费者通往被告超市购物的唯一出入口通道，距店门外一米处系被告为消费者购物提供的实质性利用区域，且被告承租他人房屋经营超市时已明确约定门前“三包”义务，原告滑倒受伤地点系被告超市门口走廊沿下位置，故该地点应视为被告直接管理和控制的空间范围。

原告因脚踩香蕉皮滑倒后，被告超市管理人员或保安未能及时出现救助，说明被告在其经营管理范围内未尽合理限度的注意义务，原告滑倒受伤与超市未尽安全保障义务间存在因果关系，被告依法应承担相应责任。法院酌定被告对原告受伤形成的合理损失承担45%的赔偿责任，判令被告超市赔偿原告29 803.05元。

【案例解析】《消费者权益保护法》第7条规定：消费者在购买、使用商品和接受服务时享有人身、财产安全不受损害的权利。消费者有权要求经营者提供的商品和服务，符合保障人身、财产安全的要求。

（二）知悉真情权

《消费者权益保护法》第8条规定，消费者享有知悉其购买、使用的商品或者服务的真实情况的权利。消费者有权根据商品或者服务者的不同情况，要求经营者提供商品的价格、产地、生产者、用途、性能、规格、等级、主要成分、生产日期、有效期限、检验合格证明、使用方法说明书、售后服务等有关情况。

（三）自主选择权

《消费者权益保护法》第9条规定，消费者享有自主选择商品或者服务的权利。包括：自主选择提供商品或者服务的经营者的权利；自主选择商品、品种或者服务方式的权利；自主决定购买或者不购买任何一种商品、接受或者不接受任何一项服务的权利；在自主选择商品和服务时有进行比较、鉴别和挑选的权利。

（四）公平交易权

《消费者权益保护法》第10条规定，消费者享有公平的权利。该权利是指消费者在购买商品或接受服务时所享有的获得质量保障和价格合理、计量正确等公平交易的权利。此外，消费者还有拒绝经营者的强制交易行为的权利。经营者向消费者提供商品和服务的质量应符合我国产品质量法等法律、法规的规定，经营者与消费者有约定的，应符合约定，但该约定不得违背法律法规的规定。

（五）依法求偿权

《消费者权益保护法》第11条规定，消费者在因购买、使用商品或接受服务受到人身、财产安全损害时，享有依法获得赔偿的权利，即在经营者提供的商品或服务不符合国家有关质量标准，不能实现应有的使用价值，或计量、计价不符合法定规定要求，侵害消费者权益时，消费者有权要求消除损害或采取补救措施；消费者有权要求经营者合理赔偿，并有权在交涉不成时向有关部门投诉和向法院起诉。

（六）依法结社权

《消费者权益保护法》第 12 条规定，消费者享有依法成立维护自身权益的社会团体的权利。政府对消费者团体不应加以限制，并且在制定有关消费者方面的政策和法律时，还应向消费者团体征求意见，以求更好地保护消费者权利。

（七）求教获知权

《消费者权益保护法》第 13 条规定，消费者享有获得有关消费和消费者权益保护方面的知识的权利。求教获知权，或称受教育权、获取知识权，是从知悉真情权中引申出来的一种消费者权利。这一权利包括两个方面的内容：一是获得有关消费方面的知识，主要包括有关消费观、有关商品和服务的基本知识、有关市场的基本知识。这是保障正确、适宜的消费所不可缺少的。二是获得有关消费者权益保护方面的知识，主要包括有关消费者权益保护的法律、行政法规和政策，以及保护机构和争议解决途径等方面的知识。

（八）维护尊严权

《消费者权益保护法》第 14 条规定，消费者在购买商品、使用商品和接受服务时，享有其人格尊严、民族风俗习惯得到尊重的权利。尊重消费者的人格尊严和民族习惯，是社会文明进步的表现，也是尊重和保障人权的重要内容。

【应用案例 8－2】 洛阳某旅行社接待了 JBW-9710 的香港旅游团，委派导游谢某为全陪随团服务。谢某为提取回扣，向客人建议将原定餐食改为“洛阳水席”，并进行了言过其实的夸张的宣传。当客人询问是否需要增加费用时，谢某答复水席不会超过原定餐饮标准。但当客人面对“洛阳水席”的汤汤水水时，发觉与谢某宣传的不相符，连呼上当。不料，第二日，谢某又向游客宣布，因“水席”标准超过原定标准，故需要加收少量餐费。对此，部分团员表示不满，但因已经食用了“水席”不得不交出超支餐费。事后，游客投诉该旅行社未按合同履行，存在欺诈。谢某则称，为了使客人品尝地方风味，做了夸张的宣传，但动机是好的，而客人食用“水席”加收餐费是理所应当的，并无不妥。

根据上述案情，试分析下列问题：

1. 案例中导游的做法是否存在过错？事后他的辩称是否合法？为什么？

2. 导游侵犯了旅游消费者的哪些权利？经营者应该履行哪些义务？

【案例解析】 1. 根据《导游人员管理条例》第 16 条：导游人员进行导游活动，不得欺骗、胁迫旅游者消费或者与经营者串通欺骗、胁迫旅游者消费。本案中谢某的做法存在过错和事后的辩称不合法。谢某违背了诚实信用原则，故意误导消费者食用“洛阳水席”，在承诺不超过原定餐饮标准后却提供质低价次的汤汤水水，这是明显的欺诈行为，存在过错。然而谢某并未就此打住，在第二天，又以餐饮超标为由，加收费用。谢某依法收取必要费用是其权利，但同时谢某负有保证给游客提供与所支付费用相称的服务的义务，谢某不履行义务就是侵犯他人的权利。所以他的行为是不合法的。

2. 根据《消费者权益保护法》可知：该导游侵犯了旅游消费者的真情知悉权，自主选择权，公平交易权。旅游经营者应该履行以下义务：(1)遵守法律，按照约定履行合同；(2)提供真实信息；(3)保证商品或服务的质量。

（九）监督批评权

《消费者权益保护法》第 15 条规定，消费者享有监督商品质量或服务质量的权利，监督保护消费者权益工作的权利。消费者有权检举、控告侵害消费者权益的行为和国家机关及其工作人员在保护消费者权益工作中的违法失职行为,有权对保护消费者权益工作提出批评和建议。

二、消费者的基本义务

(一)遵守法律和社会公德的义务

消费者应依法行使其权利,不得损害国家利益和社会公共利益,也不得妨碍他人行使法定权利,更不得滥用自己的权利。

(二)加强自我保护的义务

消费者应根据社会经济需要,主动学习和掌握有关消费所必需的商品和服务的知识,提高消费质量。在消费活动中,努力提高自我保护意识,采取主动、合理的行动,为维护自身和其他消费者的权益发挥作用。

(三)正确使用商品和接受服务的义务

消费者应按商品使用说明安装、使用和维护商品,按规定或约定的规则接受服务。凡是使用不当所致的损失,责任由消费者自负。

(四)投诉和举证的义务

消费者投诉商品和服务的质量、价格、计量等问题时,负有如实反映情况和提供相关证据的义务。但鉴于消费者所处的不利地位,对于一些较难由消费者举证的情况,实践中可参照国外的同行做法,转移举证责任,即由经营者负责提供与消费者的主张相反的证据,否则视为消费者的主张成立。

三、经营者的义务

由于经营者是为消费者提供其生产、销售的商品或者提供服务的市场主体,是与消费者直接进行交易的另一方,因此,明确经营者的义务对于保护消费者权益至关重要。根据我国《消费者权益保护法》第 3 章的规定,在保护消费者权益方面,经营者负有以下义务。

1. 依法定或约定履行的义务

经营者向消费者提供商品或服务,应当按照《产品质量法》和其他有关法律法规的规定履行义务。其他有关法律法规包括《民法通则》《合同法》《反不正当竞争法》《商标法》《计量法》等。此外,经营者和消费者有约定的,应当按照约定履行义务,但双方的约定不得违背法律法规的规定。经营者提供商品或者服务,按照国家规定或者与消费者的约定,承担包修、包换、包退或者其他责任的,应当严格履行,不得故意拖延或者无理拒绝。

2. 听取意见和接受监督的义务

《消费者权益保护法》第 17 条规定,经营者应当听取消费者对其提供的商品或者服务的意见,接受消费者的监督。这是与消费者的监督批评权或称质询权相对应的经营者的义务,对改善消费者的地位具有重要意义。

3. 保障人身和财产安全的义务

《消费者权益保护法》第 18 条规定,经营者应当保证其提供的商品或者服务符合保障人身、财产安全的要求。对可能危及人身、财产安全的商品和服务,应当向消费者做出真实的说明和明确的警示,并说明和标明正确使用商品和接受服务的方法,以及防止危害发生的方法。经营者以其提供的商品或者服务存在严重缺陷,即使正确使用商品或者接受服务仍然可能对人身、财产安全造成危害的，应当立即向有关部门报告和告知消费者，并采取措施防止危害的发生。这是与消费者的保障安全权相对应的经营者的义务。

4. 提供商品和服务的真实信息，不作虚假宣传的义务

《消费者权益保护法》第 19 条规定，经营者应向消费者提供有关商品或者服务的真实信息，不得做引人误解的虚假宣传；经营者对消费者就其提供的商品或者服务的质量和使用方法等问题提出的询问，应当作出真实、明确的答复；商店提供商品应当明码标价，否则即构成侵犯消费者权益的行为和不正当竞争行为。这是与消费者的知悉真情权相对应的经营者的义务。

5. 标明真实名称和标记的义务

《消费者权益保护法》第 20 条规定，经营者应当标明真实名称和标记；租赁他人柜台或者场地的经营者，应当标明其真实名称和标记。经营者标明真实名称和标记是对消费者的尊重。经营者不得使用未经核准登记的企业名称；不得擅自改动使用未经核准登记的企业名称；不得假冒他人的企业名称和他人特有的营业标记；也不得仿冒，即使用与他人的企业名称或营业标记相近的并足以造成消费者误解的企业名称或营业标记。租赁他人柜台或场地的经营者，应当以自己的真实名称和标记从事经营活动，而不能以出租者的名称或标记从事经营活动。

6. 出具相应的凭证和单据的义务

《消费者权益保护法》第 21 条规定，经营者提供商品或者服务，应当按照国家有关规定或者商品惯例向消费者出具购货凭证或者服务单据，消费者索要购货凭证或者服务单据的，营业者必须出具。由于购货凭证或者服务单据具有证据的价值，对于界定消费者和营业者的权利和义务有重要意义，因此明确经营者出具相应的凭证和单据的义务，有利于保护消费者权益。

7. 保证商品或者服务质量、履行“三包”或者其他责任的义务

《消费者权益保护法》第 22 条、第 23 条规定了经营者保证商品或服务质量等义务。经营者应当保证在正常使用商品或者接受服务的情况下，其提供的商品或者服务具有质量、性能、用途和有效期限，但消费者在购买该商品或者接受该服务前已经知道其存在瑕疵的除外。经营者提供商品或者服务，按照国家规定或与消费者的约定，承担包修、包换、包退或者其他责任的，应当按照国家规定或者约定履行，不得故意拖延或者无理拒绝。

8. 不得从事不公平、不合理的交易的义务

《消费者权益保护法》第 24 条规定，经营者不得以格式合同、通知、声明、店堂告示等方式作出对消费者不公平、不合理的规定，或者减轻、免除其损害消费者合法权益应当承担的民事责任，格式合同、通知、声明、店堂告示等含有前款所列内容的，其内容无效。

9. 不得侵犯消费者人格权的义务

《消费者权益保护法》第 25 条规定，不得对消费者进行侮辱、诽谤；不得搜查消费者的身体及其携带的物品；不得侵犯消费者的人身自由。这一规定体现了对消费者人格权的保护。

第三节　消费者权益保护

一、国家对消费者合法权益的保护

(一)行政管理部门

国家和地方各级工商行政管理机关，分别是国务院和地方人民政府实施消费者利益保护

的基本职能机构。其主要职责是:研究拟定工商行政管理的方针、政策,组织起草有关法律法规草案,制定并发布工商行政管理规章。做好保护消费者利益工作,在对企业、市场、个体户和商标、广告管理中监督商品和服务,在工商行政管理机关职权范围内查处侵犯消费者利益的行为。

各级物价、技术监督、卫生、食品检验、商检等行政管理机关和行业主管部门、企业主管部门,均应在各自的职责范围内,依法加强对经营者的监督管理,保护消费者利益。

(二)公安、司法机关

公安机关对涉及暴力侵权、斗殴的消费纠纷,应及时查处,防止矛盾激化。公安、检察机关对侵犯消费者利益构成犯罪的案件,应按各自权限,积极立案侦查、起诉。人民法院对消费者纠纷案件和侵犯消费者利益构成犯罪的案件,应积极受理,依法在7日内立案,及时作出裁判;应采取措施,方便消费者诉讼。

二、社会对消费者合法权益的保护

(一)消费者权益保护组织

我国消费者协会的法定职责是:

(1)向消费者提供消费信息和咨询服务;

(2)参与有关部门对商品和服务的监督、检查;

(3)就有关消费者合法权益的问题,向有关行政部门反映、查询、提出建议;

(4)受理消费者的投诉,并对投诉事项进行调查、调解;

(5)投诉事项涉及商品和服务质量问题的,可以提请鉴定部门鉴定,鉴定部门应当告知鉴定结论;

(6)就损害消费者合法权益的行为,支持受损害的消费者提供诉讼;

(7)对损害消费者合法权益的行为,通过大众传播媒介予以揭露、批评。

(二)新闻舆论机构

广播、电视、报刊等大众传播媒介,在积极宣传消费者利益保护法律和消费知识的同时,对侵害消费者合法权益的行为有责任予以批评、揭露。

(三)经营者自体组织和内部机构

行业协会或地区性经营者组织,要加强对经营者的教育,组织经营者开展维护消费者利益的各项活动,同时也要积极参与社会监督和处理纠纷,找出原因并帮助解决,维护消费者和经营者双方的合法权益。

经营者内部应建立健全文明服务、售后服务及处理消费纠纷的制度与机构,切身保护消费者权益。

第四节 消费争议的解决和法律责任

一、消费争议的解决

消费争议是指在消费领域发生的,消费者在购买、使用商品或接受服务的过程中,因经营者不依法履行或不适当履行义务致消费者合法权益受损所引起的争议。对这类争议,消费者权益保护法规定了五种解决途径。

（一）双方协商和解

协商和解是最好的一种解决争议的方式。消费者和经营者可以在自愿、互谅的基础上友好协商，分清责任，使问题得到解决。

（二）第三方调解

消费者在不能与经营者协商和解时，可请求消费者协会居中调解，以使争议得到及时处理。消费者协会在接到消费者请求调解的要求后，可在查清事实、分清责任的基础上，就争议的事项居中进行调解，或代表受损害的消费者与经营者进行交涉，以求得争议的妥善解决。

（三）向有关行政部门申诉

当消费者在消费过程中的合法权益受到侵害时，可就有关事实通过口头或书面形式向有关行政部门反映情况，请求解决争议。这里的“有关行政部门”是指那些有保护消费者权益职能的各级人民政府所属部门，如工商行政管理部门、质量监督管理部门、卫生行政管理部门等。有关行政部门在接到消费者的申诉后，应分别情况作出处理。

（四）根据与经营者达成的仲裁协议提请仲裁机构的仲裁

仲裁是指当事人根据事先或事后达成的仲裁协议自愿将争议提交第三方裁决以解决争议的一种法律制度。消费者在与经营者发生消费争议之后，如果双方协商和解不成，可在与经营者达成仲裁协议的前提下，提请仲裁机构仲裁。值得注意的是，仲裁作出的裁决具有终局性，仲裁裁决一旦作出，当事人就不能再申请仲裁或向法院提起诉讼，且仲裁的裁决跟法院的判决一样具有法律效力。

（五）向法院提起诉讼

消费争议发生后，当事人在没有仲裁协议的情况下，可向法院提起诉讼。由于消费者权益争议是一种民事权益纠纷，故此处所称的提起诉讼是指民事诉讼，亦即消费者在自己的合法权益受到经营者不法侵害后，可直接向人民法院提起民事诉讼，请求司法保护。

二、法律责任

（一）赔偿主体的确定

由于赔偿主体与消费争议的解决密切相关，因此，《消费者权益保护法》第六章对赔偿主体做了明确的规定，以防止消费者和生产者之间的互相推诿。

(1)消费者在购买、使用商品时，其合法权益受到损害的，可以向销售者要求赔偿，而不管这种损害是由生产者或销售者中哪一方造成的。如确属于生产者的责任的，销售者在先行赔偿后依法有权向生产者追偿。

(2)消费者或其他受害人因商品缺陷造成人身、财产损害的，可以向销售者要求赔偿，也可以向生产者要求赔偿，消费者可以自由选择；生产者和销售者在先行赔偿后，有权向责任者追偿。

(3)消费者在接受服务时合法权益受损的，直接向服务者要求赔偿。

(4)消费者在购买、使用商品或接受服务时，其合法权益受损害，因原企业分立、合并的，可以向变更后的企业要求赔偿，并且在企业分立的情况下，分立后的各企业应当承担连带责任。

(5)使用他人营业执照的违法经营者提供商品或服务，损害消费者合法权益的，消费者可以向违法经营者要求赔偿，也可以向营业执照的合法持有人要求赔偿。

(6)在展销会、租赁柜台购买商品或接受服务，其合法权益受损的，可以向销售者或服务者索赔；在展销会结束或柜台租赁期满后，也可以向展销会举办者、柜台出租者索赔。

(7)消费者因经营者利用虚假广告提供商品和服务，其合法权益受损的，可以向经营者索赔。广告经营者发布虚假广告的，消费者可以请求行政部门予以惩处。广告经营者不能提供商品或服务的经营者的真实名称、地址的，应当承担赔偿责任。

(二)法律责任的承担

1. 侵害消费者权益的民事责任

《消费者权益保护法》第40条规定了经营者应当依照《产品质量法》和其他有关法律法规的规定承担民事责任的9种法定情形：①商品存在缺陷的；②不具备商品应当具备的使用性能而出售时未说明的；③不符合在商品或者其包装上注明采用的商品标准的；④不符合商品说明、实物样品等方式标明的质量状况的；⑤生产国家明令淘汰的商品或者销售失效、变质的商品的；⑥销售商品数量不足的；⑦服务的内容和费用违反约定的；⑧对消费者提出的修理、重作、更换、退货、补足商品数量、退换货款和服务费用或者赔偿损失的要求，故意拖延或者无理拒绝的；⑨法律法规规定的其他损害消费者权益的情形。

(1)人身损害的民事责任方式。根据所造成人身损害的程度不同，分别规定如下：造成消费者或者第三人一般人身损害的，应当支付医疗费、治疗期间护理费、误工损失；造成消费者或第三人残疾的，除上述三项外，另外支付残疾人生活自理费、生活补助费、残疾赔偿金、由残疾人抚养的人所需的生活费。

造成消费者或第三人死亡的，支付丧葬费、死亡赔偿金、由死亡人生前抚养的人所需的生活费。

对消费者进行侮辱、诽谤，搜查身体及物品，侵害其人格尊严或人身自由的，应承担停止侵害、恢复名誉、消除影响、赔礼道歉、精神损害赔偿等责任。

(2)财产损害的民事责任方式：修理、重作、更换、退货、补足商品数量、退款、赔偿财产损失。

(3)几种特殊情况下的民事责任：

一是关于履行"三包"的民事责任。《消费者权益保护法》第45条规定，对国家规定或者经营者与消费者约定包修、包换、包退的商品，经营者应当负责修理、更换或者退货。在保修期内两次修理仍不能正常使用的，经营者应当负责更换或者退货。

二是关于以邮购方式销售商品的民事责任。《消费者权益保护法》第46条规定，经营者以邮购方式提供商品的，应当按照约定提供。未按照约定提供的，应当按照消费者的要求履行约定或者退回货款，并应当承担消费者必须支付的合理费用。

三是关于以预收款方式提供商品或服务的民事责任。《消费者权益保护法》第47条规定，经营者以预收款方式提供商品的，应当按照约定提供。未按照约定提供的，应当按照消费者的要求履行约定或者退回预付款，并应当承担预付款的利息、消费者必须支付的合理费用。

(4)经营者欺诈行为的民事责任。所谓欺诈，是指经营者采用虚假或者其他不正当的手段欺骗、误导消费者，使消费者的合法权益受到损害的行为。为了有效维护消费者权利和打击经营者欺诈行为，我国《消费者权益保护法》第49条规定，经营者提供商品或者服务有欺诈行为的，应当按照消费者的要求增加赔偿其受到的损失，增加赔偿的金额为消费者购买商品的价款或者接受服务费用的一倍。除了对消费者的补偿之外，这一规定具有明显的惩罚性，确立了对经营者欺诈行为的惩罚性赔偿金制度。它主要适用于经营者提供商品或者服务有欺诈的情形下，具体包括：发布令人误解的、虚假的广告；对价格做虚假表示；假冒注册商标、质量认证标志、伪造产地，冒用他人商品特有的名称、包装和装潢；商品存在瑕疵而故意不告知；谎称降价处理商品而实则抬价推销劣质商品。

2. 侵害消费者权益的行政责任

经营者的行政责任是指经营者在消费领域违反国家有关行政管理法规所应承担的责任。我国《消费者权益保护法》规定承担行政责任的情形有：生产、销售商品不符合保障人身、财产安全要求的；在商品中掺杂、掺假，以假充真，以次充好，或者以不合格商品冒充合格商品的；生产国家明令淘汰的商品或者销售失效、变质的商品；伪造商品的产地，伪造或者冒用他人的厂名、厂址，伪造或者冒用认证标志、名优标志等质量标志的；销售的商品应当检验、检疫而未检验、检疫的或者伪造检验、检疫结果的；对商品或者服务作出引人误解的虚假宣传的；对消费者提出的修理、重作、更换、退货、补足商品数量、退换货款和服务费用或者赔偿损失的要求，故意拖延或者无理拒绝的；侵害消费者人格尊严或者侵犯消费者人身自由的；法律法规规定的对损害消费者权益应当予以处罚的其他情形。

上述行为是《消费者权益保护法》明确规定应当承担行政责任的，其承担的方式有责令改正、没收违法所得、罚款、责令停业整顿、吊销营业执照等。

3. 侵害消费者权益的刑事责任

承担刑事责任分为经营者的刑事责任和国家机关工作人员的行政责任。应当指出，刑事责任只对已经构成犯罪的行为人才适用，对虽有一般违法行为但尚不构成犯罪的经营者，不能适用刑事责任。《消费者权益保护法》规定追究刑事责任的情形有：经营者提供商品或者服务，造成消费者人身伤害，构成犯罪的；经营者提供商品或者服务，造成消费者死亡，构成犯罪的；以暴力、威胁等方法阻碍有关行政部门工作人员执法的；国家机关工作人员玩忽职守或包庇经营者侵害消费者合法权益的行为，情节严重，构成犯罪的。

根据我国《刑法》规定，刑事责任的承担方式有主刑和附加刑两类。主刑有管制、拘役、有期徒刑、无期徒刑、死刑五种；附加刑有罚金、剥夺政治权利和没收财产三种，附加刑可以独立适用也可以与主刑合并适用。

【任务导出】

近几年来，网络等远程购物方式逐渐成为人们购物的主流方式之一。远程购物的“非现场性”导致消费者与商家的信息极不对称，商家可能隐瞒了商品的负面信息，但由于无法直接接触商品，消费者可能被蒙在鼓里而遭受损失。《消费者权益保护法》针对网络等远程购物方式赋予消费者 7 天的“反悔权”，旨在促进买卖双方的平等地位。根据《消费者权益保护法》，上述案例中的王小姐有权要求退货。其中，“反悔权”仅适用于网络等远程购物方式，消费者直接到商店购买的物品，不适用该条规定。另外，“反悔权”的期限是 7 日内，且根据商品性质不宜退货的商品，不在此列。

强化训练

一、单项选择题

1. 我国《消费者权益保护法》正式实施的时间是(　　)。

A. 1992 年 10 月 31 日　　B. 1993 年 10 月 31 日

C. 1994 年 10 月 31 日　　D. 1991 年 1 月 1 日

2.《消费者权益保护法》所指的消费主要是指(　　)。

A. 生活消费　　B. 生产消费　　C. 精神消费　　D. 物质消费

3. 经营者提供商品或者服务有欺诈行为的，应当按照消费者的要求增加赔偿其受到的损失，增加赔偿的金额为消费者购买商品的价款或接受服务的费用的(　　)。

A. 1倍　　B. 2倍　　C. 3倍　　D. 4倍

4. 郭某与10岁的儿子到饭馆用餐，如厕时将手提包留在座位上嘱咐儿子看管，回来后发现手提包丢失。郭某要求饭馆赔偿被拒绝，遂提起民事诉讼。根据消费者安全保障权，下列说法正确的是(　　)。

A. 饭馆应保障顾客在接受服务时的财产安全，并承担顾客随身物品遗失的风险

B. 饭馆应保证其提供的饮食服务符合保障人身、财产安全的要求，但并不承担对顾客随身物品的保管义务，也不承担顾客随身物品遗失的风险

C. 饭馆应对顾客妥善保管随身物品作出明显提示，否则应当对顾客的物品丢失承担赔偿责任

D. 饭馆应确保其服务环境绝对安全，应当对顾客在饭馆内遭受的一切损失承担赔偿责任

5. 某美容店向王某推荐一种"雅兰牌"护肤产品。王某对该品牌产品如此便宜表示疑虑，店家解释为店庆优惠。王某买回使用后出现面部红肿、瘙痒，苦不堪言。质监部门认定系假冒劣质产品。王某遂向美容店索赔。对此，下列选项正确的是(　　)。

A. 美容店不知该产品为假名牌，不应承担责任

B. 美容店不是假名牌的生产者，不应承担责任

C. 王某对该产品有怀疑仍接受了服务，应承担部分责任

D. 美容店违反了保证商品和服务安全的义务，应承担全部责任

二、多项选择题

1. 下列属于违反《消费者权益保护法》的法律责任是(　　)。

A. 民事责任　　B. 行政责任　　C. 刑事责任　　D. 以上均不属于

2. 下列属于消费争议的解决途径的是(　　)。

A. 双方协商和解　　B. 第三方调解

C. 向有关行政部门申诉　　D. 向法院提起诉讼

3. 下列属于经营者义务的是(　　)。

A. 履行法律义务或约定义务　　B. 保证商品和服务安全的义务

C. 提供商品和服务真实信息的义务　　D. 不得侵犯消费者人格权的义务

4. 孙某从某超市买回的跑步机在使用中出现故障并致其受伤。经查询得知，该型号跑步机多年前已被认定为不合格产品，该超市从总经销商某商贸公司依正规渠道进货。下列选项正确的是(　　)。

A. 孙某有权向该跑步机生产商索赔

B. 孙某有权向某商贸公司、超市索赔

C. 超市向孙某赔偿后，有权向该跑步机生产商索赔

D. 超市向孙某赔偿后，有权向某商贸公司索赔

5. 甲公司租赁乙公司大楼举办展销会，向众商户出租展台。消费者李某在其中丙公司的展台购买了一台丁公司生产的家用电暖器，使用中出现质量问题并造成伤害，李某索赔时遇上述公司互相推诿。下列公司的主张错误的是(　　)。

A. 丙公司认为属于产品质量问题

B. 乙公司称自己与产品质量无关，不应承担责任

C. 丁公司认为产品已交丙公司包销，自己不再负责

D. 甲公司称展销会结束后，丙公司已撤离，自己无法负责

三、案例分析题

1.2005 年 11 月 6 日，某市的陈小姐到某超市购物。当时该超市正举行“买一送一”的促销活动。陈小姐购买了一件标价为 298 元的羊毛上衣，该超市赠送了一件标价为 200 元的皮裤。11 月 8 日，陈小姐发现该皮裤穿过后会褪色，要求该超市退货，而超市以“赠品概不退换”为由拒绝退货。陈小姐遂于 11 月 13 日向当地消费者协会投诉。

思考：陈小姐的投诉有法律依据吗？

2.2002 年 2 月 22 日上午，吉林省某消费者郑某在将三节电池装入游戏机时，其中一节在其右手中爆炸，伤及右手及面部，郑某当即被送入某市人民医院住院治疗。经治疗后，郑某右手小指近端指面关节以下缺失，无名指远端指间关节畸形愈合，不能伸直，中指端指面关节略畸形，食指近端和远端指间关节屈曲障碍。经某市中级人民法院法医鉴定，郑某右手炸伤被定为伤残九级。经查实，爆炸的 5 号充电电池是吉林省某市百货公司从一名自称是福建某无线电厂推销员的孙某手中购买的，单价为 12 元，电池上无中文标识，此事发生后孙某下落不明。

请问：

(1)郑某应找谁赔偿损失？如何赔偿？

(2)本案问题可通过哪些途径解决？

资源拓展

超市验小票侵犯消费者相关权益

2014 年“五一”期间，铜陵市乔女士和她的几个同学在某超市购物，购物结束后走出超市电梯口时，超市工作人员要求乔女士他们出示购物小票并接受检查，由此双方发生口角。乔女士表示，自己是消费者，这样被检查有点尴尬。

现实中，在超市购物被要求检查小票的情况比比皆是，有的是在超市购物小票上戳章，有的用笔画一个记号，有的将小票撕下一角。超市的经营者表示，画一个记号是购物的一个环节，确保小票上的清单和物品一致，防止出现少收或者多收钱，造成超市或者顾客的损失。而一些市民则反映，这些所谓最后把关的员工，根本不会一一核对购物清单，只是拿笔在购物小票上一画完事，其实超市不需要这样来检验，超市若想保护自身利益可以提高管理能力和水平，利用科技手段来防止物品被窃。

超市查验小票是否侵犯了消费者的人身自由？律师认为，根据《合同法》的相关规定，消费者在商场收银处付款后，就已取得了所购物品的所有权，商家没有权利要求消费者提供小票接受检查。超市强行检查结账小票的行为，已侵犯了消费者的财产所有权和人身自由权。

《消费者权益保护法》第 14 条规定：“消费者在购买、使用商品和接受服务时，享有其人格尊严、民族风俗习惯得到尊重的权利。”超市要求检查小票行为实际上也是对消费者的不尊重。如果消费者对超市查验小票反感，可以对这种行为说“NO”。

第九章

知识产权法

【学习目标】

能力目标:能正确理解知识产权保护的意义。

知识目标:了解知识产权的含义和特征,熟悉知识产权国际保护的原则。

素质目标:能够正确运用《商标法》《专利法》《著作权法》解决法律实践问题。

【任务导入】

吉利集团有限公司于1998年8月取得“吉利”商标的专用权。商标注册时核定使用的商品为:摩托车、轻型和微型汽车。2004年11月,吉利集团得知亚杰力商贸有限公司在市场上销售“吉利”牌衬衣,并以“开吉利汽车,穿吉利衬衫,走吉利大道”等广告词对外进行宣传。吉利公司认为,“吉利”商标经过长期使用、广泛持久的宣传,已树立起中国汽车民族品牌的形象,在中国乃至国际上具有了相当高的知名度和美誉度。亚杰力公司未经许可在衬衣等服饰上使用“吉利”标记,对消费者造成了误导,严重损害了吉利公司的利益,诉请法院要求确认吉利商标为驰名商标,判令被告停止侵权、赔偿损失。而亚杰力公司辩称,吉利公司注册的“吉利”商标的使用范围仅限于机动车,在衬衣上使用“吉利”商标不构成侵权。

任务分析:

亚杰力公司的说法是否正确?分析本案可能的判决结果。

第一节　知识产权法概要

一、知识产权概述

(一)知识产权的概念

知识产权是指智力成果的创造人对所创造的智力成果和工商活动的行为人所拥有的标记依法所享有的权利的总称。

（二）知识产权的特征

知识产权是一种与物权、债权并列的独立的民事权利。其具有以下特征。

(1)知识产权的无形性。知识产权的客体是智力成果或具有财产价值的标记，是一种没有形体的财富。知识产权客体的非物质性，是知识产权的本质属性，这是其与其他有形财产所有权最根本的区别。

(2)知识产权的法定性。这是指知识产权的范围和产生由法律规定。知识产权的法定性是由无形性决定的。由于其没有形体，因此其可以同时为多个主体所共同占有，很难为拥有者所完全控制，因此，知识产权必须通过法律加以确认。

(3)知识产权的专有性，即排他性。这主要体现在两个方面：一是知识产权为权利人所独占，权利人垄断这种专有权并受到严格保护，没有法律规定或未经权利人许可，任何人不得使用权利人的知识产品；二是对同一项知识产品，不允许有两个或两个以上的主体同时对同一属性的知识产权享有权利。

(4)知识产权的地域性。知识产权作为专有权在空间上的效力并不是无限的，而要受到地域的限制，其效力仅限于本国境内。按照一国法律获得承认和保护的知识产权，只能在该国发生法律效力。

(5)知识产权的时间性。知识产权作为一种民事权利，有时间上的限制，即知识产权只有在法律规定的期限内受到保护，一旦超过法律规定的有效期限，这一权利就自行消灭，而其客体就会成为整个社会的共同财富，为全人类所共同使用。

（三）知识产权的分类

1. 著作权和工业产权

这种分法以对知识的消费方式为标准。这里的著作权是广义的，包括著作权和邻接权，其保护对象是满足人类精神需要和审美要求的知识类型，包括文学、艺术和科学作品，表演艺术家的演出，录音制品和广播电视节目等。

工业产权是指著作权以外的知识产权。其保护对象的内容已超出“工业”的范围，主要是指以实现人类的衣、食、住、行等生产、生活的功能，满足以物质消费为目的的知识类型；同时还有以实现规范市场经济秩序功能为目的的符号、标记类型的知识，如工商业标记等。

2. 创造性智力成果权和工商业标记权

这种分法以知识产权价值的来源为标准。创造性智力成果权的价值直接来源于对该成果的商业性利用；工商业标记本身并不是其财产价值的源泉，它的价值来源于所标记的商品或服务，来源于它所标记的工商业主体的商业信誉。

二、知识产权法的概念

知识产权法是指由国家制定或认可的，用以调整自然人、法人及其他社会组织和国家因知识产权的归属、利用和保护而产生的社会关系的法律规范的总称。

从体系范围而言，知识产权有广义狭义之分。狭义的知识产权法，即传统意义上的知识产权法，包括著作权法（邻接权）、专利权、商标权三个主要组成部分。广义的知识产权法包括涉及著作权、邻接权、商标权、商号权、商业秘密权、产地标记权、专利权、集成电路布局设计权等各种权利的法律规范的总称。

第二节　商标法

商标权是指商标所有人对法律确认并给予保护的商标享有的权利。为加强商标管理，保护商标专用权，促使生产者、经营者保证商品质量和服务质量，维护商标信誉，我国制定并修改了《商标法》。1982 年 8 月 23 日第五届全国人大第二十四次会议通过了《商标法》，于 1983 年 3 月 1 日起实施。该法分别于 1993 年、2001 年和 2013 年作了三次修正。新版《商标法》已于 2014 年 5 月 1 日正式实施。商标法是调整商标的组成、注册、使用、管理和商标专用权的保护等的法律规范的总称。

一、商标

（一）商标的概念及其特征

商标是商品的生产者、经营者或者服务的提供者为了表明自己、区别他人在其商品或者服务项目上使用的显著标记，即由文字、图形、字母、数字、三维标志、颜色组合和声音等，以及以上要素的组合所构成的标识。商标应具有显著特征、便于识别商品或服务，并不得与他人在先取得的合法权利冲突。在先权利是指在申请商标注册之前的合法权利，其内容具体包括但不限于下列权利：著作权、地理标志权、商号权、外观设计专利权、姓名权、肖像权、商品化权。

商标具有如下特征：

（1）商标主要是由文字、图形或文字与图形结合而组成的标记。商标的构成具有多样性，凡能够将一企业的商品或服务与另一企业的商品或服务加以区别的任何标志或者标志的组合，均能构成一项商标。

（2）商标是使用于商品或者服务上的显著标记。商标依附于商品或者服务而存在，其使用具有商业意义和商业价值。

（3）商标是代表特定商品生产者、经营者或者服务提供者的专用符号。商标具有识别性和表彰性功能。

（4）商标是附于商品表面或包装，或标于所提供的服务相关的物品上的具有显著特征的简洁符号。

（二）商标的分类

根据不同的标准，商标可分成不同的种类。

（1）根据商标标示对象的不同，可将商标分为商品商标和服务商标。商品商标是用于生产销售的商品上的标记。服务商标是用于服务行业，以便与其他服务行业相区别的标记。

（2）根据商标是否登记注册，可将商标划分为注册商标和未注册商标。注册商标是指已经在商标注册主管机关获准注册的商标。未注册商标是指已经使用但未经商标注册主管机关获准注册的商标。世界上对商标的保护有两种做法：一是注册保护，另一种是使用保护。

（3）根据商标的构成要素，可将商标分为文字商标、图形商标、字母商标、数字商标、三维标志商标、颜色组合商标、组合商标、声音商标。

文字商标是由纯文字构成的商标，既可以是中文，也可以是外文。中文包括汉字、汉语拼音和少数民族文字。图形商标是由纯图形构成的商标。字母商标是由纯字母构成的商标。数字商标是由纯数字构成的商标。三维标志商标，即立体商标，是指由长宽高三维组成的商标，三维标志往往表现为商品外形或商品包装特有的形状，如某酒瓶的包装。颜色商标是指由几种不同的颜色按照一定的规则组合而成的商标，但单一的颜色不得作为商标。组合商标是指由各种符号要素组合而成的商标，此类商标往往图文并茂，表形表意结合。声音商标是指由足以使相关消费者区别商品或服务来源的声音构成的商标。

(4)根据商标具有的特殊作用，可将商标分为证明商标、集体商标。证明商标是指由对某种商品或者服务具有监督能力的组织所控制，而由该组织以外的单位或者个人使用于其商品或者服务，用以证明该商品或者服务的原产地、原料、制造方法、质量或者其他特定品质的标志。集体商标是指以团体、协会或者其他组织名义注册，供该组织成员在商事活动中使用，以表明使用者在该组织中的成员资格的标志。

(5)根据商标的目的和功能的不同，可将商标分为等级商标和防卫商标。等级商标是指统一经营者对同类商品因规格、质量不同而使用的系列商标。等级商品可以一并申请注册，一并转让或许可他人使用，其中某一商标被注销或撤销，不影响其他商标的存在。防卫商标是指为了防止他人的使用或注册而对自己的核心商标所进行的注册，包括联合商标和防御商标两种形式。

(6)根据商标在相关市场上的知名度，可将商标分为驰名商标、著名商标和知名商标。驰名商标是指由商标局认定的在市场上享有较高声誉并为相关公众所熟知的商标。著名商标是指由省级工商行政管理部门认可的，在该行政区划范围内具有较高声誉和市场知名度的商标。

二、商标权

(一)商标权的概念

商标权是指商标所有人对其商标拥有的独占的、排他的权利。由于我国对商标权的取得实行的是注册原则，因此，商标权实际上是因商标所有人申请，经政府主管部门确认的专有权利，即因商标注册而产生的权利。从权利的性质上看，商标权与所有权一样，属于绝对权的范围，即权利主体对其注册商标享有完全的使用权和排他的权利。

(二)商标权的主体

商标权的主体是指通过法定程序，在自己生产、制造、加工、拣选、经销的商品或者提供的服务上享有商标专用权的人。根据《商标法》的规定，商标权的主体范围包括：自然人、法人或者其他组织。两个以上自然人、法人或者其他组织可以共同向商标局申请注册同一商标，共同享有和使用该商标专用权。

(三)商标的客体

商标的客体是指经商标局核准注册的商标，即注册商标。申请注册的商标应当具备以下条件：

1. 商标应当具备显著性

《商标法》规定，申请注册的商标应当有显著的特征，便于识别，并不得与他人在先取得的合法权利相冲突。商标具备的这种显著性，可以通过两种方式产生：一是商标本身具有显著性；二是通过长期的使用获得商标的显著性。

2. 商标应当符合规定的要求

《商标法》规定，任何能够将自然人、法人或者其他组织的商品与他人的商品区别开的标志，包括文字、图形、字母、数字、三维标志、颜色组合和声音等，以及上述要素的组合，均可以作为商标申请注册。由此可见，气味标志不能成为注册商标。

根据《商标法》规定，下列标志不能作为商标使用：

(1)同中华人民共和国国家名称、国旗、国徽、国歌、军旗、军徽、军歌、勋章等相同或者近似的，以及同中央国家机关的名称、标志、所在地特定地点的名称或者标志性建筑物的名称、图形相同的。

(2)同外国的国家名称、国旗、国徽、军旗等相同或者近似的，但经该国政府同意的除外。

(3)同政府间国际组织的名称、旗帜、徽记等相同或者近似的，但经该组织同意或者不易误导公众的除外。

(4)与表明实施控制、予以保证的官方标志、检验印记相同或者近似的，但经授权的除外。

(5)同“红十字”、“红新月”的名称、标志相同或者近似的。

(6)带有民族歧视性的。

(7)带有欺骗性，容易使公众对商品的质量等特点或者产地产生误认的。

(8)有害于社会主义道德风尚或者有其他不良影响的。

(9)县级以上行政区划的地名或者公众知晓的外国地名，不得作为商标。但是地名具有其他含义或者作为集体商标、证明商标组成部分的除外；已经注册的使用地名的商标继续有效。

下列标志不得作为商标注册：仅有商品的通用名称、图形、型号的；仅直接表示商品的质量、主要原料、功能、用途、重量、数量及其他特点的；其他缺乏显著特征的。前述所列标志经过使用取得显著特征，并便于识别的，可以作为商标注册。同时，作为商标的标志不得与他人在先取得的合法权利相冲突。在先取得的合法权利是指在商标注册申请人提出商标申请以前，他人已经取得或者依法享有并受法律保护的权利，通常包括著作权、专利权、姓名权、肖像权、商号权、地理标志权、域名权等。

(四)商标权取得的原则和程序

1. 商标权取得的原则

(1)注册原则。如果商标所有人不向商标局提出注册申请，即使其商标经过长期使用，也同样不能获得商标权。未注册商标虽然被法律允许使用，但大多数处于无法律保障的状态，只有在被他人以不正当手段抢先注册，且自己的商标已经使用并有一定影响，商标所有人才可依据《商标法》的规定对抗抢注者。

(2)自愿注册原则。商标所有人自行决定是否申请商标注册，不注册的商标也可以使用，但商标所有人不享有商标权。对涉及人们健康的极少数商品实行强制注册，如烟草制品(主要指卷烟、雪茄烟、有包装的烟丝)。

(3)以使用在先为补充的申请在先原则。对于两个或两个以上的申请人，在同一种或类似商品上申请注册相同或近似的商标时，准予先申请人的注册，驳回后申请人的注册。同一天申请的，初步审定并公告使用在先的商标。但对于无法确定先使用人的，由各申请人自行协商，不愿协商或协商不成的，商标局通知各申请人以抽签方式确定一个申请人，驳回其他人的注册申请。

(4)优先权原则。商标注册申请人自其商标在国外第一次提出商标申请之日起 6 个月内，又在中国就相同商品以同一商标提出商标注册申请的，依照该外国与中国签订的协议或者共同参加的国际条约，或者按照相互承认的优先权原则，可以享有优先权。商标在中国政府主办的或承认的国际展览会展出的商品上首次使用的，自该商品展出之日起 6 个月内，该商标的注册申请人可以享有优先权。

2. 商标取得的程序

商标权的取得可以分为原始取得和继受取得。

商标权的原始取得应按照商标注册程序办理。首次申请商标注册，申请人应该提交申请书、商标图样、证明文件并缴纳申请费。商标局对受理的商标注册申请，依法进行审查，对符合规定的，予以初步审定并予以公告，对不符合规定的，予以驳回并书面通知申请人。对初步审定的商标，自公告之日起3个月内，相关当事人可提出异议。当事人对公告期满无异议的，予以核准注册，发给商标注册证，并予公告。

继受取得应按照合同转让和继承注册商标的程序办理。

（五）商标权的内容

商标权是指商标所有人依法对其注册商标所享有的占有、使用、收益和处分的权利。

(1)专用权。专用权是指商标权主体对其注册商标依法享有的自己在指定商品或服务项目上独占使用的权利。注册商标的专用权以核准注册的商标和核定使用的商品为限。

(2)使用许可权。使用许可权指注册商标所有人有权将其对注册商标的专用权许可他人行使。商标的使用许可的类型主要有独占使用许可、排他使用许可、普通使用许可等。许可他人使用商标要订立合同。被许可人必须具备使用注册商标的主体资格。许可他人使用注册商标的，许可人应当自商标许可使用合同签订之日起3个月内将合同副本报送商标局备案。被许可人必须在商标上标明自己的名称和产地，保证与许可人的商品质量一致，接受许可人的监督。

(3)转让权。商标转让权是指商标权人依法享有的将其注册商标依法定程序和条件，转让给他人的权利。转让注册商标的，转让人和受让人应当签订转让协议，并共同向商标局提出申请。转让注册商标经核准后，予以公告，受让人自公告之日起享有商标专用权。受让人应当保证使用该注册商标的商品质量。注册商标的转让不影响转让前已经生效的商标使用许可合同的效力，但商标使用许可合同另有约定的除外。

(4)续展权。续展权是指商标权人在其注册商标有效期届满前，依法享有申请续展注册，从而延长其注册商标保护期的权利。注册商标的有效期为10年，自核准注册之日起计算。注册商标有效期满，应当在期满前12个月内申请续展注册；在此期间未能提出申请的，可以给予6个月的宽展期。每次续展注册的有效期为10年，自该商标上一届有效期满次日起计算。宽展期满仍未提出申请的，注销其注册商标。

(5)标示权。商标注册人使用注册商标，有权标明“注册商标”字样或者注册标记。在商品上不便标明的，可以在商品包装或者说明书以及其他附着物上标明。

(6)禁止权。商标禁止权是指商标权人依法享有的禁止他人不经过自己的许可而使用注册商标和与之相近似的商标的权利。

同时，根据《商标法》的规定，商标注册人在使用商标时应承担下列义务：不得擅自改变注册商标，需要改变其标志的，应当重新提出注册申请；不得自行改变注册商标的注册人名义、地址或者其他注意事项，否则由地方工商行政管理部门责令限期改正，期满不改正的，由商标局撤销其注册商标；不得自行转让注册商标，转让注册商标应通过商标主管机关核准；注册商标必须使用，连续3年停止使用的，注册商标由商标局撤销其商标注册。

【应用案例9—1】 A县甲饮料厂生产的“山泉”牌茶饮料品质优良，价格适中，在当地深受消费者欢迎。该厂的技术人员王某辞职到B县乙饮料厂担任副厂长，而该厂的“好友”牌饮料一直销量平平。王某一方面对“好友”牌饮料的生产配方进行改进，提高产品质量，另一方面想方设法提高产品的知名度。王某知道甲饮料厂的“山泉”牌商标未注册，于是向商标局申请注册了“山泉”牌商标。此后，乙饮料厂的产品销量大涨，甲饮料厂得知这一情况后，以“山泉”牌商标是自己所创并先使用为由,要求乙饮料厂停止使用“山泉”商标。乙饮料厂认为自己已经将商标注册,取得了“山泉”牌商标的专用权,要求甲饮料厂停止在茶饮料上使用“山泉”商标。

讨论:本案中哪一方是侵权人?为什么?

【案例解析】 甲饮料厂侵犯了乙饮料厂商标专用权。商标经商标局注册后申请人即取得商标专用权,受法律保护。本案中甲饮料厂虽然先使用“山泉”牌商标,但未经注册,在他人注册取得该商标专用权后,甲饮料厂在同类商品上使用该商标即构成商标侵权。

三、商标权法律保护

注册商标专用权是指注册商标的所有人对其所有的注册商标享有独占的使用权,未经其许可,任何人都不得在同一种商品或者类似商品上使用与其注册商品相同或者近似的商标。注册商标的专用权以核准注册的商标和核定使用的商品或服务为限。当他人侵害了注册商标专用权时,注册商标专用权人有权采取措施。

实践中,侵犯注册商标专用权的行为(商标侵权行为)主要表现形式有:

(1)未经商标注册人的许可,在同一种商品上使用与其注册商标相同的商标的。

(2)未经商标注册人的许可,在同一种商品上使用与其注册商标近似的商标,或者在类似商品上使用与其注册商品相同或者近似的商标,容易导致混淆的。

(3)销售侵犯注册商标专用权的商品的。

(4)伪造、擅自制造他人注册商标标识或者销售伪造、擅自制造的注册商标标识的。

(5)未经商标注册人同意,更换其注册商标并将该更换商标的商品又投入市场的(反向假冒)。

(6)故意为侵犯他人商标专用权行为提供便利条件,帮助他人实施侵犯商标专用权行为的。

(7)给他人的注册商标专用权造成其他损害的。实践中主要包括:①在同一种或者类似商品上,将与他人注册商标相同或者近似的标志作为商品名称或者商品装潢使用,误导公众的;②故意为侵犯他人注册商标专用权提供仓储、运输、邮寄、隐匿等便利条件的;③将与他人注册商标相同或者近似的文字作为企业的字号在相同或者类似的商品上突出使用,容易使相关公众产生误认的;④复制、摹仿或者翻译他人注册的驰名商标或其主要部分在不相同或者不相类似的商品上作为商标使用,误导公众,致使该驰名商标注册人的利益可能受到损害的;⑤将与他人注册商标相同或者相近似的文字注册为域名,并且通过该域名进行相关商品交易的电子商务,容易使公众产生误认的。

行为人侵犯他人注册商标专用权的,应当视其情节依法承担相应的法律责任,包括民事责任、行政责任甚至刑事责任。

【应用案例 9-2】 A地甲灯泡厂是“华太”注册商标的商标权人,该商标使用在节能灯商品上。B地乙灯泡厂在其节能上使用未注册商标“华太”牌。C地丙商场同时销售甲厂的“华太”灯泡和乙厂的“华太”灯泡。甲灯泡厂发现后发函给乙灯泡厂和丙商场,要求停止侵权,但这两家单位均未理睬。现甲灯泡厂起诉乙灯泡厂和丙商场侵犯其商标权。

讨论:乙灯泡厂和丙商场是否构成专利侵权?为什么?

【案例解析】 乙的行为属于未经商标注册人的许可,在同一种商品上使用与其注册商标近似的商标;丙属于销售侵犯注册商标专用权的商品,均构成商标侵权。

第三节 专利法

专利权是指专利权人在法定期限内对其发明创造所享有的独占权。为了鼓励发明创造,促进科学技术的发展,我国制定并修改了《专利法》。我国第一部《专利法》于1984年3月12日由第六届人大常委会第四次会议通过,1985年4月1日正式实施;2008年12月27日,第十一届人大常委会第六次会议通过第三次修订。专利法是指调整因确认发明创造的所有权和因发明创造的实施产生的各种社会关系的法律规范的总称。

一、专利权的主体

专利权的主体是指具体参加特定的专利权法律关系并享有专利权的人。根据《专利法》的规定,发明人或者设计人、职务发明创造的单位、外国人和外国企业或者外国其他组织都可以成为专利权的主体。

(一)发明人或者设计人

《专利法》所称发明人或者设计人,是指对发明创造的实质性特点作出创造性贡献的人。在完成发明创造过程中,只负责组织工作的人、为物质技术条件的利用提供方便的人或者从事其他辅助工作的人,不是发明人或者设计人。

发明人或者设计人一般具有以下特征:

(1)发明人或者设计人为自然人。

(2)发明人或者设计人的认定不受其民事行为能力的限制。

(3)发明人或者设计人必须是对发明创造的实质性特点作出创造性贡献的人。

(二)职务发明创造的单位

职务发明创造是指发明人或者设计人执行本单位的任务,或者主要是利用本单位的物质技术条件所完成的发明创造。凡不能被证明为职务发明创造的,为非职务发明创造。

根据《专利法》及其实施细则的规定,发明人或者设计人作出的发明创造,凡符合下列条件之一的,均属职务发明创造:(1)在本职工作中作出的发明创造。(2)履行本单位交付的本职工作之外的任务所作出的发明创造。(3)退职、退休或者调动工作后1年内所作出的与其在原单位承担的本职工作或者原单位分配的任务有关的发明创造。(4)主要利用本单位的物质技术条件完成的发明创造。

对于非职务发明创造,申请专利的权利属于发明人或者设计人,申请被批准后,该发明人或者设计人为专利人。

利用本单位的物质技术条件所完成的发明创造,单位与发明人或者设计人订有合同,对申请专利的权利和专利权的归属作出约定的,从其约定。

两个以上或者个人合作完成的发明创造、一个单位或者个人接受其他单位或者个人委托所完成的发明创造,除另有协议的以外,申请专利的权利属于完成或者共同完成的单位或者个人。申请被批准后,申请的单位或者个人为专利权人。

【应用案例9—3】 一科研所已退休两年的研究员受某生产单位委托,研究开发新的生产工艺,双方未就开发过程中完成的发明创造的归属作出约定,该研究员利用生产单位按约定提供的研究设备和技术资料完成了新工艺的开发,并发明了一种新的生产方法。该研究员就该项发明创造提出专利申请，生产单位提出异议，认为该项发明创造使用了本单位的设备和资料，所以应与研究员共有专利申请权。研究员则提出，专利是一种无形资产，新生产方法是其头脑中的构思，当然归其本人所有。

讨论：该项发明创造是职务发明还是非职务发明？还是共同发明？

【案例解析】 该研究员是利用生产单位提供的研究设备和技术资料完成的新的生产方法，所以为职务发明创造。职务发明创造申请专利的权利属于该单位。

二、专利权的客体

专利权的客体是指可以获得《专利法》保护的发明创造。《专利法》规定的发明创造是指发明、实用新型和外观设计。

（一）发明

发明是指对产品、方法或者其改进所提出的新的技术方案。发明必须是一种技术方案，是发明人将自然规律在特定技术领域进行运用和结合的结果，而不是自然规律本身。同时，发明通常是自然科学领域的智力成果，文学、艺术和社会科学领域的成果也不能构成《专利法》意义上的发明。发明分为产品发明、方法发明和改进发明三种形式。发明专利的保护期限为20年，自申请日起计算。

（二）实用新型

实用新型是指对产品的形状、构造或者其结合所提出的适用于实用的新的技术方案。实用新型具有如下特征：(1)实用新型是一种新的技术方案，也是发明的一部分；(2)实用新型仅限于产品，不包括方法；(3)实用新型要求产品必须是具有固定的形状、构造的产品。气态、液态、凝胶状或颗粒粉末状的物质或材料，不属于实用新型的产品范围。

实用新型专利保护期限为10年，自申请日起计算。

（三）外观设计

外观设计是指对产品的形状、图案或者其结合以及色彩与形状、图案的结合所作出的富有美感并适用于工业应用的新设计。外观设计具有如下特征：(1)外观设计必须与产品相结合；(2)外观设计必须能在产业上应用，必须能够用于生产经营目的的制造或生产；(3)外观设计富有美感。外观设计包含的是美术思想，即解决产品的视觉效果问题，而不是技术思想。这一点与实用新型有区别。

外观设计的专利保护期限为10年，自申请日起计算。

（四）不授予专利权的对象

根据《专利法》的规定，下列情况不授予专利权：违反法律、社会公德或妨碍公共利益的发明创造；对违反法律、行政法规的规定获取，或者利用遗传资源并依赖该遗传资源完成的发明创造；科学发现；智力活动的规则和方法；疾病的诊断和治疗方法；动物和植物品种，但是对于动物和植物品种的生产方法可以依法授予专利权；用于原子核变换方法获得的物质；对平面印刷品的图案、色彩或者两者的结合作出的主要起标识作用的设计。

三、授予专利权的条件

授予专利权的发明和实用新型，应当具备新颖性、创造性和实用性。授予专利权的外观设计应当同申请日以前在国内外刊物上公开发表过或国内公开使用过的外观设计不相同和不近似，并不得与他人在先取得的合法权利相冲突。

（一）新颖性

新颖性，是指在申请日以前没有同样的发明或者实用新型在国内外出版物上公开发表过、在国内公开使用过或者以其他方式为公众所知，也没有同样的发明或者实用新型由他人向国务院专利行政部门提出过申请并且记载在申请日以后公布的专利申请文件中。但专利申请的发明创造在申请日以前6个月内，有下列情形之一的不丧失新颖性：

（1）在中国政府主办或者承认的国际展览会上首次展出的。

（2）在规定的学术会议或者技术会议上首次发表的。

（3）他人未经申请人同意而泄漏其内容的。

（二）创造性

创造性是指同申请日以前已有的技术相比，该发明有突出的实质性特点和显著的进步，该实用新型有实质性特点和进步。

（三）实用性

实用性是指该发明或者实用新型能够制造或者使用，并且能够产生积极效果。

【应用案例9—4】 2010年1月，A公司的高级工程师甲工作中研制出一种节油装置，完成了该公司的技术攻坚课题，并达到国际领先水平。2010年2月，A公司将该装置样品提供给我国政府承认的某国际技术展览会展出。同年3月，甲未经单位同意，在向某国外杂志的投稿论文中透露了该装置的核心技术。该杂志将论文全文刊载，引起公司不满。A公司于2010年7月向我国专利局递交专利申请书。后甲与A公司就该专利归属发生争议，同时乙对该发明创造的新颖性提出异议。

讨论：该发明专利的专利申请权应归谁？该发明是否具有新颖性？为什么？

【案例解析】 公司工程师工作中完成的发明创造属于职务发明，专利申请权应属于单位。A公司在我国政府承认的某国际技术展览会展出该发明，且甲未经公司同意泄露该发明，公司在6个月内申请专利的，不丧失新颖性。

四、专利权的内容和限制

（一）专利权人的权利

1. 独占实施权

发明和实用新型专利权被授予后，除《专利法》另有规定外，任何单位或者个人未经专利权人许可，都不得实施其专利，即不得为生产经营目的制造、使用、许诺销售、销售、进口其专利产品，或者使用其专利方法以及使用、许诺销售、销售、进口依照专利方法直接获得的产品。

外观设计专利权被授予后，任何单位或者个人未经专利权人许可，都不得实施其专利，即不得为生产经营目的制造、许诺销售、销售、进口其外观设计专利产品。

2. 实施许可权

实施许可权是指专利权人可以许可他人实施其专利技术并收取专利使用费。许可他人实施专利的，当事人应当订立书面合同。

3. 转让权

专利权可以转让。转让专利权的，当事人应当订立书面合同并依法办理相应的登记手续。

4. 标示权

标示权是指专利权人享有的在其专利产品或者该产品的包装上标明专利标记和专利号的

权利。

（二）专利权人的义务

专利权人的主要义务是缴纳专利年费。未按规定缴纳年费的，可能导致专利权终止。

（三）专利权的限制

1. 强制许可

强制许可亦称非自愿许可，是指国务院专利行政部门依照法律规定，不经专利权人的同意，直接许可具备实施条件的申请者实施发明或实用新型专利的一种行政措施。其目的是为了促进获得专利的发明创造得以实施，防止专利权人滥用专利权，维护国家利益和社会公共利益。我国《专利法》将强制许可分为三类：不实施时的强制许可；根据公共利益需要的强制许可；从属专利的强制许可。

2. 不视为侵犯专利权的行为

《专利法》规定，有下列情形之一的不视为侵犯专利权：

（1）专利产品或者依照专利方法直接获得的产品，由专利权人或者经其许可的单位、个人售出后，使用、许诺销售、销售、进口该产品的。

（2）在专利申请日前已经制造相同产品、使用相同方法或者已经做好制造、使用的必要准备，并且仅在原有范围内继续制造、使用的。

（3）临时通过中国领陆、领水、领空的外国运输工具，依照其所属国同中国签订的协议或者共同参加的国际条约，或者依照互惠原则，为运输工具自身需要而在其装置和设备中使用有关专利的。

（4）专为科学研究和实验而使用有关专利的。

（5）为提供行政审批所需要的信息，制造、使用、进口专利药品或者专利医疗器械的，以及专门为其制造、进口专利药品或者专利医疗器械的。

第四节　著作权法

著作权是我国民事主体享有的一项基本权利。为了保护著作权，我国制订并修改了《著作权法》。1990 年第七届全国人大常委会第十五次会议通过了新中国的第一部《著作权法》，并自 1991 年 6 月 1 日起正式实施。该法于 2001 年 10 月、2010 年 2 月进行了两次修正，修正后的《著作权法》于 2010 年 4 月 1 日起施行。著作权法是指调整因文学、艺术和科学作品的创作及使用产生的人身关系和财产关系的法律规范的总称。

一、著作权的概念

著作权亦称版权，是指作者及其他著作权人对其创作的文学、艺术和科学作品依法享有的权利。著作权包括人身权和财产权两个方面的内容。人身权是指作者享有的与其人身密不可分的权利，又称精神权利，它表现为作者对其作品的发表权、署名权、修改权和保护作品完整权。财产权是指作者及其他著作权人依法对其作品享有的使用和获得报酬的权利，它表现为著作权人以复制、出租、表演、播放、信息网络传播、展览、发行、摄制电影、电视或者改编、翻译、注释、汇编等方式使用作品，并由此获得报酬的权利。著作权人可以全部或者部分转让上述财产权，并依照约定或《著作权法》的规定获得报酬。

著作权属于民事权利，是知识产权重要的组成部分。著作权除了具有知识产权所共有的特征，即具有专有性、地域性、时间性等特征外，与其他知识产权相比，还具有以下特征：

(1)著作权因作品的创作完成而自动产生。专利权、商标权的取得必须经过申请、审批、登记和公告，即必须以行政确认程序来确认权利的取得和归属；著作权因作品的创作完成而自动产生，一般不必履行任何形式的登记或注册手续，也不论其是否已经发表。

(2)著作权突出对人身权的保护。著作权与作品的创作者紧密相关，因此，在著作权中，保护作者对作品的人身权利是其重要内容。著作权中作者的发表权、署名权、修改权、保护作品完整权等人身权利，永远归作者享有，不能转让，也不受著作权保护期限的限制。

二、著作权的归属

(一)著作权的主体

著作权的主体又称著作权人，是指依法对文学、艺术和科学作品享有著作权的人。根据《著作权法》的规定，著作权人包括作者以及其他依法享有著作权的公民、法人或者其他组织。

(1)作者。作者是指文学、艺术和科学作品的创作人。《著作权法》规定，作者按照以下标准进行认定：

①创作作品的公民是作者。这是作者最基本的认定原则。创作是指直接产生文学、艺术和科学作品的智力活动。为他人创作进行组织工作，提供咨询意见、物质条件，或者进行其他辅助工作，均不视为创作。

②由法人或者其他组织主持，代表法人或者其他组织意志创作，并由法人或者其他组织承担责任的作品，法人或者其他组织视为作者。

③如无相反证明，在作品上署名的公民、法人或者其他组织视为作者。相反证明的主张者可以是作品的真实作者，也可以是有利害关系或者无利害关系的第三人。相反证明的主张者应就其相反证明主张提供与作品署名事实相反的证据。

(2)作者以外其他依法享有著作权的公民、法人或者其他组织。作者以外其他依法享有著作权的公民、法人或者其他组织，简称其他著作人。其他著作人取得著作权主要有以下两种情况：

①因合同而取得著作权。这包括三种情况：一是依委托合同取得著作权。《著作权法》规定，受委托创作的作品，著作权的归属由委托人和受委托人通过合同约定。合同未做明确约定或者没有订立合同的，著作权属于受托人。如合同约定著作权由委托人享有，委托人即成为著作权的主体。二是依转让合同取得著作权。著作权人可以将其享有的著作权中的财产权利的全部或者部分转让给他人，著作权的受让人取得著作权后，即成为著作权的主体。三是依许可使用合同取得著作权。著作权人许可作者以外的他人行使著作权中的财产权的，该接受许可的人在著作权许可使用合同的有效期内，依照约定取得著作权中的部分或者全部财产权，即成为著作权的主体。

②因继受而取得著作权。这包括两种情况：一是因继承或者接受遗赠而取得著作权。《继承法》规定，公民所享有的著作权中的财产权利可作为遗产，在公民死后由其继承人继承。《著作权法》规定，著作权属于公民的，公民死亡后，其作品著作权中的财产权利在《著作权法》规定的保护期内，依照《继承法》的规定转移，由该公民的法定继承人或者遗嘱继承人或者受遗赠人享有。据此，因继承或者接受遗赠而取得著作权中财产权的人，即成为著作权的主体。二是依承受而取得著作权。《著作权法》规定著作权属于法人或者其他组织的，法人或者其他组织变

更、终止后，其作品著作权中的财产权利在《著作权法》规定的保护期内，由承受其权利义务的法人或者其他组织享有。没有承受其权利义务的法人或者其他组织的，由国家享有。据此，因承受权利义务而取得著作权中财产权法人或者其他组织或者国家，即成为著作权的主体。

（二）著作权的归属

（1）著作权归属的一般原则。《著作权法》规定，著作权属于作者，法律另有规定的除外。这是关于著作权归属的一般原则。

（2）演绎作品著作权的归属。演绎作品是指改编、翻译、注释、整理已有作品而产生的作品。演绎作品的著作权由改编、翻译、注释、整理人享有，但其行使著作权时不得侵犯原作品的著作权。演绎作品的作者仅对演绎部分享有著作权，对被演绎的作品不享有著作权，并且无权阻止他人对同一原作进行演绎。

（3）合作作品著作权的归属。合作作品是指两人以上合作创作的作品。合作作品的著作权是由合作者共同享有，没有参加创作的人不能成为合作作者。合作作品可以分割使用的，作者对各自创作的部分可以单独享有著作权，但行使著作权时不得侵犯合作作品整体的著作权。合作作品不可以分割使用，其著作权由各合作作者共同享有，通过协商一致行使；合作作者对著作权的行使如果不能协商一致，任何一方无正当理由不得阻止他方行使除转让以外的其他权利，但是所得收益应当合理分配给所有合作作者。

（4）汇编作品著作权的归属。汇编作品是指汇编若干作品、作品的片段或者不构成作品的数据或者其他材料，对其内容的选择或者编排体现独创性的作品。汇编作品的著作权由汇编人享有，但行使著作权时，不得侵犯原作品的著作权。由法人或者非法人单位组织人员进行创作，提供资金或者资料等创作条件，并承担责任的百科全书、辞书、教材、大型摄影画册等编辑作品，其整体著作权归法人或者非法人单位所有。

（5）影视作品著作权的归属。影视作品是指电影、电视、录像作品和以类似摄制电影的方法创作的作品。影视作品的著作权由制片者享有，但编剧、导演、摄影、作词、作曲等作者享有署名权，并有权按照与制片者签订的合同获得报酬。影视作品中的剧本、音乐等可以单独使用的作品的作者有权单独行使其著作权。著作权人许可他人将其作品摄制成电影、电视、录像作品的，视为已同意对其作品进行必要的改动，但是这种改动不得歪曲、篡改原作品。

（6）职务作品著作权的归属。职务作品是指公民为完成法人或者其他组织工作任务所创作的作品。职务作品的著作权由作者享有，但法人或者其他组织有权在其业务范围内优先使用。作品完成两年内，未经单位同意，作者不得许可第三人以与单位使用的相同方式使用该作品。作品完成两年内，如单位在其业务范围内不使用，作者可以要求单位同意由第三人以与单位使用的相同方式使用，单位没有正当理由不得拒绝。在作品完成两年内，经单位同意，作者许可第三人以与单位使用的相同方式使用作品所获报酬，由作者与单位按照约定的比例分配。作品完成两年后，单位可以在其业务范围内继续使用。上述作品完成两年的期限，自作者向单位交付作品之日起计算。

《著作权法》规定，有下列情形之一的职务作品，作者享有署名权，著作权的其他权利由法人或者其他组织享有，法人或者其他组织可以给予作者奖励：①主要是利用法人或者其他组织的物质技术条件创作，并由法人或者其他组织承担责任的工程设计图、产品设计图、地图、计算机软件等职务作品；②法律、行政法规规定或者合同约定著作权由法人或者其他组织享有的职务作品。

（7）委托作品著作权的归属。委托作品是指受他人委托而创作的作品。委托作品著作权的归属由委托人或受托人通过合同约定。合同未做明确约定或者没有订立合同的，著作权属于受托人。对于委托作品著作权属于受托人的情形，委托人在约定的使用范围内享有使用作品的权利；双方没有约定使用作品范围的，委托人可以在委托创作的特定目的范围内免费使用该作品。

(8)美术作品著作权的归属。美术作品包括绘画、书法、雕塑、建筑等作品。美术作品原件所有权的转移，不视为作品著作权的转移，但美术作品原件的展览权由原件所有人享有。

(9)作者身份不明的作品著作权的归属。作者身份不明的作品，由作品原件的合法持有人行使除署名权以外的著作权。作者身份确定后，由作者或者其继承人行使著作权。

三、著作权的客体

著作权的客体是指《著作权法》保护的对象，即作品，是指文学、艺术和科学领域内具有独创性并能以某种有形形式复制的智力成果。其构成要件如下：

(1)作品必须是一种智力创作成果。作品首先是一种智力成果，是自然人智力劳动的结果。其次，作品是一种创作成果。

(2)具有独创性。独创性亦称原创性，是指作品由作者独立构思和创作而成的，而不是抄袭、剽窃、篡改他人作品。其含义有二：①作品系独立创作完成，而非剽窃之作；②作品必须体现作者的个性，属于作者智力劳动创作结果，即具有创作性。独创性存在于作品的表达之中，作品中所包含的思想并不要求必须具有独创性。作品的表达是作品形式和作品内容的有机整体。

(3)可复制性。即作品必须可以通过某种有形形式复制，从而被他人所感知。

《著作权法》所称的作品，包括下列形式的作品：文字作品；口述作品；音乐、戏剧、曲艺、舞蹈、杂技艺术作品；美术、建筑作品；摄影作品；电影作品及以类似摄制电影的方法创作的作品；法律、行政法规规定的作品。

著作权人应依法行使著作权，国家对作品的出版、传播依法进行监督管理。不受《著作权法》保护的对象主要包括：法律、法规、国家机关的决议、决定、命令和其他具有立法、行政、司法性质的文件及其官方正式译文；时事新闻；历法、通用表格和公式。

四、著作权的内容

著作权的内容是指著作权人享有的权利和承担的义务。根据《著作权法》的规定，著作权包括两个方面的内容，即著作人身权和著作财产权。

(一)著作人身权

著作人身权又称精神权利，是指作者基于作品的创作而依法享有的以精神利益为内容的权利。著作人身权具有永久性、不可分割性和不可剥夺性的特点。

根据《著作权法》的规定，著作人身权包括以下内容：

(1)发表权。即决定作品是否公之于众的权利。

(2)署名权。即表明作者身份，在作品上署名的权利。

(3)修改权。即修改或者授权他人修改作品的权利。

(4)保护作品完整权。即保护作品不受歪曲、篡改的权利。

(二)著作财产权

著作财产权，是指著作权人自己使用或者授权他人以一定方式使用作品并获取财产利益的权利。其主要表现为许可权、许可使用权、转让权和获得报酬权。著作财产权可以转让、继承或者放弃。

1. 使用权

使用权是指著作权人以复制、发行、出租、展览、放映、广播、网络传播、改编、翻译、汇编等方式使用自己作品的权利。其具体包括:

(1)复制权。即以印刷、复印、拓印、录音、录像、翻录、翻拍等方式将作品制作一份或者多份的权利。

(2)发行权。即以出售或者赠与方式向公众提供原件或者复制件的权利。

(3)出租权。即有偿许可他人临时使用电影作品及以类似摄制电影的方法创作的作品、计算机软件的权利,计算机软件不是出租的主要标的的除外。

(4)展览权。即公开陈列美术作品、摄影作品的原件或者复制件的权利。

(5)表演权。即公开表演作品,以及用各种手段公开播送作品的表演的权利。

(6)放映权。即通过放映机、幻灯机等技术设备公开再现美术、摄影、电影及以类似摄制电影的方法创作的作品等的权利。

(7)广播权。即以无线方式公开广播或者传播作品,以有线传播或者转播的方式向公众传播广播作品,以及通过扩音器或者其他传送符号、声音、图像的类似工具向公众传播广播作品的权利。

(8)信息网络传播权。即以有线或者无线方式向公众提供作品,使公众可以在其个人选定的时间和地点获得作品的权利。

(9)摄制权。即以摄制电影或者以类似摄制电影的方法将作品固定在载体上的权利。

(10)改编权。即改编作品,创作出具有独创性的新作品的权利。

(11)翻译权。即将作品从一种语言文字转换成另一种语言文字的权利。

(12)汇编权。即将作品或者作品的片段通过选择或者编排,汇集成新作品的权利。

2. 许可使用权

许可使用权是指著作权人依法享有的许可他人使用作品并获得报酬的权利。使用他人作品,应当同著作人订立许可使用合同,但属于法定许可使用的情形除外。使用许可合同未明确许可的权利,未经著作人同意,另一方当事人不得行使。

3. 转让权

转让权是指著作权人依法享有的转让著作权中一项或多项权利并获得报酬的权利。转让的标的不能是著作人身权,只能是著作财产权中的使用权。转让作品使用权的,应当订立书面合同。转让合同中未明确约定转让的权利,未经著作权人同意,另一方当事人不得行使。

4. 获得报酬权

获得报酬权是指著作权人依法享有的因作品的使用或转让而获得报酬的权利。获得报酬权通常是从使用权、使用许可权或转让权中派生出来的财产权,但获得报酬权有时又具有独立存在的价值。如在法定许可使用的情况下,他人使用作品可以不经著作权人同意,但必须按规定支付报酬。此时著作权人享有的获得报酬权就是独立存在的。

五、著作权的保护期限和限制

(一)著作权的保护期限

著作权保护期限是指著作权人依法取得的著作权的有效期限在保护期内,著作权人的著作权受法律保护；超过保护期，该作品即进入公有领域，作者或者其他著作权人不再享有专有使用权。《著作权法》规定，著作权的保护期限为：

1. 著作人身权的保护期限

作者的署名权、修改权、保护作品完整权的保护期不受限制。发表权的保护期与著作财产权的保护期相同。

2. 著作财产权的保护期限

（1）一般作品的著作财产权保护期。公民的作品著作财产权保护期为作者有生之年加死后50年；合作作品的著作财产权保护期，截止于最后死亡作者死亡后第50年的12月31日。法人作品和职务作品的著作财产权保护期为50年，截止于作品首次发表后第50年的12月31日，但作品自创作完成后50年内未发表的，不再保护。

（2）特殊作品的著作财产权保护期。电影作品和以类似摄制电影的方法创作的作品、摄影作品、匿名作品和假名作品的著作财产权的保护期为50年，截止于作品首次发表后第50年的12月31日。

（二）著作权的限制

著作权的限制主要是针对著作权人所享有的财产权利的限制。著作权人依法享有的人身权利不受任何限制。根据《著作权法》的规定，著作权的限制主要体现在以下两个方面。

1. 合理使用

合理使用是指根据法律的明文规定，不必征得著作权人同意而无偿使用他人已发表作品的行为。合理使用一般只限于为个人消费或公益性使用等目的少量使用他人作品的行为，可以不经著作权人许可，不向其支付报酬，但应当指明作者姓名、作品名称，并且不得侵犯著作权人依照《著作权法》享有的其他权利。

2. 法定许可使用

法定许可使用是指依照法律的明文规定，不经著作权人同意有偿使用他人已经发表作品的行为。

法定许可使用的情形主要包括：(1)为实施九年义务教育和国家教育规划而编写出版教科书，除作者事先声明不许使用外，可以不经著作权人许可，在教科书中汇编已经发表的作品。(2)作品在报刊上刊登后，除著作权人声明不得转载、摘编外，其他报刊可以转载或者作为文摘、资料刊登；提供者受著作权人委托声明不得转载、摘编的以外，网站可以转载、摘编。(3)录音制作者使用他人已经合法录制为录音制品的音乐作品制作录音制品，著作权人声明不许使用的除外。(4)广播电台、电视台播放他人已发表的作品。(5)广播电台、电视台播放已经出版的录音制品。

【任务导出】

亚杰力公司的说法不正确。驰名商标的保护具有特殊性，可实行跨类保护，对在中国注册的驰名商标，他人在不相同或者不相类似商品上使用该商标的均构成侵权。本案中根据当事人的申请和相关事实，可认定“吉利”商标为驰名商标。亚杰力公司行为侵犯了吉利公司的商标专用权，应停止侵权并赔偿损失。

强化训练

一、单项选择题

1. 甲于1999年3月1日开始使用"建华"牌商标。乙于同年4月1日开始使用相同的商标。甲、乙均于2000年5月1日向商标局寄出注册"建华"商标的申请文件,但甲的申请于5月8日寄至,乙的文件于5月5日寄至。在关于商标局应初步审定公告谁的申请这一问题上,正确的是(　　)。

A. 同时公告,因甲、乙申请日期相同

B. 公告乙的申请,因乙申请在先

C. 公告甲的申请,虽然甲、乙同时申请,但甲使用在先

D. 由商标局自由裁定

2. 根据商标法律制度的规定,下列情形中,不构成侵犯注册商标专利权的有(　　)。

A. 甲复制乙注册的驰名商标,在不相同商品上作为商标使用,误导公众,致使乙的利益受到损害

B. 丙销售不知道是侵犯乙的注册商标权的商品,且丙证明了该商品是自己合法权取得的并说明了商品的提供者

C. 未经商标注册人乙同意,丁更换了乙商品上的注册商标并将该更换商标的商品用于个人消费

D. 戊擅自制造乙的注册商标标识,并将其卖给第三人庚

3. 下列选项中,不能获得专利的是(　　)。

A. 一种新颖的魔术方法　B. 一种新型电脑芯片

C. 一种新型变速箱　D. 一种新型的测量工具

4. 我国《专利法》规定,发明专利权的期限为(　　)年。

A. 20　B. 10　C. 5　D. 50

5. 我国《专利法》规定,实用新型专利权和外观设计专利权的期限为10年,自(　　)起计算。

A. 申请日　B. 受理日　C. 公告之日　D. 核准之日

6. 甲公司2009年5月14日获得一项外观设计专利,乙公司未经许可,以生产经营目的制造该专利产品。丙公司未经甲公司许可,以生产经营目的所为的下列行为中,不构成侵权行为的是(　　)。

A. 使用乙公司制造的该专利产品　B. 销售乙公司制造的该专利产品

C. 进口乙公司制造的该专利产品　D. 许诺销售乙公司制造的该专利产品

二、多项选择题

1. 根据我国《商标法》的规定,商标可以用(　　)来表示。

A. 文字　B. 图形　C. 气味　D. 声音

2. 1992年2月19日,甲企业就其生产的家用电器注册了"康威"商标。后来乙企业使用该商标生产冰箱,并在2002年4月开始销售"康威"牌冰箱。以下说法中正确的是(　　)。

A. 甲对其商标的续展申请应当在商标有效期届满6个月内提出

B. 乙企业对"康威"的使用为非法使用

C. 乙企业可以在2002年8月19日后在家用电器上申请获得注册"康威"商标

D. 甲企业在商标续展期内仍享有商标专用权

3. 下列选项中,属于商标侵权行为的是(　　)。

A. 未经商标权人许可,在类似商品上使用近似商标的行为

B. 商家在不知情的情况下销售仿冒产品的行为

C. 擅自制造他人注册商标标识的行为

D. 明知他人的商品是仿冒产品而提供仓储的

4. H市的甲公司生产啤酒,申请注册的"向阳花"文字商标被国家有关部门认定为驰名商标。下列行为

中，属于商标侵权行为的有（　　）。

A. 乙公司在自己生产的葡萄酒上使用“葵花”商标

B. 设在C市的丙公司将“向阳花”作为自己的商号登记使用

C. 丁公司将“向阳花”注册为域名，用于网上宣传、销售书籍等文化用品

D. 戊公司在自己生产的农药产品上使用“向阳花”商标

5. 根据《商标法》的规定，授予专利权的实用新型，应当具备（　　）。

A. 新颖性　　B. 创造性　　C. 科学性　　D. 实用性

6. 甲拥有一节能热水器的发明专利权，乙对此加以改进后获得重大技术进步，并取得新的专利权，但是专利之实施有赖于甲的专利之实施，双方又未能达成实施许可协议。在此情形下，下述说法中正确的是（　　）。

A. 甲可以申请实施乙之专利的强制许可

B. 乙可以申请实施甲之专利的强制许可

C. 乙在取得实施强制许可后，无须给付甲使用费

D. 任何一方在取得实施强制许可后即享有独占的实施权

7. 下列行为中，属于侵权专利权的行为有（　　）。

A. 某甲在其经营的商店中销售了侵犯他们专利权的商品，但并不知道他所采购的这种商品侵权了他人的专利权

B. 某甲在其经营的商店中销售了侵犯他们专利权的商品，开始时并不知道他所采购的这种商品侵犯了他人的专利权，在被告知之一情况后，为了避免损失而继续销售

C. 某甲在其经营的商品中销售一种电饭锅，为了扩大销路，就在所采购的电饭锅上贴上伪造的专利标记

D. 某甲是一个发明爱好者。一次，他为了某项发明的研制工作而使用了他人的一项专利方法

三、案例分析题

1. 某收藏家购得某著名画家年轻时的习作一幅，后来该收藏家在某学院举办了一次个人收藏画展览。此时恰遇某画家来学院讲学，见到画后认为不能代表自己的水平，要求收藏家撤下该画，但收藏家不同意。画家认为收藏家侵犯了自己的著作权，故提起诉讼。

试分析：该收藏家受否侵犯了画家的著作权？为什么？

2. 湖北省某县的一家乡镇企业，自1995年以来，一直使用“武汉”或“梅花”商标生产冰块、雪糕、冰淇淋等商品。由于企业的生产规模很小，一直也没有申请注册过该商标。2011年，企业扩大了生产规模，准备申请注册一个商标。这家企业开始打算在第30类冰块、雪糕、冰淇淋等商品上申请注册“武汉”商标。但当企业委托一家商标事务所代理申请注册时，该事务所称“武汉”商标不符合《商标法》的规定，不能作为商标申请注册。于是，企业又研究决定，把“武汉”改为“冰凉”进行申请注册，但该事务所还说不行。

试分析：这家企业为什么不能把“武汉”、“冰凉”作为商标申请注册？该企业使用未注册的“武汉”商标和“冰凉”商标的行为是否合法？为什么？

3. 2004年12月，H化工研究院工程师梁某在一次技术洽谈会上与G化工厂厂长张某结识。张某请梁某帮助解决污水净化重复利用的技术难题，梁某答应试试。2005年春节，梁某与其在大学读书的儿子在H化工研究院院内一个废弃多年的人防工程里，用3个箩筐、一堆渣土、扫帚、水桶等工具，还自费购买了10余种试剂、试纸、电炉等物品，对G化工厂的污水水样进行净化实验。实验结果达到了G化工厂的技术指标要求。梁某将实验资料交给了H化工研究院一份，研究院认为梁某为该院工程师，污水净化又是其业务研究范围，此成果是职务技术成果，便以研究院的名义于2005年5月向国务院专利行政部门提交了“HI-PQ703污水净化方法”专利申请。2008年7月，研究院获得专利权。在此期间，梁某一直认为自己的成果是非职务发明，故强烈要求办理专利权人变更手续。双方争执不下，梁某诉至法院。

思考：梁某和H化工研究院，谁的主张成立？为什么？

资源拓展

法院终审裁定加多宝禁用“王老吉”商标

广药集团于2012年7月16日公告，控股股东广州医药集团有限公司收到北京市第一中级人民法院日期为2012年7月13日的民事裁定书。根据该裁定书，北京一中院就鸿道（集团）有限公司提出的撤销中国国际经济贸易仲裁委员会于2012年5月9日作出的仲裁裁决的申请作出裁定，驳回鸿道集团提出的撤销中国国际经济贸易仲裁委员会作出的“（2012）中国贸仲京裁字第0240号仲裁裁决”的申请。

该裁定为终审裁定，暂时为广药集团与加多宝的“王老吉”商标争夺案画上了句号。而就在2012年7月13日举行的媒体特别说明会上，加多宝集团仍力求“翻盘”，出具了一份从未公布过的《商标许可协议》，称加多宝合法使用“王老吉”商标尚在有效期。广药集团方面则称，该合同是此前被判无效的两份补充协议的附属备案合同，用于工商备案。两份补充协议已经被裁定无效，附属备案合同亦无效。

一、加多宝最后一搏

2012年7月13日，加多宝出示了这份2003年5月与广药集团签订的协议。协议规定，广药集团授权加多宝集团的母公司鸿道集团独家使用生产和销售“王老吉”红色罐装及瓶装凉茶的权利，使用期限是从2003年1月20日到2013年1月19日。

加多宝方面提供的资料显示，该合同由广药集团于2003年9月报国家工商行政管理总局商标局备案。2008年6月11日和2009年6月23日，广药集团还两次向政府有关部门出具证明，确认鸿道集团在2013年1月19日前拥有“王老吉”红色罐装和瓶装饮料的独家使用权。

加多宝表示，根据这份《商标许可协议》，在2003年1月20日到2013年1月19日期间，加多宝仍然独家享有使用“王老吉”品牌生产和销售红罐凉茶的权利。在此期间，除加多宝公司之外的任何企业和个人生产和销售带有“王老吉”字样的红色罐装及瓶装凉茶都是侵权行为。加多宝集团有权对其提出法律追诉。

“由于广药集团推出了一款外包装完全模仿加多宝的‘王老吉’红罐凉茶，已经对我们造成了侵权。我们要求其立即停止这种违约行为。并根据协议有关‘争议的解决’的规定，已向中国国际经济贸易仲裁委员会提交了仲裁申请，要求对广药集团的违约行为进行仲裁，并对其侵权行为造成的损失要求赔偿。”加多宝有关发言人表示。

二、广药集团称协议无效

针对加多宝新公布的《商标许可协议》声明，广药集团则表示，该合同是此前被判无效的两份补充协议的附属备案合同，用于工商备案。两份补充协议已经被裁定为无效，附属备案合同亦无效。

广药集团方面表示，2000年广药集团与加多宝母公司鸿道集团签订商标使用许可主合同，商标租期从2000年至2010年5月1日。

而在2002年及2003年，加多宝母公司鸿道集团董事长陈鸿道三次行贿，在商标许可合同还有8年才到期的情况下，分别补签了《“王老吉”商标许可补充协议》和《关于“王老吉”商标使用许可合同的补充协议》。其中第一份协议，将“王老吉”商标使用期延长至2013年，第二份协议将商标使用期延长至2020年。但2012年5月9日，中国国际贸易仲裁委员会已经作出裁决，裁决上述两份补充协议无效，并判定鸿道集团停止使用“王老吉”商标。

经济管理法

第十章

税法

【学习目标】

能力目标:明晰税法的主要内容,运用掌握税收法律知识解决实际问题。

知识目标:理解税法的主要内容,掌握我国税收的主要种类。

素质目标:具备纳税申报的能力。

【任务导入】

某市地税局根据群众举报,派税务人员张某等 4 人扮作食客,到某酒家就餐。餐后索要发票,服务人员只开具了一张商业零售发票,且将饭菜写成了烟酒。当税务人员问是否可以打折时,对方称如果要白条,就可以打折。第二天,张某等 4 人又来到该酒家,称他们是市地税局的,有人举报酒家有偷税行为,并出示税务检查证,依法对酒家进行税务检查。检查中,该酒家老板不予配合。检查人员出示了前一天的就餐发票,同时当着老板的面打开吧台抽屉,从中搜出大量该酒家的自制收据和数本商业零售发票。经核实,该酒家擅自印制收据并非法使用商业零售发票,偷逃营业税等地方税收 58 856.74 元。根据《税收征收管理法》及其有关规定,该市地税局作出如下处理:补税58 856.74元,并处所偷税款 1 倍的罚款,对违反发票管理行为处以 9 000 元的罚款。翌日,该市地税局向该酒家下达了《税务违章处罚通知书》。该酒家对此表示不服。

任务分析:

(1)请问税务机关的检查行为是否合法?

(2)行政处罚是否有效?

(3)行政处罚是否符合法律形式?

第一节 税法概述

一、税法的概念和调整对象

税法是国家制定的调整税收征纳关系的法律规范的总称。

所谓征纳关系，是国家为了实现其职能，由代表国家行使征税权的税务机关向负有纳税义务的社会组织和个人无偿地征收货币或实物的关系。

税法的调整关系概括起来可以分为两个方面：第一，税收分配关系，即国家与纳税人之间在税收征纳过程中形成的分配关系；第二，税收征收管理关系，即在税收征收管理过程中，国家与纳税人及其他税务当事人之间形成的管理关系。

二、税收法律关系

税收法律关系，是指税收机关与纳税人在税收活动中根据税法的规定形成的权利义务关系。

税收法律关系的主体包括国家、征税机关、纳税人、扣缴义务人。

税收法律关系的内容主要是纳税人的权利义务和征税机关的权利义务。

税收法律关系的客体主要是货币、实物和行为。

三、税法的构成要素

税法是由一系列单行的税收法律组成的。每个单行的税收法规都是对一定的税种作出的具体规定，内容虽然各有不同，但在结构上都有一些共同的要素。

（一）税法主体

税法主体是指税法规定享有权利并承担义务的当事人，包括征税主体和纳税主体。

（二）征税对象

征税对象，又称征税客体或者计税依据，是指征税主体对纳税主体的征什么税。它是不同税种区分的关键所在。

（三）税目

税目是征税对象的具体化，是指各税种中具体规定的应纳税的项目。

（四）税率

税率，是指应纳税额与计税依据之间的比例，体现征税的深度。我国现行税法规定的税率有比例税率、累进税率和定额税率。

比例税率，是指对同一征税对象不论数额大小，都按同一比例征税的税率。

累进税率，是指根据征税对象款额的大小不同，划分不同等级，每一等级规定逐级上升的征税比例的税率。累进税率又分为全额累进税率、超额累进税率和超率累进税率。

定额税率，又称固定税额，是指对单位征税对象直接规定固定的征税数额的一种税率。

（五）纳税环节

纳税环节是指应税商品在其整个流转过程中，税法规定应缴税款的环节。

(六)纳税期限

纳税期限是指税法规定纳税人缴纳税款的具体时限。纳税期限基本上分为按期缴纳和按次缴纳两种。

(七)减税免税

减税免税是指税法对特定的纳税人的欠税、偷税、抗税或履行纳税等级申报等各种违反税法的行为适用的罚则及相应的处理程序。

【应用案例 10－1】 下岗职工赵某开办了一个商品经销部,按规定享受一定期限内的免税优惠。他认为既然免税就不需要办理税务登记。分析赵某的观点是否正确。

【案例解析】 赵某的观点不正确。根据我国税法的有关规定,凡是从事生产经营的单位和个体工商户均应办理税务登记。

第二节　现行税制的主要内容

经过 50 多年的调整、改革,我国现行税制已逐步完善,我国现行税制就实体法而言,按其性质和作用,大致分为五类。

一、流转税类

流转税是以商品流转额和非商品流转额为征税对象的一个类别的税。

商品流转额是指在商品交换过程中因销售或购进商品而发生的货币金额。非商品流转额是指各种劳务或服务性业务的收入金额。流转税包括增值税、消费税、营业税、关税。

(一)增值税

1. 增值税的概念和特点

增值税是对我国境内销售货物或者提供加工、修理修配劳务,以及进口货物的单位和个人,就其取得的货物或应税劳务的销售额,以及进口货物的金额计算税款,并实行税款抵扣制的一种流转税。

与传统的流转税相比,增值税具有以下特点:

(1)增值税只对增值额征收。它在计税原理上是以商品或劳务价值中的增值额为征收对象。也就是只对销售中由本单位所创造的,尚未征收过税的新增价值额征税,而对上一环节已征收税已转移价值则不再征税。这是增值税的本质特点。

(2)增值税税基面广,但不重复征税。

(3)增值税的计征采用税款抵扣法。

2. 增值税的纳税人和征税范围

(1)纳税义务人。凡在中华人民共和国境内销售货物或者提供加工、修理修配劳务,以及进口货物的单位和个人。

按纳税人的经营规模大小及会计核算健全与否为标准分为一般纳税人和小规模纳税人。

(2)征税范围。我国增值税的征税范围为销售或者进口货物和提供加工、修理修配劳务。

3. 增值税的税率

17%为基本税率;13%适用于纳税人销售或进口的国家有特别规定的货物;零税率适用于

出口货物。此外，营改增中增加了11%和6%两档税率。

增值税的征收率包括3%和4%。

(二)消费税

1. 消费税的特点

消费税是以特定消费品或消费行为的流转额为征税对象而征收的一种税。其特点是：

(1)征税范围有选择性。消费税的课税品目一般是有选择的，表现出明显的调节目的和政策导向性。

(2)征税环节具有单一性。实行一次课征制度，即原则上对同一应税消费品在所有的流转环节只征一次消费税。

(3)税率设计具有灵活性、差别性。消费税平均税率较高，而且针对不同的商品设置高低不同的税率程章，以体现消费税的调节作用。

2. 消费税的纳税人和征税范围

(1)纳税义务人。在中华人民共和国境内生产、委托和进口我国《消费税暂行条例》规定的应税消费品的单位和个人。

(2)征税范围。限于在中华人民共和国境内生产、委托和进口我国《消费税暂行条例》规定的应税消费品。消费税税目采用正列举的方式，即凡征消费税的消费品才列入，不征消费税不列入。

(3)消费税的税率。消费税采用比例税率和定额税率两种形式。对计量单位规范的消费品，实行计税简便的定额税率，如黄酒(240元/吨)；对价格差异较大、变化大的消费品，采用税价联动比例税率，如高档手表为价格的20%。

(三)营业税

1. 营业税的概念和特点

营业税是对我国境内提供劳务，转让无形资产或销售不动产的单位和个人就其营业额而征收的一种流转税。其特点是：

(1)税源普遍，征收范围较广。

(2)税率较低，税收负担较轻。

(3)计算简便，税收成本较低。

(4)税收收入比较稳定可靠。

2. 营业税的纳税人和征税范围

(1)纳税义务人。在中国境内提供应税劳务，转让无形资产或者销售不动产的单位和个人。

(2)征税范围。我国现行营业税与增值税和消费税在征税范围上的划分是：在工业生产和商业批发领域，零售环节普遍征收增值税；在对商品普遍征税增值税的基础上，选择部分消费品再征收一道消费税；对不实行增值税的劳务和第三产业则征收营业税。

营业税的征收范围是在我国境内有偿提供应税劳务、转让无形资产或者销售不动产的行为。

(3)营业税的税率。营业税按照行业、类别的不同分别采用不同的比例税率，具体规定是：交通运输业、建筑业、邮电通信业、文化体育业，税率为3%；金融保险业、服务业、销售不动产、转让无形资产，税率为5%；娱乐业执行5%～20%的幅度税率。具体适用的税率，由各省、自治区、直辖市人民政府根据当地的实际情况在税法规定幅度内决定。

特别提醒

营业税改增值税,营业税退出历史舞台

营业税改征增值税(以下简称营改增)是指以前缴纳营业税的应税项目改成缴纳增值税。增值税只对产品或者服务的增值部分纳税,减少了重复纳税的环节,是党中央、国务院根据经济社会发展新形势,从深化改革的总体部署出发做出的重要决策,目的是加快财税体制改革、进一步减轻企业负税,调动各方积极性,促进服务业尤其是科技等高端服务业的发展,促进产业和消费升级、培育新动能、深化供给侧结构性改革。

营业税和增值税,是我国两大主体税种。营改增在全国的推开,大致经历了以下三个阶段。2011 年,经国务院批准,财政部、国家税务总局联合下发营业税改增值税试点方案。从 2012 年 1 月 1 日起,在上海交通运输业和部分现代服务业开展营业税改征增值税试点。自 2012 年 8 月 1 日起至年底,国务院将营改增试点扩大至 8 省市;2013 年 8 月 1 日,营改增范围已推广到全国试行,将广播影视服务业纳入试点范围。2014 年 1 月 1 日起,将铁路运输和邮政服务业纳入营业税改征增值税试点,至此交通运输业已全部纳入营改增范围;2016 年 3 月 18 日召开的国务院常务会议决定,自 2016 年 5 月 1 日起,中国将全面推开营改增试点,将建筑业、房地产业、金融业、生活服务业全部纳入营改增试点,至此,营业税退出历史舞台,增值税制度将更加规范。这是自 1994 年分税制改革以来,财税体制的又一次深刻变革。

全面实施营改增,一方面实现了增值税对货物和服务的全覆盖,基本消除了重复征税,打通了增值税抵扣链条,促进了社会分工协作,有力地支持了服务业发展和制造业转型升级;另一方面将不动产纳入抵扣范围,比较完整地实现了规范的消费型增值税制度,有利于扩大企业投资,增强企业经营活力。有利于完善和延伸二三产业增值税抵扣链条,促进二三产业融合发展。此外,营改增有利于增加就业岗位,有利于建立货物和劳务领域的增值税出口退税制度,全面改善我国的出口税收环境。

(四)关税

1. 关税的概念和特点

关税是海关依法对进出国境或关境的货物和物品所征收的一种税。其特点是:

(1)关税是在进出口环节征收;

(2)关税是对进出关境的货物与物品征收;

(3)关税是国家执行对外经济政策的重要手段;

(4)关税由海关专门负责征收。

2. 关税的纳税人和征税对象

(1)进出口货物的收发货人或者他们的代理人,进出境物品的所有人,是关税纳税人。

(2)征税对象,是准许进出我国关境的货物与物品。

二、所得税类

所得税是对企业、其他经济组织及个人的所得额征收的各税种的总称,包括企业所得税和个人所得税。

(一)企业所得税

长期以来,我国对内资企业与外资企业实行不同的企业所得税制度。党的十六届三中全会明确提出统一各类企业税收制度的改革目标,并于 2007 年 3 月 16 日第十届全国人民代表

大会第五次会议通过了新中国成立以来的第一部统一的《企业所得税法》，自 2008 年 1 月 1 日起施行。1991 年第七届全国人民代表大会第四次会议通过的《外商投资企业和外国企业所得税法》同时废止。

1. 企业所得税的概念及特征

企业所得税是国家对企业和其他取得收入的组织的生产经营所得和其他所得征收的一种税。它是国家参与企业利润分配并直接调节收入分配水平的一种税。

企业所得税和其他税种相比具有以下特点：

(1)征税对象是净所得，不是总收入。

(2)征税以量能负担为原则。所谓量能负担，就是根据纳税人的纳税能力大小决定其纳税额的多少。负担能力大的多征；所得少、负担能力小的少征；无所得的不征。这充分体现了税务公平的原则。

(3)一般实行按年计征，分期预缴、年终汇算的征收办法。企业所得税一般以全年的应纳税所得额为税基，分月或分季预缴，年终计算清缴。这是它与流转税的重大区别。

2. 企业所得税的纳税人和征税对象

(1)纳税义务人。在中华人民共和国境内，企业和其他取得收入的组织为企业所得税的纳税人，包括居民企业和非居民企业。

个人独资企业、合伙企业不是企业所得税的纳税人，其投资者的生产经营所得，比照个体工商户的生产经营所得征收个人所得税。

居民企业是指依法在中国境内成立，或者依照外国(地区)法律成立但实际管辖机构在中国境内的企业。

非居民企业，是指依照外国(地区)法律成立且实际管辖机构不在中国境内，但在中国境内设立机构、场所的，或者在中国境内未设立机构、场所，但有来源于中国境内所得的企业。

(2)征税对象。居民企业的企业所得税的征税对象是其来源于中国境内境外的全部所得。

非居民企业的企业所得税的征税对象为：

第一，在中国境内设立机构、场所的，应当就其所属机构、场所取得的来源于中国境内的所得，以及发生在中国境外但与其所设机构、场所有实际联系的所得缴纳企业所得税。

第二，在中国境内未设立机构、场所的，或者虽设立了机构、场所但取得的所得与其所机构、场所没有实际联系的，应当就其来源于中国境内的所得缴纳企业所得税。

(3)企业所得税税率。一般企业适用的税率为 25%。符合条件的小微利企业，减按 20%的税率。国家需要重点扶持的高新技术企业，减按 15%的税率。非居民企业取得《企业所得税法》第 3 条第 3 款规定的所得，适用税率为 20%。

(二)个人所得税

1. 个人所得税的概念

个人所得税，是对个人(即自然人)应税所得征收的一种税。

2. 个人所得税的纳税人

税法规定，中国公民、个体工商业户、个人独资企业和合伙企业的投资者以及在中国有所得的外籍人员(包括无国籍人)和港澳台同胞，为个人所得税的纳税人。分为居民纳税人和非居民纳税人。居民纳税人是指在中国境内有住所，或者无住所而在中国境内居住满 1 年的个人；非居民纳税人是指在中国境内无住所又不居住，或者无住所，或者有住所在中国境内而居住不满 1 年的个人。

3. 个人所得税的征税对象和征税范围

个人所得税的征税对象是各项应税所得，具体分为11个项目：

(1)工资、薪金所得。

(2)个体工商户的生产、经营所得。

(3)对企事业单位的承包经营、承租经营所得。

(4)劳务报酬所得。

(5)稿酬所得。

(6)特许权使用费所得。

(7)利息、股息、红利所得。

(8)财产租赁所得。

(9)财产转让所得。

(10)偶然所得。

(11)经国务院财政部门确定征税的其他所得。

4. 个人所得税的税率

(1)工资薪金所得，适用超额累进税率，税率为3%～45%。

(2)个体工商户的生产、经营所得和对企事业单位的承包经营、承租经营所得，适用5%～35%的超额累进税率。

(3)稿酬所得，适用比例税率，税率为20%，并按应纳税额减征30%。

(4)劳务报酬所得，适用比例税率，税率为20%，对劳务报酬所得一次收入畸高的，可以实行加成征收。

(5)特许权使用费所得、利息、股息、红利所得，财产租赁所得，财产转让所得，偶然所得和其他所得，适用比例税率，税率为20%。

5. 个人所得税应纳税所得额的确定

(1)工资薪金所得，以每月收入额减除费用3 500元后的余额，为应纳税所得额。

(2)个体工商户生产、经营所得，以每一纳税年度的收入总额，减除成本、费用及损失后的余额，为应纳税所得额。

(3)对企业单位的承包经营所得，以每一纳税年度的收入总额，减除必要费用后的余额，为应纳税所得额。

(4)劳务报酬所得，稿酬所得、特许权使用费所得、财产租赁所得，每次收入不过4 000元的，减除费用800；每次收入超过4 000元的，减除20%的费用，其余额为应纳税所得额。

(5)财产转让所得，以转让财产的收入额减除财产原值和合理费用后的余额，为应纳税所得额。

(6)利息、股息、红利所得，偶然所得和其他所得，其余额为应纳税所得额。

三、资源税类

资源税是以资源为征税对象而征收的各个税种的总称，包括资源税、城镇土地使用税、土地增值税。

(一)资源税

资源税是国家对在中华人民共和国境内开采应税资源的矿产品依法征税的一种税。其纳税人是在中华人民共和国境内开采应税资源的矿产品或生产盐的单位和个人。

(二)城镇土地使用税

城镇土地使用税是以城镇土地为征收对象,对拥有土地使用权的单位和个人征收的一种税。其纳税人为承担缴纳城镇土地使用税义务的所有单位和个人,即在城市、县城、建制镇工矿区范围内使用土地的单位和个人。

(三)土地增值税

土地增值税是对有偿转让国有土地使用权、地上建筑物及其附着物(简称房地产)并取得收入的单位和个人,就其转让房地产所取得的增值额所征收的一种税。其纳税人是有偿转让土地使用权、地上建筑物及其附着物,并取得收入的单位和个人,机关、团体、部队、企事业单位,个体经营者及国内其他单位和个人,还包括外商投资企业、外国机构、华侨、港澳台同胞及外国公民等。

四、财产税类

财产税是指对拥有或支配应纳税财产的人征收各个税种的总称,包括房产税和契税。

房产税是以房产为征税对象,依据房产价格或房产租金收入向房产所有人或经营人征收的一种税,其纳税人包括产权所有人,经营管理单位,承典人、房主代管人或使用人。

契税是以所有权发生转移变动和不动产为征税对象,向产权承受人征收的一种财产税。其纳税人是境内转移房屋,房屋权属承受的单位和个人。

五、特定行为税类

特定行为税,又称特定目的税,是指对某些法定行为的实施征收的一种税,包括车船使用税、车辆购置税、印花税、城市维护建设税。

(一)车船使用税

车船使用税,是指国家对行驶于我国境内公共道路的车辆和航行于境内河流、湖泊或者领海的船舶,依法征收的一种税,其纳税人是指在中华人民共和国境内拥有并且使用车船的单位和个人。

(二)车辆购置税

车辆购置税,是对在我国境内的单位和个人购置车辆征收的一种税,其纳税人是在我国境内购置规定应当征税的车辆的单位和个人。

(三)印花税

印花税,是对经济活动和经济交往中书立、使用、领受具有法律效力的凭证的单位和个人征收的一种税。其纳税人是在中国境内书立、使用、领受印花税法所列举的凭证并应依法履行纳税的单位和个人。

(四)城市维护建设税

城市维护建设税,是国家对缴纳增值税、消费税、营业税单位和个人就其实际缴纳的“三税”税额为计税依据而征收的一种税,其纳税人是指负有“三税”义务的单位和个人。

第三节　税收征收管理的法律规定

税收征收管理制度是指税务机关代表国家行使征税权,指导纳税人正确履行纳税义务,对日常税收活动进行组织、管理、监督和检查的法律制度。它是保证税法得以实施和加强税收活动法制化的一个重要方式。我国《税收征收管理法》于1992年由第七届全国人大常委会第二十七次会议审议通过，该法于1995年2月、2013年6月、2015年4月进行了三次修正。新修正的《税收征收管理法》有效地堵上现行税收征管中的一些"漏洞"，如税务机关通过公民的纳税人识别号，就可以查到其工薪所得，买房、购车等纳税信用记录，还能有效监管"灰色收入"；另外，也为像在淘宝等电商平台上开网店的小卖家征税扫清了障碍。根据《税收征收管理法》的规定，国务院于2002年10月15日颁布并施行了《税收征收管理法实施细则》。

一、适用范围

《税收征收管理法》(简称《税收征管法》)的适用范围，其第2条规定，凡依法由税务机关征收的各种税收的征收管理，均适用本法。即不论外商投资企业和外国企业，华侨、外籍、港澳人员，还是国有、集体、私营企业等经济实体或者个体商户及一切纳税个人，其缴纳的税收凡是有税务部门征收的，有关征收管理的事项，都依照《税收征管法》的规定执行。《税收征管法》第58条规定：农业税、牧业税、耕地占用税、契税的征收管理，参照本法有关规定执行。关税、船舶吨税及海关代征税收的征收管理，依照法律、行政法规的有关规定执行。

二、税务管理

税务管理是《税收征管法》的核心内容。税务管理包括税务登记管理，账簿、凭证管理以及纳税申报管理三个方面。

(一)税务登记管理

企业及企业在外地设立的分支机构和从事生产、经营的场所，个体工商户和从事生产、经营的事业单位(统称从事生产、经营的纳税人)自领取营业执照之日起30日内携有关证件向税务机关申报办理税务登记。税务机关审核后发给税务登记证件。从事生产、经营的纳税人，税务登记内容发生变化的，自工商行政管理机关办理变更登记之日起30日内或者在向工商行政管理机关申请办理注销登记之前，持有关证件向税务机关申报办理变更或者注销税务登记。

纳税人按照国家税务主管部门的规定使用税务登记证件。税务登记证不得转借、涂改、损毁、买卖或者伪造。

【应用案例10－2】 在【应用案例10－1】中，赵某在享受免税优惠期间，是否还需要办理纳税申报？

【案例解析】 赵某在享受免税优惠期间，仍需办理纳税申报。法律作出这样的规定，既有助于提高国民的纳税意识，也有利于税务机关及时掌握、分析税源情况。

(二)账簿凭证管理

从事生产、经营的纳税人、扣缴义务人按照国务院财政、税务主管部门的规定设置账簿，根据合法、有效凭证记账，进行核算。账簿应当自领取营业执照其15日内设置。

从事生产、经营的纳税人应当自领取税务登记证件之日起15日内，将其财务、会计制度或者财务、会计处理办法，报送税务机关备案，依照国务院或者国务院财政、税务主管部门有关税收的规定计算纳税。

增值税专用发票由国务院税务主管部门指定的企业印刷；其他发票，按照国务院税务主管部门的规定，分别由省、自治区、直辖市国家税务局、地方税务局指定企业印制。

从事生产、经营的纳税人、扣缴义务人必须按照国务院财政、税务主管部门规定的保管期限保管账簿、记账凭证、完税凭证及其他有关资料，不得伪造、变更或者擅自损毁。

（三）纳税申报管理

纳税人必须在法律、行政法规规定或者税务机关依照法律、行政法规确定的申报期限内办理纳税申报，报送纳税申报表、财务会计报表以及税务机关根据实际需要要求纳税人报送的其他纳税资料。扣缴义务人必须在规定的申报期限内报送代扣代缴、代收代缴税款报告表以及税务机关根据实际需要要求扣缴义务人报送的其他有关材料。

【应用案例10－3】 王某在北京市丰台区设立甲个人独资企业，其住所即为其经营地点。后根据经营情况，王某将企业搬至北京市大兴区。分析王某要办理何种税务登记。

【案例解析】 已办理税务登记的纳税人因税务登记内容发生变化，应办理变更税务登记；但若纳税人因住所、经营地点发生变动，涉及改变税务登记机关的，应向原税务登记机关申报办理注销税务登记，并自注销税务登记之日起30日内向迁达地税务机关申报办理税务登记。所以，王某应先到北京市丰台区税务局办理注销登记，再到北京市大兴区税务局办理设立税务登记。

三、税款征收

（一）税款征收方式

根据《税收征管法》及其《实施细则》的规定，税款征收方式有以下五种：

1. 查账征收

查账征收，是指纳税人依据账簿记载，先自行计算缴纳，事后经税务机关查账核实，如有不符时，可多退少补。这种征收方式主要对已建立会计账册、会计记录完整的单位适用。采用查账征收的单位由税务机关确定。

2. 查定征收

查定征收，是指由税务机关根据纳税人的生产设备等情况，及其在正常条件下的生产销售情况，对其生产的应税产品查定产量和销售额，然后依率征收的一种征收方式。这种方式主要对生产不固定、账册不健全的单位适用。

3. 查验征收

查验征收，是指由税务机关派员对纳税人的应税商品进行查验，并贴上完税证、查验证或盖查验戳，凭证运销的方式。这种方式主要对生产和出售应税农、林、牧、水产品和农村手工品以及经营小百货和单项品种的纳税人适用。

4. 定期定额征收

定期定额征收，是指先由纳税人自报生产经营情况和应纳税款，然后由同行业或者有关经济组织民主评议，再由税务机关对纳税人核定一定时期的税款征收率或征收额，实行增值税或营业税和所得税一并征收的一种征收方式。这种方式主要对一些营业额、所得额难以准确计算的小型纳税人适用。

5. 其他征收方式

如代扣代缴、代收代缴、委托代征、邮寄申报纳税等。

（二）税款征收措施

为了保证税款征收的顺利进行，《税收征管法》赋予税务机关在税款征收中可以根据不同情况采取必要的措施和手段的权利。

1. 延期纳税

纳税人、扣缴义务人应当按照法律、行政法规或者税务机关依照法律、行政法规的规定确定的期限缴纳或解缴税款。纳税人因有特殊困难，不能按期缴纳税款，经县以上税务局(分局)批准，可以延期缴纳税款，但最长不得超过3个月。

2. 加收滞纳金

纳税人、扣缴义务人没有按照规定的纳税期限缴纳或者解缴税款的，税务机关除责令限期缴纳外，从滞纳税款之日起，按日加收滞纳税款0.05%的滞纳金。

3. 核定应纳税额

纳税人有下列情形之一的，税务机关有权核定其应纳税额：按税法规定可以不设置账簿的；按税法规定应当设置但未设置账簿的；虽设置账簿，但账簿混乱或者成本资料、收入凭证、费用凭证残缺不全，难以查账的；发生纳税义务，未按照规定的期限办理纳税申报，经税务机关责令限期申报，逾期仍不申报的。

4. 税收保全措施

税务机关有根据认为从事生产、经营的纳税人有逃避纳税义务行为的，可以在规定的纳税期之前，责令限期缴纳应纳税款；在限期内发现纳税人有明显转移、隐匿其应纳税的商品货物以及其他财产或者应纳税的收入的迹象，税务机关可以责成纳税人提供纳税担保。如果纳税人不能提供纳税担保，经县以上税务局(分局)局长批准，税务机关可以采取下列税收保全措施：一是书面通知纳税人开户银行或者其他金融机构冻结纳税人的金额相当于应纳税款的存款；二是扣押、查封纳税人的价值相当于应纳税款的商品、货物或者其他财产。

纳税人在规定的期限内缴纳税款的，税务机关必须立即解除税收保全措施；限期期满仍未缴纳税款的，经县以上税务局(分局)局长批准，税务机关可以书面通知纳税人开户银行或者其他金融机构从其暂停支付的存款中扣缴税款，或者拍卖所扣押、查封的商品、货物或者其他财产，以拍卖所得抵缴税款。

【应用案例10-4】 小刘与小王就延期纳税申报问题进行了热烈的讨论。小刘说，因不可抗力造成申报困难的，纳税人、扣缴义务人无须申请即可延期申报，但需事后报告；纳税人、扣缴义务人遇有其他困难难以按时申报的，要先向税务机关提出延期申请，经税务机关核准后才能延期申报。小王则说，延期申报的含义也就包含了延期纳税。分析小刘、小王的观点是否正确。

【案例解析】 小刘的观点正确，小王的观点不正确。延期申报与延期纳税没有必然的联系，被核准延期申报并不意味着延期缴纳税款。经税务机关核准可以延期办理纳税申报、报送事项的，应当在纳税期内按照上期实际缴纳的税额或者税务机关核定的税额预缴税款，并在核准的延期内办理税款结算。

5. 强制执行措施

从事生产、经营的纳税人、扣缴义务人未按照规定的期限缴纳或者解缴税款，纳税担保人未按照规定的期限缴纳所担保的税款，由税务机关责令限期缴纳，逾期未缴纳的，经县以上税务局(分局)局长批准，税务机关可以采取下列强制执行措施：一是书面通知纳税人开户银行或者其他金融机构从其暂停支付的存款中扣缴税款；二是扣押、查封、拍卖其价值相当于应纳税款的商品、货物或者其他财产，以拍卖所得抵缴税款。

税务机关采取强制措施时，对上述纳税人、扣缴义务人、纳税担保人未缴纳的滞纳金同时强制执行。

6. 其他强制措施

例如,欠缴税款的纳税人需要出境的,应当在出境前向税务机关结清应纳税款或者提供担保;否则,税务机关可以通知出境管理机关阻止其出境。税务机关扣押商品、货物或者其他财产时,必须开付收据;查封商品、货物或者其他财产时,必须开付清单。

四、税务检查

税务检查的主要内容是检查纳税人的纳税情况,检查纳税人遵守财务会计制度的情况,检查税务人员执行税收征管制度的情况,了解纳税人的生产经营情况。

税务机关有权对纳税人的账簿、记账凭证、报表和有关资料以及生产、经营情况进行检查;有权责成纳税人、扣缴义务人提供有关文件、证明材料和资料,询问其有关情况和问题;有权到有关部门检查纳税人托运、邮寄应纳税商品、货物或者其他财产的有关单据、凭证和资料;经县以上税务局(分局)局长批准,凭检查存款账户许可证明,查核纳税人、扣缴义务人在银行或者其他金融机构的存款账户。

纳税人、扣缴义务人必须接受税务机关依法进行的税务检查,如实反映情况,提供有关资料,不得拒绝、隐瞒。税务机关依法进行税务检查时,有关部门和单位应当支持、协助。税务机关派出的人员在进行税务检查时,应当出示税务检查证件,并有责任为被检查人员保守秘密。在调查税务违法案件时,对与案件有关的情况和资料,可以记录、录音、录像、照相和复制。

五、违反税法的行为

目前,常见的违反税法的行为有以下几类:

一是纳税人未按规定办理税务登记、变更或者注销登记,未按规定设置、保管账簿或保管记账凭证和有关资料,未按规定将财务、会计制度或财务、会计处理办法报送税务机关备查;扣缴义务人未按规定设置、保管代扣代缴、代收代缴税款账簿或者保管有关税款记账凭证及有关资料;纳税人未按规定期限办理纳税申报或者向税务机关报送代扣代缴、代收代缴税款报告表等。

二是欠税行为。欠税是纳税人、扣缴义务人超过规定的期限不缴或者少缴应纳或者应解缴税款的行为。

三是偷税行为。偷税是纳税主体故意违反税法,采取欺骗、隐瞒等手段逃避纳税的行为,如纳税人采取伪造、变更、隐匿、擅自销毁账簿记账凭证,在账簿上多列支出或者不列、少列收入,或者以虚假的纳税申报手段,不缴或者少缴应纳税款。

四是抗税行为。抗税是指纳税人公然违法税法,拒绝履行纳税义务的行为,如以暴力、威胁方法拒不缴纳税款的行为。

五是税务人员利用职务之便,收受或索取财物、玩忽职守、滥用职权。

六、对违反税法行为的处理

(一)经济制裁

这是对违反税法的自然人或者法人,在强制其补偿国家经济损失的基础上,对其实施的经济惩罚。对违反纳税人和扣缴义务人给予经济制裁,一般有加收滞纳金和罚款两种。加收滞纳金是指从滞纳税款之日起,按日加收滞纳税款的滞纳金,这是对拖欠应纳税款行为的制裁。罚款有两种形式:一种是处以一定数额的罚款。例如,纳税人未按规定的期限办理纳税申报的，税务机关责令限期整改，可以处 2 000 元以下罚款；逾期不改正的可以处 2 000 元以上 1 万元以下的罚款。另一种是按偷税、抗税数额，处以若干倍的罚款，如：纳税人偷税的，由税务机关追缴其不缴或者少缴的税款，并处以偷税数额 50%以上 5 倍以下的罚款。

（二）行政制裁

这是对违反税法的纳税人、扣缴义务人及其他有关责任人员，由税务机关或税务机关提请有关部门，依照行政处分程序给予行政处分，如：书面通知未按规定期限缴纳或者解缴税款的纳税人、扣缴义务人的开户银行或者其他金融机构从其存款中扣缴税款；对违法单位进行批评警告、停业整顿或吊销营业执照，对直接责任人员给予警告、记过、撤职或开除公职等处分。

（三）刑事制裁

这是对违反税法，情节严重，触犯刑律，构成犯罪，需要追究刑事责任的人员，由司法机关依法给予刑事处罚。

【任务导出】

(1)某市地税局检查行为不合法。根据《税收征管法》第 54 条的规定，税务机关具有以下六项税务检查职权：账簿资料检查权，商品、货物检查权，寄运商品、货物单证检查权，责成提供纳税资料权，查核储蓄存款账户权和询问权。税务机关实施税务检查只能行使该六项法定职权，否则就属违法。本案中税务机关采取的是暗访的方法，并强制性打开当事人抽屉，从中搜出大量自制收据和数本商业零售发票，这实际是侦查和变相的搜查行为。税务机关作为税务行政管理机关实施该行为，于法无据。(2)处罚决定违反程序。国家税务总局《税务行政处罚听证程序实施办法(试行)》第 3 条明确规定：税务机关对公民作出 2 000 元以上罚款、对法人或者其他组织作出 1 万元以上罚款的行政处罚之前，应当告知当事人有要求举行听证的权利。该市地税局在实施税务检查后，翌日即下达处罚决定，违反了上述法定程序。(3)税务行政处罚不符合法定形式。本案税务机关下达的是《税务违章处罚通知书》，这显然不是法定文书，不符合法定处罚形式。故该酒家可以申请行政复议或向人民法院起诉。

强化训练

一、单项选择题

1. 下列选项中，属于我国增值税纳税人的是(　　)。

A. 转让无形资产的丙公司　　B. 从事服装销售的乙公司

C. 从事房屋租赁业务的甲公司　　D. 从事证券经纪业务的丁公司

2. 下列有关营改增应税服务的范围表述不正确的是(　　)。

A. 出租车公司向使用本公司自有出租车的出租车司机收取的管理费用，按陆路运输服务征收增值税

B. 航空运输的湿租业务，属于航空运输服务

C. 远洋运输的程租、期租业务，属于水路运输服务

D. 航空地面服务属于航空运输服务的范围

3. 根据《税收征收管理法》的规定，下列各项中税务机关无权核定其应纳税额的是(　　)。

A. 未办税务登记临时从事生产经营的

B. 依照法律、行政法规的规定可以不设置账簿的

C. 纳税人申报的计税依据明显偏低的，又无正当理由的

D. 依照法律、行政法规的规定应当设置但未设置账簿的

4. 某民警在一次执行公务中牺牲，被公安部授予“一级英模”称号，并奖励奖金 1 万元，奖金由该民警家

属代领，同时其家属还收到全国各地捐款共达10万元。对该民警家属的11万元所得应否纳税存在下列几种意见，正确的是（ ）。

A. 对11万元全额征收个人所得税

B. 对11万元全部免纳个人所得税

C. 对1万元的奖金免纳个人所得税，对10万元的受赠金可减纳个人所得税

D. 对11万元减纳个人所得税

5. 根据现行相关规定，可以免征个人所得税的收入事项是（ ）。

A. 购买福利彩票的中奖收入　　B. 单位自行规定发放的补贴

C. 劳动者失业领取的失业救济金　　D. 参加中央电视台体育比赛竞猜活动获得的奖金

6. 根据税收征收管理法律制度的规定，经县以上税务局（分局）局长批准，税务机关可以依法对纳税人采取税收保全措施。下列各项中，不属于税收保全措施的是（ ）。

A. 责令纳税人暂时停业，直至缴足税款

B. 扣押纳税人的价值相当于应纳税款的商品

C. 查封纳税人的价值相当于纳税款的货物

D. 书面通知纳税人开户银行冻结纳税人的金额相当于应纳税款的存款

二、多项选择题

1. 根据增值税法律制度规定，适用13%税率征收增值税的货物有（ ）。

A. 报纸　　B. 鲜奶蛋糕　　C. 方便面　　D. 化肥

E. 农药

2. 根据法律规定，下列个人所得可以免征个人所得税的是（ ）。

A. 甲存入国有商业银行存款而获得的利息收入500元

B. 乙向保险公司投保获得保险赔款200元

C. 丙因工负伤获得抚恤金3 000元

D. 丁获得县人民政府颁发的教育奖金5 000元

3. 张某为南方某大学著名学者，其取得下列收入应当缴纳个人所得税的有（ ）。

A. 撰写科普读物获得的稿酬　　B. 国务院规定的政府特殊津贴

C. 所在学校发给的特殊岗位津贴　　D. 所在学校科技公司的红利收入

E. 为科协培训班授课获得的讲课费

4. 根据《个人所得税法》的规定，下列各项个人所得中，经批准可以免征个人所得税的有（ ）。

A. 抚恤金　　B. 救济金　　C. 国债利息　　D. 保险赔偿款

E. 军人的转业费

5. 按规定税务机关有权依法直接核定纳税人应纳税额的情形有（ ）。

A. 戊公司按法律规定不设置账簿

B. 甲公司擅自销毁账簿，拒不提供纳税资料

C. 乙公司申报的计税依据明显偏低，又无正当理由

D. 丙公司设置了账簿，但账目混乱，凭证不全，难以查证

E. 丁公司未按规定期限办理纳税申报，经税务机关责令限期申报后才申报

三、案例分析题

1. 2014年5月某大学教师出版一部长篇小说，得到稿酬10 000元。除工资外，同月该教师还有如下项目收入：(1)分别在两所院校做讲座两次，每次劳务费3 000元。(2)购买国库券获得利息1 000元；银行存款利息800元。

试分析：稿酬所得应缴纳的个人所得税是多少？

2. 甲公司欠缴税款 35 万元，税务机关在多次催缴无效的情况下，查封了其一处业务楼，准备以其拍卖所得抵缴税款。乙公司闻讯后，以该房产已经抵押给乙公司作为合同担保，并且依法办理了抵押物登记手续为由，对税务机关的查封行为提出异议。

试分析：在该案中，应如何处理税务机关征管与乙公司以房产抵押作为合同担保之间的关系。

资源拓展

某公司开业并办理了税务登记。两个月后的一天，税务机关发来了一份税务处理通知书，称该公司未按规定期限办理纳税申报（每月 1～10 日为申报期限），并处以罚款。公司经理对此很不满意，到税务机关辩称，本公司已开业两个月，但尚未做成一笔生意，没有收入如何办理纳税申报呢？请分析该公司的做法有无错误，如有错，错在哪，应如何处理？

该公司的做法有错。纳税人办理税务人办理税务登记后，必须按照规定的期限办理纳税申报。纳税人在纳税期内没有应纳税款的（俗称无收入），也应当按照规定办理纳税申报（俗称零申报）。该公司的行为属于未按规定进行纳税申报，税务机关可责令限期改正，可处以 2 000 元以下的罚款，情节严重的可处以 2 000 元以上 1 万元以下的罚款。

第十一章

银行法

【学习目标】

知识目标:理解中国人民银行法与商业银行法的异同点。

能力目标:学会运用支付结算工具的能力。

素质目标:使用票据进行银行结算。

【任务导入】

据查,中国人民银行甲分行在2015年主要从事了以下几项业务。

(1)2015年3月,甲分行向该市人民政府工业局发放贷款250万元,期限3年;并为该市某国有企业提供担保,担保额100万元,期限2年。

(2)2015年4月,甲分行向该市农业银行分行发放贷款350万元,期限2年。

(3)2015年6月,甲分行要求甲市工商银行分行、农业银行分行、中国银行分行报送资产负债表、利润表及其他财务会计、统计报表和资料,同时要报送存款和贷款方面的经营管理材料,以实现甲分行对上述商业银行存贷业务上的监管。

(4)2015年7月,甲分行向其行开立账户的农业银行再贴现100万元。

(5)2015年9月,甲分行发现该市某印刷厂在所印制的挂历中采用了以扩大的新版100元人民币的图案作为背景,色彩尺寸与100元人民币的票面相同甚至号码也一样,便对该印刷厂做出处罚:责令立即停止印刷销售印有人民币图案的挂历;销毁已经印刷的印有人民币图案的挂历成品;没收违法所得并处以10万元罚款。

任务分析:中国人民银行甲分行的上述业务中,哪些是合法的,哪些是违法的?并说明理由。

第一节　中国人民银行法

一、中国人民银行法概述

1995年3月18日第八届全国人大第三次会议通过并公布实施了《中国人民银行法》，确立了中国人民银行的性质、地位和职责。2003年3月10日第十届全国人民代表大会第一次会议批准通过了《关于国务院机构改革方案的决定》。根据该方案，为健全金融监管体制，2003年4月25日，国务院设立中国银行业监督管理委员会（简称银监会），根据国务院授权，统一监督管理银行、金融资产管理公司、信托投资公司及其他存款类金融机构（简称银行业金融机构），维护银行业的合法、稳健运行，中国人民银行原来对银行业金融机构的监管职责相应地划归银监会。与国务院这一次机构改革相配套，第十届全国人民代表大会常务委员会第六次会议于2003年12月27日通过了《全国人民代表大会常务委员会关于修改〈中华人民共和国中国人民银行法〉的决定》，对原《中国人民银行法》作了修改，该决定自2004年2月1日起施行。需要注意的是，《中国人民银行法》相当程度上是一部组织法。

二、中国人民银行的法律地位和职责范围

（一）法律地位

《中国人民银行法》第2条规定："中国人民银行是中华人民共和国的中央银行。中国人民银行在国务院领导下，制定和执行货币政策，防范和化解金融风险，维护金融稳定。"中国人民银行是代表国家进行金融管理和金融调控的特殊的金融机构，是我国金融活动的中心，处于金融组织体系的最高地位。中国人民银行是我国的中央银行，是国家发行银行、储备银行、银行的银行。所谓发行银行，是指中国人民银行享有人民币的独占发行权，且法律规定人民币是我国唯一的法定货币；储备银行，是指中国人民银行享有持有、管理、经营国家外汇储备和黄金储备的权力；银行的银行，主要是指中国人民银行以商业银行等为业务对象，保管其存款准备金、发放再贷款、提供清算服务等。

中国人民银行的全部资本属于国家所有，在国务院领导下依法独立执行货币政策，履行职责，开展业务，不受地方政府、各级政府部门、社会团体和个人的干涉。为保证中国人民银行的独立性，法律还规定，财政不得向中国人民银行透支；中国人民银行不得直接认购、包销政府债券，不得向各级政府贷款；中国人民银行实行独立的财务预算管理体制，其预算经国务院财政部门审核后，纳入中央预算，接受国务院财政部门的预算执行监督。

（二）职责范围

按照《中国人民银行法》第4条的规定，中国人民银行依法履行下列13项职责：发布与履行职责有关的命令和规章；依法制定和执行货币政策；发行人民币，管理人民币流通；监督管理银行间同业拆借市场和银行间债券市场；实施外汇管理，监督管理银行间外汇市场；监督管理黄金市场；持有、管理、经营国家外汇储备、黄金储备；经理国库；维护支付、清算系统的正常运行；指导、部署金融业反洗钱工作，负责反洗钱的资金监测；负责金融业的统计、调查、分析和预测；作为国家的中央银行，从事有关的国际金融活动；国务院规定的其他职责。

中国人民银行应当组织或者协助银行业金融机构相互之间的清算系统，协调银行业金融

机构相互之间的清算事项，提供清算服务。上述所称银行业金融机构，是指我国境内的商业银行、城市信用合作社、农村信用合作社等吸收公众存款的金融机构和政策性银行。在我国境内设立的金融资产管理公司、信托投资公司、财务公司、金融租赁公司以及经国务院银行业监督管理机构批准设立的其他金融机构，适用《中国人民银行法》对银行业金融机构的规定。中国人民银行依法监测金融市场的运行情况，对金融市场实施宏观调控，促进金融业的稳定、协调与健康发展。

三、人民币的发行和管理

（一）我国的货币政策

1. 货币政策目标

货币政策目标是一国的中央银行据以制定和执行货币政策的依据。实践证明，只有币值稳定，才能促进国民经济持续、快速、健康的发展。中国人民银行的货币政策应以稳定币值为目标，通过调节货币供应量并保持国际收支平衡，为国民经济的发展创造一个良好的货币金融环境，以此促进经济增长。因此，《中国人民银行法》第3条明确规定："货币政策目标是保持货币币值的稳定，并以此促进经济增长。"

2. 货币政策委员会

《中国人民银行法》第12条规定："中国人民银行设立货币政策委员会。货币政策委员会的职责、组成和工作程序，由国务院规定，报全国人民代表大会常务委员会备案。

中国人民银行货币政策委员会应当在国家宏观调控、货币政策制定和调整中，发挥重要作用。"

根据1997年4月5日国务院发布的《中国人民银行货币政策委员会条例》，货币政策委员会是中国人民银行制定货币政策的咨询议事机构，其主席由中国人民银行行长担任。

3. 货币政策工具

货币政策的实施应当根据国民经济发展的客观需要，控制和调节货币供应量和信用总量，从而保证国民经济从宏观上实现总供给与总需求的基本平衡。

根据《中国人民银行法》的规定，中国人民银行为实现前述货币政策目标，在执行货币政策时可采用以下六类货币政策工具：

（1）要求银行业金融机构按照规定的比例交存存款准备金；

（2）确定中央银行基准利率；

（3）为在中国人民银行开立账户的银行业金融机构办理再贴现；

（4）向商业银行提供贷款；

（5）在公开市场上买卖国债、其他政府债券和金融债券及外汇；

（6）国务院确定的其他货币政策工具。

（二）人民币的法律地位

《中国人民银行法》规定："中华人民共和国的法定货币是人民币。"这一规定表明了人民币的法律地位，即它是我国境内流通使用的唯一合法货币。作为法定支付手段，以人民币支付我国境内的一切公共的和私人的债务，任何单位和个人不得拒收。我国实行独立、统一、稳定的货币政策，国家禁止金银、外币在国内市场自由流通。

（三）人民币的发行与管理

人民币发行是指中国人民银行向流通领域投入人民币现金的行为。发行人民币、管理人民币流通是《中国人民银行法》赋予中国人民银行的职责之一。《中国人民银行法》明确规定："人民币由中国人民银行统一印制、发行。"

《中国人民银行法》对人民币管理的规定主要有：禁止伪造、变造人民币；禁止出售、购买伪造、变造的人民币；禁止运输、持有、使用伪造、变造的人民币；禁止故意毁损人民币；禁止在宣传品、出版物或者其他商品上非法使用人民币图样；任何单位和个人不得印制、发售代币票券，以代替人民币在市场上流通；残缺、污损的人民币，按照中国人民银行的规定兑换，并由中国人民银行负责收回、销毁。

四、中国人民银行的业务范围

（一）作为政府银行的业务

（1）依照法律、行政法规的规定经理国库；

（2）代理国务院财政部门组织发行、兑付国债和其他政府债券；

（3）持有、管理、经营国家外汇储备、黄金储备；

（4）中国人民银行作为政府银行从事的其他业务。

（二）作为银行的银行的业务

（1）中国人民银行可以根据需要，为银行业金融机构开立账户，但不得对银行业金融机构的账户透支；

（2）组织或者协助组织银行业金融机构相互之间的清算系统，协调银行业金融机构相互之间的清算事项，提供清算服务；

（3）根据执行货币政策的需要，可以决定对商业银行贷款的数额、期限、利率和方式，但贷款的期限不得超过1年；

（4）中国人民银行作为银行的银行从事的其他业务。

（三）对金融业检查监督的业务

《中国人民银行法》规定了中国人民银行有权对金融机构以及其他单位和个人的下列行为进行检查监督：执行有关存款准备金管理规定的行为；与中国人民银行特种贷款有关的行为；执行有关人民币管理规定的行为；执行有关银行间同业拆借市场、银行间债券市场管理规定的行为；执行有关外汇管理规定的行为；执行有关黄金管理规定的行为；代理中国人民银行经理国库的行为；执行有关清算管理规定的行为；执行有关反洗钱规定的行为；等等。

第二节　商业银行法

一、商业银行法概述

商业银行法是调整商业银行组织关系和经营业务关系的法律规范的总称。1995 年 5 月 10 日第八届全国人大常委会第十三次会议通过《商业银行法》，并于同年 7 月 1 日起施行，这是我国商业银行的基本法。该法分别于 2003 年 12 月 27 日和 2015 年 8 月 29 日进行了第一次和第二次修改，新修改的《商业银行法》已于 2015 年 10 月 1 日起施行，这一次修订主要是删除了关于存贷比例的规定。

《商业银行法》明确规定了商业银行的设立条件、组织机构、对存款人的保护、贷款和其他业务的基本规则、财务会计、监督管理、接管与终止等项内容，为我国商业银行的健康发展提供了法律保证。

二、商业银行的概念和经营原则

（一）商业银行的概念

根据《商业银行法》的规定，商业银行是依照我国《商业银行法》和《公司法》设立的吸收公众存款、发放贷款、办理结算等业务的企业法人。因此，商业银行是依法成立并开展金融业务，以营利为目的的企业法人。商业银行的组织形式适用我国《公司法》的规定，采取有限责任公司和股份有限公司形式。实行自主经营、自担风险、自负盈亏、自我约束，不受任何单位和个人的干涉，并以其全部法人财产独立承担民事责任。

（二）商业银行的经营原则

按照《商业银行法》的规定，商业银行的经营原则包括：

(1)商业银行业务经营的“三性原则”，即效益性、安全性和流动性原则；

(2)商业银行与客户之间平等、自愿、公平和诚实信用的原则；

(3)保障存款人的合法权益不受任何单位和个人侵犯的原则；

(4)开展信贷业务，严格审查借款人资信，实行担保，保障按期收回贷款的原则；

(5)商业银行开展业务应当合法，不得损害国家利益和社会公共利益的原则；

(6)商业银行应当公平竞争，不得从事不正当竞争的原则。

三、商业银行的设立和组织机构

（一）商业银行的设立

1. 设立条件

设立商业银行，应当具备的条件主要有：(1)有符合《商业银行法》和《公司法》规定的章程；(2)有符合法律规定最低限额的注册资本；(3)有具备任职专业知识和业务工作经验的董事、高级管理人员；(4)有健全的组织机构和管理制度；(5)有符合要求的营业场所、安全防范措施和与业务有关的其他设施。设立商业银行，还应当符合其他审慎性条件。

2. 商业银行的注册资本

根据《商业银行法》的规定，设立全国性商业银行的注册资本最低限额为10亿元人民币；城市商业银行的注册资本最低限额为1亿元人民币，设立农村商业银行的注册资本最低限额为5 000万元人民币。注册资本应当是实缴资本。国务院银行业监督管理机构根据审慎监管的要求可以调整注册资本最低限额，但不得少于前述规定的限额。

3. 商业银行的设立程序

设立商业银行，申请人应当经国务院银行业监督管理机构审查批准。经审查符合条件的，申请人应填写正式申请表，并提交法律规定的文件、资料。对正式批准设立的商业银行，由国务院银行业监督管理委员会颁发经营许可证。

申请人凭该经营许可证，向工商行政管理机关办理注册登记，领取企业法人营业执照。经批准设立的商业银行分支机构，也应由国务院银行业监督管理机构颁发经营许可证，并凭该许可证向工商行政管理部门办理登记，领取营业执照。

4. 商业银行分支机构的设立

商业银行根据业务需要可以在中华人民共和国境内外设立分支机构。设立分支机构必须经国务院银行业监督管理机构审查批准。商业银行在中华人民共和国境内设立分支机构，应当按照规定拨付与其经营规模相适应的营运资金额。拨付各分支机构营运资金额的总和，不得超过总行资本金总额的60%。商业银行对其分支机构实行全行统一核算、统一调度资金、分级管理的财务制度。商业银行分支机构不具有法人资格，在总行授权范围内依法开展业务，其民事责任由总行承担。

（二）商业银行的组织机构和人员管理

按照《商业银行法》和《公司法》的规定，商业银行设股东会（股东大会）、董事会、监事会。董事会可聘任总经理。国有独资商业银行不设股东会，设立监事会。监事会的产生办法由国务院规定。监事会对国有独资商业银行的信贷资产质量、资产负债比例、国有资产保值增值等情况以及高级管理人员违反法律、行政法规或者章程的行为和损害银行利益的行为进行监督。

《商业银行法》规定，下列人员不得担任商业银行的董事、高级管理人员：(1)因犯有贪污、贿赂、侵占财产、挪用财产罪或者破坏社会经济秩序罪，被判处刑罚，或者因犯罪被剥夺政治权利的；(2)担任因经营不善破产清算的公司、企业的董事或者厂长、经理，并对该公司、企业的破产负有个人责任的；(3)担任因违法被吊销营业执照的公司、企业的法定代表人，并负有个人责任的；(4)个人所负数额较大的债务到期未清偿的。

四、商业银行的业务管理规定

（一）存款业务

商业银行通过付出一定利息吸收存款是其负债业务的主要内容，通过吸收存款形成的资金是商业银行的经营之本。吸收存款包括吸收企事业单位的存款和个人的储蓄存款，这种负债一般占商业银行总负债量的70%左右。《商业银行法》规定：办理个人储蓄存款业务，应当遵循存款自愿、取款自由、存款有息、为存款人保密的原则。对个人储蓄存款和单位存款，商业银行有权拒绝任何单位或者个人查询、冻结、扣划，但法律另有规定的除外。商业银行应当按照中国人民银行规定的存款利率的上下限，确定存款利率，并予以公告。应当保证存款本金和利息的支付，不得拖延、拒绝支付存款本金和利息。

（二）贷款业务

贷款业务是商业银行将货币在一定期限内借出，借以获得利息的业务。它是商业银行资产业务的主要内容，也是商业银行的主要业务活动之一。

1. 商业银行开展信贷业务应遵守的原则

(1)根据国民经济和社会发展的需要，在国家产业政策指导下开展贷款业务的原则。

(2)对借款人的借款用途、偿还能力、还款方式等情况进行严格审查的原则。为此，应当实行审贷分离、分级审批的制度。

(3)严格贷款的资信担保，以担保贷款为主、信用贷款为例外的原则。

(4)按计划贷款，坚持综合平衡的原则。

(5)对借款人区别对待、择优扶植的原则。

(6)信贷资金按期归还、收取利息、不得豁免的原则等。

2. 信贷业务的法律形式

商业银行贷款，应当与借款人订立书面信贷合同。信贷合同是贷款人将货币借给借款人，借款人按期归还贷款并支付规定的利息的协议，它是表现信贷业务的法律形式。贷款合同应当约定贷款种类、借款用途、金额、利率、还款期限、还款方式、违约责任和双方认为需要约定的其他事项。商业银行应当按照中国人民银行规定的贷款利率的上下限,确定贷款利率。

3. 商业银行信贷业务的其他规定

(1)商业银行不得向关系人发放信用贷款,向关系人发放担保贷款的条件不得优于其他借款人同类贷款的条件。此处所称关系人是指商业银行的董事、监事、管理人员、信贷业务人员及其近亲属。上述所列人员投资或者担任高级管理职务的公司、企业和其他经济组织。

(2)任何单位和个人不得强令商业银行发放贷款或者提供担保。商业银行有权拒绝任何单位和个人强令要求其发放贷款或者提供担保。

(3)借款人到期不归还担保贷款的,商业银行依法享有要求保证人归还贷款本金和利息或者就该担保物优先受偿的权利。商业银行因行使抵押权、质权而取得的不动产或者股权,应当自取得之日起2年内予以处分。借款人到期不归还信用贷款的,应当按照合同约定承担责任。

(三)中间业务

中间业务是指商业银行不需运用自有资金,只代替客户承办交付、收取和其他委托事项而收取手续费的业务。中间业务与负债业务、资产业务不同,它属表外业务,但它们共同构成现代商业银行的三大业务。

我国《商业银行法》规定了下列中间业务:办理国内外结算;发行金融债券;代理发行、代理兑付、承销政府债券;买卖、代理买卖外汇;提供信用证服务及担保;代理收付款项及代理保险业务;提供保险箱服务。

《商业银行法》还规定,商业银行办理票据承兑、汇兑、委托收款等结算业务,应当按照规定的期限兑现,收付入账,不得压单、压票或者违反规定退票。商业银行发行金融债券应当依法报经批准。商业银行办理业务,提供服务,按照中国人民银行的规定收取手续费。

五、法律责任

(一)商业银行的法律责任

(1)商业银行无故拖延、拒绝支付存款本金和利息等给存款人或其他客户造成损害的,应当承担迟延履行的利息及其他民事责任;由国务院银行业监督管理机构责令改正,有违法所得的,没收违法所得,违法所得5万元以上的,并处违法所得1倍以上5倍以下罚款;没有违法所得或者违法所得不足5万元的,处5万元以上50万元以下罚款。

(2)违反国家规定从事信托投资和证券经营业务、向非自用不动产投资或者向非银行金融机构和企业投资的,或者向关系人发放信用贷款或者发放担保贷款的条件优于其他借款人同类贷款的条件的,由国务院银行业监督管理机构责令改正,有违法所得的,没收违法所得,违法所得50万元以上的,并处违法所得1倍以上5倍以下罚款;没有违法所得或者违法所得不足50万元的,处50万元以上200万元以下罚款;情节特别严重或者逾期不改正的,可以责令停业整顿或者吊销其经营许可证;构成犯罪的,依法追究刑事责任。

(3)拒绝或者阻碍中国人民银行检查监督的,提供虚假的或者隐瞒重要事实的财务会计报告、报表和统计报表的,未按照中国人民银行规定的比例交存存款准备金的,由中国人民银行责令改正,并处20万元以上50万元以下罚款;情节特别严重或者逾期不改正的,中国人民银行可以建议国务院银行业监督管理机构责令停业整顿或者吊销其经营许可证;构成犯罪的,依法追究刑事责任。

(二)商业银行工作人员的法律责任

(1)商业银行工作人员利用职务上的便利,索取、收受贿赂或者违反国家规定收受各种名义的回扣、手续费,构成犯罪的,依法追究刑事责任;尚不构成犯罪的,应当给予纪律处分。

(2)商业银行工作人员利用职务上的便利,贪污、挪用、侵占本行或者客户资金,构成犯罪的,依法追究刑事责任;尚不构成犯罪的,应当给予纪律处分。

(3)商业银行工作人员违反本法规定玩忽职守造成损失的,应当给予纪律处分;构成犯罪的,依法追究其刑事责任。违反规定徇私向亲属、朋友发放贷款或者提供担保造成损失的,应当承担全部或者部分赔偿责任。

(4)商业银行工作人员泄露在任职期间知悉的国家秘密、商业秘密的,应当给予纪律处分;构成犯罪的,依法追究其刑事责任。

(5)商业银行违反本法规定的,国务院银行业监督管理机构可以区别不同情形,取消其直接负责的董事、高级管理人员一定期限直至终身的任职资格,禁止直接负责的董事、高级管理人员和其他直接责任人员一定期限直至终身从事银行业工作。

(三)其他机构、人员的法律责任

(1)未经批准在名称中使用"银行"字样的、未经批准购买商业银行股份总额5%以上的、将单位的资金以个人名义开立账户存储的,由国务院银行业监督管理机构责令改正,有违法所得的,没收违法所得,违法所得5万元以上的,并处违法所得1倍以上5倍以下罚款;没有违法所得或者违法所得不足5万元的,处5万元以上50万元以下罚款。

(2)未经国务院银行业监督管理机构批准,擅自设立商业银行,或者非法吸收公众存款、变相吸收公众存款,构成犯罪的,依法追究刑事责任,并由国务院银行业监督管理机构予以取缔。伪造、变造、转让商业银行经营许可证,构成犯罪的,依法追究刑事责任。

(3)单位或者个人强令商业银行发放贷款或者提供担保的,应当对直接负责的主管人员和其他直接责任人员或者个人给予纪律处分;造成损失的,应当承担全部或者部分赔偿责任。

【任务导出】

(1)违法。因为根据《中国人民银行法》第30条规定,中国人民银行不得向地方政府、各级政府部门提供贷款;中国人民银行不得向任何单位和个人提供担保。

(2)违法。因为根据《中国人民银行法》第28条规定,中国人民银行根据执行货币政策的需要,可以决定对商业银行贷款的数额、期限、利率和方式,但贷款的期限不得超过1年。

(3)违法。因为根据《中国人民银行法》第35条规定,中国人民银行根据履行职责的需要,有权要求银行业金融机构报送必要的资产负债表、利润表以及其他财务会计、统计报表和资料,但无权要求报送存款和贷款方面的经营管理资料,因为银监会对商业银行存贷款业务上享有法定监管责权,只有银监会才有权力要求银行业金融机构报送经营管理资料。

(4)合法。因为根据《中国人民银行法》规定,中国人民银行可以为在其开立账户的银行业金融机构办理再贴现。

(5)违法。因为根据《中国人民银行法》第44条规定,在宣传品、出版物或其他商品上非法使用人民币图样的,中国人民银行应当责令改正,并销毁非法使用的人民币图样,没收违法所得,并处以5万元以下罚款。所以本案中当地人民银行对甲印刷厂做出10万元的罚款是违法的。

强化训练

一、单项选择题

1. 依据《商业银行法》,下列表述不正确的是(　　)。

A. 商业银行的注册资本应当是实缴资本

B. 设立城市合作银行的注册资本最低限额为 1 亿元人民币

C. 商业银行可自主决定在境内地点设立分支机构

D. 商业银行自取得营业执照之日起超过 6 个月无正当理由未开业的,人民银行可吊销其经营许可证

2. 商业银行根据业务需要,可以在我国境内外设立分支机构,设立分支机构须报(　　)批准。

A. 商业银行总行　　B. 国家财政部

C. 中国人民银行　　D. 国务院银行业监督管理机构

3. 关于商业银行贷款法律制度,下列选项错误的是(　　)。

A. 商业银行贷款应当实行审贷分离、分级审批的制度

B. 商业银行可以根据贷款数额以及贷款期限,自行确定贷款利率

C. 商业银行贷款,应当遵守资本充足率不得低于 8%的规定

D. 商业银行贷款,应当对借款人的借款用途、偿还能力、还款方式等情况进行严格审查

二、多项选择题

1. 我国商业银行的组织形式可以是(　　)。

A. 有限责任公司　　B. 股份有限公司

C. 合伙制企业　　D. 中外合资企业

2. 下列属于商业银行可以经营的业务范围有(　　)。

A. 发行金融债券

B. 为客户代理买卖外汇

C. 开办个人与公司合作储蓄,将个人户头挂靠公司储蓄户头,以合法地减少个人利息所得税支出

D. 与公用企业公司合作代收代缴业务

3. 下列属于商业银行的主要经营范围的有(　　)。

A. 买卖政府债券　　B. 提供保管箱服务

C. 代理保险业务　　D. 提供信用证服务及担保

4. 有下列情形之一的,不得担任商业银行的高级管理人员:(　　)。

A. 因犯有贪污、贿赂、侵占财产、挪用资金罪或者破坏社会经济秩序罪,被判处刑罚的

B. 担任因经营不善破产清算的公司、企业的董事长或者厂长、经理,并对该公司、企业的破产负有个人责任的

C. 担任因违法被吊销营业执照的公司、企业的法定代表人,并负有个人责任的

D. 个人所负数额较大的债务到期没有清偿的

三、案例分析题

1998 年 6 月 21 日,中国人民银行发表公告,关闭刚刚诞生 2 年 10 个月的海南发展银行。这是新中国金融史上第一次由于支付危机而关闭一家有省政府背景的商业银行。海南发展银行成立于 1995 年 8 月,是海南省唯一一家具有独立法人地位的股份制商业银行,其总行设在海南省海口市,并在其他省市设有少量分支机构。它是在先后合并原海南省 5 家信托投资公司和 28 家信用社的基础上建立和壮大的。成立时的总股本为 16.77 亿元,海南省政府以出资 3.2 亿元成为其最大股东。关闭前有员工 2 800 余人,资产规模达 160 多亿元。海南发展银行从开业之日起就步履维艰,不良资产比例大,资本金不足,支付困难,信誉差。1997 年年底

按照省政府意图，海南发展银行兼并28家有问题的信用社之后，公众逐渐意识到问题的严重性，开始出现挤兑行为。随后几个月的挤兑行为耗尽了海南发展银行的准备金，而其贷款又无法收回。为保护海南发展银行，国家曾紧急调了34亿元资金救助，但只是杯水车薪。为控制局面，防止风险蔓延，国务院和中国人民银行当机立断，宣布1998年6月21日关闭海南发展银行。同时宣布从关闭之日起至正式解散之日前，由中国工商银行托管海南发展银行的全部资产负债，其中包括接收并行使原海南发展银行的行政领导权、业务管理权及财务收支审批权；承接原海南发展银行的全部资产负债，停止海南发展银行新的经营活动；配合有关部门实施清理清偿计划。对于海南发展银行的存款，则采取自然人和法人分别对待的办法，自然人存款即居民储蓄一律由工行兑付，而法人债权进行登记，将海南发展银行全部资产负债清算完毕以后，按折扣率进行兑付。6月30日，在原海南发展银行各网点开始了原海南发展银行存款的兑付业务，由于公众对中国工商银行的信用，兑付业务开始后并没有造成大量挤兑，大部分储户只是把存款转存工商银行，现金提取量不多，没有造成过大的社会震动。问：

1. 导致商业银行终止的事由有哪些？
2. 商业银行终止有何程序？

资源拓展

中信百度合建百信银行

2015年11月18日晚，中信银行与百度举行战略合作发布会，宣布共同发起成立百信银行。首家独立法人模式的直销银行或问世。中信银行17日曾发布公告称，根据业务需要，为进一步推进中信银行在互联网金融领域的业务，发展普惠金融，支持实体经济，董事会同意拟与百度合作共同设立直销银行，该直销银行拟定名称为“百信银行股份有限公司”。

根据公告，百信银行股份有限公司出资方为中信银行和福建百度博瑞网络科技有限公司，注册资金暂定20亿元人民币，拟由中信银行绝对控股，具体出资比例待定。值得注意的是，设立直销银行相关事项尚须经监管机构核准后方可实施。

目前，有20多家银行开展了直销银行业务，但是此前，直销银行业务都是在传统银行内部展开的，而中信银行此次的尝试是以子公司独立法人的模式发起。

中国社科院金融研究所银行研究室主任曾刚在接受《经济参考报》记者采访时表示，对中信银行而言，此次以子公司的模式来探索成立直销银行，是对现有银行框架的突破和创新。他表示，与传统的电子银行业务相比，直销银行做的不仅是银行自身客户的业务处理，它也可以销售其他银行的产品和支持其他银行的客户，客户和产品都超出了本行的范围。“这也是银行有动力拆出直销银行成立独立子公司的原因，实际上，独立子公司的模式也更有利于直销银行业务的开展。”曾刚说。

一位业内人士也对记者说，比起银行内部的直销银行，独立法人形式的直销银行将更为市场化。

而对百度而言，和中信合资成立直销银行也将助其以不同于其他两家BAT巨头的方式获取银行牌照。

恒丰银行研究院执行院长、中国人民大学重阳金融研究院客座研究员董希淼表示，百信银行即将成立，再次说明了民营企业可以多种形式进入银行业。它与纯民营银行不同的是：有绝对控股的股东（民营银行单一股东持股比例上限为30%）；大股东非民营企业（中信银行为国有股份控股）；股东数量较少（目前仅有中信银行与百度公司两个）。

不过，曾刚也坦言，由于直销银行的监管框架目前还未完全确立，因此，此次尝试和探索也对监管提出了难题和挑战。“直销银行实际也是有限牌照，有些需要面签的业务是不能做的。此前，因为直销银行业务都是在银行内部开展，因此业务范围界定的问题并不突出，但是，对独立法人的直销银行而言，业务单位的界定就非常关键。就和当初的民营银行类似，监管直销银行也是一个研究和探索的过程。”他说。

第十二章

保险法

【学习目标】

能力目标：保险是市场经济条件下风险管理的基本手段，是金融体系和社会保障体系的重要组成部分。完善的保险法律制度有利于保险业的健康发展。

知识目标：掌握人身保险合同和财产保险合同在法律实践中的运用。

素质目标：在保险法律制度框架下，提高对人身保险合同和财产保险合同的认知程度。

【任务导入】

某公司为防止其采暖锅炉发生爆炸造成巨额财产损失，遂于 2015 年 11 月向甲保险公司投保了为期一年的财产保险，保险金额为 1 亿元，相等于保险价值。甲保险公司承保后，将保险金额的 40%向乙保险公司再保险。该公司投保后，担心甲保险公司赔付能力不足，又于 2015 年 12 月向丙保险公司投保了为期一年的财产保险，保险金额仍为 1 亿元。丙保险公司承保后，将保险金额的 20%向丁保险公司再保险。该公司在丙保险公司投保时，向其说明了已向甲保险公司投保的事实，随后又向甲保险公司说明了向丙保险公司投保的事实，甲保险公司与丙保险公司均未表示反对。2016 年 5 月，公司的锅炉发生爆炸，造成严重经济损失。于是，该公司要求甲、乙、丙、丁四家保险公司支付保险金。

任务分析：

本案应如何处理？为什么？

第一节　保险及保险法概要

一、保险

(一)保险的概念

保险的基本含义是指以集中起来的保险费建立保险基金，用于对被保险人因保险事故造成的经济损失进行补偿，或对被保险人的人身伤亡或疾病给予保险金的行为。我国《保险法》

第2条规定:"本法所称保险,是指投保人根据合同的约定,向保险人支付保险费,保险人对于合同约定的可能发生的事故因其发生所造成的财产损失承担赔偿保险金责任,或者当被保险人死亡、伤残、疾病或者达到合同约定的年龄、期限时承担给付保险金责任的商业保险行为。"保险的实质不是保证危险不发生、不遭受损失,而是对危险发生后遭受的损失予以经济补偿。

(二)保险的特征

1. 自愿性

保险作为一种商业行为,通过投保人与保险人之间订立保险合同而发生,而保险合同作为合同的一种,以合同自由为最高原则,保险公司和其他人不得强制他人订立保险合同(法律、行政法规规定必须保险的除外)。

2. 有偿性

保险是一种商业营业行为,保险公司的行为是营利性的行为,投保人必须向保险人支付保险费为前提才能取得保险保障,所以保险具有有偿性。

3. 互助性

保险属于互助合作行为,通过多数人投保,用共同筹集的资金建立保险基金,以补偿少数人的损失,其商业机制在于集合危险、分散损失,少数投保人获得的保险赔付是以多数人缴纳保险费为基础的,由此在投保人之间形成互助共济的关系。

4. 损益性

投保人可能以较少的保险费支出换取较大的保险金赔付(在保险事故发生的情况下),但投保人也可能仅履行了缴纳保险费的义务而不能收回保险费(保险事故未在约定的期限内发生的情况下)。

二、保险法

(一)保险法的概念

保险法是调整保险关系的法律规范的总称。保险法有广义和狭义之分。狭义的保险法仅仅指以保险法命名的法律,如我国《保险法》;广义的保险法,除了狭义的保险法外,还包括其他法律、行政法规中关于保险的规定。我国《保险法》于1995年6月30日由第八届全国人民代表大会常务委员会通过,先后于2002年10月、2009年2月和2015年4月进行了三次修订。

(二)保险法的基本原则

1. 自愿原则

这是指保险法律关系的当事人即投保人、保险人以及被保险人、受益人有权根据自己的意愿设立、变更或终止保险法律关系,不受他人干预;投保人有权选择保险人和保险的种类、保险的范围、责任等。

2. 最大诚信原则

由于保险活动具有不确定的保险风险和赔付风险,所以要求当事人讲求诚信,恪守诺言,以诚相待,善意从事,不欺不诈,严格履行自己的义务。对投保人而言,诚信原则主要表现为两项义务:一是在订立保险合同时的如实告知义务,即应当将有关保险标的的重要情况如实向保险人作出陈述;二是履行保险合同时的信守保险义务,即严守允诺,完成保险合同中约定的作为和不作为义务。对保险人而言,诚信原则也表现为两项义务:一是在订立保险合同时将保险条款告知投保人的义务,特别是保险人的免责条款;二是及时、全面支付保险金的义务。

【应用案例12-1】 2014年11月,曹某在某保险公司业务员的说服下投保,11月18日保险公司签发了“老来福终生寿险”及“附加住院医疗保险”。2015年9月，曹某因病住院，医疗费花去9 158.30元。2015年10月，曹某持保险单向保险公司申请给付医疗费，保险公司以曹某带病投保为由拒绝给付。曹某遂以该保险公司为被告向人民法院提起诉讼，请求法院判决被告向其支付保险金。

【案例解析】 本案中，法院经审理查明，原告投保7年前因患阑尾炎手术治疗，3年前B超检查发现胆囊结石，另患冠心病、高黏高脂血症、高血压、糖尿病等多种疾病，上述病史均被原告在投保单的“健康告知”栏中所隐瞒。故原告之行为显属故意隐瞒事实，不履行如实告知义务，导致保单失效，遂判决如下：被告不承担原告医疗费保险责任；原告缴纳的保险费，被告不予退还；驳回原告其他诉讼请求。

3. 保险利益原则

保险利益是指投保人对保险标的具有的法律上承认的利益。订立保险合同的基础就是投保人或被保险人对保险标的所具有的利益，它既可以是经济上的利益，也可以是投保人依法或依合同所承担的义务、责任而产生的利害关系。没有保险利益，保险合同便不能产生法律效力。《保险法》规定：“投保人对保险标的应当具有保险利益。投保人对保险标的不具有保险利益的，保险合同无效。”保险利益的成立需具备三个条件：(1)必须是法律上承认的利益，即合法的利益；(2)必须是经济上的利益，即可以用金钱估计的利益；(3)必须是可以确定的利益。

【应用案例12－2】 宋某(男)与高某(女)为大学同学，在读期间两人确立了恋爱关系。毕业之后两人分别在湖北武汉和宜昌市就业，但仍然书信往来，不改初衷。高某为了给男友一个惊喜，于2015年4月19日悄悄为宋某投保了一份人寿保险，指定自己为受益人，准备作为生日礼物送给他。不料，4月26日，宋某出差途中发生交通事故，不幸当场死亡。高某悲痛之余想到了自己为宋某投保的保单，于是向保险公司请求支付死亡保险金2万元。保险公司在核保时，得知宋某这份人寿保险是在本人不知情的情况下由高某擅自购买的，于是拒绝给付保险金。高某因此将保险公司告上法院，诉请保险公司支付保险金。

【案例解析】 本案中，法院经审理认为，保险利益体现了投保人和保险标的之间的利害关系，投保人因保险标的发生保险事故而受经济损失。宋某和高某仅仅是恋爱关系，高某在投保时又没有征得宋某的同意，对宋某不具有法律认可的保险利益，故对其诉请不予支持。

4. 近因原则

近因原则是指保险人按照约定的保险责任范围承担责任时，其所承保危险的发生与保险标的的损害之间必须存在因果关系。在近因原则中造成保险标的损害的主要的、起决定性作用的原因，即属近因。只有近因属于保险责任，保险人才承担保险责任。

【应用案例12－3】 2013年6月25日，郭某以自己为投保人和受益人，以丈夫余某为被保险人，与某保险公司签订了身故保险金为30 000元的终身保险合同。保险合同中约定：被保险人因违法、故意犯罪或拘捕、故意自伤、醉酒、斗殴造成人身伤害或身故的，保险公司应免除保险责任。2015年8月3日，余某在追讨其借给李某的2万元赌资时，与李某发生口角，被李某以钢管击中头部，经抢救无效死亡。之后，余某之妻郭某在向保险公司索赔无果的情况下，将某保险公司诉至法院，要求某保险公司给付保险金30 000元。

【案例解析】 本案中，法院经审理认为，余某的死亡是由追讨赌资和被李某所杀两个原因相继发生而导致的。余某追讨赌资的行为作为前因，只是给李某实施犯罪行为的后因客观上提供了作案时机和条件，无法构成法律上的因果关系，真正导致余某死亡的近因则是李某实施的犯罪行为，而李某的犯罪行为不属于保险公司的免责范围，保险公司理应承担赔偿责任。

第二节　保险合同

一、保险合同的概念和特征

（一）保险合同的概念

保险合同是指投保人和保险人约定保险权利义务关系的协议。这一定义有以下含义：其一，保险合同的当事人只能是投保人和保险人；其二，保险合同与当事人之间的关系是关于保险权利与义务的关系，即按照保险合同，投保人向保险人支付保险费，保险人则在约定的保险事故发生或者约定的保险事件出现或者期限届满时，履行赔偿或者给付保险金的义务；其三，保险合同是当事人意思表示一致的结果。

（二）保险合同的特征

1. 保险合同是射幸合同

射幸合同的本意是碰运气。所谓射幸合同就是指合同当事人一方支付的代价所获得的只是一个机会。对投保人而言，他有可能获得远远大于保险公司所收取的保险费，但也可能在保险公司收取保险费后不承担支付赔偿金的责任。保险合同的这种射幸性质是由保险事故的发生具有偶然性的特点决定的，即保险人承担的危险或者保险合同约定的给付保险金条件的发生与否，均为不确定。

2. 保险合同是最大诚信合同

如前所述，保险法的基本原则之一是最大诚信原则，同理，保险合同也是最大诚信合同。保险人的危险补偿责任在很大程度上依赖于当事人的诚实信用，尤其是投保人和被保险人的诚实信用，法律对于保险当事人尤其是投保人和被保险人的诚实信用程度的要求远远高于对一般人的要求。诚实信用原则在保险法中具体运用很广泛。比如，保险法在关于投保人的如实告知义务、危险增加的通知义务等方面的规定，以及道德危险不保的规定，等等，均是诚实信用义务的具体体现。

3. 保险合同是附和合同

所谓附和合同，也称格式合同、标准合同或定式合同，是指由一方预先拟定合同的条款，对方只能表示接受或者不接受，即订立或不订立合同，不能就合同的条款内容与拟定方进行协商的合同。保险合同的附和性显然是对合同自由的一种极大的限制，它使得投保人处于极为不利的地位。为了对这种情况加以平衡，在对其文义进行解释时，通常采用不利于保险人的解释原则。《保险法》第 30 条规定："对于保险合同的条款，保险人与投保人、被保险人或者受益人有争议时，法院或者仲裁机构应当作有利于被保险人和受益人的解释。"

4. 保险合同是双务、有偿合同

保险合同是对方当事人互享权利、互负义务的合同，属于双务合同，即在合同中，投保人负有依照合同的约定缴纳保险费的义务，而保险人则负有按约定的条件支付保险金的义务。保险合同的有偿性，是指被保险人或者受益人所获得的保险赔偿或者给付是以投保人交纳保险费为对价的；保险人所收取的保险费是以今后可能赔偿或者给付保险金为对价的。

5. 保险合同是非要式合同

要式合同是指法律要求合同的成立必须采用特定的方式的合同,非要式合同则是指不要求采用特定方式的合同。《保险法》规定:“投保人提出保险请求,经保险人同意承保,并就合同的条款达成协议,保险合同成立。保险人应当及时向投保人签发保险单或者其他保险凭证……”根据这一规定,保险合同的成立取决于投保人与保险人的合意,即双方就保险合同的条款达成一致,而无需采用或履行特定方式。所以,保险合同属于非要式合同。

二、保险合同的分类

(一)依据保险合同标的的不同可分为财产保险合同与人身保险合同

(1)财产保险合同,是指以物或者其他财产利益为保险标的的保险合同。我国目前开办的财产保险主要有国内财产保险、农业保险和涉外保险三种类型。

(2)人身保险合同,是指以人的生命或身体为保险标的的保险合同,如人寿保险、健康保险、老年保险、伤残保险等。

(二)依据保险合同实施形式的不同可分为强制保险合同与自愿保险合同

(1)强制保险合同,又称为法定保险合同,是指依据法律规定而强制实施的保险合同,如铁路、飞机、轮船旅客意外伤害强制保险,以及我国有的地方实行的车辆第三者责任保险等。

(2)自愿保险合同,是指基于投保人自己的意思而订立的保险合同。

(三)依据保险人的责任次序的不同可分为原保险合同与再保险合同

(1)原保险合同,又称为第一次保险,是指保险人对被保险人承担直接责任的原始保险合同。

(2)再保险合同,又称为分保合同或者第二次保险合同,保险人将其承担的保险业务,以承包的形式部分转移给其他保险人的即为再保险。保险人为了避免自己承包的业务遭受巨额损失,可以将其承保的保险业务分给其他承保人一部分,使数家保险公司对同一保险事故承担责任,增加保险的可靠性。

(四)依据保险人人数的不同可分为单保险合同与复保险合同

(1)单保险合同,是指投保人以一个保险标的、一个保险利益、一个保险事故同一个保险人订立保险合同的保险。

(2)复保险合同,又称重复保险合同,是指投保人以同一保险标的、同一保险利益、同一保险事故分别向两个以上的保险人订立的合同。根据《保险法》的规定,复保险的保险金额总和超过保险价值的,各保险人的赔偿金额的总和不得超过保险价值。

三、保险合同的当事人和关系人

(一)保险合同当事人

保险合同的当事人是指订立保险合同并享有承担保险合同所确定的权利义务人,包括保险人和投保人。

(1)保险人,又称为承保人,是指与投保人订立保险合同,并承担赔偿或者给付保险金责任的保险公司。经营商业保险业务,必须是依照保险法设立的保险公司,其他单位和个人不得经营商业保险业务。

(2)投保人,又称为要保人,是指与保险人订立保险合同,并按照保险合同负有支付保障费义务的人。投保人可以是被保险人本人,也可以是被保险人以外的第三人。但无论属于何种情形,作为保险合同当事人一方的投保人必须具备民事权利能力和民事行为能力,并对保险标的具有保险利益。

(二)保险合同关系人

保险关系人是指在保险事故或者保险合同约定的条件满足时,对保险人享有保险金给付请求权的人,包括被保险人和受益人。

(1)被保险人,也称保户,是指其财产或者人身受保险合同保障,享有保险金请求权的人。被保险人可以是投保人自己也可以是投保人以外的第三人。

(2)受益人,是指人身保险合同中由被保险人或者投保人指定的享有保险金请求权的人。受益人具有以下特征:其一,受益人由被保险人或者投保人指定产生;其二,受益人享有保险金的请求权;其三,投保人、被保险人或者第三人均可以为受益人;其四,受益人不受有无民事行为能力及保险利益的限制;其五,受益只存在于人身保险合同中。

四、保险合同的条款

保险合同的条款即保险合同的内容,它是保险合同中规定保险责任的范围和确定合同当事人的权利义务及其他有关事项的合同条款。

保险合同的法定条款应当包括下列事项:保险人的名称和住所;投保人、被保险人的名称和住所;以及人身保险中的受益人的名称和住所;保险标的;保险责任和责任免除;保险期间和保险责任的开始时间;保险价值;保险金额;保险费以及保险支付办法;保险金赔偿或者给付方法;违约责任和争议处理;订立合同的年、月、日。

五、保险合同的订立与效力

(一)保险合同的成立

订立保险合同,需经投保和承保两个阶段:投保是投保人向保险人提出保险请求的单方意思表示,属于订立保险合同的要约阶段;承保是保险人承诺投保人的保险要约的意思表示,是保险人的单方法律行为,属于订立保险合同的承诺阶段。根据《保险法》规定,订立保险合同,由投保人提出保险要求,经保险人同意承诺,并就保险合同的条款达成协议,保险合同成立。

(二)保险合同的形式

根据我国保险法律制度的规定和保险业实务操作惯例,保险合同应当采用书面形式。书面形式的保险合同基本上可以分为投保书、暂保单、保险单、保险凭证四种。

(三)保险合同的生效

《保险法》规定,保险合同成立后,投保人按照约定交付保险费;保险人按照约定时间开始承担保险责任。法律对保险合同的生效有规定的,依其规定;没有规定的,依照当事人之间的约定;法律既无规定,保险合同也无特别约定的,保险合同生效于保险合同成立之时。

(四)保险合同的无效

保险可因法律规定或当事人约定的原因而发生全部或部分无效。其原因主要有:

(1)基于民法上的原因,如:保险合同的内容违反法律和行政法规;有欺诈和胁迫、无权代理、双方代理;等等。

(2)基于保险法上的原因,如:超额保险;投保人对保险标的无保险利益;保险人未对投保人作出说明的免责条款;等等。

保险合同无效,自始不发生法律效力,在发生保险合同约定的保险事故时,保险人不承担保险责任。当事人因无效保险合同取得的利益应当依照民法中无效合同处理的原则,或者予以返还，或者予以收缴。

【应用案例 12－4】 某企业与保险公司签订一份财产保险合同，保险标的为企业的厂房及设备，保险费 2 万元。投保后的第二年，该企业谎称其厂房内的设备被盗，向保险公司提出赔偿请求。

请问：依照法律规定，保险公司是否有权解除保险合同，并且不退还保险费 2 万元？

【案例解析】 保险公司有权解除保险合同，并且不退还 2 万元保险费。《保险法》第 27 条规定，未发生保险事故，被保险人或者受益人谎称发生了保险事故，向保险人提出赔偿或者给付保险金请求的，保险人有权解除合同，并且不退还保险费。

六、保险合同的履行

（一）投保人的义务

(1)缴纳保险费的义务。保险合同成立后，投保人须按照约定缴纳保险费。不同的保险条款对缴纳保险费的要求有所不同，保险费可以一次付清，也可以分期支付。

(2)保险事故的通知义务。投保人、被保险人或者受益人知道保险事故发生后，应当及时通知保险人。

(3)维护保险标的安全的义务。被保险人应当遵守国家有关消防、安全、生产操作、劳动保护等方面的规定，维护保险标的的安全。保险人为维护保险标的的安全，经被保险人同意，可以采取安全预防措施。

(4)危险程度增加的通知义务。所谓危险程度增加，是指订立保险合同时所未预料或未估计到的危险可能性的增加，它发生在保险合同有效期内。在保险合同有效期内，保险标的危险程度增加的，被保险人按照合同的约定应当及时通知保险人，保险人有权要求增加保险费或解除保险合同；被保险人未履行通知义务的，因保险标的危险程度增加而发生的保险事故，保险人不承担赔偿责任。

(5)采取必要措施防止或者减少损失的义务。保险事故发生时，被保险人有责任尽力采取必要措施，防止或者减少损失。

（二）保险人的义务

(1)给付保险赔偿金或保险金。保险人在发生约定的保险事故或者在约定的人身事件到来时，应按约定的条件给付保险赔偿金或者保险金。保险人给付保险赔偿金时必须及时、迅速，不得无故拖延；否则，因此而造成投保人、被保险人或者受益人损失的，保险人负有赔偿责任。

(2)支付其他合理、必要的费用。其他合理、必要的费用是指投保人或被保险人在发生保险事故时，或者在保险事故发生后，为保险人的利益而支付的费用。这些必要、合理的费用，或是为了减少保险标的的损失，或是为了确定责任原因，或是为了向他人追索等，都是为保险人的利益支出的，故由保险人承担这些费用支出是理所当然的。

（三）索赔和理赔

1. 保险索赔

保险索赔是被保险人在保险标的出险后，按照保险合同的有关规定，向保险人要求支付赔偿金的行为。索赔按照下列程序进行：(1)提出出险通知；(2)提供索赔证明；(3)提出索赔请求；(4)领取保险金。

2. 保险理赔

保险理赔是指保险人依据规定的工作程序处理被保险人所提出的索赔要求的行为。理赔按下列程序进行:(1)立案检验;(2)审核责任;(3)核算损失;(4)损余处理。

(四)代位求偿权

代位求偿权也称代位追偿权,是指财产保险中保险人赔偿被保险人损失后,可以取得在其赔付保险金的限度内,要求被保险人转让其对造成损失的第三人享有追偿的权利。在财产保险中,当保险标的发生保险责任范围内的损失,而该项损失应当由第三人负赔偿责任时,投保人即可以要求该第三人即责任人赔偿,也可以要求保险人赔偿。如果投保人选择了后者,保险人承担了保险金赔付责任,便取得了对第三人即责任人的追偿权利。

行使代位求偿权要符合以下条件:

(1)保险事故是由第三人的行为所致,被保险人因保险事故而对第三人享有赔偿请求权。

(2)保险人只有在向被保险人支付了保险金后才能行使对第三人的代位求偿权。

(3)保险人行使代位求偿权向第三者追偿的金额不得超过其向被保险人支付的保险金额。

(4)代位求偿权仅适用于财产保险,不适用于人身保险。

(5)保险事故发生后,在保险人未赔偿保险金之前,被保险人放弃对第三人的赔偿请求权的,保险人不承担赔偿保险金的责任;保险人向被保险人赔偿保险金后,若被保险人未经保险人同意放弃对第三人的赔偿请求权的,该放弃行为无效。

【应用案例 12—5】 冯某给自己的越野车投保了 10 万元责任险。冯某让其子小冯(年 16 岁)学习开车,某日小冯独自开车时不慎撞坏叶某的轿车,叶某为此花去修车费 2 万元。下列选项正确的是(　　)。

A. 应当由冯某对叶某承担侵权赔偿责任

B. 应当由小冯对叶某承担侵权赔偿责任

C. 因冯某疏于管理保险财产,保险公司有权单方面通知李某解除保险合同

D. 保险公司支付保险赔款后不能对小冯行使代位追偿权

【案例解析】 根据保险代位权的基本原理,答案是 A、D。本案中,因为小冯是冯某的家庭成员,其也不是故意造成保险事故,所以保险公司不得对小冯进行代位追偿。

第三节　财产保险合同

一、财产保险合同的概念和种类

(一)财产保险合同的概念

财产保险合同是以投保人或被保险人对某项财产及其有关利益为标的而订立的保险合同。

(二)财产保险合同的种类

财产保险合同分为有形财产保险合同和无形财产保险合同两大类,具体可分为财产损失保险合同、责任保险合同、信用保险合同、保证保险合同等。

1. 财产损失保险合同

财产损失保险合同，是指以补偿财产损失为目的的保险合同。在该合同项下，投保人按照约定向保险人支付保险费，在被保险财产发生保险事故时，保险人按照约定向被保险人支付保险金。财产损失保险合同标的是除农作物、牲畜以外的一切动产和不动产。

2. 责任保险合同

责任保险合同是指以被保险人对第三者所负的赔偿责任为保险标的而成立的保险合同。《保险法》规定，保险人对责任保险的被保险人给第三者造成的损害，可以依照法律的规定或合同的约定，直接向该第三者赔偿保险金。

3. 信用保险合同

信用保险合同又称商业信用保险合同，是指保险人对被保险人信用放贷或信用售货提供担保而与投保人订立的保险合同。当债务人不清偿或不能清偿时，由保险人负责赔偿。信用保险合同主要包括出口信用保险合同、国外投资信用保险合同和国内商业信用保险合同。

4. 保证保险合同

保证保险合同是指保险人向被保证人提供担保而成立的保险合同。当被保证人的行为或不行为致使权利人遭受经济损失，由保险人负责赔偿责任。保证保险合同主要有忠诚保证保险合同和确实保证保险合同两种。

二、财产保险合同的主要内容

(一)保险标的

保险标的是指作为保险对象的财产及其有关利益或者人的寿命和身体。随着保险业的发展，保险标的的范围有扩大的趋势。在我国，财产保险合同的保险标的的范围主要包括以下三种。

1. 可保财产

凡承保人依法可以承保的财务即为可保财产。可保财产，在保单内可做概括性规定，也可列举财产细目，分别规定其保险金额。可保财产分为两种：一是一般的可保财产。即企事业单位的固定资产、流动资产和建设工程，个人的房屋、家具、电器用品等生活资料，以及汽车、飞机、轮船等。二是特约的可保财产。市场价格变化大或无固定价格的稀有、珍贵财产，如金银、首饰、珠宝、古玩、古画、邮票、艺术品、稀有金属等，原则上不属可保财产，但可由投保人与保险人约定作为特保财产的投保。

2. 预期利益

预期利益包括：(1)因现有利益而产生的期待利益。如货物的托运人对货物到达目的地后应得的利润、收入可作为运输货物保险合同的保险标的。(2)因合同而产生的利益。如卖方出售货物后，对方及时支付货款而取得的利益，可作为保证保险合同的保险标的。

3. 消极利益

消极利益是指免除由于事故的发生而增加的额外支出。如处于被保险人的行为以致他人的财务或人身受到损害时，为承担经济赔偿责任需支付的费用，可作为责任保险合同的保险标的。

值得注意的是，对于价值的评估没有客观标准、损失率难以预测、道德危险大的物品，一般不能作为财产保险合同的保险标的，投保人非法占有、使用的财产，也不能成为财产保险合同的保险标的。

（二）保险金额

保险金额是指投保人对投保标的的实际投保金额，是保险人承担赔偿责任的最高限额和计算保险费的依据。

财产保险合同的保险金额是按保险标的的实际价值确定的，保险金额一般不得高于保险财产的实际价值。

根据保险金额与保险财产实际价值的关系，可将保险金额分为三种情况。

1. 足额保险

足额保险是指保险金额相当于财产实际价值的保险。足额保险是一种比较理想的保险，被保险人所具有的保险标的的价值，可得到完全的保护，在保险标的发生损失时，能够按实际损失如实得到赔偿。

2. 不足额保险

不足额保险是指保险金额低于财产实际价值的保险。《保险法》规定，保险金额低于保险价值的，除合同另有约定外，保险人按照保险金额与保险价值的比例承担赔偿责任。

3. 超额保险

超额保险是指保险金额大于财产实际价值的保险。《保险法》规定，保险金额不得超过保险价值；超过保险价值的，超过的部分无效。

（三）保险责任

财产保险合同中的保险责任的范围，主要包括：

1. 因自然灾害造成的损失

自然灾害是指不可预见、不能避免并不能克服的客观情况。在财产保险中，凡雷电、暴雨、龙卷风、洪水、海啸、地震、泥石流等自然现象所造成的损失，保险人均负赔偿责任，但是否构成上述自然灾害，应以气象、地质等专业部门的标准为准。

2. 因意外事件造成的损失

意外事件是指损害结果的发生不是行为人出于故意或过失，而是由于不能抗拒或者不能预见的原因所引起的事件。在财产保险中，凡火灾、爆炸、空中运行物的坠落等意外事件所造成的损失，保险人均负责赔偿。

（四）除外责任

在财产保险合同中，除了明确规定的保险责任以外，还须对保险人不承保的危险事故作为除外责任明列于合同之中：

(1)投保人或被保险人的故意行为。《保险法》规定，投保人、被保险人或者受益人故意制造保险事故的，保险人有权解除保险合同，不承担赔偿或者给付保险金的责任，除本法另有规定外，也不退还保险费。但如果保险事故的发生，是因投保人或被保险人以外的人故意造成的，保险人仍需负赔偿责任。

(2)因财产本身缺陷、保管不善而致损失，变质、霉烂、受潮、虫咬以及自然磨损与按规定的正常消耗。

(3)堆放在露天或在罩棚下的保险财产，以及有芦席、布、草、纸板、塑料布做棚顶的罩棚，由于暴风、暴雨等造成的损失。

(4)战争、军事行动或暴力行为。

(5)核辐射和污染。

(6)因遭受保险责任内的灾害或事故造成停工、停业等的一切间接损失，主要指工资、利润、受益等。

三、财产保险合同的效力

财产保险合同的效力是指保险合同成立之后所发生的法律后果，表现为保险当事人的权利和义务。因财产保险合同为双务合同，当事人之间的权利义务相互对应，因此，除对有关保险人的一些特殊权利做单独介绍外，以下仅从当事人一方的义务方面阐述。

(一)投保人、被保险人的义务

投保人、被保险人应依约承担以下义务：

(1)依约支付保险费。向保险人支付保险费是投保人的主要义务。不论投保人是为自己利益还是为他人利益订立合同，均应按约定的期限和方式向保险人支付保险费。

(2)维护保险标的的安全。被保险人应当遵守国家有关消防、安全等方面的法律规定以及当事人之间的约定，维护保险标的的安全。

(3)及时发出危险增加的通知。如果在合同成立后，保险标的的危险程度明显增加，为保障保险人的利益，法律要求投保人应及时向保险人发出危险增加的通知。

(4)采取补救措施避免损失扩大。在保险事故发生后，投保人、被保险人有义务采取必要措施减少或者防止损失的进一步扩大。

(5)及时发出保险事故通知。保险事故发生后，投保人、被保险人有义务及时将保险事故发生的情况通知保险人，以便于保险人及时调查、取证、确定责任。

(6)协助。在保险人依合同约定对保险标的进行防损检查，或在保险事故发生后保险人核实损害、调查取证时，投保人应当提供一切必要的协助。

(7)不得放弃对第三人的索赔权。在保险事故发生后，如存在第三人应对保险标的的损失负赔偿责任的情形，投保人、被保险人不得放弃对该第三人的索赔权。如在保险人给付保险赔偿金之前放弃索赔权，保险人不承担赔偿保险金的责任；如在给付保险赔偿金之后放弃索赔权，该行为无效。

(二)保险人的义务

保险人的义务主要是在保险事故发生后，依约向被保险人承担赔偿损失的责任。保险人收到被保险人或者受益人的赔偿或者给付保险金的请求后，应当及时作出核定，并将核定结果通知被保险人或者受益人；对属于保险责任的，在与被保险人或者受益人达成有关赔偿或者给付保险金额的协议后10日内，履行赔偿或者给付保险金的义务。保险合同对保险金额及赔偿或者给付期限有约定的，保险人应当依照保险合同的约定，履行赔偿或给付保险金义务。保险人未及时履行前款规定义务的，除支付保险金外，应当赔偿被保险人或者受益人因此受到的损失。

保险人自收到赔偿或者给付保险金的请求和有关证明、资料之日起60日内，对其赔偿或者给付保险金的数额不能确定的，应当根据已有证明和资料可以确定的最低数额先予支付；保险人最终确定赔偿或者给付保险金的数额后，应当支付相应的差额。保险人的先予支付义务，可以最大限度地减少被保险人的损失，帮助被保险人恢复生产或方便生活。

保险人的赔偿责任范围为保险金额限度内保险事故所发生的实际损失。实际损失不包括施救费用、查明保险事故原因的费用、因第三人提起仲裁或者诉讼所发生的仲裁或诉讼费用等。

四、财产保险合同的代位求偿权

保险人的代位求偿权是指在财产保险合同中，因第三者对保险标的的损害而造成保险事故的，保险人赔偿被保险人的损失后，所取得的被保险人享有的依法向负有民事赔偿责任的第三者请求赔偿的权利。

一般认为，成立保险代位求偿权需具备以下三个条件：须第三人与保险人同时对被保险人因保险事故的发生所受损失负有赔偿责任；被保险人没有放弃对第三人的赔偿请求权；保险人已经向被保险人支付了保险赔偿金。

一般认为，保险代位求偿权具有以下效力：(1)保险人得直接向第三人请求赔偿；(2)被保险人放弃对第三人的赔偿请求权的行为无效；(3)被保险人负辅助保险人行使求偿权的义务；(4)被保险人就未从保险人取得赔偿的部分损失对第三人仍享有赔偿请求权。

五、保险合同的转让和变更

财产保险合同的转让，是指被保险人将保险合同的权利义务转让给第三人的行为。这种转让实际上是保险合同的主体一方的变更。转让原因一般是保险标的的所有权发生转移。《保险法》规定，一般财产保险合同的转让应当取得保险人的同意，经批改保单或其他保险凭证后才能发生转让的效力。也就是说，合同的转让必须办理相应的手续。例外的情形有两种：一是因作为保险标的的运输途中的货物所有权转移而导致的保险合同的转让，投保人可以直接以背书的方式转让保单，或者交付无记名保单，不必经保险人同意；二是保险合同当事人之间有保险合同转让无需经保险人同意的特约。

财产保险合同的变更，是指在保险合同有效期内合同内容的变更，分为法定变更和协议变更两种。协议变更是指当事人协商变更合同的内容。法定变更是指在发生法定事由时，当事人一方变更合同内容。保险人单方变更合同的法定事由有：投保人、被保险人不履行对保险标的的安全保障义务而致保险危险程度增加；在合同有效期内，保险标的的危险程度增加。投保人变更保险合同的法定事由有：保险标的的保险价值明显减少；据以确定保险费率的有关情况发生变化，保险标的的危险程度减少。

财产保险合同的终止，是指财产保险合同的权利义务关系归于消灭。导致财产保险合同终止的原因有：保险合同的有效期届满；保险合同已经全部履行；出现法定事由时当事人依法终止合同；保险合同被依法解除。

第四节　人身保险合同

一、人身保险合同概述

(一)人身保险合同的含义

人身保险合同是指当事人以人的寿命和身体作为保险标的而订立的保险合同。按照人身保险合同，保险人有权向投保人收取保险费，并于被保险人死亡、伤残或保险期限届满时向受益人或被保险人给付保险金。除具有保险合同的一般特征外，人身保险合同还具有保险标的的不可估价、保险金一般实行定额给付、保险期较长、当事人可以指定受益人、人身保险具有储蓄功能等特征。

(二)人身保险合同的类型

人身保险合同主要有人寿保险合同、意外伤害保险合同和健康保险合同三种类型。

人寿保险合同是指当事人以被保险人的生存和死亡作为保险事故而订立的保险合同。它又可以细分为生存保险合同、死亡保险合同和两全保险合同三类。

意外伤害保险合同是指当事人以被保险人因在保险期内遭受意外伤害造成死亡或残废为保险事故而订立的保险合同。这种保险可以由保险人单独承保,也可以作为人身保险的附加责任而承保。

健康保险合同,也称疾病保险合同,是指当事人以被保险人需要支出医疗费、护理费、因疾病造成残废以及因疾病或者意外伤害暂时不能工作而减少劳动收入为保险事故而订立的保险合同。投保人可以单独投保健康保险,也可以将其作为人寿保险或意外伤害保险的附加责任进行投保。

二、人身保险合同的效力

下列人身保险合同无效:

(1)订立合同时,投保人对被保险人不具有保险利益的,合同无效。投保人对下列人员具有保险利益:①本人;②配偶、子女、父母;③除了配偶、子女、父母以外与投保人有抚养、赡养或者抚养关系的家庭其他成员、近亲属;④与投保人有劳动关系的劳动者。除前款规定外,被保险人同意投保人为其订立合同的,视为投保人对被保险人具有保险利益。

(2)投保人为无民事行为能力的人投保,以死亡为给付金条件的,合同无效,保险人也不得承保。父母为其未成年子女投保的人身保险,不受此规定限制。

(3)以死亡为给付保险金条件的合同,未经被保险人同意并认可保险金额的,合同无效。父母为其未成年子女投保的人身保险,不受此规定限制。

人身保险合同成立生效之后,对保险人、投保人、被保险人、受益人发生法律效力。

(一)对保险人的效力

保险人的主要义务为依法或依约定向被保险人或受益人给付保险金,该义务应当在保险事故发生时或保险期限届满时履行。当被保险人死亡后,如果合同没有指定受益人,或受益人先于被保险人死亡又没有其他受益人,或受益人依法丧失收益权或放弃受益权又没有其他受益人的,保险金作为被保险人的遗产,保险人应当向被保险人的继承人给付保险金。与财产保险不同,人身保险的被保险人如因第三人的原因而发生死亡、伤残等保险事故,保险人在向被保险人或者受益人履行给付保险保险金义务后,不享有对第三人的代位求偿权。

(二)对投保人的效力

投保人的主要义务是向保险人缴纳保险费。投保人应当按照合同约定的方式和时间履行该义务。在人身保险合同成立生效后,如投保人不愿缴纳或者拒绝缴纳保费,保险人不得以诉讼的方式要求投保人履行义务。

(三)对被保险人的效力

在合同没有规定受益人的情况下,被保险人享有保险金给付请求权。在保险合同的有效期内,被保险人行为对保险合同的效力有重大影响。在以死亡为给付条件的合同中,自合同成立之日起 2 年内,被保险人如自杀,保险人可以不承担保险责任。被保险人如果故意犯罪导致其自身伤残或死亡的,保险人也不承担保险责任。

（四）对受益人的效力

受益人根据保险合同可以享有受益权。当合同指定多数人为受益人时，各受益人按照合同规定的份额享有受益权；如果多数受益人之间存在顺位差异，只有顺位在前的全部受益人放弃或丧失受益权或死亡时，后顺位的受益人才可行使受益权。但受益人如果故意造成被保险人死亡、伤残、疾病的，或者故意杀害被保险人未遂的，丧失受益权。

三、人身保险合同的中止、终止和解除

（一）人身保险合同的中止

合同约定分期支付保险费，投保人支付首期保险费后，除合同另有约定外，投保人自保险人催告之日起超过30日未支付当期保险费，或者超过约定的期限60日未支付当期保险费的，合同效力中止，或者由保险人按照合同的约定条件减少保险金额。被保险人在上述规定期限内发生保险事故的，保险人应当按照合同约定给付保险金，但可以扣减欠交的保险费。

合同效力中止的，经保险人与投保人协商并达成协议，在投保人补交保险费后，合同效力恢复。

（二）人身保险合同的终止

人身保险合同一般因出现下列事由而终止：合同已经履行；保险期限届满；合同被解除。在人身保险合同中，投保人享有任意解除权。保险人则只有在具备法定事由时才享有解除权，即：(1)投保人申报的被保险人年龄不实且被保险人的真实年龄超出合同约定的限制；(2)投保人因未按期缴纳保费而导致合同效力中止后，投保人未与保险人就恢复合同效力达成协议。保险人行使解除权还受期间的限制。因投保人违反如实告知义务解除合同的期限为自合同成立之日起2年，因投保人欠交保费而解除合同的期间为自合同效力中止之日起2年。

（三）人身保险合同的解除

除法律另有规定或者保险合同另有约定外，保险合同成立后，投保人可以解除合同。投保人解除合同的，保险人应当自收到解除合同通知之日起30日内，按照合同约定退还保险单的现金价值。

人身保险合同效力中止之日起满2年双方未达成协议的，保险人有权解除合同。保险人依照前款规定解除合同的，应当按照合同约定退还保险单的现金价值。

投保人申报的被保险人年龄不真实，并且其真实年龄不符合合同约定的年龄限制的，保险人可以解除合同，并按照合同约定退还保险单的现金价值。投保人故意或者因重大过失未履行如实告知义务，足以影响保险人决定是否同意承保或者提高保险费率的，保险人有权解除保险合同。保险人在合同订立时已经知道投保人未如实告知的情况的，保险人不得解除合同。

合同解除权，自保险人知道有解除事由之日起，超过30日不行使而消灭。自合同成立之日起超过2年的，保险人不得解除合同；发生保险事故的，保险人应当承担赔偿或者给付保险金的责任。

四、人身保险合同的给付

（一）保险人给付保险金

被保险人死亡后，有下列情形之一的，保险金作为被保险人的遗产，由保险人依照《继承法》的规定履行给付保险金的义务：(1)没有指定受益人，或者受益人指定不明无法确定的；(2)受益人先于被保险人死亡，没有其他受益人的；(3)受益人依法丧失受益权或放弃受益权，

没有其他受益人的。

受益人与被保险人在同一事件中死亡，且不能确定死亡先后顺序的，推定受益人死亡在先。

(二)保险人免除给付责任的情形

(1)投保人故意造成被保险人死亡、伤残或者疾病的，保险人不承担给付保险金的责任。投保人已交足2年以上保险费的，保险人应当按照合同约定向其他权利人退还保险单的现金价值。

受益人故意造成被保险人死亡、伤残或者疾病的，或者故意杀害被保险人未遂的，该受益人丧失受益权。

(2)以被保险人死亡为给付保险金条件的合同，自合同成立或者合同效力恢复之日起2年内，被保险人自杀的，保险人不承担给付保险金的责任，但被保险人自杀时为无民事行为能力的人除外。

(3)因被保险人故意犯罪或者抗拒依法采取的刑事强制措施导致其伤残或者死亡的，保险人不承担给付保险金的责任。

【应用案例12－6】 刘某为其正在上大学的儿子刘鹏飞(21岁)投保一份人身保险，与保险公司签订了保险合同。合同中包含有在保险期限内被保险人意外伤害及死亡的赔付条款，指定刘某本人为受益人。

请问：

(1)该份保险合同是否需要经刘鹏飞的书面同意才能成立并生效？

(2)假设3年后刘鹏飞因失恋而自杀，保险公司是否需要给付保险金？

(3)假设刘鹏飞在暑假回家途中，遇到交通事故不幸受伤，保险公司在向刘鹏飞支付完保险金之后，是否可以向肇事车辆进行追偿？

【案例解析】 (1)此保单虽然是父母替子女投保，但是刘鹏飞已经成年，因此，该份保险合同必须经刘鹏飞的书面同意才可成立并生效。

(2)若3年后刘鹏飞因失恋而自杀，保险公司应该给付保险金。因为以被保险人死亡为给付保险金条件的合同，自合同成立或者合同效力恢复之日起2年内，被保险人自杀的，保险人不承担给付保险金的责任。本案是说保险合同成立已经3年后刘鹏飞自杀，因此，保险公司应支付保险金。

(3)不可以向肇事车辆进行追偿。因为被保险人因第三者的行为而发生死亡、伤残或者疾病等保险事故的，保险人向被保险人或者受益人给付保险金后，不享有向第三者追偿的权利，但被保险人或者受益人仍有权向第三者请求赔偿的权利。

【任务导出】

甲、乙、丙、丁四家保险公司都要赔偿，总赔偿金额为1亿元(不计算残值)。其中，甲和丙各按比例承担5 000万元。又因为进行了再保险，所以最后的赔偿金额分配为：甲，3 000万元；乙，2 000万元；丙，4 000万元；丁，1 000万元。

根据《保险法》第56条规定，重复保险的投保人应当将重复保险的有关情况通知各保险人。

重复保险的各保险人赔偿保险金的总和不得超过保险价值。除合同另有约定外，各保险人按照其保险金额与保险金额总和的比例承担赔偿保险金的责任。

重复保险的投保人可以就保险金额总和超过保险价值的部分，请求各保险人按比例返还保险费。

重复保险是指投保人对同一保险标的、同一保险利益、同一保险事故分别与两个以上保险人订立保险合同，且保险金额总和超过保险价值的保险。

强化训练

一、单项选择题

1. 关于保险合同，下列表述中正确的是（　　）。

A. 再保险合同由投保人与保险公司签订

B. 一个保险标的只能订立一个保险合同

C. 王某与保险公司约定，以价值 50 万的房产投保，保险金额为 40 万元，此为不足额保险合同

D. 保险合同的当事人有保险人、被保险人、投保人和受益人

2. 某企业购进一价值 100 万元的机器设备，并在保险公司对该设备投保了 50 万元，不久即发生保险事故，致该设备严重损毁。经有关部门估价，实际损失共 60 万元。另外该厂为防止损失的扩大，还投入了 5 万元。保险公司应当赔偿该企业（　　）万元。

A. 60　　B. 55　　C. 50　　D. 35

3. 关于人身保险合同，下列说法中不正确的是（　　）。

A. 投保人无论何时退保，保险人均应当退还保险单的现金价值

B. 投保人因故不能按时交费，可享有一定期间的宽限期

C. 投保人在宽限期内仍未缴纳保费，则保险合同中止

D. 保险合同中止后，投保人可在一定的期限内申请恢复保险合同的效力

4. 财产保险合同保险标的转让的，（　　）。

A. 保险合同中止

B. 保险标的的受让人承继被保险人的权利和义务

C. 保险合同终止

D. 保险合同失效

5. 甲为自己投保了一份人寿险，指定其妻为受益人。甲有一子 4 岁，甲母 50 岁且自己单独生活。某日，甲因交通事故身亡。该份保险的保险金依法应如何处理？（　　）

A. 应作为遗产由甲妻、甲子、甲母共同继承

B. 应作为遗产由甲妻一人继承

C. 应作为遗产由甲妻、甲子继承

D. 应全部支付给甲妻

6. 周某于 2015 年 6 月 11 日与其保险公司订立了人寿保险合同，并于当天缴纳了全部保险费，次日向保险公司索要保单未果。6 月 12 日，周某在游泳时溺水身亡。该合同将产生的法律后果是（　　）。

A. 因保险人未签保险单而无效

B. 因保险人未签保险单而解除

C. 因保险人未签保险单而撤销

D. 虽然保险人未签发保险单，但该合同仍有效，保险人应承担给付责任

二、多项选择题

1. 关于《保险法》的基本原则，下列表述中正确的是（　　）。

A. 张某为他 50 岁的父亲投保了一份健康保险，未告知保险人其父亲有心脏病史，违反了最大诚信原则

B. 高某是某明星的忠实粉丝，但并不相识，若高某为该歌星投保意外伤害保险，不符合保险利益原则

C. 按照近因原则，对于多种原因造成的损失，直接造成的损失为近因

D. 损失补偿原则既适用于财产保险，也适用于人身保险

2. 对于人身保险合同中保险利益的描述，下列说法中不正确的有（　　）。

A. 投保人对与其有劳动关系的劳动者不具有保险利益

B. 被保险人同意投保人为其订立合同的，视为投保人对被保险人具有保险利益

C. 订立合同时，投保人对被保险人不具有保险利益的，合同无效

D. 保险事故发生时，投保人对被保险人不具有保险利益的，合同无效

3. 关于保险合同的订立与效力，下列表述中正确的是（　　）。

A. 投保为要约，承保为承诺

B. 暂保单和保险单都是保险合同的书面形式

C. 对于保险合同中的免责条款，如果保险人在订立合同时未向投保人明确说明的，该条款无效

D. 未经被保险人同意的以死亡为给付保险金条件的保险合同无效

4. 下列情形中，当事人解除保险合同合法的是（　　）。

A. 货物运输保险合同在保险责任开始后，投保人解除合同

B. 受益人谎称发生了保险事故，向保险人提出赔偿请求，保险人解除合同

C. 保险标的的危险程度显著增加，保险人按照约定解除合同

D. 投保人未按照约定履行其对保险标的的安全应尽责任，保险人解除合同

5. 曾某购得新车1辆，并在保险公司办理了财产保险，保险价值30万元。某日，曾某行车时被一出租汽车司机林某违章行驶而将其新车尾部撞坏，造成损失3万元。下列有关本案的表述中，正确的是（　　）。

A. 曾某既可以选择向林某索赔，也可以选择要求保险公司赔偿

B. 若保险公司向曾某支付了3万元赔偿保险金，则曾某不得再向林某索赔

C. 若林某向曾某支付了3万元赔偿费，则曾某仍有权要求保险公司支付赔偿金

D. 在保险公司未赔偿保险金之前，若曾某放弃对林某的索赔权，则保险公司不承担赔偿保险金的责任

三、案例分析题

1. 某厂于2015年7月9日向保险公司投保，7月11日上午双方达成一致，保险公司签发了保险单，保险单记载保险期限为2015年7月12日零时至2016年7月11日24时。当日下午，由于电路起火，该厂部分厂房被烧毁。经查，火灾发生的原因属于保险人承保的危险范围。

试分析：

(1)保险合同何时生效？为什么？

(2)保险公司是否承担赔偿责任？为什么？

2. 某厂女工王某于2006年6月22日为贺某投保（贺某与王某为婆媳关系）。经贺某同意后购买10年期简易人身保险15份，指定受益人为贺某之孙、王某之子A，时年12岁。保险费按月从王某的工资中扣交。缴纳1年零8个月后，王某与被保险人之子B离婚，法院判决A随B共同生活。离婚后王某仍自愿按月从自己的工资中扣缴这笔保险费，从未间断。2009年2月20日被保险人贺某病故，4月王某向保险公司申请给付保险金。与此同时，B提出被保险人是其母亲，指定受益人A又随自己共同生活，应由他作为监护人领取这笔保险金。

王某则以为投保人是她，缴费人也是她，而且她是受益人A的母亲，也是A合法的监护人，这笔保险金由她领取。保险公司则以王某因离婚而对贺某无保险利益为由拒绝给付保险金。

试分析：

(1)王某要求给付保险金的请求是否合理？为什么？

(2)B要求给付保险金的请求是否合理？为什么？

(3)保险公司拒付理由是否成立？为什么？

(4)本案应当如何处理？为什么？

资源拓展

车辆推定全损　为何保险公司拒绝全赔

2014年7月，当李先生驾驶车辆行至广东省汕尾市海丰县公平镇路段时，暴雨突至，加之路段塞车，导致该车被完全淹没，车辆判定全损。遇险后，当日21时李先生便通过客服电话报险。不过，保险公司因特大暴雨环境恶劣，并没有前往现场勘查。另外，因车辆属于异地出险，保险公司委托其当地分公司进行维修定损。

记者了解到，此前李先生按新车购置价165万元投保了机动车损失保险、发动机特别损失险等，保险金额为27 737.23元，保险期1年；且暴雨属于保单责任范围之内。

由于尚处保险期内，车辆全损后，李先生向保险公司提出按保险合同约定全额理赔。他认为，事故发生时车辆实际价值为1 075 800元，而保险公司只肯按公司旗下某定损中心的核损价格605 440元进行赔付。据了解，诉讼前，保险公司仅将该车辆残值拍卖款272 235.87元支付给李先生。

自此，本案中双方争议点焦点已浮出水面，即发生机动车全损时，如何认定事故发生时车辆的实际价值？如何计算保险赔款？业内人士告诉记者，因暴雨导致的车辆受损属于保险责任范围内，此种情况下保险公司不适用免责条款。

经法院审理认定，本案的核心争议在于事故发生时车辆实际价值的认定与保险赔款的计算。

法院表示，保险公司明知非新车投保仍同意按车辆新车购置价165万元约定保额，而出险时又要求按上述定损中心核损价格赔付，扩大了收取保费的权利而缩小了赔付保险金的义务，违背了保险法诚实信用原则和公平原则。根据权利义务相一致原则，应当认定该保险合同为定值保险，即保险金额1 650 000元为投保时双方确定的保险价值。

最终，法院对保险公司提出的核损价格不予采纳。该定损中心系保险公司旗下设立的定损中心，并非双方协商委托的公估公司或确定的第三方，该定损中心只出具了定损结论但未说明定损依据，且李先生并未在《车辆损失确认书》上签名。

车辆定损期间，李先生与保险公司当地分公司签订了一份《事故车辆保险理赔协议书》。法院认为，该协议是双方在平等自愿、协商一致的基础上签订的《理赔协议》，内容合法有效，法院予以认定。

《理赔协议》约定，车主李先生同意事故车辆以推定全损方式理赔，由约定的第三方机构采用网上公开竞价的方式处理车辆残值；保险车辆按照如下赔款计算公式计算赔款金额：赔款金额＝(实际价值－残值)×事故责任比例，实际价值＝保单约定的新车购置价×(1－已使用月数×月折旧率)。按照协议，保险公司的赔款金额应为1 650 000×(1－60×0.6%)＝1 056 000元，扣除车辆残值款272 235.879元，再加上李先生垫付的拖车费1 370元，保险公司还应支付给李先生785 134.12元。

至此，车主李先生的权益主张得到法院支持。

作为常年代理车险诉讼业务的专业律师，刘健一也给出了一些投保建议：(1)买保险尽量买全一点，这样保障范围更广。(2)主动了解保险合同，尤其注意免责条款。没有真正的全保。任何保险都有其免责条款，即使号称“全保”的保险也不例外。这就要求投保人在了解保险责任范围之外，更重要的是了解自己购买的保险的免责条款。(3)根据自身的实际需要购买针对性更强的保险。比如，常住南方多雨城市的车主，可为机动车购买“涉水险”；新车可上“划痕险”；常停治安条件较差的户外区域，车辆可购买“盗抢险”；上了年龄的老车可上“自然险”；生活在大城市的车主还可购买“第三者责任险”。

第十三章

证券法

【学习目标】

能力目标:区分股票的发行、公司债券的发行、证券投资基金的发行条件。

知识目标:掌握证券交易的一般规则。

素质目标:根据证券交易规则进行证券交易分析。

【任务导入】

某股份有限公司于2014年5月在上海证券交易所上市。2015年以来,公司发生了下列事项:

(1)2015年2月,董事甲将所持公司股份6万股中的1万股卖出;2016年3月,董事乙将所持公司股份10万股中的2.4万股卖出;董事丙因出国定居,于2015年6月辞去董事职务,并于2016年2月将其所持公司股份3万股全部卖出。

(2)监事丁于2015年3月8日以均价每股8元价格购买2万股公司股票,并于2015年8月20日以均价每股16元将上述股票全部卖出。

(3)2015年4月21日,公司发布年度报告。为该公司年报出具审计报告的注册会计师刘某于同年5月18日购买该公司股票0.5万股。

任务分析:

(1)甲、乙和丙卖出所持公司股票的行为是否符合法律规定?并分别说明理由。

(2)丁买卖公司股票的行为是否符合法律规定?并说明理由。

(3)刘某买入公司股票的行为是否符合法律规定?并说明理由。

第一节　证券法概要

一、证券的含义和分类

证券是指用以表明有关经济权利的凭证或证书。

证券可以分为无价证券与有价证券两大类。无价证券是指不标明票面金额、不代表一定价值的证券，如借据、土地所有权证书等。有价证券有广义和狭义之分。广义的有价证券，是指记载并且代表一定权利的所有权凭证；狭义的有价证券一般指资本证券。我国《证券法》规定的证券为股票、公司债券以及国务院依法认定的其他证券。其他证券主要指投资基金券、非公司企业债券、国家政府债券等。

(一)股票

股票是股份有限公司发行的，证明股东按其所持股份享有权利、承担义务的凭证，股票是股份的表现形式，是投资者股东身份的证明。我国现行的股票按投资主体的不同，可分为国家股、法人股、个人股和外资股。

(二)债券

债券是发行者依照法定程序发行的，并约定在一定期限内还本付息的有价证券，是表明投资者与筹资者债权债务关系的凭证。债券按发行主体不同分为政府债券、金融债券、企业债券。

(三)投资基金券

基金券又称基金受益凭证，是证券投资基金发行者通过发行投资基金单位，集中投资者的资金，从事股票、债券等金融工具投资的间接投资工具，是用以记载投资者所持基金份额的凭证。

二、证券法

证券法有广义和狭义之分。广义的证券法是指一切与证券有关的法律规范的总称。狭义的证券法专指《中华人民共和国证券法》(简称《证券法》)。

证券法适用于在中华人民共和国境内股票、公司债券和国务院依法认定的其他证券的发行和交易，以及政府债券、证券投资基金份额的上市交易。

我国现行《证券法》于 1998 年 12 月 29 日经第九届全国人民代表大会常务委员会第六次会议通过，2005 年 10 月 27 日第十届全国人民代表大会常务委员会第十八次会议修订，并于 2006 年 1 月 1 日起施行。

第二节　证券发行

一、证券发行的一般规定

(一)公开发行证券的有关规定

公开发行证券，必须符合法律、行政法规规定的条件，并依法报经国务院证券监督管理机构或者国务院授权的部门核准。未经依法核准，任何单位和个人不得公开发行证券。

有下列情形之一的，为公开发行：(1)向不特定对象发行证券的；(2)向特定对象发行证券累计超过 200 人的；(3)法律、行政法规规定的其他发行行为。

非公开发行证券，不得采用广告、公开劝诱和变相公开方式。

(二)公开发行证券实行保荐制度的有关规定

保荐人制度是指，由保荐人负责发行人的上市推荐和辅导，核实公司发行文件与上市文件中所载资料的真实、准确和完整，协助发行人建立严格的信息披露制度，并承担风险防范责任。

根据《证券法》规定，发行人申请公开发行股票、可转换为股票的公司债券，依法采取承销方式的，或者公开发行法律、行政法规规定实行保荐制度的其他证券的，应当聘请具有保荐资格的机构担任保荐人。

【应用案例 13－1】 北昌公司 2015 年 6 月拟以以下备选方案之一发行证券：(1)以承销方式向不特定对象发行股票 1 000 万股；(2)以非承销方式发行可转换公司债券 3 000 万元；(3)发行一般公司债券 4 000 万元；(4)以承销方式向累计不超过 250 人的特定对象发行股票 500 万股。试分析：公司以上各备选方案发行证券是否应当实行保荐人制度？

【案例解析】 备选方案(1)应实行保荐人制度，因为公司发行股票的方式为公开发行股票，且以承销方式发行，依法应当实行保荐人制度。备选方案(2)不需实行保荐人制度，因为其未采取承销发行方式。备选方案(3)不需要实行保荐人制度，因为其发行的是一般债券。备选方案(4)应为公开发行股票，且采取承销发行方式，依法应实行保荐人制度。

保荐制度的主要内容包括：保荐机构和保荐代表人的注册登记制度、保荐责任、保荐期限、监管部门对保荐机构和保荐代表人施行责任追究的监管机制。

证券经营机构有下列情形之一的，不得注册登记为保荐机构：(1)保荐代表人数量少于 2 名；(2)公司治理结构存在重大缺陷，风险控制制度不健全或者未有效执行；(3)最近 24 个月因违法违规被中国证监会从名单中去除；(4)中国证监会规定的其他情形。

二、股票的发行

股票发行是股份有限公司或其承销机构，以同一条件向特定或不特定的社会公众招募或出售股票的行为。股票发行有公开发行和新股发行两种情形。我国《证券法》规定了设立股份有限公司公开发行股票与公司公开发行新股的条件。

(一)设立股份有限公司公开发行股票的条件

设立股份有限公司公开发行股票，应当符合《公司法》规定的条件和经国务院批准的国务院证券监督管理机构规定的其他条件。

(二)公司公开发行新股的条件

公司公开发行新股，应当符合下列条件：(1)具备健全且运行良好的组织机构；(2)具有持续盈利能力，财务状况良好；(3)最近 3 年财务会计文件无虚假记载，并无其他重大违法行为；(4)经国务院批准的国务院证券监督管理机构规定的其他条件。

上市公司非公开发行新股，应当符合经国务院批准的国务院证券监督管理机构规定的条件，并报国务院证券监督管理机构核准。

所谓非公开发行新股，是指上市公司采用非公开的方式，向特定对象发行股票的行为。非公开发行股票的特定对象应当符合股东大会决议规定的条件，其发行对象不超过 10 名。发行对象为境外战略投资者的，应当经国务院相关部门事先批准。

三、公司债券的发行

公开发行公司债券，应当符合下列条件：(1)股份有限公司的净资产不低于人民币 3 000 万元，有限责任公司的净资产不低于人民币 6 000 万元；(2)累计债券余额不超过公司净资产额的 40%；(3)最近 3 年平均可分配利润足以支付公司债券 1 年的利息；(4)筹集的资金投向符合国家产业政策;(5)债券的利率不超过国务院限定的利率水平;(6)国务院规定的其他条件。

【应用案例 13－2】 新丰股份有限公司 2013 年 5 月首次公开发行公司债券,本次共发行 1 年期债券 500 万元、3 年期债券 1 000 万元。2016 年 2 月,该公司欲再次公开发行债券,截至 2016 年 2 月底,公司净资产为 7 000 万元,并符合公开发行债券的其他条件。试分析:该公司本次最多能发行多少债券?

【案例解析】 公司本次最多可发行公司债券 1 800 万元。2013 年公司发行的 1 年期债券已在 2011 年到期,3 年期债券应在 2016 年 5 月到期。依法律规定,公司累计债券余额不超过公司净资产额的 40%,即不能超过 2 800 万元。所以本次公司最多能发行 1 800 万元(2 800－1 000)。

公开发行公司债券筹集的资金,必须用于核准的用途,不得用于弥补亏损和非生产性支出。

上市公司发行可转换为股票的公司债券,除应当符合前面关于公开发行公司债券的条件外,还应当符合《证券法》关于公开发行股票的条件,并报国务院证券监督管理机构核准。

申请公开发行公司债券,应当向国务院授权的部门或者国务院证券监督管理机构报送有关文件。

但有下列情形之一的,不得再次公开发行公司债券:(1)前一次公开发行的公司债券尚未募足;(2)对已公开发行的公司债券或者其他债务有违约或者延迟支付本息的事实,仍处于继续状态;(3)违反《证券法》规定,改变公开发行债券所募集资金的用途。

四、证券的发行程序

(一)证券发行申请

证券发行人公开发行证券必须依法进行申请,即向国务院证券监督管理机构提交证券发行申请文件。

1. 设立股份有限公司公开发行股票,向国务院证券监督管理机构报送募股申请和文件

这主要包括:(1)公司章程;(2)发起人协议;(3)发起人姓名或者名称,发起人认购的股份数、出资种类及验资证明;(4)招股说明书;(5)代收股款银行的名称及地址;(6)承销机构名称及有关的协议。依照本法规定聘请保荐人的,还应当报送保荐人出具的发行保荐书。法律、行政法规规定设立公司必须报经批准的,还应当提交相应的批准文件

2. 公司公开发行新股,应当向国务院证券监督管理机构报送募股申请和文件

这主要包括:(1)公司营业执照;(2)公司章程;(3)股东大会决议;(4)招股说明书;(5)财务会计报告;(6)代收股款银行的名称及地址;(7)承销机构名称及有关的协议。依照本法规定聘请保荐人的,还应当报送保荐人出具的发行保荐书。

3. 申请公开发行公司债券,应当向国务院授权的部门或者国务院证券监督管理机构报送文件

这主要包括:(1)公司营业执照;(2)公司章程;(3)公司债券募集办法;(4)资产评估报告和验资报告;(5)国务院授权的部门或者国务院证券监督管理机构规定的其他文件。依照本法规定聘请保荐人的,还应当报送保荐人出具的发行保荐书。

(二)证券发行核准

公开发行证券,必须符合法律、行政法规规定的条件,并依法报经国务院证券监督管理机

构或者国务院授权的部门核准。未经核准,任何单位和个人不得公开发行证券。

国务院证券监督管理机构设发行审核委员会,依法审核股票发行申请。应当自受理证券发行申请文件之日起3个月内,依照法定条件和法定程序作出予以核准或者不予核准的决定。对已作出的核准证券发行的决定,发现不符合法定条件或者法定程序,尚未发行证券的,应当予以撤销,停止发行。已经发行尚未上市的,撤销发行核准决定,发行人应当按照发行价并加算银行同期存款利息返还证券持有人;保荐人应当与发行人承担连带责任,但是能够证明自己没有过错的除外。

(三)证券发行

我国目前法律规定证券发行采用间接发行方式,即证券发行必须由证券公司承销。

1. 证券承销的概念

证券承销是指证券经营机构依照协议包销或者代销发行人向社会公开发行证券的行为。

2. 证券承销的方式

证券承销采取代销和包销两种方式。

证券代销是指证券公司代发行人发售证券,在承销期结束后,将未售出的证券全部退还给发行人的承销方式。

证券包销分两种情况:一是证券公司将发行人的证券按照协议全部购入,然后再向投资者销售,当卖出价高于购入价时,其差价归证券公司所有;当卖出价格低于购入价时,其损失由证券公司承担。二是证券公司在承销期结束后,将售后剩余证券全部自行购入。在我国,只有具备法定条件的证券公司,才有证券承销资格。

3. 承销团承销证券

向不特定对象发行的证券票面总值超过人民币5 000万元的,应当由承销团承销。承销团应当由主承销和参与承销的证券公司组成。

五、证券投资基金的发行

(一)证券投资基金的概念和种类

证券投资基金是指通过发行基金单位,集中投资者的资金,由基金托管人托管,由基金管理人管理和运用资金,从事股票、债券等金融工具投资的方式。

证券投资基金,依照其运作方式,主要分为开放式基金和封闭式基金。

(二)设立基金管理公司的条件

设立基金管理公司,应当具备下列条件,并经国务院证券监督管理机构批准:(1)有符合《证券投资基金法》和《公司法》规定的章程;(2)注册资本不低于1亿元人民币,且必须为实缴货币资本;(3)主要股东具有从事证券经营、证券投资咨询、信托资产管理或者其他金融资产管理的较好的经营业绩和良好的社会信誉,最近3年没有违法记录,注册资本不低于3亿元人民币;(4)取得基金从业资格的人员达到法定人数;(5)有符合要求的营业场所、安全防范设施和与基金管理业务有关的其他设施;(6)有完善的内部稽核监控制度和风险控制制度;(7)法律、行政法规规定的和经国务院批准的国务院证券监督管理机构规定的其他条件。

(三)基金的募集

基金管理人应当依照《证券投资基金法》的规定,发售基金份额,募集基金。

国务院证券监督管理机构应当自受理基金募集申请之日起6个月内依照法律、行政法规及国务院证券监督管理机构的规定和审慎监管原则进行审查,作出核准或者不予核准的决定。

基金份额的发售，由基金管理人负责办理。基金管理人应当自收到核准文件之日起6个月内进行基金募集。

基金募集不得超过国务院证券监督管理机构核准的基金募集期限。基金募集期限自基金份额发售之日起计算。

基金募集期限届满，封闭式基金募集的基金份额总额达到核准规模的80%以上，开放式基金募集的基金份额总额超过核准的最低募集份额总额，并且基金份额持有人人数符合国务院证券监督管理机构规定的，基金管理人应当自募集期限届满之日起10日内聘请法定验资机构验资，自收到验资报告之日起10日内，向国务院证券监督管理机构提交验资报告，办理基金备案手续，并予以公告。

第三节　证券交易

一、证券交易的限制

依法发行的股票、公司债券和其他债券，法律对其转让期限有限制性规定的，在限定的期限内不得买卖。具体包括以下情形：

(1)发起人持有的本公司股份，自公司成立之日起1年内不得转让。

(2)公开发行股份前已经发行的股份自公司股票在证券交易所上市交易之日起1年内不得转让。

(3)公司董事、监事、高级管理人员应当向公司申报所持有的本公司股份及其变动情况，在任职期间每年转让的股份不得超过其所持有本公司股份总数的25%，所持本公司股份自公司股票上市交易之日起1年内不得转让。

(4)上市公司董事、监事、高级管理人员、持有上市公司股份5%以上的股东，将其持有的该公司的股票在买入后6个月内卖出，或者在卖出后6个月内买入，由此所得收益归该公司所有，公司应当收回其所得收益。但是，证券公司因包销购入售后剩余股票而持有5%以上股份的，卖出该股票不受6个月时间限制。

(5)通过证券交易所的证券交易，投资者持有或者通过协议、其他安排与他人共同持有一个上市公司已发行的股份达到5%时，应当在该事实发生之日起3日内，依法报告和公告。在上述规定的期限内，不得再行买卖该上市公司的股票。投资者持有或者通过协议、其他安排与他人共同持有一个上市公司已发行的股份达到5%后，其所持该上市公司的股份比例每增加或者减少5%，应当依法报告和公告，在报告期限内和作出报告、公告2日内，不得再行买卖该上市公司的股票。

(6)为股票发行出具审计报告、资产评估报告或者法律意见书等文件的证券服务机构和人员，在该股票承销期内和期满后6个月内，不得买卖该种股票。为上市公司出具审计报告、资产评估报告或者法律意见书等文件的证券服务机构和人员，自接受上市公司委托之日起至上述文件公开后5日内，不得买卖该种股票。

(7)证券内幕信息的知情人和非法获取内幕信息的人，在内幕信息公开前，不得买卖该公司的股票。

(8)通过证券交易所的证券交易，投资者持有发行人已发行的可转换公司债券达到20%

时，应在该事实发生之日起3日内，向中国证监会、证券交易所作出书面报告，通知发行人并予以公告；在上述规定的期限内，不得再行买卖该发行人的可转换公司债券，也不得买卖该发行人的股票。投资者持有发行人已发行的可转换公司债券达到20%后，其所持该发行人已发行可转换公司债券比例每增加或者减少10%时，应按上述规定进行书面报告和公告。在报告期限内和作出报告、公告后2日内，不得再行买卖该发行人的可转换公司债券，也不得买卖该发行人的股票。

二、证券上市

证券上市，是指公开发行的证券，依照法定的条件和程序，在证券交易所挂牌交易的行为。在证券交易所挂牌交易的证券称为上市证券，发行该上市证券的公司称为上市公司。

(一)股票上市

1. 股票上市交易的条件

股份有限公司申请股票上市交易，应当符合下列条件：(1)股票经国务院证券监督管理机构核准已公开发行。(2)公司股本总额不少于人民币3 000万元。(3)公开发行的股份达到公司股份总数的25%以上；公司股本总额超过人民币4亿元的，公开发行股份的比例为10%以上。(4)公司最近3年无重大违法行为，财务会计报告无虚假记载。

2. 股票暂停上市交易和终止上市交易

上市公司有下列情形之一的，由证券交易所决定暂停其股票上市交易：(1)公司股本总额、股权分布等发生变化，不再具备上市条件；(2)公司不按规定公开其财务状况，或者对财务会计报告作虚假记载，可能误导投资者；(3)公司有重大违法行为；(4)公司最近3年连续亏损；(5)证券交易所上市规则规定的其他情形。

上市公司有下列情形之一的，由证券交易所决定终止其股票上市交易：(1)公司股本总额、股权分布等发生变化，不再具备上市条件，在证券交易所规定的期限内仍不能达到上市条件；(2)公司不按规定公开其财务状况，或者对财务会计报告作虚假记载，且拒绝纠正；(3)公司最近3年连续亏损，在其后一个年度内未能恢复盈利；(4)公司解散或者被宣告破产；(5)证券交易所上市规则规定的其他情形。

(二)公司债券上市

1. 公司债券上市交易的条件

公司申请公司债券上市交易，应当符合下列条件：

(1)公司债券的期限为1年以上；

(2)公司债券实际发行额不少于人民币5 000万元；

(3)公司申请债券上市时仍符合法定的公司债券发行条件。

2. 公司债券暂停上市交易和终止上市交易

公司有下列情形之一的，由证券交易所决定暂停其公司债券上市交易：(1)公司有重大违法行为；(2)公司情况发生重大变化不符合公司债券上市条件；(3)公司债券所募集资金不按照核准的用途使用；(4)未按照公司债券募集办法履行义务；(5)公司最近2年连续亏损。

公司有上述第(1)项、第(4)项所列情形之一经查实后果严重的，或者有上述第(2)项、第(3)项、第(5)项所列情形之一，在限期内未能消除的，由证券交易所决定终止其公司债券上市交易。公司解散或者被宣告破产的，由证券交易所终止其公司债券上市交易。

（三）证券投资基金上市

1. 证券投资基金上市交易的条件

申请上市的基金，必须符合下列条件：（1）基金的募集符合《证券投资基金法》的规定；（2）基金合同期限为 5 年以上；（3）基金募集金额不低于 2 亿元人民币；（4）基金持有人不少于 1 000人；（5）基金份额上市交易规则规定的其他条件。

2. 证券投资基金的暂停上市或终止上市

出现下列情形之一的，暂时停止上市：（1）发生重大变更而不符合上市条件；（2）违反国家法律、法规，国务院证券监督管理机构决定暂停上市；（3）严重违反投资基金上市规则；（4）国务院证券监督管理机构和证券交易所认为须暂停上市的其他情形。

基金上市期间，有下列情形之一的，将终止上市：（1）不再具备证券投资基金法规定的上市交易条件；（2）基金合同期限届满；（3）基金份额持有人大会决定提前终止上市交易；（4）基金合同约定的或者基金份额上市交易规则规定的终止上市交易的其他情形。

开放式基金在销售机构的营业场所销售及赎回，不上市交易。

三、持续信息公开

（一）持续信息公开的概念

持续信息公开也称信息披露，是指证券发行人及其他证券发行主体，依照法律规定的方式，将与证券发行和交易有关的重大信息予以公开的一种法律制度。其内容主要包括证券发行时初次信息披露和证券交易中的信息披露。

发行人、上市公司依法披露的信息，必须真实、准确、完整，不得有虚假记载、误导性陈述或者重大遗漏。

（二）持续信息公开制度的内容

1. 公开发行和上市报告

经国务院证券监督管理机构核准依法公开发行股票，或者经国务院授权的部门核准依法公开发行公司债券，应当公告招股说明书、公司债券募集办法。依法公开发行新股或者公司债券的，还应当公告财务会计报告。

2. 定期报告

定期报告分为中期报告和年度报告。

上市公司和公司债券上市交易的公司，应当在每一会计年度的上半年结束之日起 2 个月内，向国务院证券监督管理机构和证券交易所报送中期报告，并予以公告。

中期报告的内容包括：（1）公司财务会计报告和经营情况；（2）涉及公司的重大诉讼事项；（3）已发行的股票、公司债券变动情况；（4）提交股东大会审议的重要事项；（5）国务院证券监督管理机构规定的其他事项。

上市公司和公司债券上市交易的公司，应当在每一会计年度结束之日起 4 个月内，向国务院证券监督管理机构和证券交易所报送年度报告，并予以公告。

年度报告的内容包括：（1）公司概况；（2）公司财务会计报告和经营情况；（3）董事、监事、高级管理人员简介及其持股情况；（4）已发行的股票、公司债券情况，包括持有公司股份最多的前 10 名股东的名单和持股数额；（5）公司的实际控制人；（6）国务院证券监督管理机构规定的其他事项。

3. 临时报告

发生可能对上市公司股票交易价格产生较大影响而投资者尚未得知的重大事件时，上市公司应当立即将有关该重大事件的情况向国务院证券监督管理机构和证券交易所报送临时报告，并予以公告，说明事件的起因、目前的状态和可能产生的法律后果。

（三）信息的发布与监督

上市公司董事、高级管理人员应当对公司定期报告签署书面确认意见。上市公司监事会应当对董事会编制的公司定期报告进行审核并提出书面审核意见。

上市公司公告的招股说明书、公司债券募集办法、财务会计报告、上市报告文件、年度报告、中期报告、临时报告以及其他信息披露资料，有虚假记载、误导性陈述或者重大遗漏，致使投资者在证券交易中遭受损失的，发行人、上市公司应当承担赔偿责任；发行人、上市公司的董事、监事、高级管理人员和其他直接责任人员以及保荐人、承销的证券公司，应当与发行人、上市公司承担连带赔偿责任，但是能够证明自己没有过错的除外；发行人、上市公司的控股股东、实际控制人有过错的，应当与发行人、上市公司承担连带赔偿责任。

依法必须披露的信息，应当在国务院证券监督管理机构指定的媒体发布，同时将其置备于公司住所、证券交易所，供社会公众查阅。

国务院证券监督管理机构对上市公司年度报告、中期报告、临时报告以及公告的情况进行监督。

证券交易所决定暂停或者终止证券上市交易的，应当及时公告，并报国务院证券监督管理机构备案。

四、证券交易禁止行为

为保证证券市场的健康发展，有效发挥证券市场的资源配置功能，我国《证券法》对违法的证券交易行为，作了禁止性规定。我国禁止的证券交易行为有：

（一）内幕交易行为

1. 内幕交易的含义

内幕交易是指证券交易内幕信息的知情人和非法获取内幕信息的人员利用内幕信息进行证券交易的行为。

2. 内幕信息的知情人

内幕信息的知情人包括以下几种：(1)发行人的董事、监事、高级管理人员；(2)持有公司5%以上股份的股东及其董事、监事、高级管理人员，公司的实际控制人及其董事、监事、高级管理人员；(3)发行人控股的公司及其董事、监事、高级管理人员；(4)由于所任公司职务可以获取公司有关内幕信息的人员；(5)证券监督管理机构工作人员以及由于法定的职责对证券发行、交易进行管理的其他人员；(6)保荐人、承销的证券公司、证券交易所、证券登记结算机构、证券服务机构的有关人员；(7)国务院证券监督管理机构规定的其他人员。

3. 内幕信息

证券交易活动中，涉及公司的经营、财务或者对该公司证券市场价格有重大影响的尚未公开的信息，为内幕信息。下列信息均属于内幕信息：(1)《证券法》规定的可能对上市公司股票交易价格产生较大影响而投资者尚未得知的重大事件；(2)公司分配股利或者增资的计划；(3)公司股权结构的重大变化；(4)公司债务担保的重大变更；(5)公司营业用主要资产的抵押、出售或者报废一次超过该资产的30%；(6)公司的董事、监事、高级管理人员的行为可能依法承担重大损害赔偿责任；(7)上市公司收购的有关方案；(8)国务院证券监督管理机构认定的对证券交易价格有显著影响的其他重要信息。

4. 禁止进行内幕交易的行为

证券交易内幕信息的知情人和非法获取内幕信息的人，在内幕信息公开前，不得买入或者卖出该公司的证券，不得泄露该信息，也不得建议他人买卖该证券。内幕交易行为给投资者造成损失的，行为人应当依法承担赔偿责任。

持有或者通过协议、其他安排与他人共同持有公司5%以上股份的自然人、法人、其他组织收购上市公司的股份，证券法另有规定的，适用其规定。

【应用案例13—3】 丁某是一家石化上市公司的监事，该石化公司实际控制着B房地产上市公司。2015年3月从石化公司内部获悉，B房地产上市公司即将在2015年4月公布的2012年年报中，公布10送10股的股利分配方案。丁某迅速将这一消息告诉了其好友刘某，并指使刘某在一个星期内疯狂大量买入B上市公司的股票，直到4月份B公司公布10送10的股利政策后，将股票全部在高价卖出，两人平分了200万元的盈利。试分析：丁某的行为是否构成内幕交易？

【案例解析】 丁某的行为已经构成内幕交易。依《证券法》规定，公司的实际控制人及其董事、监事、高级管理人员是内幕信息的知情人，即丁某是B房地产上市公司的内幕信息的知情人。同时丁某向刘某告知的信息为B公司的内幕消息，因为公司分配股利或者增资的计划属于内幕信息。在该信息公开披露前，利用该信息进行股票买卖，丁某的行为属于内幕交易。

（二）操纵市场行为

1. 操纵市场的含义

操纵市场是指单位或个人以获取不正当利益或者转嫁风险、减少损失为目的，利用其资金、信息等优势或者滥用职权影响证券交易价格或者交易量，制造证券市场假象，诱导或者致使投资者在不了解事实真相的情况下作出错误的投资判断的行为。

2. 操纵市场的行为

这主要包括：(1)单独或者合谋，集中资金优势、持股优势或者利用信息优势联合或者连续买卖证券，操纵证券交易价格；(2)与他人串通，以事先约定的时间、价格和方式相互进行证券交易，影响证券交易价格或者证券交易量，以抬高或者压低某种证券的价格，从中获取不当利益或是转嫁风险；(3)在自己实际控制的账户之间进行证券交易，影响证券交易价格或者证券交易量，诱使他人购买或卖出自己所持有的券种；(4)以其他手段操纵证券市场。

（三）制造虚假信息行为

1. 制造虚假信息的含义

制造虚假信息包括编造、传播虚假信息和作虚假陈述或信息误导两种情况。

禁止国家工作人员、传播媒介从业人员和有关人员编造、传播虚假信息，扰乱证券市场。禁止证券交易所、证券公司、证券登记结算机构、证券服务机构及其从业人员，证券业协会、证券监督管理机构及其工作人员，在证券交易活动中作出虚假陈述或者信息误导。

2. 制造虚假信息的行为

这主要包括：(1)编制、传播影响证券交易的虚假信息；(2)对已有的信息进行歪曲、篡改；(3)发行人、证券经营机构在招募说明书、上市公告书、公司报告及其他文件中作出虚假陈述；(4)律师事务所、会计师事务所、资产评估机构等专业性证券服务机构在其出具的法律意见书、审计报告、资产评估报告及参与制作的其他文件中作出虚假陈述；(5)证券交易场所、证券业协会或者其他证券业自律性组织作出对证券市场产生影响的虚假陈述;(6)发行人、证券经营机构、专业性证券服务机构、证券业自律性组织在向证券监管部门提交的各种文件报告和说明中作出虚假陈述;(7)在证券发行、交易及其相关活动中的其他虚假陈述。

(四)欺诈客户行为

1. 欺诈客户的含义

欺诈客户,是指证券公司及其从业人员故意隐瞒真实情况或故意做出虚假陈述,致使客户做出错误的意思表示,从而损害客户利益的行为。

2. 欺诈客户的行为

这主要包括:(1)违背客户的委托为客户买卖证券;(2)不在规定时间内向客户提供交易的书面确认文件;(3)挪用客户所委托买卖的证券或者客户账户上的资金;(4)未经客户的委托,擅自为客户买卖证券,或者假借客户的名义买卖证券;(5)为牟取佣金收入,诱使客户进行不必要的证券买卖;(6)利用传播媒介或者通过其他方式提供、传播虚假或者误导投资者的信息;(7)其他违背客户真实意思表示,损害客户利益的行为。

(五)其他禁止交易行为

其他禁止交易行为,主要包括:禁止法人非法利用他人账户从事证券交易;禁止法人出借自己或者他人的证券账户;禁止资金违规流入股市;禁止任何人挪用公款买卖证券等。

第四节　上市公司的收购

一、上市公司收购概述

上市公司收购,是指投资者公开收购已经依法上市交易的股份有限公司的股份,以获得或者进一步巩固对该股份有限公司的控制权的行为。

有下列情形之一的,表明已获得或拥有上市公司控制权:(1)投资者为上市公司持股50%以上的控股股东;(2)投资者可以实际支配上市公司股份表决权超过30%;(3)投资者通过实际支配上市公司股份表决权能够决定公司董事会半数以上成员选任;(4)投资者依其可实际支配的上市公司股份表决权足以对公司股东大会的决议产生重大影响;(5)中国证监会认定的其他情形。

有下列情形之一的,不得收购上市公司:(1)收购人负有数额较大债务,到期未清偿,且处于持续状态;(2)收购人最近3年有重大违法行为或者涉嫌有重大违法行为;(3)收购人最近3年有严重的证券市场失信行为;(4)收购人为自然人的,存在《公司法》第147条规定情形,即依法不得担任公司董事、监事、高级管理人员的五种情形;(5)法律、行政法规规定以及中国证监会认定的不得收购上市公司的其他情形。

上市公司收购方式主要包括:(1)要约收购,是指投资者向目标公司的所有股东发出要约,表明愿意以要约中的条件购买目标公司的股票,以期达到对目标公司控制权的获得或巩固;(2)协议收购,是指投资者在证券交易所外与目标公司的股东,主要是持股比例较高的大股东就股票的价格、数量等方面进行私下协商,购买目标公司的股票,以期达到对目标公司控制权的获得或巩固;(3)其他合法方式。

二、要约收购

要约收购是指持有目标公司30%以上股票的收购人，通过证券交易所交易，采取收购要约的形式收购其他股东所持有的股票的行为。

(1)收购要约的发出。通过证券交易所的证券交易，投资者持有或者通过协议、其他安排与他人共同持有一个上市公司已发行的股份达到30%时，继续进行收购的，应当依法向该上市公司所有股东发出收购上市公司全部或者部分股份的要约。收购上市公司部分股份的要约应当约定，被收购公司股东承诺出售的股份数额超过预定收购的股份数额的，收购人按比例进行收购。

(2)收购要约的公告。收购人在报送上市公司收购报告书之日起15日后，公告其收购要约。

(3)收购要约的期限。收购要约约定的收购期限不得少于30日并不得超过60日。

(4)收购要约的撤销。在收购要约确定的承诺期限内，收购人不得撤销其收购要约。

(5)收购要约的变更。收购人需要变更收购要约的，必须事先向国务院证券监督管理机构及证券交易所提出报告，经批准后，予以公告。

(6)收购要约的适用。收购要约提出的各项收购条件，适用于被收购公司的所有股东。

采取要约收购方式的，收购人在收购期限内，不得卖出被收购公司的股票，也不得采取要约规定以外的形式和超出要约的条件买入被收购公司的股票。

三、协议收购

协议收购，是指收购人通过与目标公司的股东进行协商达成收购协议，并按照该协议所规定的收购条件、收购价格、收购期限等内容收购目标公司股份的行为。

采取协议收购方式的，收购人可以依照法律、行政法规的规定同被收购公司的股东以协议方式进行股份转让。以协议方式收购上市公司时，达成协议后，收购人必须在3日内将该收购协议向国务院证券监督管理机构及证券交易所作出书面报告，并予公告。在公告前不得履行收购协议。

采取协议收购方式的，协议双方可以临时委托证券登记结算机构保管协议转让的股票，并将资金存放于指定的银行。

采取协议收购方式的，收购人收购或者通过协议、其他安排与他人共同收购一个上市公司已发行的股份达到30%时，继续进行收购的，应当向该上市公司所有股东发出收购上市公司全部或者部分股份的要约。但是，经国务院证券监督管理机构免除发出要约的除外。

四、上市公司收购的权益披露

投资者收购上市公司，要依法披露其在上市公司中拥有的权益，包括登记在其名下的股份和虽未登记在其名下但该投资者可以实际支配表决权的股份。投资者及其一致行动人在一个上市公司中拥有的权益应当合并计算。

(一)一致行动和一致行动人的概念

一致行动，是指投资者通过协议或者其他安排，与其他投资者共同扩大其所能够支配的一个上市公司股份表决权数量的行为或者事实。

一致行动人，是指在上市公司的收购及相关股份权益变动活动中有一致行动情形的投资者，这些投资者之间互为一致行动人。

如果没有相反的证据，投资者有下列情形之一的，为一致行动人：

(1)投资者之间有股权控制关系；

(2)投资者受同一主体控制；

(3)投资者的董事、监事或者高级管理人员中的主要成员，同时在另一个投资者担任董事、监事或者高级管理人员；

(4)投资者参股另一投资者，可以对参股公司的重大决策产生重大影响；

(5)银行以外的其他法人、其他组织和自然人为投资者取得相关股份提供融资安排；

(6)投资者之间存在合伙、合作、联营等其他经济利益关系；

(7)持有投资者30%以上股份的自然人与投资者持有同一上市公司股份；

(8)在投资者任职的董事、监事及高级管理人员与投资者持有同一上市公司股份；

(9)持有投资者30%以上股份的自然人和在投资者任职的董事、监事及高级管理人员，其父母、配偶、子女及其配偶、配偶的父母、兄弟姐妹及其配偶、配偶的兄弟姐妹及其配偶等亲属，与投资者持有同一上市公司股份；

(10)在上市公司任职的董事、监事、高级管理人员及其前项所述亲属同时持有本公司股份的，或者与其自己或者其前项所述亲属直接或者间接控制的企业同时持有本公司股份；

(11)上市公司董事、监事、高级管理人员和员工与其所控制或者委托的法人或者其他组织持有本公司股份；

(12)投资者之间具有其他关联关系。

(二)进行权益披露的情形

(1)通过证券交易所的证券交易。投资者及其一致行动人拥有权益的股份达到一个上市公司已发行股份的5%时，应当在该事实发生之日起3日内编制权益变动报告书，向中国证监会、证券交易所提交书面报告，抄报该上市公司所在地的中国证监会派出机构，通知该上市公司，并予公告；在上述期限内，不得再行买卖该上市公司的股票。

前述投资者及其一致行动人拥有权益的股份达到一个上市公司已发行股份的5%后，通过证券交易所的证券交易，其拥有权益的股份占该上市公司已发行股份的比例每增加或者减少5%，应当依照前述规定进行报告和公告。在报告期限内和作出报告、公告后2日内，不得再行买卖该上市公司的股票。

(2)通过协议转让方式。投资者及其一致行动人在一个上市公司中拥有权益的股份拟达到或者超过一个上市公司已发行股份的5%时，应当在该事实发生之日起3日内编制权益变动报告书，向中国证监会、证券交易所提交书面报告，抄报中国证监会派出机构，通知该上市公司，并予以公告。

投资者及其一致行动人拥有权益的股份达到一个上市公司已发行股份的5%后，其拥有权益的股份占该上市公司已发行股份的比例每增加或者减少达到或者超过5%的，应当依照第一种情形的相应规定履行报告、公告义务。

(3)投资者及其一致行动人通过行政划转或者变更、执行法院裁定、继承、赠与等方式拥有权益的股份变动达到一个上市公司已发行股份的5%时，同样应当按照第一种情形的相应规定履行报告、公告义务。

第五节　证券交易所和证券中介机构

一、证券交易所

(一)证券交易所的概念

证券交易所是指为证券集中交易提供场所和设施,组织和监督证券交易,实行自律管理的法人,分为会员制证券交易所和公司制证券交易所两种形式。会员制证券交易所是以会员协会形式成立的不以营利为目的的法人组织,其会员主要为证券商,只有会员以及有特许权的经纪人,才有资格在交易所中交易。会员制证券交易所实行会员自治、自律、自我管理。目前大多数国家的证券交易所都实行会员制。公司制证券交易所是以营利为目的的公司法人。公司制证券交易所对在本所内的证券交易负有担保责任。公司制证券交易所的证券商及其股东不得担任证券交易所的董事、监事或经理。我国的证券交易所是会员制交易所,是不以营利为目的的法人。

(二)证券交易所的组织机构

1. 理事会

理事会是证券交易所的决策机构,每届任期 3 年。理事会由 7~13 人组成,其中非会员理事人数不少于理事会成员总数的 1/3,不超过理事会成员总数的 1/2。

2. 总经理

证券交易所设总经理一人,由国务院证券监督管理机构任免。总经理为证券交易所的法定代表人,主持证券交易所的日常管理工作。证券交易所可根据需要设立专门委员会,如证券发行审核委员会、监察委员会等。

存在《公司法》第 147 条规定的情形或者下列情形之一的,不得担任证券交易所的负责人:

(1)因违法行为或者违纪行为被解除职务的证券交易所、证券登记结算机构的负责人或者证券公司的董事、监事、高级管理人员,自被解除职务之日起未逾 5 年;

(2)因违法行为或者违纪行为被撤销资格的律师、注册会计师或者投资咨询机构、财务顾问机构、资信评级机构、资产评估机构、验证机构的专业人员,自被撤销资格之日起未逾 5 年。

因违法行为或者违纪行为被开除的证券交易所、证券登记结算机构、证券服务机构、证券公司的从业人员和被开除的国家机关工作人员,不得招聘为证券交易所的从业人员。

二、证券公司

(一)证券公司的概念

证券公司是指依照公司法规定和国务院证券监督管理机构审查批准的从事证券经营业务的有限责任公司或股份有限公司。证券公司是独立的法人实体,依法享有经营自主权,是沟通证券买卖双方的重要渠道。

(二)证券公司的设立

设立证券公司,应当具备下列条件:(1)有符合法律、行政法规规定的公司章程;(2)主要股东具有持续盈利能力,信誉良好,最近 3 年无重大违法违纪记录,净资产不低于人民币 2 亿元;(3)有符合本法规定的注册资本;(4)董事、监事、高级管理人员具备任职资格,从业人员具有证券从业资格;(5)有完善的风险管理与内部控制制度;(6)有合格的经营场所和业务设施;(7)法律、行政法规规定的和经国务院批准的国务院证券监督管理机构规定的其他条件。

(三)证券公司的业务范围

经国务院证券监督管理机构批准,证券公司可以经营下列部分或者全部业务:(1)证券经纪;(2)证券投资咨询;(3)与证券交易、证券投资活动有关的财务顾问;(4)证券承销与保荐;(5)证券自营;(6)证券资产管理;(7)其他证券业务。

证券公司经营第(1)～(3)项业务的,注册资本最低限额为人民币 5 000 万元;经营第(4)～(7)项业务之一的,注册资本最低限额为人民币 1 亿元;经营第(4)～(7)项业务中两项以上的,注册资本最低限额为人民币 5 亿元。证券公司的注册资本应当是实缴资本。国务院证券监督管理机构根据审慎监管原则和各项业务的风险程度,可以调整注册资本最低限额,但不得少于规定的限额。

三、证券登记结算机构

证券登记结算机构是为证券交易提供集中登记、存管与结算服务,不以营利为目的的法人。

设立证券登记结算机构必须经国务院证券监督管理机构批准,并应当具备下列条件:(1)自有资金不少于人民币 2 亿元;(2)具有证券登记、存管和结算服务所必需的场所和设施;(3)主要管理人员和从业人员必须具有证券从业资格;(4)国务院证券监督管理机构规定的其他条件。

根据《证券法》的规定,证券登记结算机构履行下列职能:

(1)证券账户、结算账户的设立;

(2)证券的存管和过户;

(3)证券持有人名册登记;

(4)证券交易所上市证券交易的清算和交收;

(5)受发行人的委托派发证券权益;

(6)办理与上述业务有关的查询;

(7)国务院证券监督管理机构批准的其他业务。

四、证券服务机构

证券服务机构包括投资咨询机构、财务顾问机构、资信评级机构、资产评估机构、会计师事务所,它们从事证券服务业务,必须经国务院证券监督管理机构和有关主管部门批准。投资咨询机构、财务顾问机构、资信评级机构、资产评估机构、会计师事务所从事证券服务业务的审批管理办法,由国务院证券监督管理机构和有关主管部门制定。

投资咨询机构、财务顾问机构、资信评级机构从事证券服务业务的人员,必须具备证券专业知识和从事证券业务或者证券服务业务两年以上经验。认定其证券从业资格的标准和管理办法,由国务院证券监督管理机构制定。

五、证券业协会

证券业协会是证券业的自律性组织,是社会团体法人。《证券法》规定,证券公司应当加入证券业协会。

证券业协会履行下列职责:(1)教育和组织会员遵守证券法律、行政法规;(2)依法维护会员的合法权益,向证券监督管理机构反映会员的建议和要求;(3)收集整理证券信息,为会员提供服务;(4)制定会员应遵守的规则,组织会员单位的从业人员的业务培训,开展会员间的业务交流;(5)对会员之间、会员与客户之间发生的证券业务纠纷进行调解;(6)组织会员就证券业的发展、运作及有关内容进行研究;(7)监督、检查会员行为,对违反法律、行政法规或者协会章程的,按照规定给予纪律处分;(8)证券业协会章程规定的其他职责。

证券业协会设理事会。理事会成员依章程的规定由选举产生。

六、证券监督管理机构

国务院证券监督管理机构(中国证券监督管理委员会)依法对证券市场实行监督管理,维护证券市场秩序,保障其合法运行。

(一)职责

国务院证券监督管理机构在对证券市场实施监督管理中履行下列职责:(1)依法制定有关证券市场监督管理的规章、规则,并依法行使审批或者核准权;(2)依法对证券的发行、上市、交易、登记、存管、结算进行监督管理;(3)依法对证券发行人、上市公司、证券公司、证券投资基金管理公司、证券服务机构、证券交易所、证券登记结算机构的证券业务活动进行监督管理;(4)依法制定从事证券业务人员的资格标准和行为准则,并监督实施;(5)依法监督检查证券发行、上市和交易的信息公开情况;(6)依法对证券业协会的活动进行指导和监督;(7)依法对违反证券市场监督管理法律、行政法规的行为进行查处;(8)法律、行政法规规定的其他职责。

国务院证券监督管理机构可以和其他国家或者地区的证券监督管理机构建立监督管理合作机制,实施跨境监督管理。

(二)监管措施

国务院证券监督管理机构依法履行职责,有权采取下列措施:

(1)对证券发行人、上市公司、证券投资基金管理公司、证券服务机构、证券交易所、证券登记结算机构进行现场检查。

(2)进入涉嫌违法行为发生场所调查取证。

(3)询问当事人和与被调查事件有关的单位和个人,要求其对与被调查事件有关的事项作出说明。

(4)查阅、复制与调查事件有关的财产权登记、通信记录等资料。

(5)查阅、复制当事人与被调查事件有关的单位和个人的证券交易记录、登记过户记录、财务会计资料及其他相关文件和资料;对可能被转移、隐匿或者毁损的文件和资料,可以予以封存。

(6)查询当事人和与被调查事件有关的单位和个人的资金账户、证券账户和银行账户;对有证据证明已经或者可能转移或者隐匿违法资金、证券等涉案财产或者隐匿、伪造、毁损重要证据的,经国务院证券监督管理机构主要负责人批准,可以冻结或者查封。

(7)在调查操纵证券市场、内幕交易等重大证券违法行为时,经国务院证券监督管理机构主要负责人批准,可以限制被调查事件当事人的证券买卖,但限制的期限不得超过15个交易日;案情复杂的,可以延长15个交易日。

第六节 违反证券法的法律责任

违反证券法的法律责任是指证券法律关系的主体在证券的发行与交易过程中违反了证券法的相关规定而应当承担的某种不利的法律后果。证券法主要从以下五个方面对证券法律责任作出了规定。

一、违反证券发行规定的法律责任

(1)未经法定机关核准,擅自公开或者变相公开发行证券的,责令停止发行,退还所募资金并加算银行同期存款利息,处以非法所募资金1%以上5%以下的罚款。

(2)发行人不符合发行条件,以欺骗手段骗取发行核准,尚未发行证券的,处以30万元以上60万元以下的罚款;已经发行证券的,处以非法所募资金金额1%以上5%以下的罚款。

(3)证券公司承销或者代理买卖未经核准擅自公开发行证券的,责令停止承销或者代理买卖,没收违法所得,并处以违法所得1倍以上5倍以下的罚款。

(4)发行人、上市公司或者其他信息披露义务人未按照规定披露信息,或者所披露的信息有虚假记载、误导性陈述或者重大遗漏的,责令改正,给予警告,并处以30万元以上60万元以下的罚款。

(5)发行人、上市公司擅自改变公开发行证券所募集资金的用途的,责令改正,对直接负责的主管人员和其他直接责任人员给予警告,并处以3万元以上30万元以下的罚款。

二、违反证券交易规定的法律责任

(1)证券交易内幕信息的知情人或者非法获取内幕信息的人,在涉及证券的发行、交易或者其他对证券的价格有重大影响的信息公开前,买卖该证券,或者泄露该信息,或者建议他人买卖该证券的,责令依法处理非法持有的证券,没收违法所得,并处以违法所得1倍以上5倍以下的罚款。

(2)违反证券法的规定,操纵证券市场的,责令依法处理非法持有的证券,没收违法所得,并处以违法所得1倍以上5倍以下的罚款;没有违法所得或者违法所得不足30万元的,处以30万元以上300万元以下的罚款。

(3)违反法律规定,在限制转让期限内买卖证券的,责令改正,给予警告,并处以买卖证券等值以下的罚款。

(4)违反证券法的相关规定,扰乱证券市场的,由证券监督管理机构责令改正,没收违法所得,并处以违法所得1倍以上5倍以下的罚款。

(5)违反证券法的相关规定,在证券交易活动中作出虚假陈述或者信息误导的,责令改正,处以3万元以上20万元以下的罚款

三、违反证券投资基金规定的法律责任

(1)基金管理人、基金托管人在履行各自职责的过程中,违反证券投资基金法的规定或者基金合同约定,给基金财产或者基金份额持有人造成损害的,应对各自的行为依法承担赔偿责任。

(2)违反《证券投资基金法》的相关规定，动用募集的资金的，责令返还，没收违法所得；违法所得50万元以上的，并处违法所得1倍以上5倍以下的罚款。

(3)未经国务院证券监督管理机构核准，擅自募集基金的，责令停止，返还所募资金和加计的银行同期存款利息，没收违法所得，并处所募资金金额1%以上5%以下的罚款；构成犯罪的，依法追究刑事责任。

(4)未经批准，擅自设立基金管理公司的，由证券监督管理机构予以取缔，并处5万元以上50万元以下的罚款；构成犯罪的，依法追究刑事责任。

四、违反证券机构管理、人员管理的法律责任

(1)非法开设证券交易场所的，由县级以上人民政府予以取缔，没收违法所得，并处以违法所得1倍以上5倍以下的罚款；没有违法所得或者违法所得不足10万元的，处以10万元以上50万元以下的罚款。

(2)未经批准，擅自设立证券公司或者非法经营证券业务的，由证券监督管理机构予以取缔，没收违法所得，并处以违法所得1倍以上5倍以下的罚款。

(3)违反证券法的规定，聘任不具有任职资格、证券从业资格的人员的，由证券监督管理机构责令改正，给予警告，可以并处10万元以上30万元以下的罚款。

(4)法律、行政法规规定禁止参与股票交易的人员，直接或者以化名、借他人名义持有、买卖股票的，责令依法处理非法持有的股票，没收违法所得，并处以买卖股票等值以下的罚款。

(5)证券交易所、证券公司、证券登记结算机构、证券服务机构的从业人员或者证券业协会的工作人员，故意提供虚假资料，隐匿、伪造、篡改或者毁损交易记录，诱骗投资者买卖证券的，撤销证券从业资格，并处以3万元以上10万元以下的罚款。

五、证券机构的法律责任

(1)证券公司违反证券法的规定，为客户买卖证券提供融资融券的，没收违法所得，暂停或者撤销相关业务许可，并处以非法融资融券等值以下的罚款。

(2)证券公司违反法律规定，假借他人名义或者以个人名义从事证券自营业务的，责令改正，没收违法所得，并处以违法所得1倍以上5倍以下的罚款。

(3)证券公司违背客户的委托买卖证券、办理交易事项，或者违背客户真实意思表示，办理交易以外的其他事项的，责令改正，处以1万元以上10万元以下的罚款。给客户造成损失的，依法承担赔偿责任。

(4)证券公司、证券登记结算机构挪用客户的资金或者证券，或者未经客户的委托，擅自为客户买卖证券的，责令改正，没收违法所得，并处以违法所得1倍以上5倍以下的罚款；没有违法所得或者违法所得不足10万元的，处以10万元以上60万元以下的罚款；情节严重的，责令关闭或者撤销相关业务许可。

【任务导出】

(1)甲卖出所持公司股票的行为不符合规定。根据规定，董事、监事、高级管理人员所持本公司股份，自公司股票上市交易之日起1年内不得转让。本题中，公司2014年5月上市，董事甲于2015年2月转让股份的行为是不符合规定的。

乙卖出所持公司股票的行为符合规定。根据规定，董事、监事、高级管理人员在任职期间

每年转让的股份不得超过其所持有本公司股份总数的25%。本题中，董事乙转让的股份未超过其持有股份总数的25%，因此符合规定。

丙卖出所持公司股票的行为符合规定。根据规定，董事、监事、高级管理人员离职后6个月内，不得转让其所持有的本公司股份。本题中，丙2015年6月离职，因此2016年2月转让其持有股份的行为是符合规定的。

(2)丁买卖公司股票的行为不符合规定。根据规定，上市公司董事、监事、高级管理人员、持有上市公司股份5%以上的股东，将其持有的该公司的股票在买入后6个月内卖出，或者在卖出后6个月内又买入，由此所得收益归该公司所有，公司董事会应当收回其所得收益。本题中，监事丁2015年3月8日买入股票，2015年8月20日卖出股票的行为是不符合规定的。

(3)刘某买入公司股票的行为符合规定。根据规定，为上市公司出具审计报告、资产评估报告或者法律意见书等文件的证券服务机构和人员，自接受上市公司委托之日起至上述文件公开后5日内，不得买卖该种股票。本题中，2014年5月12日公司发布了年度报告，周某在同年5月20日买入股票的行为是合法的。

强化训练

一、单项选择题

1. 某股份有限公司2014年3月发行3年期公司债券1 000万元，1年期公司债券500万元。2016年2月，该公司鉴于到期债券已偿还且具备再次发行公司债券的其他条件，计划再次申请发行公司债券。经审计确认该公司2016年1月末净资产额为6 000万元。该公司此次发行公司债券额最多不得超过(　　)。

A. 2 400万元　　B. 1 900万元　　C. 1 400万元　　D. 900万元

2. 证券的代销和包销期限，最长不超过(　　)。

A. 30日　　B. 90日　　C. 45日　　D. 2个月

3. 下列有关证券投资基金的发行，不正确的说法是(　　)。

A. 证券投资基金由基金管理人依法募集

B. 国务院证券监督管理机构应当自受理基金募集申请之日起6个月内作出核准或者不予核准的决定

C. 基金管理人应当在基金份额发售的3日前公布招募说明书

D. 基金募集期限满，开放式基金募集的基金份额总额应当达到核准规模的80%以上

4. 下列各项中，符合股份有限公司股票上市条件的是(　　)。

A. 公司股本总额不少于人民币3 000万元

B. 公开发行的股份达到公司股份总数的25%以上，公司股本总额超过人民币4亿元的，公开发行股份的比例为15%以上

C. 公司最近1年无重大违法行为，财务会计报告无虚假记载

D. 必须是国家鼓励发展的产业

5. 下列属于欺诈客户行为的是(　　)。

A. 在自己实际控制的账户之间进行证券交易，影响证券交易价格或者证券交易量

B. 与他人串通，以事先约定的时间、价格和方式相互进行证券交易，影响证券交易价格或者证券交易量

C. 单独或者通过合谋，集中资金优势、持股优势或者利用信息优势联合或者连续买卖，操纵证券交易价格或者证券交易量

D. 利用传播媒介或者通过其他方式提供、传播虚假或者误导投资者的信息

二、多项选择题

1. 公司申请公开发行公司债券，应当向国务院授权的部门报送的文件有(　　)。

A. 公司营业执照　　B. 公司章程

C. 公司债券募集办法　　D. 资产评估报告和验资报告

2. 股份有限公司申请股票上市必须符合的条件有(　　)。

A. 股票经国务院证券管理部门批准已向社会公开发行

B. 公司股本总额不少于人民币 3 000 万元

C. 开业时间在 5 年以上,最近 2 年连续盈利

D. 公司在最近 3 年内无重大违法行为,财务会计报告无虚假记载

3. 下列各项中,应由证券交易所决定其股票暂停上市的有(　　)。

A. 公司的股本总额、股权分布等发生变化,不再具备上市条件

B. 公司不按规定公开其财务状况

C. 公司对财务会计报告作虚假记载

D. 公司最近 3 年连续亏损

4. 根据《证券法》的规定,下列人员为知悉证券交易内幕信息的知情人员的是(　　)。

A. 发行股票公司的控股股东的高级管理人员

B. 持有公司 5%以上股份的股东

C. 证券监督管理机构工作人员

D. 参与证券上市交易有关业务活动的中介机构工作人员

5. 有下列(　　)情形的,为公开发行。

A. 向不特定对象发行证券的

B. 向累计超过 100 人的特定对象发行证券

C. 向累计超过 50 人的特定对象发行证券

D. 向累计超过 200 人的特定对象发行证券

三、案例分析题

甲股份公司为 2013 年 10 月发行股票并于次月在上海证券交易所上市的上市公司。2015 年 12 月,中国证监会根据举报,在调查时发现以下事实:

(1)在甲股份公司股票上市后的 4 个月内,其股票价格持续处于低迷状态。在此期间,甲公司董事长的司机张某根据董事长向其透露的公司将有重大投资行为的信息(该信息尚未经股东大会表决,也未公开披露),以每股 6.38 元的价格买入甲公司股票 5 000 股。

持有甲公司法人股达 3.3%的乙公司(不属国有资产控股公司)认为甲股份公司具有潜在投资价值,便以自有资金以每股 6.35 元的价格买入 6 万股,使其持有甲股份公司的股份达到 3.5%。至 2015 年 1 月,甲股份公司股票连续攀升,涨幅高达 35%左右。该月,张某、乙公司分别以 11.63 元、11.85 元抛出其持有的甲公司股票,均获利甚丰。

(2)丙证券公司的证券咨询人员王某,于 2015 年 2 月上旬向在丙证券公司开户的证券投资者作股评讲座时,对甲股份公司股票推崇备至,并称:在 4 月份召开的甲股份公司股东大会上将通过每 10 股送 8 股的优厚分配方案,该股票在 4 月份至少涨至 18 元。同时声明:这纯属个人观点,投资者据此操作,风险自负。但时至 4 月份甲股份公司的股票不仅没有涨至 18 元,反而跌至 7 元左右,造成部分投资者的损失。甲股份公司也未推出每 10 股送 8 股的股利分配计划。

(3)甲股份公司监事李某持有本公司股票 1 万股。其于 2014 年 12 月卖出 5 000 股,于 2015 年 7 月又买入甲股份公司的股票 2 000 股,获利 9 000 元。

试分析:

(1)张某、乙公司购买甲股份公司股票的行为是否违法?并说明理由。

(2)丙证券公司咨询人员王某的行为是否合法?并说明理由。

(3)甲股份公司监事李某买卖本公司股票的行为是否合法?并说明理由。

资源拓展

杭萧钢构(600477)上市公司内幕交易案

浙江杭萧钢构股份有限公司成立于1994年12月,前身为1985年5月创办的萧山县长山金属钣厂,2000年12月改制为股份有限公司,主要股东为单银木、潘金水、戴瑞芳和浙江国泰建设集团有限公司。2003年11月公司股票在上海证券交易所挂牌上市,成为国内建筑钢结构行业首家上市公司,公司股票简称为杭萧钢构,股票代码为600477。

2007年2月12日,杭萧钢构公告称,与中国建筑一局(发包方)签订《京澳中心地上钢结构加工、制作合同》《京澳中心地上钢结构安装合同》,合同总价款1.47亿元。此后3天,杭萧钢构连续涨停。15日,杭萧钢构出台了一份更具爆炸性的公告。公告称,公司正与有关业主洽谈一海外建设项目,该意向项目整体涉及总金额折合人民币约300亿元,若公司参与该意向项目,将会对2007年业绩产生较大幅度增长。但公司尚未正式签署任何相关合同协议。

2007年1月下旬,刚刚从杭萧钢构证券办主任岗位辞职的陈玉兴从杭萧钢构安徽子公司总经理王更新处获悉,杭萧钢构正在洽谈18亿元左右的合同。2月初,陈玉兴打电话询问进展,王更新告知"正要与香港人谈判"。2007年2月11日,陈与杭萧钢构公司事业部经理罗晓军等在杭州聚会时,罗谈起公司正与香港中基公司洽谈安哥拉安居房建设工程,金额达300亿元。陈当即将消息电话告知王向东,指令王次日将股票账户剩余资金买入"杭萧钢构"股票。通话后,陈向罗晓军求证合同情况,并再次将求证信息告诉王。

2007年2月12日,王按陈的指令买入"杭萧钢构"股票2 776 996股。当天下午,陈玉兴为进一步获取"安哥拉项目"信息打电话给罗高峰,因罗正忙未能深谈。下午,罗回电,谈及公司近况时,罗违反《证券法》规定,将知悉的"安哥拉项目"信息泄露给陈。当晚,陈将从罗处得知的信息(包括信息来源)告诉王向东。2007年2月13日上午,王按指令买入"杭萧钢构"股票2 398 600股。陈将罗高峰委托其管理的晁励春(罗亲属)股票账户买入"杭萧钢构"股票42 800股。当天下午,杭萧钢构公司总经理周金法通知罗高峰次日参加安哥拉项目协调会,并告知合同已草签。罗在与陈玉兴通话中,将情况泄露给陈;陈让罗获取合同文本,并告知将晁励春股票账户也买入"杭萧钢构"。随后,陈将从罗处得来的信息告诉王向东,指令其次日将账户所有资金以涨停价买入"杭萧钢构"。2007年2月14日,王以涨停价买入"杭萧钢构"股票1 787 300股。当天,罗高峰到公司法务部获取合同文本。罗又将公司开协调会、次日出公告及公告内容泄露给陈玉兴,陈又指令王向东继续持有"杭萧钢构"。2007年3月15日,陈从罗处得知证券监管机构要调查杭萧钢构,将有关情况告知王向东并指令次日卖出"杭萧钢构"。16日,王按指令将"杭萧钢构"股票共6 961 896股全部卖出,非法获利4 037万元。而此时,杭萧钢构股价已从2月12日的4.55元疯涨至10.75元。

5月11日,上海证券交易所对杭萧钢构和单银木、潘金水、周金法公开谴责,亦对公司和相关责任人在安哥拉项目信息披露过程中的违规行为进行公开谴责。

2008年2月4日浙江省丽水市中级人民法院对杭萧钢构内幕交易案做出一审判决。罗高峰、陈玉兴和王向东分别被判处有期徒刑1年6个月、2年6个月和1年6个月,缓刑2年。

第 十 四 章

票据法

【学习目标】

能力目标：区分不同的票据，正确行使票据权利。

知识目标：掌握法律法规对汇票、本票、支票的主要规定。

素质目标：识别有效的票据行为，运用票据工具。

【任务导入】

A 公司于 2 月 10 日向乙公司发出 100 万元的货物，B 公司将一张出票日期为 2 月 15 日、金额为 200 万元、期限为 3 个月的商业承兑汇票交给甲公司。3 月 10 日，A 公司在与丙公司的买卖合同中，将该汇票背书转让给 C 公司，甲企业在汇票上记载了保证事项。4 月 10 日，C 公司又将该汇票背书转让给了 D 公司，但 C 公司在汇票上记载“只有 D 公司货物质量没问题时，该汇票才发生背书转让效力”。同年 5 月 18 日，持票人 D 公司向 B 公司开户银行提示付款时，银行以 B 公司未能足额交存票款为由，拒绝付款，并于当日签发拒绝证明。

任务分析：

(1)持票人 D 公司应在什么时间之前向银行提示付款？

(2)C 公司背书所附条件是否具有票据上的效力？

(3)D 公司提示付款遭拒绝后，可向谁追索？为什么？

(4)如果甲企业代为履行票据付款义务，则甲企业可向谁行使追索权？为什么？

第一节　票据法概要

一、票据与票据法概述

(一)票据概述

1. 票据的概念

票据是指出票人依法签发的，约定自己或委托付款人在见票时或指定的日期向收款人或持票人无条件支付一定金额并可转让的有价证券。

我国《票据法》规定的票据包括汇票、本票和支票。

票据具有以下法律特征：

(1)票据为完全有价证券票据。票据的票面必须载明一定的货币金额，表示票据所代表的一定的价值。票据的这种价值，随着票据的设立而取得，随票据的交付而转移。

(2)票据为设权证券。设权证券是与证权证券相对而言的。证权证券的作用在于证明一定的权利，权利义务产生于证券作成之前。而票据权利则同时和票据的作用产生，在票据作成之前，票据上的权利并不存在，票据上的权利依票据形式而存在，没有票据就没有票据权利。

(3)票据为金钱证券。票据的签发和转让以支付票据上的金额为最终目的，等该金额全部支付，票据上的权利义务即消灭。

(4)票据为债权证券。票据所代表的财产权利在性质上属于债权，只发生于特定的权利人和义务人之间。

(5)票据为文义证券。票据的权利和义务，完全根据票据上所记载的文字记载为准，不得以票据记载以外的任何理由，改变票据的效力。

(6)票据为要式证券。票据作为一种债券债务的凭证，各种票据行为都必须严格按照票据法规定的程式作出并具备法定形式，才发生法律效力。

(7)票据为无因证券。占有票据的持票人行使票据权利时，无须说明其取得票据的原因，只要有票据就可以行使票据权利。票据债务人一般应无条件按票据内容支付款项，无权要求持票人说明取得票据的原因。

【应用案例 14－1】 甲、乙之间签订了一份假酒买卖合同。甲供货后，乙于 3 月 10 日签发了一张面额为 10 万元、期限为 3 个月的商业承兑汇票交付给甲。3 月 20 日，甲从丙公司购原材料，便将该汇票依法转让给了丙。之后，假酒被查封，甲、乙之间的合同被裁定为无效合同。试分析：票据到期后，丙提示付款，乙能否以买卖合同无效为由，拒绝兑现票据金额？

【案例解析】 不能拒绝兑现票据金额。票据是无因证券，依法出票后，便与当初签发票据的基础原因分离，不论基础原因是否合法，只要票据本身无缺陷，持票人依法取得票据，即享有票据权利，付款人应当见票付款。

(8)票据为流通证券。票据可以通过背书或交付票据的方式自由转让，而无须通知债务人。票据的生命力就在于流通。

(9)票据为提示证券。

(10)票据为返还证券。

2. 票据的功能

在某种意义上，票据制度和公司制度是加速市场经济发展的两大车轮。因为票据具有很多独特的功能，在社会经济发展中发挥着重要的作用：

(1)汇兑功能。票据具有异地输送资金的作用。在我国，票据的汇兑功能主要是靠汇票来实现的。

(2)支付功能。这是票据的基本功能。票据可以代表定额货币代替现金进行款项的支付。

(3)结算功能。系指以票据来进行债务抵消，简单的结算就是相互有债务的双方各签发一张本票给对方，待两张本票都到期时即可抵消债务。若有差额，再由一方用现金给付差额。复杂的结算，则要通过现代的票据交换制度进行。

(4)信用功能。这是票据的核心功能。票据在本质上是一种债权凭证，是信用的证券化形式。票据的出票人可使用未来可取得的资金签发票据。票据的这一功能主要表现在汇票和本票上。如签发 2 个月后到期付款的汇票或本票，这时票据上所表现的不仅仅是价款，而且还是 2 个月的信用关系，在这种情况下，票据签发人实际是取得了对方的短期贷款。取得票据的人如果在到期日之前急需现金，可以持票到银行申请贴现，持票人如果在到期日之前需履行债务，也可以通过背书方式将票据转让给其债权人以达到履行债务的目的。

(二)票据法的概念

票据法是指规定票据的种类、形式、内容以及各当事人之间权利义务关系的法律规范的总称。票据法有广义和狭义之分。广义的票据法是指调整票据关系的各种法律规范的总称；狭义的票据法仅指专门的票据法规范，即《票据法》。

二、票据行为

(一)票据行为的概念

票据行为，是指票据关系当事人之间以产生、变更或终止票据关系为目的而进行的法律行为。

1. 票据行为是在票据关系的当事人之间进行的行为

该当事人包括：(1)出票人(亦称发票人)，指依法定方式作成票据并在票据上签名盖章，并将票据交付给收款人的人。(2)收款人(亦称抬头人)，是指票据到期并经提示后收取票款的人。收款人有时也是持票人。(3)付款人，指根据出票人的命令支付票款的人。(4)持票人，即指持有票据的人。占有票据的收款人、被背书人或来人抬头票据的持有人都是票据的持票人。(5)承兑人，即是汇票的主债务人，指接受汇票之出票人的付款委托，同意承担支付票款义务的人。(6)背书人，指在转让票据时，在票据背面签字或者盖章，并将该票据交付给受让人的票据收款人或持有人。(7)被背书人，指被记名受让票据或接受票据转让的人。(8)保证人，即是为票据债务提供担保的人。(9)其他当事人。

2. 票据行为是以设立、变更或终止票据关系为目的的行为

票据行为是一种意思表示行为，票据关系的当事人进行票据行为时都是有目的的设定、变更或终止某项票据权利义务，并将该种意思表现于外。

3. 票据行为是一种合法行为

票据行为是一种民事法律行为。

(二)票据行为成立的要件

票据行为是一种民事法律行为，因此其必须符合民事法律行为成立的一般条件。根据《民法通则》和《票据法》的有关规定，票据行为的成立，必须符合以下基本条件。

1. 票据行为的实质要件

(1)行为人必须具有从事票据行为的能力。无民事行为能力人或者限制民事行为能力人在票据上签章的，其签章无效。但不影响其他签章及相应票据行为的效力。

(2)票据行为人的意思表示必须合法、真实。票据的签发、取得和转让，应当遵循诚实信用的原则，具有真实的交易关系和债权债务关系。票据的取得，必须给付对价，即应当给付票据双方当事人认可的相对应的代价。以欺诈、偷盗或者胁迫等手段取得票据的，或者明知有前述情形，出于恶意取得票据的，不得享有票据权利。

2. 票据行为的形式要件

票据行为必须采用书面形式。实施任何一种票据行为，均须采用签章和记载两种形式。

(1)票据签章。票据上的签章，为签名、盖章或者签名加盖章。个人在票据上的签章，应为该个人的签名或者盖章；个人在票据上的签名，应当为该当事人的本名。法人和其他使用票据的单位在票据上的签章，为该法人或者该单位的盖章加其法定代表人或者其授权的代理人的签章。票据上的签章是票据行为表现形式中绝对应记载的事项，如无该项内容，票据行为即为无效。票据上的签章因票据行为的性质不同，签章人也不同。票据签发时，由出票人签章；票据转让时，由背书人签章；票据承兑时，由承兑人签章；票据保证时，由保证人签章；票据代理时，由代理人签章；持票人行使票据权利时，由持票人签章；等等。

(2)票据记载事项。票据记载事项可以分为必要记载事项、任意记载事项、不得记载事项等。这里介绍各类票据共同必须记载的内容：

①票据种类的记载。即汇票、本票、支票的记载。

②票据金额的记载。我国《票据法》第 8 条规定："票据金额以中文大写和数码同时记载，两者必须一致，两者不一致时，票据无效。"

③票据收款人的记载。收款人是票据到期收取票款的人，并且是票据的主债权人，因此票据必须记载此项内容，否则票据即为无效。

④年月日的记载。这一般是指发票年月日的记载。年月日是判定票据权利义务的发生、变更和终止的重要标准，因此票据必须将此作为必须记载的事项，否则票据无效。

根据《票据法》第 9 条规定："票据金额、日期、收款人名称不得更改，更改的票据无效。"因此有关人员在进行票据行为时，必须严格审查这三项内容是否有过更改。如果确属记载错误或需要重新记载，只能由出票人重新签发票据。并且，在前述情况下，付款人或者代理人对此类票据付款的，应当承担责任。

三、票据权利

(一)票据权利的概念

票据权利，是指持票人向票据债务人请求支付票据金额的权利。

票据权利包括付款请求权和追索权。付款请求权是指向票据的付款人申请承兑并请求支付票载金额的权利。这是持票人最基本的票据权利，也是票据当事人授受票据的直接目的。追索权是指在票据不获得承兑或者不获付款，或者有其他法定原因使付款请求权无法行使时，持票人向其前手请求偿还票据金额及有关费用的权利。其实质是在付款请求权不能实现时的一种救济措施，是保护债权人利益的手段。

(二)票据权利的取得

1. 票据权利取得的情形

在票据法理论中，通常把票据权利的取得方式概括为原始取得和继受取得两类。

(1)原始取得，即出票取得；

(2)继受取得，包括转让取得和通过税收、继承、赠与、企业合并等方式取得。

2. 票据权利取得的限制

(1)票据的取得，必须给付对价，即应当给付票据双方当事人认可的相对应的代价；(2)因税收、继承、赠与可以依法无偿取得票据的，不受给付对价的限制，但所享有的票据权利不得优于其前手的权利；

(3)因欺诈、偷盗、胁迫、恶意或重大过失取得票据的，不得享有票据权利。

(三)票据权利的行使与保全

1. 票据权利的行使

持票人行使票据权利，应当按照法定程序在票据上签章，并出示票据。即行使的基本方式是在票据上签章并提示票据。票据是提示证券，票据权利与票据不可分离，即票在权在，票失权失，合法而现实地持有票据，是享有和行使票据权利的唯一凭证。同时，票据的文义性要求票据权利的行使和义务的履行均须依据票载文义。因此，行使票据权利，必须现实提示票据。

2. 票据权利的保全

票据权利人在人民法院审理、执行票据纠纷案件时，可以请求人民法院依法对票据采取保全措施或者执行措施。

(四)票据丧失与权利补救

票据丧失是指票据因灭失、遗失、被盗等原因使票据权利人非出于自己的本意而丧失对票据的占有。《票据法》规定了票据丧失后的三种补救措施，即挂失止付、公示催告、普通诉讼。

【应用案例14—2】 甲公司财务室被盗，丢失现金支票1张、转账支票1张、未填明“现金”字样的银行本票1张，甲公司可以采取什么方式补救票据权利?

【案例解析】 丢失的现金支票及转账支票可以挂失止付，也可以采取公示催告或普通诉讼措施。但丢失的未填明“现金”字样的银行本票不能挂失止付，只能公示催告。

(五)票据权利的消灭

票据权利的消灭，是指因发生一定的法律事实而使票据权利不复存在。能够引起票据权利消灭的法律事实包括:

1. 时效届满

(1)持票人对票据的出票人和承兑人的权利，自票据到期日起2年。见票即付的汇票、本票，自出票日起2年；

(2)持票人对支票出票人的权利，自出票日起6个月；

(3)持票人对前手的追索权，在被拒绝承兑或者被拒绝付款之日起6个月；

(4)持票人对前手的再追索权，自清偿日或者被提起诉讼之日起3个月。

2. 付款

票据的付款人按票载文义向持票人支付了票据金额，即直接导致全体票据债务人的票据责任解除；同时，持票人原有的票据权利也因业已实现而不复存在。

3. 其他事由

其他事由是指上述原因以外的法定事由。大体包括两类:(1)票据本身的原因，如票据的实际灭失(如焚毁、销毁等)等；(2)票据债务的原因，如债务的清偿、提存、抵消、免除等。

四、票据抗辩权

(一)票据抗辩权的概念及特征

所谓票据抗辩权，是指票据债务人享有的，依法对票据的持票人拒绝履行票据债务的权利。这一概念包含了以下内容:

(1)票据抗辩权是票据债务人所享有的一种权利票据抗辩权，是票据债务人依法对票据的持票人行使票据权利的请求进行对抗的行为。

(2)票据债务人行使票据抗辩权以不履行票据债务为目的,即票据债务人行使票据抗辩权的目的,是为了不履行票据债务。拒绝履行票据债务是票据债务人行使抗辩权的唯一目的。

(3)票据债务人行使票据抗辩权必须存在法定的抗辩事由。票据债务人应当履行票据债务,不得无故拒绝履行,只有当出现诸如票据欠缺法定形式要件或者持票人取得票据手段不合法等情况时,票据债务人才可对抗,否则必将损害真正票据权利人的利益,也将使票据债务人处于不利之地位。

(4)票据债务人行使抗辩权必须符合票据法的规定。票据债务人行使抗辩权,只能依据票据法有关票据抗辩的规定,而不能简单地套用民法上的抗辩制度。

票据抗辩权具有自己的特点:

一是票据债务人的票据抗辩权具有"抗辩切断"性;

二是票据抗辩通常是对票据金额的全额抗辩;

三是票据保证人不享有先诉抗辩权。

(二)行使票据抗辩权的法定事由

票据债务人行使票据抗辩权的法定事由,也称为票据抗辩原因,是指法律规定票据债务人可以对票据的持票人进行抗辩的情事,可以分为物的抗辩原因和人的抗辩原因两大类。

1. 物的抗辩原因

(1)任何票据债务人可以对任何持票人行使的抗辩原因,主要有:①票据因欠缺票据法规定的形式要件而无效;②持票人不依票据文义提出请求;③票据债权已消灭或已失效。

(2)特定的票据债务人可以对任何持票人行使的抗辩原因,主要有:①票据行为不能有效成立;②票据债务人因持票人欠缺权利保全手续而解除了票据责任;③持票人的票据权利因超过时效而消灭,票据债务人因而解除了被追索的票据义务;④票据上记载的票据债务人已实际丧失负担票据义务的能力。

2. 人的抗辩原因

(1)任何票据债务人可以对特定持票人行使的抗辩原因,主要有:①特定持票人欠缺实质上的受领票据金额的资格;②特定持票人欠缺形式上的受领资格。

(2)特定票据债务人可以向特定持票人行使的抗辩原因,主要有:①票据原因关系无效;②票据原因关系欠缺;③票据当事人违反了彼此之间的特别约定。

五、票据的伪造和变造

票据的伪造,是指无权限人假冒他人名义或虚构人名义签章的行为。

票据的变造,是指无权更改票据内容的人,对票据上签章以外的记载事项加以变更的行为。

票据上的记载事项应当真实,不得伪造、变造。伪造、变造票据上的签章和其他记载事项的应当承担法律责任。

票据上有伪造、变造的签章的,不影响票据上其他真实签章的效力。

票据上其他记载事项被变造的,在变造之前签章的人,对原记载事项负责;在变造之后签章的人,对变造之后的记载事项负责;不能辨别是在票据被变造之前或者之后签章的,视同在变造之前签章。

第二节 汇 票

一、汇票概述

(一)汇票的概念

汇票,是出票人签发的、委托付款人在见票时或者在指定日期无条件支付确定的金额给收款人或者持票人的票据。

(二)汇票当事人

汇票当事人为出票人、付款人和收款人。出票人和付款人为票据义务人,收款人为票据权利人。

(三)汇票的种类

根据汇票出票人的不同,汇票分为银行汇票和商业汇票。商业汇票按承兑人的不同,分为商业承兑汇票和银行承兑汇票。

以付款期限长短为标准,汇票分为即期汇票和远期汇票。

二、汇票的出票

(一)出票的概念

出票又称发票,是指出票人签发票据并将其交付给收款人的票据行为。出票是创设票据的行为,为基本票据行为。其他票据行为则为附属票据行为。

汇票的出票人必须与付款人具有真实的委托付款关系,并且具有支付汇票金额的可靠资金来源。汇票的出票人不得签发无对价的汇票用以骗取银行或者其他票据当事人的资金。

(二)出票的记载事项

1. 绝对必要记载事项

汇票必须记载下列事项:(1)表明“汇票”的字样。(2)无条件支付的委托。(3)确定的金额。汇票上记载有实际结算金额的,以实际结算金额为汇票金额。银行汇票记载汇票金额而未记载实际结算金额的,以汇票金额为实际结算金额。实际结算金额大于汇票金额的,以汇票金额为付款金额。(4)付款人名称。(5)收款人名称。(6)出票日期。(7)出票人签章。

2. 相对必要记载事项

汇票上记载付款日期、付款地、出票地等事项的,应当清楚、明确。汇票上未记载付款日期的,为见票即付。汇票上未记载付款地的,付款人的营业场所、住所或者经常居住地为付款地。汇票上未记载出票地的,出票人的营业场所、住所或者经常居住地为出票地。

3. 任意记载事项

任意记载事项一经记载即发生票据法上的效力。

4. 不发生票据法上的效力的记载事项

汇票上可以记载《票据法》规定事项以外的其他出票事项,但是该记载事项不具有汇票上的效力。

(三)出票的效力

汇票的基本当事人有出票人、付款人和收款人,因此,其出票的效力主要表现在三个方面:

(1)对出票人的效力。出票人签发汇票后,即承担保证该汇票承兑和付款的责任。出票人在汇票得不到承兑或者付款时,应当向持票人清偿法律规定的金额和费用。(2)对付款人的效力。付款人只有在其对汇票进行承兑后,才成为汇票上的主债务人。(3)对收款人的效力。收款人取得票据后即取得汇票上的一切权利。

三、汇票的背书

(一)背书的概念和特征

背书,是指持票人以将票据权利转让给他人或者将一定的票据权利授予他人行使为目的,在票据背面或者粘单上记载有关事项并签章的票据行为。背书制度是三种票据共有的一项制度,同时适用于汇票、本票和支票。

票据背书的基本特征:(1)背书是一种附属票据行为。它以存在有效的出票行为为前提。出票行为如果因在形式上不合法而无效,背书行为也无效。(2)背书是持票人所为的行为。为背书行为的人称为背书人,接受背书的人称为被背书人。(3)背书的目的可以是转让票据权利,也可以是委托取款或设定质权等。(4)背书是要式行为。持票人应在票据背面或粘单上记载法定内容,签章后交给被背书人。

出票人在汇票上记载“不得转让”字样的汇票,不得转让。

(二)背书的形式

(1)背书签章和背书日期的记载。背书由背书人签章并记载背书日期。背书未记载日期的,视为在汇票到期日前背书。

(2)被背书人名称的记载。汇票以背书转让或者以背书将一定的汇票权利授予他人行使时,必须记载被背书人名称。

(3)禁止背书的记载。背书人在汇票上记载“不得转让”字样,其后手再背书转让的,原背书人对后手的被背书人不承担保证责任。

(4)粘单的使用。票据凭证不能满足背书人记载事项的需要,可以加附粘单,粘附于票据凭证上。粘单上的第一记载人,应当在汇票和粘单的粘接处签章。

(5)背书不得记载的内容。背书不得附有条件。背书时附有条件的,所附条件不具有汇票上的效力。将汇票金额的一部分转让的背书或者将汇票金额分别转让给两人以上的背书无效。

(三)背书连续

背书连续,是指在票据转让中,转让汇票的背书人与受让汇票的被背书人在汇票上的签章依次前后衔接。

以背书转让的汇票,背书应当连续。

(四)委托收款背书和质押背书

1. 委托收款背书

(1)委托收款背书的记载事项。委托收款背书的记载事项与转让背书相似,只是将“转让”改为“委托收款”字样。其他应记载事项与转让背书的记载事项相同。

(2)委托收款背书的效力。它主要表现在两个方面:①代理权授予效力。即背书后,被背书人有权代背书人行使被委托的票据权利,但被背书人不得再以背书转让票据权利。此外,票据债务人与背书人之间的抗辩事由可以对抗被背书人。②权利证明效力。即只要委托收款背书具有连续性,被背书人就有代理权。被背书人在行使权利时,不需要另行证明代理权的存在。

2. 质押背书

(1)质押背书的记载事项。质押背书的记载事项与转让背书相似，只是将“转让”改为“质押”字样。其他应记载事项与转让背书的记载事项相同。

(2)质押背书的效力。它主要表现在三个方面：①质权设定效力。背书后，被背书人取得票据质权。被背书人依法实现其质权时，可以行使票据权利，收取票据金额，用于偿付自己被担保的债权。如果票据金额多于被担保的债权，被背书人应将多余部分退还背书人。被担保债权的清偿期晚于票据到期日的，被背书人受领票据金额后，如无特别约定，应将票款提存，等债权到期后才能取得票据金额的所有权。②票据债务人对背书人的“人的抗辩”被切断。票据债务人不得以对背书人的抗辩事由对抗善意的被背书人。③权利证明效力。

以汇票设定质押时，出质人在汇票上只记载了“质押”字样而未在票据上签章的，或者出质人未在汇票或粘单上记载“质押”字样而另行签订质押合同、质押条款的，不构成票据质押。

(五)法定禁止背书

汇票被拒绝承兑、被拒绝付款或者超过付款提示期限的，不得背书转让；背书转让的，背书人应当承担汇票责任。

四、汇票的承兑

(一)承兑的概念

承兑，是指汇票付款人承诺在汇票到期日支付汇票金额的票据行为。

(二)承兑的程序

(1)承兑的记载事项。付款人承兑汇票的，应当在汇票正面记载“承兑”字样和承兑日期并签章；见票后定期付款的汇票，应当在承兑时记载付款日期。汇票上未记载承兑日期的，以持票人提示承兑之日起的第3日为承兑日期。

汇票承兑的应记载事项必须记载于汇票的正面，而不能记载于汇票的背面或粘单上。

(2)提示承兑。因汇票付款日期的形式不同，提示承兑的期限也不一样：①定日付款或者出票后定期付款的汇票，持票人应当在汇票到期日前向付款人提示承兑。②见票后定期付款的汇票，持票人应当自出票日起1个月内向付款人提示承兑。汇票未按照规定期限提示承兑的，持票人丧失对其前手的追索权。③见票即付的汇票无须提示承兑。

(3)承兑成立。付款人对向其提示承兑的汇票，应当自收到提示承兑的汇票之日起3日内承兑或者拒绝承兑。

付款人收到持票人提示承兑的汇票时，应当向持票人签发收到汇票的回单。回单上应当记明汇票提示承兑日期并签章。

付款人承兑汇票，不得附有条件；承兑附有条件的，视为拒绝承兑。

(三)承兑的效力

(1)承兑人于汇票到期日必须向持票人无条件地支付汇票上的金额，否则其必须承担迟延付款责任。

(2)承兑人必须对汇票上的一切权利人承担责任，这些权利人包括付款请求权人和追索权人。

(3)承兑人不得以其与出票人之间资金关系来对抗持票人，拒绝支付汇票金额。

(4)承兑人的票据责任不因持票人未在法定期限提示付款而解除。

五、汇票的保证

(一)保证的概念

汇票保证,是指汇票债务人以外的第三人,以担保特定汇票债务人履行票据债务为目的,而在票据上所为的一种附属票据行为。

(二)保证的当事人

保证的当事人为保证人和被保证人。

保证人由汇票债务人以外的他人担当。被保证人是指票据关系中已有的债务人。票据债务人一旦由他人为其提供保证,其在保证关系中就被称为被保证人。

(三)保证的记载事项

保证人必须在汇票或粘单上记载下列事项:(1)表明“保证”的字样;(2)保证人名称和住所;(3)被保证人的名称;(4)保证日期;(5)保证人签章。

保证人在汇票或者粘单上未记载被保证人名称的,已承兑的汇票,承兑人为被保证人;未承兑的汇票,出票人为被保证人。保证人在汇票或者粘单上未记载保证日期的,出票日期为保证日期。

保证不得附有条件;附有条件的,不影响对汇票的保证责任。

(四)保证的效力

(1)保证人的责任。保证人对合法取得汇票的持票人所享有的汇票权利,承担保证责任。但是,被保证人的债务因汇票记载事项欠缺而无效的除外。

保证人应当与被保证人一起对持票人承担连带责任。被保证的汇票到期后得不到付款的,持票人有权向保证人请求付款,保证人应当足额付款。

(2)共同保证人的责任。保证人为2人以上的,保证人之间承担连带责任。

(3)保证人的追索权。保证人清偿汇票债务后,可以行使持票人对被保证人及其前手的追索权。

六、汇票的付款

(一)付款的概念

付款,是指付款人依据票据文义支付票据金额,以消灭票据关系的行为。

(二)付款的程序

(1)付款提示。持票人应当按照下列期限提示付款:①见票即付的汇票,自出票日起1个月内向付款人提示付款;②定日付款、出票后定期付款或者见票后定期付款的汇票,自到期日起10日内向承兑人提示付款。

持票人未按照上述规定期限提示付款的,在作出说明后,承兑人或者付款人仍应当继续对持票人承担付款责任。通过委托收款银行或者通过票据交换系统向付款人提示付款的,视同持票人提示付款。

(2)支付票款。持票人向付款人进行付款提示后,付款人应当在当日按票据金额足额支付给持票人。持票人获得付款的,应当在汇票上签收,并将汇票交给付款人。

付款人及其代理付款人付款时,应当审查汇票背书的连续,并审查提示付款人的合法身份证明或者有效证件。付款人及其代理付款人以恶意或者有重大过失付款的,应当自行承担责任。

对定日付款、出票后定期付款或者见票后定期付款的汇票，付款人在到期日前付款的，由付款人自行承担所产生的责任。

汇票金额为外币的，按照付款日的市场汇价，以人民币支付。汇票当事人对汇票支付的货币种类另有约定的，从其约定。

（三）付款的效力

付款人依法足额付款后，全体汇票债务人的责任解除。

七、汇票的追索权

（一）追索权概述

1. 追索权的概念及特征

汇票追索权，是指付款人拒绝付款，或者拒绝承兑，或者由于其他法定原因预计在票据到期时得不到付款的，由持票人向其前手请求偿还票据金额、利息以及有关费用的一种票据权利。

追索权的基本特征：(1)追索权是为补充付款请求权而设的第二次请求权。只有在具备法定条件并履行了法定手续时，持票人才能行使。(2)追索权具有选择性、变更性和代位性。由于全体票据债务人对持票人承担连带责任，因此，持票人可以不按照票据债务人的先后顺序，对其中任何一人、数人或者全体行使追索权。但持票人为出票人的，对其前手无追索权。持票人为背书人的，对其后手无追索权。持票人对票据债务人中的一人或者数人已经进行追索的，对其他票据债务人仍可以行使追索权。被追索人清偿债务后，与持票人享有同一权利，对其前手可以代位行使追索权，直到票据上的最后债务人偿还后追索权才消灭。(3)追索权的范围，不仅包括票据金额，而且包括票据金额自到期日或者提示付款日起至清偿日止按照中国人民银行规定的利率计算的利息，以及取得有关拒绝证明和发出通知书的费用。

2. 追索权的种类

(1)根据行使追索权时间的不同，追索权可以分为期前追索权和到期追索权两类，分别适用不同的条件。①期前追索权，是指持票人在票据到期前依法行使的追索权。持票人只要具备下列条件之一即可行使期前追索权：汇票被拒绝承兑的；承兑人或者付款人死亡、逃匿的；承兑人或者付款人被依法宣告破产的或者因违法被责令终止业务活动的。②到期追索权，是指持票人于票据到期时依法行使的追索权。到期追索权行使的法定条件是票据到期不获付款。

(2)根据行使退票权人的不同，追索权可以分为最初追索权和再追索权。前者是指最后持票人向票据上所有票据债务人的追索权，后者是指被追索人向其前手又行使的追索权。

3. 追索权的主体

这包括追索权人和被追索人。

4. 追索权的客体

(1)最初追索权的客体。持票人行使追索权，可以请求被追索人支付下列金额和费用：被拒绝付款的汇票金额；汇票金额自到期日或者提示付款日起至清偿日止，按照中国人民银行规定的流动资金贷款利率计算的利息；取得有关拒绝证明和发出通知书的费用。

(2)再追索权的客体。被追索人行使再追索权，可以请求其他汇票债务人支付下列金额和费用：已清偿的全部金额及其自清偿日起至再追索清偿日止，按照中国人民银行规定的流动资金贷款利率计算的利息；发出通知书的费用。

(二)追索权的要件

1. 实质要件

追索权发生的实质要件包括:(1)汇票到期被拒绝付款;(2)汇票在到期日前被拒绝承兑;(3)在汇票到期日前,承兑人或付款人死亡、逃匿;(4)在汇票到期日前,承兑人或付款人被依法宣告破产或因违法被责令终止业务活动。

2. 形式要件

这包括:(1)持票人行使追索权时,应当提供被拒绝承兑或者被拒绝付款的有关证明;(2)持票人因承兑人或者付款人死亡、逃匿或者其他原因,不能取得拒绝证明的,可以依法取得其他有关证明。

(三)追索权的行使

持票人行使追索权的程序包括:

1. 发出追索通知

(1)通知的当事人。通知的当事人分为通知人和被通知人。通知人是指持票人以及收到通知后,再为通知的背书人及其保证人。被通知人是指向持票人承担担保承兑和付款的票据上的次债务人,包括出票人、背书人、保证人等。

(2)通知的期限。持票人应当自收到被拒绝承兑或者被拒绝付款的有关证明之日起3日内,将被拒绝事由书面通知其前手;其前手应当自收到通知之日起3日内书面通知其再前手。持票人也可以同时向各汇票债务人发出书面通知。持票人发出追索通知的起算日为其收到拒绝证明之日,收到追索通知的背书人及其保证人发出追索通知的起算日为其收到追索通知之日。

(3)通知的方式和通知应记载的内容。通知应当以书面形式发出。在规定期限内将通知按照法定地址或约定的地址邮寄的,视为已发出通知。书面通知应记明汇票的主要记载事项,并说明该汇票已被退票。

(4)未在规定期限内发出追索通知的后果。如果持票人未按规定期限发出追索通知或其前手收到通知未按规定期限再通知其前手,持票人仍可以行使追索权;因延期通知给其前手或者出票人造成损失的,由没有按照规定期限通知的汇票当事人,承担对该损失的赔偿责任,但是所赔偿的金额以汇票金额为限。

2. 确定追索对象

(1)确定追索对象。被追索人包括出票人、背书人、承兑人和保证人。持票人可以不按照汇票债务人的先后顺序,对其中任何一人、数人或者全体行使追索权。持票人对票据债务人中的一人或者数人已经进行追索的,对其他票据债务人仍可以行使追索权。但是,持票人为出票人的,对其前手无追索权。持票人为背书人的,对其后手无追索权。

(2)被追索人的责任承担。被追索人对持票人承担连带责任。持票人对汇票债务人中的一人或者数人已经进行追索的,对其他汇票债务人仍可以行使追索权。被追索人清偿债务后,与持票人享有同一权利。

3. 追索人的义务

持票人或行使再追索权的被追索人在接受清偿金额时,应当履行相应的义务,交出汇票和有关拒绝证明,并出具所收到利息和费用的收据。

4. 被追索人清偿债务后的效力

被追索人清偿债务后,其票据责任解除。同时,被追索人清偿债务后,与持票人享有同一追索权利,可以向其他汇票债务人行使再追索权,请求其他汇票债务人支付相应的金额和费用。

第三节　本　票

一、本票概述

(一)本票的概念

本票,是出票人签发的、承诺自己在见票时无条件支付确定的金额给收款人或者持票人的票据。

(二)本票的种类

根据不同的标准,可以对本票作不同的分类。在我国,本票仅限于银行本票。

(三)本票适用汇票的有关规定

除特别规定外,本票的出票、背书、保证、付款行为和追索权的行使,适用汇票的有关规定。

二、本票的出票

(一)本票的出票人

本票的出票人必须具有支付本票金额的可靠资金来源,并保证支付。

(二)本票的记载事项

1. 本票的绝对记载事项

本票必须记载下列事项:(1)表明“本票”字样;(2)无条件支付的承诺;(3)确定的金额;(4)收款人名称;(5)出票日期;(6)出票人签章。本票上未记载上述事项之一的,本票无效。

2. 本票的相对记载事项

这包括:(1)付款地。本票上未记载付款地的,出票人的营业场所为付款地。(2)出票地。本票上未记载出票地的,出票人的营业场所为出票地。

三、见票付款

银行本票是见票付款的票据。

本票自出票日起,付款期限最长不得超过2个月。持票人在规定的期限提示本票的,出票人必须承担付款的责任。持票人超过付款期限提示付款的,代理付款人不予受理。持票人未按照规定期限提示本票的,丧失对出票人以外的前手的追索权。

第四节　支　票

一、支票概述

(一)支票的概念

支票,是出票人签发的、委托办理支票存款业务的银行或者其他金融机构在见票时无条件支付确定的金额给收款人或者持票人的票据。

支票的基本当事人有出票人、付款人和收款人。

(二)支票的种类

支票分为现金支票、转账支票和普通支票。

支票上印有“现金”字样的为现金支票,现金支票只能用于支取现金。

支票上印有“转账”字样的为转账支票,转账支票只能用于转账,不得支取现金,

支票上未印有“现金”或“转账”字样的为普通支票,普通支票可以用于支取现金,也可以用于转账。

(三)支票适用汇票的有关规定

除特别规定外,支票的出票、背书、付款行为和追索权的行使,适用汇票的有关规定。

二、支票的出票

(一)支票出票的概念

支票的出票,是指出票人委托银行或者其他金融机构无条件向持票人支付一定金额的票据行为。

支票出票人签发支票必须具备一定的条件:(1)开立支票存款账户,申请人必须使用其本名,并提交证明其身份的合法证件;(2)开立支票存款账户和领用支票,应当有可靠的资信,并存入一定的资金;(3)开立支票存款账户,申请人应当预留其本名的签名式样和印鉴。

(二)支票的记载事项

1. 绝对记载事项

支票必须记载下列事项:(1)表明“支票”的字样;(2)无条件支付的委托;(3)确定的金额;(4)付款人名称;(5)出票日期;(6)出票人签章。支票上未记载上述事项之一的,支票无效。

支票上的金额可以由出票人授权补记,未补记前的支票,不得使用。出票人可以授权收款人补记支票金额,收款人以外的其他人不得补记;在支票金额未补记之前,收款人不得背书转让和提示付款。

支票上未记载收款人名称的,经出票人授权,可以补记。未补记前,支票不得背书转让和提示付款。

2. 相对记载事项

这包括:(1)付款地。支票上未记载付款地的,付款人的营业场所为付款地。(2)出票地。支票上未记载出票地的,出票人的营业场所、住所或者经常居住地为出票地。

(三)出票的其他法定条件

出票的其他法定条件包括:(1)禁止签发空头支票。支票的出票人签发支票的金额不得超过付款时其在付款人处实有的存款金额。(2)支票的出票人不得签发与其预留本名的签名式样或者印鉴不符的支票。(3)签发现金支票和用于支取现金的普通支票,必须符合国家现金管理的规定。

(四)支票出票的效力

出票人必须按照签发的支票金额承担保证向该持票人付款的责任。

出票人在付款人处的存款足以支付支票金额时,付款人应当在见票当日足额付款。

三、支票的付款

支票限于见票即付,不得另行记载付款日期。另行记载付款日期的,该记载无效。

持票人在请求付款时,必须为付款提示。支票的持票人应当自出票日起 10 日内提示付

款；异地使用的支票，其提示付款的期限由中国人民银行另行规定。

超过提示付款期限的，付款人可以不予付款；付款人不予付款的，出票人仍应当对持票人承担票据责任。

付款人依法支付支票金额的，对出票人不再承担受委托付款的责任，对持票人不再承担付款的责任。但是，付款人以恶意或者有重大过失付款的除外。

第五节　违反票据法的法律责任

我国《票据法》对票据欺诈行为、付款人故意压票拖延支付行为、擅自印制票据行为等应当承担的法律责任作出了规定。

一、票据欺诈行为的法律责任

有下列票据欺诈行为之一的，依法追究刑事责任：

1. 伪造、变造票据的

(1)伪造票据的违法行为。伪造票据是指未经授权而假冒他人或虚构人的名义进行的票据行为。伪造行为涉及伪造人和被伪造人。被伪造人未在票据上签章，也无委托他人签章的意思表示，故不承担由此而产生的任何法律责任。伪造人由于未以自己的名义在票据上签章，所以不承担票据责任。但是由伪造行为而给他人造成损失的，应当承担民事赔偿责任。如果此伪造行为构成犯罪的，伪造人必须承担刑事责任。

(2)变造票据的违法行为。变造票据是指无权更改票据上除签章以外的其他记载事项的人，对票据予以更改的行为。票据变造人除了应依变造后文义承担票据责任外，构成犯罪的，还应承担相应的刑事责任。

2. 故意使用伪造、变造的票据的

这里所讲的“故意”，是指票据使用人明知是伪造的或变造的票据，仍有意加以使用的违法行为。

故意使用伪造、变造票据的行为，是一种对社会正常经济秩序危害较大的违法行为，行为人应依法承担刑事责任。

3. 签发空头支票或者故意签发与其预留的本人签名式样或印鉴不符的支票，骗取财物的

4. 签发无可靠资金来源的汇票、本票，骗取资金的

签发汇票、支票应当有可靠的资金来源，保证支付，确保票据权利人能按时得到票款。如果出票人签发无可靠资金来源的汇票、本票，其目的是为了骗取资金，构成票据欺诈行为，出票人除应负票据责任外，还应依法承担刑事责任。

5. 汇票、本票的出票人在出票时作虚假记载、骗取财物的

这里所讲的虚假记载，是指出票人对票据上除签章以外的其他事项，如付款人、收款人、票据金额、付款地等所作的不真实记载。作这样的记载，如果是以骗取财物为目的的，构成票据欺诈行为。出票人除承担票据责任外，还应依法承担刑事责任。

6. 冒用他人的票据，或者故意使用过期或者作废的票据，骗取财物的

冒用他人的票据，是指无权利人没有法律依据或没有得到授权而利用真正票据权利人的票据，骗取票据资金、商品等财物。冒用他人票据的，属于票据欺诈行为，应依法承担刑事责任。

过期的票据，是指票据权利因已经超过时效期限而消灭的票据。作废的票据，是指付款请求权已经实现、自始无效或者被法院宣告无效的票据。

凡是故意使用上述票据来骗取票款、商品等财物的，也属于票据欺诈行为，应依法承担刑事责任。

7. 付款人同出票人、持票人恶意串通，实施前六项所列行为之一的

这里所讲的恶意串通，是指票据的付款人同出票人、持票人为了谋取各自非法利益而相互勾结，故意利用票据骗取资金、商品等财物的行为。凡是恶意串通实施前六项行为之一的，均属于票据欺诈行为，应依法承担刑事责任。

犯有上述七种票据欺诈行为，情节轻微，社会危害较小，不构成犯罪的，应给予行政处罚。

二、金融机构工作人员违法行为的法律责任

金融机构工作人员在票据业务中玩忽职守，对不符合票据法的票据予以承兑、付款或者保证的，应由其单位给予警告、记过、撤职、开除公职等行政处分；给本金融机构造成重大损失，构成犯罪的，应由司法部门追究其刑事责任。金融机构工作人员因玩忽职守办理票据承兑、付款、保证，而给票据当事人造成资金损失的，应由其金融机构和直接责任人员依法承担赔偿责任。

三、票据付款人违法行为的法律责任

票据付款人的违法行为主要表现为故意压票、拖延支付。

票据付款人包括银行汇票、银行本票的出票银行，银行承兑汇票的承兑银行，商业承兑汇票的承兑人，支票的付款银行等。由于银行汇票、银行承兑汇票、银行本票的付款，按照我国现行惯例是由代理付款银行进行的。因此，故意压票、拖延支付所承担的责任也适用于代理付款银行。

票据付款人故意压票、拖延支付的行为，应由金融行政管理部门处以罚款，对直接责任人给予处分。目前中国人民银行已经对付款人故意压票、拖延支付应给予的行政处罚作出规定，主要有：罚款、警告、通报批评、停止使用或办理有关票据结算、对责任人给予行政处罚。关于罚款的规定有：对付款人故意压票、拖延支付的，按票据金额每天处以 7‰的罚款；对商业承兑汇票人拖延支付的，对其按票据金额处以 5%，但不低于 1 000 元的罚款。关于对直接责任人处分的规定：处以按本人月基本工资额 20%～80%的罚款，给予警告、记过、撤职，直至开除公职。

票据付款人故意压票、拖延支付给持票人造成损失的，应依法承担赔偿责任。按照中国人民银行现行规定，票据付款人故意压票、拖延支付，影响持票人资金使用的，每天要按延压的票据金额的 5‰向持票人计付赔偿金。

四、其他违法行为的法律责任

依照《票据法》，承担赔偿责任以外的其他违反《票据法》规定的行为，给他人造成损失的，应当依法承担民事责任。

【任务导出】

(1)在 5 月 25 日之前向银行提示付款。出票后定期付款的商业汇票，提示付款期为到期日起 10 天。

(2)C 公司背书所附条件不具有票据上的效力。背书不得附条件，否则所附条件不具有汇票上的效力。

(3)可向A公司、B公司、C公司、甲企业追索，在法定期限内提示付款遭拒绝，可向一切前手追索，包括保证人。

(4)甲企业可向A公司、B公司行使追索权，保证人代为清偿后，可向被保证人及其前手追偿。

强化训练

一、单项选择题

1. 根据《票据法》的规定，下列支付结算的种类中，有结算金额起点的是(　　)。

A. 委托收款　B. 支票　C. 托收承付　D. 汇兑

2. 下列方法中，我国《票据法》未予认可的票据权利补救方法是(　　)。

A. 挂失止付　B. 仲裁解决　C. 普通诉讼　D. 公示催告

3. 根据《票据法》的规定，下列属于票据和结算凭证上可以更改的项目是(　　)。

A. 金额　B. 出票日期　C. 收款人名称　D. 付款人名称

4. 根据《票据法》的规定，由出票人签发的、委托办理支票存款业务的银行在见票时无条件支付确定的金额给收款人或者持票人的票据是(　　)。

A. 银行汇票　B. 银行本票　C. 支票　D. 汇票

5. 根据《票据法》的规定，关于支票的说法正确的是(　　)。

A. 支票的收款人可由出票人授权补记

B. 支票不可以背书转让

C. 支票的提示付款期限为出票日起1个月

D. 持票人提示付款时，支票的出票人账户金额不足的，银行应先向持票人支付票款

6. 对于企业向银行填写的电汇凭证，中文大写和阿拉伯数字不一致的(　　)。

A. 银行以凭证上注明的较小的金额为准　B. 以中文大写为准

C. 以数码记载为准　D. 该电汇凭证银行不予受理

7. 根据票据法律制度的规定，下列各项中，不可以办理现金支付的是(　　)。

A. 预算单位零余额账户　B. 临时存款账户

C. 基本存款账户　D. 一般存款账户

8. 下列企业中，可以在银行办理托收承付的结算方式的有(　　)。

A. 股份有限公司　B. 国有独资公司

C. 合伙企业　D. 个人独资企业

9. 甲公司从异地乙公司购进彩电一批，于2015年4月20日开出了10万元的见票后3个月付款的银行承兑汇票支付该笔货款，乙公司于4月28日提示承兑，则乙公司最迟于2015年(　　)向承兑人提示付款。

A. 5月20日　B. 6月20日　C. 7月30日　D. 8月8日

10. 甲公司向乙企业购买一批原材料，开出一张票面金额为30万元的银行承兑汇票。出票日期为2月10日，到期日为5月10日。4月6日，乙企业持此汇票及有关发票和原材料发运单据复印件向银行办理了贴现。已知同期银行年贴现率为3.6%，一年按360天计算，贴现银行于承兑银行在同一城市。根据票据法律制度的有关规定，银行实付乙企业贴现金额为(　　)元。

A. 301 680　B. 298 980　C. 298 950　D. 298 320

二、多项选择题

1. 根据《票据法》的规定，支票上可以由出票人授权补记的事项有(　　)。

A. 收款人名称　B. 出票　C. 承兑　D. 保证

2. 根据《票据法》的规定，下列各项中，属于票据行为的有(　　)。

A. 出票　　B. 背书　　C. 承兑　　D. 保证

3. 下列关于商业汇票说法中，正确的是(　　)。

A. 商业汇票的付款人为承兑人

B. 商业汇票的出票人为付款人

C. 商业汇票提示付款期限为自汇票到期日起 10 日

D. 商业汇票提示付款期限为自汇票到期日起 6 个月

4. 根据支付结算的有关规定，托收承付的付款人，有正当理由的，可以向银行提出全部或部分拒绝付款。下列选项中，托收承付的付款人可以拒绝付款的款项有(　　)。

A. 代销商品发生的款项

B. 购销合同中未订明以托收承付结算方式结算的款项

C. 货物已经依照合同规定发运到指定地点，付款人尚未提取货物的款项

D. 因逾期交货，付款人不需要该项货物的款项

5. 下列项目中，关于托收承付结算方式的正确表述有(　　)。

A. 适用于由商品交易产生的劳务供应　　B. 适用于商品代销

C. 适用于异地之间款项结算　　D. 适用于每笔的结算起点 100 000 元

6. 下列有关单位银行卡账户的资金管理，符合《银行账户管理办法》规定的是(　　)。

A. 由其基本存款账户转账存入　　B. 由其一般存款账户转账存入

C. 不得办理现金收付业务　　D. 不得办理银行转账业务

三、案例分析题

甲企业是一家于 2016 年 1 月 10 日在工商部门注册登记的贸易公司，当月发生以下事项：

(1)1 月 15 日甲公司在尚未取得税务登记证的情况下，公司财务人员小刘到当地某城市商业银行办理基本账户的开立手续，银行认为甲公司手续不全，未办理；小刘又到另一家工商银行开立了一个一般存款账户，于 1 月 25 日从该账户发放了职工工资 40 000 元。

(2)1 月 20 日甲公司向乙公司购买一批商品，并签发一张转账支票给乙公司用于支付货款。但甲公司在支票上记载收款人名称，约定由乙公司自行填写金额。乙公司于 2 月 1 日向付款银行提示付款。已知，甲公司在付款银行的存款足以支付支票金额。

(3)1 月 25 日甲公司签发一张为面额 20 000 元的支票，用于向丙企业支付租赁费。丙企业在向银行提示付款时，银行发现该支票为空头支票，予以退票，并对甲公司处以 1 000 元罚款。

根据上述情况和《票据法》等有关规定，回答下列问题：

(1)甲公司签发的未记载收款人名称的支票是否有效？简要说明理由。

(2)付款银行能否拒绝向乙公司付款？简要说明理由。

(3)银行对甲公司签发空头支票处以 1 000 元罚款是否符合法律规定？简要说明理由。

资源拓展

典型票据承兑纠纷案

原告广东省深圳市 A 进出口公司因与被告中国工商银行某支行发生票据承兑纠纷，向法院提起诉讼。

原告诉称：我公司持由被告加盖银行汇票专用章并承诺到期付款的银行承兑有效汇票向被告收款时，被告无理拒付。请求判令被告支付票面所载金额 1 100 万元和截至 2015 年 3 月 17 日的延期付款利息 1 239 480元，并承担本案诉讼费。

被告未答辩。

法院经审理查明：

2013年1月22日，原告根据与案外人深圳市B工贸有限公司和C车辆贸易总公司签订的代理进口摩托车发动机总成协议，对外开立了信用证。为此，C按照约定签发了金额分别为450万元和650万元，到期日分别为同年11月16日、12月16日，收款人均为A公司的两张银行承兑汇票，均为被告承兑。

这两张银行承兑汇票，被C在交付给原告前遗失。C曾于2013年8月2日在《南方日报》登报声明汇票作废，又于同年9月2日向法院申请公示催告。法院于当天通知被告停止支付。在法律规定的公示催告期届满时，C未向法院申请除权判决。C后来交付给原告的，是遗失的银行承兑汇票第一联(此联由承兑行支付票款时作借方凭证)复印件和被告于2013年8月28日出具的说明函。在银行承兑汇票第一联复印件上的汇票签发人签章栏内，加盖了工商银行某支行的汇票专用章，但是没有C的签章。工商银行某支行说明函的内容是：由于银行承兑汇票被出票人遗失，出票人已登报声明作废，因此同意在遗失汇票的底联复印件上加盖本行汇票专用章，作为收款人向本行收款的有效依据；汇票到期后，收款人必须派人员凭此复印件结算票面款项。原告按复印件记载的日期，在到期后持上述遗失汇票第一联的复印件向工商银行某支行提示付款时，遭到工商银行某支行拒付，因此提起诉讼。

上述事实有下列证据证实：

(1)2013年1月22日A、C及B签订的代理协议；

(2)2013年7月16日C签发的两份银行承兑汇票第一联复印件，其上有工商银行某支行加盖的汇票专用章；

(3)工商银行某支行于2013年8月28日出具的说明函；

(4)C申请公示催告的有关证据；

(5)C的证词。

法院认为，《票据法》第20条规定："出票是指出票人签发票据并将其交付给收款人的票据行为。"案外人C虽然签发并经被告工商银行某支行承兑了两张银行承兑汇票，但是这两张银行承兑汇票在向原告交付之前即被C遗失，故C并未完成出票的票据行为，原告也未实际持有该银行承兑汇票。现原告据以主张票据权利的，只是C公司交给它的银行承兑汇票第一联复印件。该复印件上虽然有"汇票"字样、金额、付款人名称、收款人名称等复印内容，但是没有出票人C公司的签章且未经工商银行某支行同意承兑，另附的工商银行某支行说明函又对支付限定了条件，这些内容都不符合《票据法》第22条对汇票的规定，所以复印件上虽然有郊区农行加盖的汇票专用章，也不能作为有效的汇票使用。原告持此复印件请求行使票据权利，不符合《票据法》第4条第2款的规定，应当驳回。据此法院于2015年7月24日判决：驳回原告的诉讼请求。案件受理费71 210元，由原告负担。

第一审宣判后，A不服，向上级法院提起上诉。理由是：从2013年8月28日说明函的内容看，被上诉人工商银行某支行承兑的意思表示是真实的，法律手续也是完备的，符合《票据法》第18条规定的精神；上诉人所持加盖了工商银行某支行汇票专用章的第一联复印件，应视为与汇票第二联具有同等法律效力，因此原审判决驳回上诉人的诉讼请求，其理由不能成立。请求撤销原判，依法改判。被上诉人工商银行某支行答辩认为，原审判决认定事实清楚，适用法律正确，应当驳回上诉，维持原判。

上级法院经审理认为，原审认定的事实清楚，证据确实、充分。票据是要式证券，票据的制作必须严格符合法律的规定。上诉人从案外人C公司得到的银行承兑汇票第一联复印件，不符合《票据法》对汇票的规定，不是有效票据，A公司不能据此主张行使票据权利。原审判决驳回A公司的诉讼请求，是正确的，应当维持。《票据法》第18条规定："持票人因超过票据权利时效或者因票据记载事项欠缺而丧失票据权利的，仍享有民事权利，可以请求出票人或者承兑人返还其与未支付的票据金额相当的利益。"C公司是因A公司为其代理进口了摩托车发动机总成，才给A公司出具汇票。A公司虽因票据无效而丧失了票据权利，但是其因代理行为而对C公司享有的债权并未丧失，原审也没有否定A公司的这一民事权利。A公司起诉时，只是主张对被上诉人工商银行某支行行使票据权利，本案据此以票据纠纷立案。A公司与C公司之间的债权债务系民事关系，属民法调整，与本案的票据关系无关，不应一并审理，A公司可另行起诉。A公司的上诉理由不能成立，应予驳回。据此，上级法院依照《民事诉讼法》第153条第1款第1项的规定，于2015年10月15日判决：驳回上诉，维持原判。二审案件受理费71 210元，由上诉人A公司负担。

参考文献

1. 中国注册会计师协会．经济法[M]．北京：中国财政经济出版社，2015.
2. 财政部会计资格评价中心．经济法基础[M]．北京：经济科学出版社，2015.
3. 财政部会计资格评价中心．经济法[M]．北京：经济科学出版社，2015.
4. 喻靖文．经济法基础与实务[M]．重庆：重庆大学出版社，2012.
5. 黄河．经济法[M]．北京：中国人民大学出版社，2011.
6. 镇咸辉，宋柏良．经济法[M]．武汉：华中科技大学出版社，2010.
7. 宗晓虹，钟新联．经济法[M]．上海：立信会计出版社，2008.
8. 刘文华，徐孟洲．经济法[M]．北京：法律出版社，2008.
9. 马立源，薛兵旺．实用经济法[M]．北京：北京师范大学出版社，2007.
10. 吉文丽．经济法[M]．北京：清华大学出版社，2007.
11. 崔建远．合同法[M]．北京：法律出版社，2007.
12. 赵大利，姜旭．经济法概论[M]．北京：电子工业出版社，2007.
13. 贵立义，林清高．经济法概论[M]．大连：东北财经大学出版社，2007.